孟子譯注

楊伯峻 譯注

例言

一、我要譯注〔孟子〕的目的是：幫助一般讀者比較容易而正確地讀懂它，並給有志深入研究的人提供一些線索。同時，有許多讀者想藉自學方式提高閱讀古書的能力，本書希望能在這方面也起一定的作用。

二、〔孟子〕章節的分合，歷代版本和各家注解本歧異不多，現在仍依舊有體例，在各篇篇名之下注明章數。自〔梁惠王〕至〔盡心〕本爲七篇，篇各分上下；爲了便於檢查，也依趙岐體例分爲十四卷。兩卷爲一篇，奇數爲上篇，如卷一爲〔梁惠王上〕；偶數爲下篇，如卷二爲〔梁惠王下〕。

三、譯文在盡可能不走失原意並保持原來風格下力求其流暢明白。但古人言辭簡略，有時不得不加些補充詞句。這些補充詞句，外加括弧（　）作標誌。

四、本書的注釋，包括字音詞義、語法規律、修辭方式、歷史知識、地理沿革、名物制度和風俗習慣等等。爲了幫助讀者比較深刻地理解〔孟子〕原文，我還對某些問題，作了簡要的考證。注釋依出現先後以數字爲標記。

五、字音詞義的注釋只限於生僻字、破讀和易生歧義以及晦澀費解的詞句，而且一般只在第一次出現時加注。注音用注音符號。

六、「譯注」之後附有詞典，使與「譯注」收相輔相成之效。譯文間有用意譯法者；至其每字每詞的確實意義，一查詞典便知。而詳於「注釋」者，「詞典」僅略言之；「注釋」未備者，「詞典」可補充之，對讀者或者有些好處。

七、古今有關〔孟子〕的著作爲數甚多，本書譯注，則以朱熹的〔集註〕和焦循的〔正義〕

爲主要依據。其他有關論著，盡量搜集，選錄菁華，予以介紹。仍覺不妥之處，則以我的千慮一得之見論之。但限於學力，體例或有不純，蒐討或有不盡，取捨或有不妥，論斷或有不是，注釋或有不全，譯文或有不順，誠懇地希望讀者指正。

注　者

導言

一

孟子名軻①，鄒國人②。關於他的父母，我們知道得很少。〔春秋演孔圖〕以及〔闕里志〕等書說他父親名激，字公宜；母親娘家姓仉（音ㄓㄤˇ），自然是些無稽之談。西漢韓嬰的〔韓詩外傳〕載有他母親「斷織」、「買東家豚肉」以及「不敢去婦」等故事，劉向的〔列女傳〕還載有他母親「三遷」和「去齊」等故事，可見他很得力於母親的教導。

孟子的生卒年月不詳，古今有各種推斷。用〔孟子〕原書來核對，我們認爲他生於周安王十七年（公元前三八五年）前後一說比較合理③。元程復心〔孟子年譜〕④等書都說他「壽八十四歲」。如果可信，卒年當在周赧王十一年（公元前三〇四年）前後。當孟子出生的時候，孔子已經死了將近一百年；孔門弟子沒有一位還活著。〔列女傳〕和趙岐〔孟子題辭〕都說孔子的孫子子思是他的老師。不過根據〔史記・孔子世家〕，子思的父親伯魚活了五十歲，死於孔子七十歲時；那時，子思至少也有十歲左右了。子思的年壽，〔史記〕說他六十二；後人以魯繆公曾尊禮子思的事實來推算，認爲「〔史記〕所云子思年六十二者或八十二之誤」⑤。即使子思活到八十二歲，距孟子的出生還有十多年。可見這種說法是不可靠的。〔孟子外書〕說：「子思之子曰子上，軻嘗學焉。」姑且不說〔外書〕是僞造品，就以〔史記〕所載「子上年四十七」的話來推算，也未必能做孟子的老師。孟子自己說：「予未得爲孔子徒也，予私淑諸人也。」（八・二二）他所謂私淑的是什麼人，他不曾說出，可見未必是很有名望的人，也未必是孔子的嫡系子孫。〔荀子・非十二子篇〕把子思、孟軻列爲一派，則孟子的學說一定出於子思。〔史記・孟荀列傳〕說他「受業子思之門人」，這是合理的。

范文瀾在〔中國通史簡編〕中說：「士大體分爲四類：一類是學士，如儒、墨、道、名、法、農等專門家，著書立說，反映當時社會各階級的思想，提出各種政治主張，在文化上有巨大貢獻。這一類人聲名大，待遇優，如儒家大師孟子，後車數十乘，待從數百人，往來各國間，憑他的聲名，所到國家，國君們都得餽贈黃金，供給衣食，聽取孟子的議論。」⑥我們從〔孟子〕原書考察，孟子第一次到齊國是在齊威王之世。當時匡章聲名不大，而且背著「不孝」的壞名聲，可是孟子卻「與之遊，又從而禮貌之」（八·三〇）。孟子在齊國大概不甚得志，連威王所餽兼金一百鎰都拒絕了（見四·三）。當威王三十年，宋王偃稱王，而且要行仁政（見六·五），所以孟子到了宋國。告戴不勝多荐賢士（六·六），答戴盈之之問（六·八），都在這個時候。宋王偃的爲人，史料有截然相反的說法，〔戰國策〕記其射天笞地，〔史記·宋世家〕述其淫於酒色；而〔韓非子·五蠹篇〕、〔淮南子·人間訓〕都說他因行仁政而爲楚所滅⑦。從〔孟子〕看來，宋王偃大概左右不賢人多，賢人少，所以「一薛居州」不能使宋王偃爲善，孟子也就接受餽贈七十鎰（見四·三）而離開了。當他留在宋國的時候，滕文公還是太子，曾去楚國，來回一定要經過宋國的國都彭城，因而兩次和孟子相見（五·一）。不久，孟子回到鄒國，和鄒穆公的問答（二·一二）大概在這個時候。或者由於孟子回答他的言語過於率直，引起了他的不高興，便停止了餽贈，因而使得孟子絕糧（見應劭〔風俗通·窮通篇〕）。滕定公死了，文公「使然友之鄒問於孟子」（五·二）。至於季任使人來餽贈禮物（一二·五）是否在這個時候，就很難肯定；因爲「孟子居鄒」絕對不止這麼一次。魯平公即位⑧，將要使孟子學生樂正克爲政（一二·一三），孟子便到了魯國。可見因爲臧倉的破壞，孟子便有「吾之不遇魯侯天也」（二·一六）的慨嘆。滕文公嗣位，孟子便來到滕國。文公「問爲國」，又使「畢戰問井地」（五·三）。齊人打算修建薛邑城池，文公害怕，又曾請教孟子（二·一四）。和許行的新信徒陳相的辯論（五·四）也在這個時候。滕國究竟只是個爲方不足五十里的小國，孟子很難有所作爲，當梁惠王後元十五年，便來到了梁國，這時孟子年近七十，梁惠王在位既已五十年，年紀也在七十上下，便稱呼孟子爲「叟」（一·一）。和梁惠王的問答（一·一，二，三，四，五）應該都在這一時候。第二年，惠王去世，襄王嗣位，孟子和他一相見，印象就很壞（一·六）。這時，齊威王已死，宣王嗣位，孟子便由梁來齊。「加齊之卿相」（三·一，二），「出弔於滕」（四·六）都在這幾年間。齊國伐燕在宣王五年，兩年之後，「諸侯將謀救燕」（二·一一），孟子勸宣王送回俘虜，歸還重器，和燕國臣民商量立君，然後撤兵。可是宣王不聽，第二年，燕國和諸侯的軍隊併力攻齊，齊國大敗。齊宣王便說，「吾甚慚於孟子」（四·九）。孟子因此辭職，宣王想要給孟子一所房屋（四·一〇），孟子不肯接受。孟子離開了齊國，在晝地停留三晚（四·一〇，一一），孟子一方面非常失望，一方面又因年歲已大，主張又不能實現，只得說道：「五百年必有王者興，其間必有名世者。由周而來七百有餘歲矣，以其數則過矣，以其時考之則可矣。夫天未欲平治天下也！」（四·一三）孟子這時年已七十餘，從此便不再出遊，而和「萬章之徒序〔詩〕〔書〕，述仲尼之意，作〔孟子〕七篇」（〔史記·孟荀列傳〕）了。

二

關於〔孟子〕的作者，古今有三種不同看法。

第一種看法認為〔孟子〕是孟軻自己著的。趙岐在〔孟子題辭〕中說：「此書，孟子之所作也，故總謂之〔孟子〕。」焦循〔正義〕引元人何異孫〔十一經問對〕闡明此說云：「〔論語〕是諸弟子記諸善言而編成集，故曰〔論語〕，而不號〔孔子〕。〔孟子〕是孟軻所自作之書，如〔荀子〕，故謂之〔孟子〕。」趙岐甚至把孟軻為什麼要著書的動機都設想出來，他在〔題辭〕中又說：「孟子亦自知遭蒼姬之訖錄，值炎劉之未奮，進不得佐興唐虞雍熙之和，退不能信（同伸）三代之餘風，恥沒世而無聞焉，是故垂憲言以詔後人。仲尼有云，我欲託之空言，不如載之行事之深切著明也。於是退而論集所與高第弟子公孫丑、萬章之徒難疑答問，又自撰其法度之言，著書七篇。」

後來，宋代朱熹從文章風格的一致性上來論證〔孟子〕為孟軻自己寫成的。雖然他有時也作些調停之論，如說：「然其間有如云『孟子道性善，言必稱堯舜』，亦恐是其徒所記；孟子必曾略加刪定也。」但他主要議論仍是：「〔論語〕多門下弟子所集，故言語時有長長短短不類處。〔孟子〕疑自著之書，故首尾文字一體，無些子瑕疵。不是自下手，安得如此好？」又說：「觀七篇筆勢如鎔鑄而成，非綴緝可就。」（以上引文全見〔朱子大全〕）其後元人金履祥、明人郝敬的看法都和他相同。

清代閻若璩，又從另外一個角度來推論〔孟子〕為自著，他在〔孟子生卒年月考〕最後一段說：「〔論語〕成於門人之手，故記聖人容貌甚悉；七篇成於己手，故但記言語或出處耳。」魏源在〔孟子年表考〕中也說：「七篇中無述孟子容貌言動，與〔論語〕為弟子記其師長不類，當為手著無疑。」

第二種說法則剛剛和這相反，認為〔孟子〕是孟軻死後他的門弟子萬章、公孫丑之徒共同記述的。最初發表這種議論的是唐代韓愈（見〔昌黎集·答張籍書〕）和張籍（見〔全唐文·上韓昌黎書〕）。附和這種議論的有唐人林愼思（見〔崇文總目〕）和宋人蘇轍（見其所著〔古史・孟子傳〕），可是他們都沒有舉出佐證來。

對這種說法加以闡明的最初有宋人晁公武。他在〔郡齋讀書志〕中說：「按此書韓愈以爲弟子所會集，非軻自作。今考其書，則知愈之言非妄也。書載孟子所見諸侯皆稱謚，如齊宣王、梁惠王、梁襄王、滕定公、滕文公，魯平公是也。夫死然後有謚。軻著書時，所見諸侯不應皆死。且惠王元年至平公之卒凡七十七年，孟子見梁惠王，王目之曰叟，必已老矣，決不見平公之卒也。」

其後淸人崔述在〔孟子事實錄〕中對此說多列了兩條證據。他說：「〔孟子〕七篇之文，往往有可議者，如禹決汝漢排淮泗而注之江，伊尹五就湯五就桀之屬，皆於事理未合。果孟子自著，不應疏略如是。」又說：「七篇中於孟子門人多以子稱之，如樂正子、公都子、屋廬子、徐子、陳子皆然，不稱子者無幾。果孟子所自著，恐未必自稱其門人皆曰子。細玩此書，蓋孟子門人萬章、公孫丑等所追述，故二子問答之言在七篇中爲最多，而二子在書中亦皆不以子稱也。」

較崔述略早的周廣業也認爲〔孟子〕不是孟軻所著。他在〔孟子出處時地考〕中說：「此書敍次數十年之行事，綜述數十人之問答，斷非輯自一時，出自一手。其始章丑之徒追隨左右，無役不從；於孟子之言動，無不熟察而詳記之。每章冠以『孟子曰』者，重師訓，謹授受，兼法〔論語〕也。」但是他還是認爲其中也有孟軻自己的筆墨。他又道：「迨還自靑齊，旣難必於行道，而孟子亦欲垂教後世，取向所進說時王、傳授弟子者潤飾而刪定之。」他的結論是：「至其後編次遺義，又疑樂正子及公都子、屋廬子、孟仲子之門人與爲之。何也？諸子皆孟門高弟，七篇中無斥其名，與滕更呼名之例不同，當是其徒所追改。而首篇以孟子始，以樂正子終，未必不由此也。」

第三種看法是太史公在〔孟荀列傳〕中所說的：「退而與萬章之徒序〔詩〕〔書〕，述仲尼之意，作〔孟子〕七篇。」從這幾句話，我們得到這樣的概念：〔孟子〕的著作，雖然有「萬章之徒」參加，但主要作者還是孟子自己，而且是在孟子生前便基本上完成了的。關於這一點，魏源在〔孟子年表考〕中有所體會，他說：「又公都子、屋廬子、樂正子、徐子皆不書名，而萬章、公孫丑獨名，〔史記〕謂退而與萬章之徒作七篇者，其爲二人親承口授而筆之書甚明（咸邱蒙、浩生不害、陳臻等偶見，或亦得預記述之列）。與〔論語〕成於有子、曾子門人故獨稱子者，殆同一間，此其可知者。」

以上三種說法，雖各言之成理，但符合於歷史客觀事實的，當然只有一種。我們認爲，太史公的話是可信的。他的時代較早，當日所見到的史料，所聽到的傳聞，比後人多而且確實；尤其是驗以〔孟子〕本書，考之孟子生卒，其餘兩種說法所持的理由都是不充分的。

趙岐明明說：「退而論集所與高第弟子公孫丑、萬章之徒難疑答問。」則七篇之中自有弟子的記錄。朱熹雖主張爲孟子一手著成的，但也不曾否認在著作過程中有弟子參加。只是說，從文體的首尾一致看來，孟子是最後的訂定者。這從他「亦恐其徒所記，孟子必曾略加删定也」一句話可以看出。所以他們兩人的看法和太史公的說法相距不遠。

第二種說法，認爲孟子是孟軻死後他們的門下弟子所記述的，便和太史公的說法出入很大。他們舉了三種理由。有一條理由是：「七篇之文，往往有可議者，果孟子自著，不應疏略如是。」這實在不值一駁。孟子即使是所謂「亞聖」，也不能肯定他所說所寫的每字每句都非常正確。何況「決汝漢排淮泗而注之江」這種話，孟子不過借以說明禹治水的功績；正確的地理知識的具備與否，上古的所謂聖賢，似乎不曾給以重視。伊尹「五就湯五就桀」，孟子也不過借以說明伊尹全心爲百姓服務的忠誠；而且孟子援引史書，常常主觀地加以改造，以期論證自己的觀點。稍讀〈孟子〉書就會了解這一點。這正是孟子辯論的手段哩。另一條理由是：「果孟子自著，恐未必自稱其門人皆曰子。」這一點，上引魏源的話已經說得明白。孟子既是萬章、公孫丑之徒「親承口授而筆之書」，那麼，稱其師爲「孟子」，稱其同門爲「樂正子」、「屋廬子」，何嘗不可？周廣業以此和〈論語〉同樣看待，認爲是樂正子等的門人所編次，那是錯誤的。我們只要問，如果是樂正子之徒的門人所編次，爲什麼七篇中記樂正子諸「子」的問答反而很少，而記萬章、公孫丑之徒的問答反而很多呢？最值得注意的是諸侯皆稱謚一條。梁惠王、滕文公、魯平公都死在孟子前，固然可以稱謚；梁襄王是死在孟子後的，齊宣王也可能比孟子遲死三兩年，爲什麼也稱謚呢？我們認爲閻若璩的解釋是說得通的。他說：「卒後書爲門人所敍定，故諸侯王皆加謚焉⑨。」

三

〈史記・孟荀列傳〉只說：「作〈孟子〉七篇」；到應劭〈風俗通・窮通篇〉卻說：「退與萬章之徒序〈詩〉〈書〉，述仲尼之意，作書中外十一篇」；班固的〈漢書・藝文志〉也說：「〈孟子〉十一篇」。趙岐〈孟子章句〉，便給這十一篇分列眞僞，〈題辭〉說：「又存〈外書〉四篇——〈性善辯〉、〈文說〉、〈孝經〉、〈爲政〉⑩——其文不能宏深，不與〈內篇〉相似，似非〈孟子〉本眞，後世依放而託也。」因爲趙岐肯定〈外書〉是贋品，不給它作注解，以後讀〈孟子〉的人便不讀它，於是逐漸亡佚了。南宋孫奕的〈示兒篇〉說：「昔嘗聞前輩有云，親見館閣中有〈孟子・外書〉四篇。」南宋上距東漢末一千多年，而〔孟子・外書〕完好地藏在宮禁中，這話是否靠得住，很有問題，可能是所謂「前輩」的誑語。劉昌詩〔蘆浦筆記〕說：「予鄉新喻謝氏多藏古書，有〔性善辯〕一帙。」這一帙〔性善辯〕，劉昌詩似乎親自見過，但也不曉得果是趙岐所見之書否。至於現在所傳的〔孟子・外書〕四篇，則是明人姚士粦所僞撰，爲清代吳騫刊行的時候，周廣業等便指出「顯屬僞託」，而丁杰在〔小酉山房集〕中更已逐條駁斥它了。所以梁啓超在〔漢書藝文志諸子略考釋〕中說它是「僞中出僞」。

趙岐的〔題辭〕又說：「孟子退自齊梁，述堯舜之道而著作焉，此大賢擬聖而作者也。」又說：「〔論語〕者，〔五經〕之錧鎋，六藝之喉衿也。〔孟子〕之書則而象之。」這些話，把〔孟子〕和〔論語〕相比，似乎有些道理，也確實代表了兩漢人一般的看法。所謂似乎有些道理，我們拿它和當時別的子書一比較便知。〔墨子〕成書年代雖不敢完全肯定，但其中有若干篇是墨子的弟子所作，其成篇甚或早於〔孟子〕，應該不必懷疑，莊子生卒年月僅略後孟子，荀子的早年也和孟子的晚年相值者有三十多年。〔莊子〕的內篇應該是莊周的手筆，〔荀子〕則基本上是荀卿的手筆。〔墨子〕、〔莊子・內篇〕、〔荀子〕都是每篇各有主旨，而篇名也與主旨相應。〔孟子〕卻不然，各章的篇幅雖然比〔論語〕長，但各章間的連繫並沒有一定的邏輯關係；積章而成篇，篇名也只是撮取第一句的幾個字，並無所取義。這都是和〔論語〕相同，而和〔墨子〕、〔莊子〕、〔荀子〕相異的。所以趙岐說〔孟子〕是擬〔論語〕而作，不無道理。

趙岐把〔論語〕看成是「〔五經〕之錧鎋，六藝之喉衿」，〔孟子〕又是「擬聖而作」，那〔孟子〕也成爲經書的傳記了。儘管〔漢書・藝文志〕把〔孟子〕放在諸子略中，視爲子書，但漢人心目中卻把它看爲輔翼「經書」的「傳」。漢文帝把〔論語〕、〔孝經〕、〔孟子〕、〔爾雅〕各置博士，便叫「傳記博士」。王充〔論衡・對作篇〕說：「楊墨之學不亂傳[11]義，則〔孟子〕之傳不造。」明明把〔孟子〕看爲傳。又如〔漢書・劉向傳〕、〔後漢書・梁冀傳〕、〔說文解字〕等書所引〔孟子〕都稱「傳曰」。可見把〔孟子〕和〔論語〕並列，不是趙岐「一人之私言」，而是兩漢人的公論。

到五代後蜀時，後蜀主孟昶命毋昭裔楷書〔易〕、〔書〕、〔詩〕、〔儀禮〕、〔周禮〕、〔禮記〕、〔公羊〕、〔穀梁〕、〔左傳〕、〔論語〕、〔孟子〕十一經刻石，宋太宗又加翻刻，這恐怕是〔孟子〕列入「經書」的開始。到南宋孝宗的時候，朱熹在〔禮記〕中取出〔大學〕、〔中庸〕兩篇，認爲是曾子和子思的作品，與〔論語〕、〔孟子〕合在一起，稱爲〔四書〕，於是孟子的地位便更加提高了。到明清兩朝，規定科舉考試中八股文的題目從〔四書〕中選取，而且要「代聖人立言」，於是當時任何讀書人便不得不把〔孟子〕讀得爛熟了。

四

孟子自認爲是孔子的忠實信徒，依他自己說：「乃所願，則學孔子也。」因之，他把孔子地位抬得極高，他引用孔子學生宰我、子貢、有若的話，說：「自生民以來，未有盛於孔子也。」（三・二）

〔孟子〕最後一章，即〔盡心下〕的第三十八章，提出了堯、舜、湯、文王、孔子。這是儒家「道統」的先聲。他把這一章安排在全書之末，我認爲是有特殊意義的。韓愈作〔原道〕更明確地說：「堯以是傳之舜，舜以是傳之禹，禹以是傳之湯，湯以是傳之文、武、周公，文、武、周公傳之孔子，孔子傳之孟軻。」孟子以接受孔子傳統自居，卻不明說，只暗示說：「由孔子而來至於今，百有餘歲，去聖人之世若此其未遠也，近聖人之居若此其甚也，然而無有乎爾，則亦無有乎爾。」當時和孔子出身地最近的有名望的儒者，除了孟子，更無他人。孟子說「無有乎爾」，正和「夫聖，孔子不居」（三·二）一樣，是不能明說的。孟子認爲孔子是聖人（三·二），那麼，他自然也是孔子之學的繼承者。韓愈也以承繼道統自居，也不明說，只寫道：「軻之死，不得其傳焉。荀與楊也，擇焉而不精，語焉而不詳。」和孟子筆法不同，用意則一。

孟子雖然自以爲是孔子之學的繼承者，但因爲時代已經相距百把年，形勢也發生很大的變化，孟子對孔子學說不但有所取捨，而且有所發展。

首先，孟子和孔子之論「天」稍有不同。「天」的意義，一般有三、四種。一是自然之天，一是義理之天，一是主宰之天，一是命運之天。〔孟子〕講「天」，除「天子」「天下」等雙音詞外，連「天時」「天位」「天爵」等在內，不過八十多次。其中有自然之天，如：「天油然作雲，沛然下雨。」（一·六）「天之高也。」（八·二六）有義理之天，如：「仰不愧於天，俯不怍於人。」（一三·二〇）「存其心，養其性，所以事天也。」（一三·一）有命運之天，如：「若夫成功，則天也。」（二·一四）「吾之不遇魯侯，天也。」（二·一六）卻沒有主宰之天。在〔孟子〕中還有一種意義比較艱深的「天」，其實也是義理之天，或者意義更深遠些，如：「天不言，以行與事示之而已矣。」（九·五）實質上，這種「天」，就是民意。孟子說得明白：「〔太誓〕曰：『天視自我民視，天聽自我民聽。』」〔孟子〕中所謂「天吏」、「天位」、「天職」、「天祿」、「天爵」，都是這種意義；而這種意義，是在〔論語〕中所沒有的。〔論語·堯曰篇〕有「天祿」一詞，和孟子「弗與食天祿也」（一〇・三）意義有所不同。〔論語〕的「天祿」是指帝位，〔孟子〕的「天祿」是指應該給予賢者的俸祿，依它們的上下文一加比較，便可以看出其中的歧異。

孟子也講「命」，或者「天命」。孟子對這個曾經給了一個定義：「莫之爲而爲者，天也；莫之致而至者，命也。」（九・六）就是說，命運是一種無形而巨大的力量，卻沒有主宰者或指使者。〔孟子〕甚至把天下形勢的變動，即「有道」和「無道」也歸之於「天」，即命運：「天下有道，小德役大德，小賢役大賢；天下無道，小役大，弱役強。斯二者，天也。順天者存，逆天者亡。」（七・七）然而孟子絕不是宿命論者。他對命運的態度是：「莫非命也，順受其正；是故知命者不立乎巖牆之下。盡其道而死者，正命也；桎梏死者，非正命也。」（一三・二）在孟子看來，無論命運有多麼巨大的力量，但我還依我的「仁義」而行，不無故送死。祇要「盡」我之「道」，死也是「正命」；如果胡作亂爲，觸犯刑罰而死，便不是「正命」。

其實，大至天下形勢，小至個人前途，既有必然性，也有偶然性。而且，必然之中有偶然，偶然之中也有必然。古人對這個道理是不明白的，無以歸之，歸之于「天」，于「命」。在孔、孟中，孟子對待「天命」便有比較合理的言論。

孔子重視祭祀，孟子便不大多講祭祀。〔論語〕僅一萬二千七百字，「祭」字出現十四次；〔孟子〕有三萬五千三百七十多字，爲論語二・七倍強，「祭」字僅出現九次，「祭祀」出現二次，總共不過十一次，而且都未作主要論題。

第二，孔子講「仁」，孟子則經常「仁義」並言。孔子重視人的生命，孟子便重視人民生存的權利。孔子因爲周武王以討伐商紂而得到天下，談論音樂，認爲周武王的樂舞〔武〕「盡美矣，未盡善也」(〔論語譯注〕三·二五)。孟子卻不如此。齊宣王說「武王伐紂」是「臣弒其君」，孟子答說：「賊仁者謂之賊，賊義者謂之殘。殘賊之人謂之一夫。聞誅一夫紂矣，未聞弒君也。」

鄒國曾和魯國發生衝突，鄒國的有關官吏死了三十三人，老百姓卻一個也沒有死，而且眼望著他們的上級去死而不救助。孟子對鄒穆公說：「活該！誰叫你和你的臣下平日殘忍地對待老百姓哩！以眼還眼，以牙還牙。你們的老百姓今天可找著報復的機會了！」孟子不但主張「民爲貴，社稷次之，君爲輕」(一四·一四)，還主張「貴戚之卿」可以廢掉壞君，改立好君。這種思想，是孔子仁的學說大發展，在先秦諸子中是絕無僅有的。

因之，孟子看君臣間的互相關係也比孔子有所前進。孔子只說「君使臣以禮，臣事君以忠」(〔論語譯注〕三·一九)，孟子卻說：「君之視臣如手足，則臣視君如腹心；君之視臣如犬馬，則臣視君如國人；君之視臣如土芥，則臣視君如寇讎。」(八·三)這種思想比後代某些「理學家」所謂「君要臣死，不得不死」高明而先進不知多少倍啦！

第三，孟子「道性善」(五·一)。並且說：「人皆有不忍人之心。」「無惻隱之心，非人也；無羞惡之心，非人也；無辭讓之心，非人也；無是非之心，非人也。」(三·六)還說：「萬物皆備於我矣。」(一三·四)由於這類的話，孟子便被某些人加上主觀唯心主義者的帽子。但扣帽子的人，我認爲並沒有透徹了解孟子思想。扣他以主觀唯心主義的帽子是不符合他思想實際的。

我們應該了解，孟子所謂「性善」，其實際意義是人人都有爲善的可能，用孟子的話說，「乃若其情，則可以爲善矣，乃所謂善也。若夫爲不善，非才之罪也」。(一一·六)

最可以注意的，一是孟子承認環境可以改變人的思想意識。他說：「富歲，子弟多賴；凶歲，子弟多暴，非天之降才爾殊也，其所以陷溺其心者然也。」（一一·七）二是他承認事物各有客觀規律，而且應該依照客觀規律辦事。他說：「天下之言性也，則故而已矣。故者，以利爲本。所惡於智者，爲其鑿也。如智者若禹之行水也，則無惡於智矣。禹之行水也，行其所無事也。如智者亦行其所無事，則智亦大矣。天之高也，星辰之遠也，苟求其故，千歲之日至可坐而致也。」（八·二六）相傳禹懂得水性，所以治水能成功。孟子認爲一切都有各自的客觀規律，依客觀規律辦事，便是「行其所無事」而不「鑿」。即使天高得無限，星辰遠得無涯，只要能推求其「故」（客觀規律），就在當時以後一千年內的冬至日，也可以在房中推算出來。這種言論，難道是「主觀唯心主義者」能說得出來的嗎？

判斷一位哲學家是唯心還是唯物，只有一個標準，就是思想意識是第一性的，還是物質是第一性的。孟子只講人有惻隱、羞惡、辭讓、是非之心，這四種心是仁、義、禮、智四端。端就是萌芽，也可以說是可能性。說人有某種可能性，並不等於說人有某種思想意識。孟子說「矢人唯恐不傷人，函人唯恐傷人」（三·七），這是由於他們職業的關係，可見人生不一定都是「仁人」。孟子講性，還涉及兩件事，一曰：「食色，性也。」（一一·四）一曰：「形色，天性也。」（一三·三八）求生存和求配偶，不但是人類的本能，也是其他動物的本能。每種動物、植物，都有各種形體容貌，在當時，自然都是自然賦予的。孟子這些話並沒有錯。唯有性善，他作了幾處解釋，就是怕人誤解、歪曲，而某些人竟誤解、歪曲它了。

至於「萬物皆備於我」，這說的是自我修養。在這一章上，另有一章，全文如下：「求則得之，捨則失之，是求有益於得也，求在我者也。求之有道，得之有命，是求無益於得也，求在外者也。」由此可見，孟子認爲仁義道德是「求則得之」「在我」的東西，而富貴利達是「得之有命」「在外」的東西。「萬物皆備於我」的「萬物」，是最大的快樂，是自身本有仁義道德，既不是主觀的虛幻境界，也不是超現實的精神作用。這裏談不上唯心和唯物。

最後，孟子的政治主張是保守的，有的甚至是倒退的，如要滕文公行井田制（五·三），這是事實上行不通的，滕國也不可能執行。

孟子强調「仁義」，而在當時，七大雄國——秦、楚、齊、燕、韓、趙、魏（梁）——只講富國强兵。孟子卻說：「故善戰者服上刑，連諸侯者次之，辟草萊、任土地者次之。」不知這幾項正是當時形勢迫使各大國非這樣做不可。趙國有廉頗、趙奢、李牧，便能抵抗侵略；燕國有樂毅，便能收復全國，並深入齊國；齊國有田單，便全部收復失地。縱不侵犯別國，在各國互相窺伺、吞併下，爲了保衞自己，沒有「善戰」的大將是不行的，何況當戰國時，不但各國雄主多有統一天下的野心，即使是老百姓也苦於幾百年來大大小小的戰爭未曾停止，迫切希望天下一統呢！一部《戰國策》，基本上講的是合縱連橫之術。要打仗，便得多多聯合同盟國家，那能不「連諸侯」呢？至於開墾土地，發展農業，更是當時「富國」的最重要的途徑，商鞅爲秦孝公「爲田開阡陌封疆」（《史記·商君列傳》），奠定秦國富强的基礎。司馬遷述評孟軻「則見以爲迂遠而闊於事情」，一點也沒冤枉他。

1 孟子名叫軻，這從他回答北宮錡話「然而軻也嘗聞其略也」（一〇・二）便可知道。古人很重視表字。孟子的字是什麼，說法不一，東漢趙岐的〈孟子題辭〉說沒有聽到過；三國魏徐幹的〈中論序〉也說沒有傳下來；後來魏人王肅作〈聖證論〉，說他字子車；晉人傅玄作〈傅子〉說他字子輿。趙岐、徐幹所不知道的，王肅、傅玄怎麼知道？可見這是他們編造出來的。

2 「鄒」，〈史記・孟荀列傳〉作「騶」，古國名。故城在今山東鄒縣，離孔子故鄉曲阜不遠，所以孟子自己也說「近聖人之居若此其甚也」。（一四・三八）

3 可參閱清周廣業〈孟子出處時地考〉、魏源〈古微堂外集・孟子年表〉及宋翔鳳〈過庭錄・孟子事跡考〉。

4 據〈四庫總目提要〉，這書不是程復心所作，而是譚貞默的〈孟子編年略〉。

5 詳毛奇齡〈四書賸言〉所引王草堂〈復禮辨〉和孔繼汾〈闕里文獻考〉。

6 〈中國通史簡編〉修訂本第一編，人民出版社一九五八年版，第二四六頁。

7 〈韓非子〉、〈淮南子〉都作「徐偃王」。我們看，徐偃王就是宋王偃。這時宋已遷都彭城，所以宋王又叫徐王；正如魏遷都大梁，魏王又叫梁王一樣。

8 〈史記・六國年表〉所列魯君年數錯誤很多，不足據。此據〈史記・魯世家〉：「子叔立，是為平公。是時六國皆稱王。平公十二年，秦惠王卒。」推算出來。秦惠王卒於周赧王四年，其前十二年，就是周顯王四十七年。

9 其實，七篇之中還有宋王沒有稱謚。這宋王便是宋王偃，他不但死在孟子之後，而且他是亡國之君，當時並沒有謚號可稱，所以孟子弟子並沒有給他補上。

10 翟灝〔四書考異〕云：「〔外書〕之目，自宜以『性善』爲一，『辯文』爲一，『説孝經』爲一。劉氏以親見之『性善辯』，遂以『辯』字上屬，而謂『文説』一篇，『孝經』一篇。據〔論衡・本性篇〕，但云孟子作性善之篇，不綴『辯』字。疑新喻謝氏所藏性善辯，又屬後人依放而作，非〔外書〕本真也。」

11 這一「傳」字，據劉盼遂的〔論衡集解〕説是「儒」字之誤。

目次

目次

卷一

梁惠王章句上*

凡七章

*「梁惠王」在這裏是作爲〔孟子〕七篇第一篇的篇名。〔孟子〕的篇名和〔論語〕一樣，不過是摘取每篇開頭的幾個重要字眼來命名，並沒有別的意義。「章句」是漢代經學家訓詁家所常用的字眼，分析古書的章節句讀（逗）的意思。〔漢書．藝文志．易經〕有「章句施、孟、梁邱各二篇」，〔書經〕有「〔歐陽章句〕三十一卷，〔大小夏侯章句〕各二十九卷」，「章句」兩字便常用作訓解古書的題名。這裏「梁惠王章句上」是後漢趙岐所著〔孟子章句〕的舊題，他把〔孟子〕七篇各分爲上下兩卷，所以這裏題爲「章句上」。

孟子見梁惠王1。王曰：「叟2！不遠千里而來，亦將有以利吾國乎？」

孟子對曰：「王！何必曰利？亦3有仁義而已矣。王曰，『何以利吾國？』大夫曰，『何以利吾家？』士庶人曰，『何以利吾身？』上下交征4利而國危矣。萬乘之國6，弒5其君者，必千乘之家7；千乘之國6，弒其君者，必百乘之家7。萬取千焉，千取百焉，不為不多矣。苟為後義而先利，不奪不饜8。未有仁而遺其親者也，未有義而後其君者也。王亦曰仁義而已矣，何必曰利？」

【語譯】

孟子謁見梁惠王。惠王說：「老先生！您不辭千里長途的辛勞前來，那對我的國家會有很大利益吧？」

孟子答道：「王！您為什麼一開口定要說到利益？只要講仁義就行了。王假若說，『怎樣才對我的國家有利呢？』大夫也說，『怎樣才對我的封地有利呢？』那一般士子以至老百姓也都說，『怎樣才對我本人有利呢？』這樣，上上下下互相追逐私利，國家便會發生危險了。在擁有一萬輛兵車的國家裏，殺掉那一個國君的，一定是擁有一千輛兵車的大夫；在擁有一千輛兵車的國家裏，殺掉那一個國君的，一定是擁有一百輛兵車的大夫。在一萬輛兵車的國家中，大夫擁有兵車一千輛；在一千輛兵車的國家中，大夫擁有兵車一百輛；這些大夫的產業不能不說是很多的了。

但是，假若輕公義，重私利，那大夫若不把國君的產業奪去，是永遠不會滿足的。從沒有講『仁』的人却遺棄他的父母的，也沒有講『義』的人却對他的君主怠慢的。王也只講仁義就行了，爲什麼定要講利益呢？」

【注釋】

1 梁惠王——就是魏惠王，名罃，惠是他的諡號，於公元前三七〇年承繼他父親魏武侯擊而即位。即位後九年，即公元前三六二年，由舊都安邑遷都大梁，（此從〔史記．魏世家〕〔集解〕所引〔汲冢紀年〕之說，司馬遷列於惠王之三十一年，誤。清人雷學淇〔介菴經說〕卷九有考訂。大梁就是今天的開封。）所以又叫梁惠王。他在即位最初二十多年內，在戰國諸雄中最爲強大，因之第一個自封爲王。（楚國自封爲王在春秋時，又當別論。）

2 叟——老丈。

3 亦——祇也。請參考〔詞詮〕卷七。

4 征——趙岐〔注〕云：「征，取也。」

5 弒——古時候以下殺上，以卑殺尊叫弒。

6 萬乘之國，千乘之國——乘ㄕㄥ，古代的兵車一輛叫一乘。古代的國家以兵車的多少來衡量國家的大小，劉向〔戰國策〕序說戰國晚世「萬乘之國七，千乘之國五。」韓、趙、魏（梁）、燕、齊、楚、秦七國爲萬乘，宋、衛、中山以及東周、西周則爲千乘。

7 千乘之家，百乘之家——〔周禮．大司馬〕鄭〔注〕云：「家謂食采地者之臣也。」古代的執政大夫有一定的封邑，這封邑又叫采地，擁有這種封邑的大夫叫家。有封邑當然也有兵車。公卿的封邑大，可以出兵車千乘，大夫的封邑小，可以出兵車百乘。

8 饜——音一ㄢˋ，滿足。

◈

一・二

孟子見梁惠王。王立於沼上，顧鴻鴈麋鹿，曰：「賢者亦樂此乎？」

孟子對曰：「賢者而後樂此，不賢者雖有此，不樂也。〔詩〕云：『經始靈臺，經之營之，庶民攻1之，不日2成之。經始勿亟，庶民子來3。王在靈囿，麀鹿攸伏4，麀鹿濯濯5，白鳥鶴鶴6。王在靈沼，於牣7魚躍。』文王以民力爲臺爲沼，而民歡樂之，謂其臺曰靈臺，謂其沼曰靈沼，樂其有麋鹿魚鼈。古之人與民偕樂，故能樂也。〔湯誓〕8曰：『時日害喪9，予及女偕亡。』民欲與之偕亡，雖有臺池鳥獸，豈能獨樂哉？」

【語譯】

孟子謁見梁惠王。王站在池塘旁邊，一面顧盼著鳥獸，一面說道：「有道德的人也高興享受這一種快樂嗎？」

孟子答道：「只有有道德的人才能夠享受這一種快樂，沒有道德的人縱使有這種快樂也是無法享受的。（這話怎麼說呢？我舉出周文王和夏桀的史事來說明吧。）〔詩經〕的〔大雅靈臺篇〕說：『開始築靈臺，經營復經營，大家齊努力，很快便落成。王說不要急，百姓更賣力。王到鹿苑中，母鹿正安逸。母鹿光且肥，白鳥羽毛潔。王到靈沼上，滿池魚跳躍。』（這一段詩，便足以證明）周文王雖然用了百姓的力量來興建高臺深池，可是百姓非常高興，把那一個臺叫『靈臺』，把那一池沼叫『靈沼』，還高興他有許多種類的禽獸魚鼈。就因爲他肯和老百姓一同快樂，所以他能得到眞正的快樂。（至於夏桀却與此相反，百姓怨恨他，他却自比爲太陽，說道，太陽什麼時候消滅，我才什麼時候死亡。）〔湯誓〕中便記載著老百姓的怨歌：『太陽呀！你什麼時候消滅呢？我寧肯跟你一道死去！』作爲國家的帝王，竟使百姓怨恨到不想再活下去的程度，他縱然有高臺深池，奇禽異獸，難道能夠獨自享受嗎？」

【注　釋】

1 攻——舊注云：「攻，治也。」就是「工作」的意思。

2 不日——朱熹〔注〕云：「不日，不終日也。」

3 經始勿亟，庶民子來——亟，急也。「經始勿亟」四字是文王的言語，所以譯文加「王說」兩字。「子來」譯爲「更賣力」，是意譯。

4 麀鹿攸伏——麀，音ㄧㄡ，母鹿。攸，在上古的文獻裏用同「所」字。伏，趙〔注〕云：「安其所而伏，不驚動也。」

5 濯濯——肥胖而有光澤的樣子。

6 鶴鶴——〔詩經〕寫作「翯翯」，古書中兩字相通。羽毛潔白的樣子。

7 於，牣——於，舊讀「烏」，語首之詞，沒有意義。牣，音ㄖㄣˋ，滿也。〔史記・殷本紀〕

「充仞宮室」，〔子虛賦〕「充仞其中」，皆作「仞」。

8 湯誓——〔尚書〕的篇名，記載著商湯伐桀時誓師之詞。

9 時日害喪——時，指示詞，此也，相當於「這」。害，同「曷」，何也。這裏是「何時」的意思。有人把它解爲「何不」（以「害」爲「盍」），不可信，朱珔〔小萬卷齋文稾〕卷七與狄叔穎〔論四書質疑書〕有詳論，可參看。

◈

一・三

梁惠王曰：「寡人之於國，盡心焉耳矣。河內[1]凶，則移其民於河東[1]，移其粟於河內。河東凶亦然。察鄰國之政，無如寡人之用心者。鄰國之民不加少[2]，寡人之民不加多，何也？」

孟子對曰：「王好戰，請[3]以戰喻。填然鼓之[4]，兵[5]刃既接，棄甲曳兵而走[6]。或百步而後止，或五十步而後止。以五十步笑百步，則何如？」

曰：「不可；直[7]不百步耳，是亦走也。」

曰：「王如知此，則無望民之多於鄰國也。

「不違農時，穀不可勝[8]食也；數罟[9]不入洿池[10]，魚鼈不可勝食也；斧斤以時入山林[11]，材木不可勝用也。穀與魚鼈不可勝食，材木不可勝用，是使民養生喪死無憾[12]也。養生喪死無憾，王道之始也。

「五畝之宅，樹之以桑，五十者可以衣[13]帛矣。雞豚狗彘之畜，無失其時[14]，七十者可以食肉矣。百畝之田，勿奪其時，數口之家可以無飢矣。謹庠序[15]之教，申[16]之以孝悌之義，頒白者不負戴於道路[17]矣。七十者衣帛食肉，黎民[18]不飢不寒，然而不王[19]者，未之有也。

「狗彘食人食而不知檢[20]，塗有餓莩[21]而不知發；人死，則曰，『非我也，歲也。』是何異於刺人而殺之，曰，『非我也，兵也。』王無[22]罪歲，斯[23]天下之民至焉。」

【語譯】

梁惠王（對孟子）說：「我對於國家，眞是費盡心力了。河內地方如果遭了飢荒，我便把那裏的一部分百姓遷移到河東，同時還把河東的一部分糧食運到河內。假如河東遭了飢荒也是這樣辦的。我曾經考察過鄰國的政治，沒有一個國家能像我這樣替百姓打算的。可是，那些國家的百姓並不因此減少，我的百姓並不因此加多，這是什麼緣故呢？」

孟子答道：「王喜歡戰爭，那就讓我用戰爭來打個比喻吧。戰鼓鼕鼕一響，槍尖刀鋒一接觸，就拋下盔甲拖著兵器向後逃跑。有的一口氣跑了一百步停住腳，有的一口氣跑了五十步停住腳。那跑五十步的戰士竟來恥笑跑一百步的戰士，（說他膽子太小），行不行？」

王說：「不行；只不過他沒有跑到一百步罷了，但這也是逃跑呀。」

孟子說：「王如果懂得這個道理，那就不要再希望你的百姓比鄰國多了。

「如果在農民耕種收穫的季節，不去（徵兵徵工），妨礙生產，那糧食便會吃不盡了。如果細密的魚網不到大的沼池裏去捕魚，那魚類也會吃不完了。如果砍伐樹木有一定的時間，木材也會用不盡了。糧食和魚類吃不完，木材用不盡，這樣便使百姓對生養死葬沒有什麼不滿。百姓對於生養死葬都沒有什麼不滿，就是王道的開端。

「在五畝大的宅園中，種植桑樹，那麼，五十歲以上的人都可以穿上絲綿襖了。雞狗與猪等等家畜家家都有飼料和工夫去飼養，那麼，七十歲以上的人都可以有肉吃了。一家人百畝的耕地，不要去妨礙他們的生產，那麼，幾口人的家庭可以吃得飽飽的了。好好地辦些學校，反覆地用孝順父母敬愛兄長的大道理訓導他們，那麼，（人人都會敬老尊賢，爲老人服務，）鬚髮花白的人也就不會頭頂著、背負著重物件在路上行走了。七十歲以上的人有絲綿襖穿，有肉吃，一般百姓餓不著，凍不著，這樣還不能使天下歸服的，是從來不曾有過的事。

「（現在的情況却不如此。）富貴人家的猪狗吃掉了百姓的糧食，却不加以檢查和制止。道路上有餓死的人，却不曾想到應該打開倉廩加以賑救。老百姓死了，竟然說道：『這不是我的罪過，而是年成不好的緣故。』這種說法和拿著刀子殺死了人，却說，這不是我殺的，而是兵器殺的，又有什麼不同呢？王假若不去歸罪於年成，（而從政治上的根本改革著手，）這樣，別的國家的老百姓就都會來投奔了。」

【注釋】

1 河內、河東——魏國的河東地，當今山西省安邑縣一帶；河內地，即黃河北岸土地，當今河南省濟源縣一帶。

2 加少——就是減少的意思。

3 請——表敬副詞，只是一種表示客氣之詞，沒有具體意義。

4 鼓之——「鼓」在這裏爲不及物動詞，其下不當有賓語，這「之」字不是賓語，只是用來湊足一個音節罷了。

5 兵——兵器，不是戰士的意思。

6 走——古代，慢慢走叫「步」，快快走叫「趨」，比趨更快，相當於跑叫「走」。這裏是逃跑的意思。

7 直——只是，不過。

8 勝——音ㄕㄥ，盡也。

9 數罟——數，音ㄕㄨㄛˋ，細也，密也。罟，魚網。古代曾經規定，網眼在四寸（古代的尺寸小，四寸只相當於今天的九二公釐，不過二寸七分六釐罷了）以下的叫做密網，禁止放在湖泊內捕魚，意在保留魚種。

10 洿池——洿，音ㄨ，大也。〈廣雅釋詁〉云：「洿，深也。」亦通。

11 斧斤以時入山林——「斤」是「斧」的一種。〈逸周書大聚解〉說：「禹之禁，春三月，山林不登斧斤。」〈周禮・山虞〉云：「仲冬斬陽木，仲夏斬陰木。」〈禮記・王制〉：「草木零落，然後入山林。」可見古人砍伐樹木有一定的時候。

12 憾——音ㄏㄢˋ，恨也，不滿也。

13 衣——ㄧˋ，動詞，讀去聲，穿也。

14 雞豚狗彘之畜，無失其時——〈淮南子・主術訓〉說過：「魚不長尺不得取，彘不期年不得食。」不准吃食小雞小狗小豬，可能就是「無失其時」。趙岐〈注〉云：「言孕字不失時也」。亦通。但譯文體會〔孟子〕本文的原意譯之。豚是小豬，但只能殺以祭祀，正如王筠在〔說文釋例〕所說的，「古人之豕，非大不食，小豕惟以致祭也。」所以這裏既言「彘」，又言「豚」。

15 庠序——古代的地方學校叫庠序。

16 申——一而再，再而三叫申，所以這裏用「反覆訓導」來翻譯它。

17 頒白者不覆戴於道路——「頒白」，鬚髮半白，也寫作「斑白」。〔禮記・王制〕說：「道路輕任（任，行李）并，重任分，斑白不提挈。」又〔祭義〕說：「斑白者不以其任行乎道路。」就是此意。「負」謂背負，「戴」謂頂在頭上。

18 黎民——老百姓。

19 王——音ㄨㄤˋ，以仁德的政治來統一天下的意思。

20 狗彘食人食而不知檢——這句有兩種解釋。〔漢書・食貨志・贊〕說：「〔孟子〕亦非『狗彘食人之食而不知斂』。」顏師古〔注〕說：「言歲豐熟，菽粟饒多，狗彘食人之食，此時可斂之也。」〔漢書・食貨志〕「檢」作「斂」，意思是收成好，穀賤傷農，國家便當平價收買，免得用以飼養狗彘。這和李悝的「平糴」，管子的「國蓄」同意。但清初閻若璩的〔四書釋地三續〕云：「古雖豐穰，未有以人食予狗彘者。『狗彘食人食』即下章『庖有肥肉』意，謂厚斂於民以養禽獸者耳。」閻氏之說可從。

21 莩——音ㄆㄧㄠˇ，餓死之人。

22 無——同「毋」，表禁止的副詞。

23 斯——連詞，「這就」的意思。

一・四

梁惠王曰：「寡人願安承教[1]。」

孟子對曰：「殺人以梃與刃，有以異乎？」

曰：「無以異也。」

[2]「以刃與政，有以異乎？」

曰：「無以異也。」

曰：「庖有肥肉，廄[3]有肥馬，民有飢色，野有餓莩，此率獸而食人也。獸相食，且[4]人惡之；爲民父母，行政，不免於率獸而食人，惡[5]在其爲民父母也？仲尼[6]曰：『始作俑者[7]，其無後乎！』爲其象[8]人而用之也。如之何其使斯民飢而死也？」

【語　譯】

梁惠王（對孟子）說道：「我很高興聽到您的指教。」

孟子答道：「用木棒打死人和用刀子殺死人，有什麼不同嗎？」

王說：「沒有什麼不同。」

「用刀子殺死人和用政治害死人，有什麼不同嗎？」

王說：「也沒有什麼不同。」

孟子又說：「現在您的廚房裏有皮薄膘肥的肉，您的馬欄裏有健壯的馬，可是老百姓面帶飢色，野外躺著餓死的尸體，這等於是在上位的人率領著禽獸來吃人。獸類自相殘殺，人尚且厭惡它；做老百姓父母官的，主持政治，卻不免於率領禽獸來吃人，那又怎麼能做老百姓的父母官呢？孔子說過，『第一個造作木偶土偶來殉葬的人該會絕子滅孫斷絕後代吧！』（為什麼孔子這樣痛恨呢？）就是因為木偶土偶很像人形，卻用來殉葬。（用像人形的土偶木偶來殉葬，尚且不可；）又怎麼可以使老百姓活活地餓死呢？」

【注　釋】

1 寡人願安承教——寡人，古代諸侯自謙之詞。安，「樂意」的意思。

2 這裏省去了「曰」字，表示孟子的話是緊接著梁惠王的話而說的。這是古人修辭體例，〔孟子〕尤其用得很多。

3 廄——音ㄐㄧㄡˋ，馬欄。

4 且——副詞，「尚且」的意思。「且人惡之」，依今天的詞序，當作「人且惡之」。

5 惡——音ㄨ，何也。這裏用作疑問副詞。

6 仲尼——孔子之字。

7 俑者——俑，音ㄩㄥˇ，殉葬用的土偶木偶。古代最初用活人殉葬，後來生產力漸漸提高，一個人的勞動除了供給本人的必需生活資料以外，還有剩餘可供剝削，於是人才被稍加重視，逐漸地不用來殉葬，而改用土俑和木俑。從孔子這句話來看，他是不明白這一歷史情況的。他卻認為先有俑殉，然後發展為人殉。

8 象——同「像」。

一·五

梁惠王曰：「晉國[1]，天下莫[2]強焉[3]，叟之所知也。及寡人之身，東敗於齊，長子死焉[4]；西喪地於秦七百里[5]；南辱於楚[6]。寡人恥之，願比[7]死者壹[8]洒[9]之，如之何則可？」

孟子對曰：「地方百里[10]而可以王。王如施仁政於民，省刑罰，薄稅斂，深耕易耨[11]；壯者以暇日修其孝悌忠信，入以事其父兄，出以事其長上，可使制[12]梃以撻秦楚之堅甲利兵矣。

「彼奪其民時，使不得耕耨以養其父母。父母凍餓，兄弟妻子離散。彼陷溺其民，王往而征之，夫誰與王敵？故曰：『仁者無敵。』王請勿疑！」

【語　譯】

梁惠王（對孟子）說道：「魏國的強大，當時天下是沒有別的國家能夠趕得上的，這一點，您自然很清楚。但到了我這時候，東邊和齊國打一仗，殺得我大敗，連我的大孩子都犧牲了；西邊又敗給秦國，喪失河西之地七百里；南邊又被楚國搶去了八個城池。我實在認為這是奇恥大辱，希望能夠替我國所有的戰死者報仇雪恨，您說要怎樣辦才行？」

孟子答道：「只要有縱橫各一百里的小國就可以行仁政而使天下歸服，（何況魏國是個大國呢？）您假若向百姓實行仁政，減免刑罰，減輕賦稅，叫百姓能夠深耕細作，早除穢草；還使年輕的人在閒暇時間來講求孝順父母、敬愛兄長、為人盡心竭力、待人忠誠守信的道德，而且運用這些道德，在家便來侍奉父兄，上朝便來尊敬上級，這樣，就是製造木棒也可以抗擊擁有堅實盔甲、銳利刀槍的秦、楚軍隊了。

「（這是爲什麼呢？）那秦國楚國（無時不在徵兵徵工），侵佔了百姓的生產時間，使他們不能夠耕種來養活父母，他們的父母受凍挨餓，兄弟妻子東逃西散。秦王楚王使他們的百姓陷在痛苦的深淵中，您去討伐他，那有誰來和您抵抗呢？所以老話曾經說過：『仁德的人是無敵於天下的。』您不要懷疑了吧！」

【注釋】

1 晉國——劉寶楠〔愈愚錄〕卷四云：「〔孟子〕，梁惠王自稱『晉國』，魏人周霄亦自稱『晉國』。此晉國即指魏國也。」劉氏此說甚確，一九五七年在安徽壽縣出土的〔鄂君啓金節銘文〕「大司馬邵陽敗晉師於襄陵」，楚國也稱「魏國」爲「晉」，尤爲確證。所以這裏的「晉國」就是「魏國」。和「三晉」之「晉」義微有別。

2 莫——無指代詞，這裏指國家，所以是「没有國家」的意思。

3 焉——「於是」之意，這是兼詞，「莫強焉」是「没有國家比它（魏）再強些」的意思。

4 東敗於齊，長子死焉——指馬陵（今河南省濮城北）之役。魏伐韓，韓向齊求救，齊派田忌爲大將，孫臏爲軍師伐魏救韓。惠王也派龐涓和太子申爲將來抵禦。兩軍相持於馬陵，魏國終於中計而大敗，龐涓自殺，太子申被俘。

5 西喪地於秦七百里——馬陵之役後，秦國又屢次打敗魏國，迫使魏國獻出河西之地和上郡的十五個縣城。

⑥南辱於楚——〔史記·楚世家〕云：「懷王六年，楚使柱國昭陽將兵而攻魏，破之於襄陵（河南睢陽縣西），得八邑。」但魏世家列此事於梁襄王之十三年。考之古文〔竹書紀年〕，實爲梁惠王後元十一年之事。故朱右曾於〔汲冢紀年存真序〕論真古文之可信，有云：「惠王後元十一年，楚敗我襄陵，故惠王告孟子曰：『南辱於楚。』如〔史記〕則惠王初無南辱之事。」

⑦比——ㄅㄧˋ，介詞，「替」、「代」、「給」的意思。

⑧壹——副詞，「皆」、「都」、「全」的意思。

⑨洒——音義都和「洗」字一樣，可能就是一個字的兩種寫法（〔說文解字〕把它分爲兩字，似乎不必）。

⑩地方百里——應當這樣讀：「地，方百里」，「地方」不能連著讀，因爲不是一詞。古代面積的計算方法是「方若干里」，意思是長和寬各若干里。因此「方百里」譯文也可以寫成「一萬平方里」。

⑪易耨——耨，音ㄋㄡˋ，鋤草也。易，副詞，蔣仁榮〔孟子音義考證〕云：「〔左傳〕昭二十九年『易之亡也』，〔經義述聞〕云：『易者，疾也，速也。』〔管子·度地篇〕曰：『大暑至以疾耨殺草薉。』是其證。〔齊語〕曰：『深耕而疾耰之以待時雨。』義亦同也。」

⑫制——當讀如〔詩·東山〕「制彼裳衣」之「制」，製作、製造之意。焦循謂讀爲「掣」，恐誤。

一·六

孟子見梁襄王①，出，語②人曰：「望之不似人君，就之而不見所畏焉。卒然③問曰：『天下惡乎定？』

「吾對曰：『定於一。』

「『孰能一之？』

「對曰：『不嗜殺人者能一之。』

「『孰能與④之？』

「對曰：『天下莫不與也。王知夫苗乎？七八月⑤之間旱，則苗槁矣。天油然作雲，沛然下雨，則苗浡然興之⑥矣。其如是，孰能禦之？今夫天下之人牧⑦，未有不嗜殺人者也。如有不嗜殺人者，則天下之民皆引領而望之矣。誠如是也，民歸之，由⑧水之就下，沛然誰能禦之？』」

【語譯】

孟子謁見了梁襄王，出來以後，告訴人說：「遠遠望去，不像個國君的樣子；走近他，也看不到威嚴所在。他突然問我：『天下要怎樣才很安定？』

「我答道：『天下歸於一統，就會安定。』

「他又問：『誰能統一天下呢？』

「我又答：『不好殺人的國君，就能統一天下。』

「他又問：『那有誰來跟隨他呢？』

「我又答：『天下的人沒有不跟隨他的。您懂得禾苗的情況嗎？當七八月間，若是長期不下雨，禾苗自然枯槁了。假若是一陣烏雲出現，嘩啦嘩啦地落起大雨來，禾苗便又猛然茂盛地生長起來了。像這樣，那有誰能夠阻擋得住呢？如今各國的君王，沒有一個不好殺人的。如果有一位不好殺人的君王，那麼，天下的老百姓都會伸長脖子期待他的解救了。眞是這樣，百姓的歸附於他，跟隨著他，好像水的向下奔流一樣，那又有誰能夠阻擋得住呢？』」

【注釋】

1 梁襄王——梁惠王的兒子，名嗣（此從〔史記・魏世家・索隱〕引〔世本〕）。

2 語——音ㄩˋ，告訴，對人說。

3 卒然——與「猝然」同。

4 與——〔國語・齊語〕：「桓公知天下諸侯多與己也。」韋昭〔注〕云：「與，從也。」

5 七八月——這是用的周代的曆法。周曆建子，以含有冬至之月，就是夏曆的十一月爲歲首（正月），所以它的七八月相當於夏曆的五六月。這時正是禾苗需要雨水的時候。

6 浡然興之——浡，音ㄅㄛˊ。浡然，興起貌。「興之」的「之」字不是賓語，和「塡然鼓之」的「之」相同，因爲「興」是不及物動詞。

7 人牧——治理人民的人，意指國君。這「牧」字的用法係由「牧牛」「牧羊」的「牧」引伸而來的。

8 由——音義完全和「猶」字一樣。

齊宣王[1]問曰：「齊桓、晉文[2]之事可得聞乎？」

孟子對曰：「仲尼之徒無道桓文之事者，是以後世無傳焉，臣未之聞也。無以[3]，則王乎？」

曰：「德何如則可以王矣？」

曰：「保[4]民而王，莫之能禦也。」

曰：「若寡人者，可以保民乎哉？」

曰：「可。」

曰：「何由知吾可也？」

曰：「臣聞之胡齕[5]曰，王坐於堂上，有牽牛而過堂下者，王見之，曰：『牛何之[6]？』對曰：『將以釁鐘[7]。』王曰：『舍[8]之！吾不忍其觳觫[9]，若無罪而就死地。』對曰：『然則廢釁鐘與？』曰：『何可廢也？以羊易之！』──不識有諸[10]？」

曰：「有之。」

曰：「是心足以王矣。百姓皆以王爲愛[11]也，臣固知王之不忍也。」

王曰：「然；誠有百姓者。齊國雖褊[12]小，吾何愛一牛？即不忍其觳觫，若無罪而就死地，故以羊易之也。」

曰：「王無異[13]於百姓之以王爲愛也。以小易大，彼惡知之？王若隱[14]其無罪而就死地，則牛羊何擇焉？」

王笑曰：「是誠何心哉？我非愛其財而易之以羊也。宜乎百姓之謂我愛也。」

曰：「無傷也，是乃仁術也，見牛未見羊也。君子之於禽獸也，見其生，不忍見其死；聞其聲，不忍食其肉。是以君子遠庖廚[15]也。」

王說[16]曰：「〔詩〕云[17]：『他人有心，予忖度[18]之。』夫子之謂也。夫我乃行之，反而求之，不得吾心。夫子言之，於我心有戚戚焉。此心之所以合於王者，何也？」

曰：「有復於王者曰：『吾力足以舉百鈞[19]，而不足以舉一羽；明足以察秋毫之末[20]，而不見輿薪。』則王許[21]之乎？」

曰：「否。」

「[22]今恩足以及禽獸，而功不至於百姓者，獨何與？然則一羽之不舉，爲不用力焉；輿薪之不見，爲不用明焉；百姓之不見保，爲不用恩焉。故王之不王，不爲也，非不能也。」

曰：「不爲者與不能者之形何以異？」

曰：「挾太山以超北海[23]，語人曰，『我不能。』是誠不能也。爲長者折枝[24]，語人曰，『我不能。』是不爲也，非不能也。故王之不王，非挾太山以超北海之類也；王之不王，是折枝之類也。

「老吾老，以及人之老；幼吾幼，以及人之幼。天下可運於掌[25]。〔詩〕云，『刑于寡妻[26]，至于兄弟，以御于家[27]邦。』言舉斯心加諸彼而已。故推恩足以保四海，不推恩無以保妻子。古之人所以大過人者，無他焉，善推其所爲而已矣。今恩足以及禽獸，而功不至於百姓者，獨何與？「權，然後知輕重；度，然後知長短。物皆然，心爲甚。王請度之！「抑王興甲兵，危士臣，構怨於諸侯，然後快於心與？」

王曰：「否；吾何快於是？將以求吾所大欲也。」

曰：「王之所大欲可得聞與？」

王笑而不言。

曰：「爲肥甘不足於口與？輕煖不足於體與？抑[28]爲采色[29]不足視於目與？聲音不足聽於耳與？便嬖[30]不足使令於前與？王之諸臣皆足以供之，而王豈爲是哉？」

曰：「否；吾不爲是也。」

曰：「然則王之所大欲可知已，欲辟[31]土地，朝[32]秦楚，莅[33]中國而撫四夷也。以若[34]所爲求若所欲，猶緣木而求魚也。」

王曰：「若是其甚與？」

曰：「殆[35]有[36]甚焉。緣木求魚，雖不得魚，無後災。以若所爲求若所欲，盡心力而爲之，後必有災。」

曰：「可得聞與？」

曰：「鄒[37]人與楚[38]人戰，則王以爲孰勝？」

曰：「楚人勝。」

曰：「然則小固不可以敵大，寡固不可以敵衆，弱固不可以敵强。海內之地方千里者九，齊集有其一。以一服八，何以異於鄒敵楚哉？蓋[39]亦反其本矣。

「今王發政施仁，使天下仕者皆欲立於王之朝，耕者皆欲耕於王之野，商賈皆欲藏於王之市，行旅皆欲出於王之塗，天下之欲疾其君者皆赴愬[40]於王。其若是，孰能禦之？」

王曰：「吾惛[41]，不能進於是矣。願夫子輔吾志，明以教我。我雖不敏，請嘗試之。」

曰：「無恆產而有恆心者，惟士爲能。若[42]民，則[43]無恆產，因無恆心。苟無恆心，放辟邪侈，無不爲已。及陷於罪，然後從而刑之，是罔[44]民也。焉有仁人在位罔民而可爲也？是故明君制民之產，必使仰足以事父母，俯足以畜妻子，樂歲終身飽，凶年免於死亡；然後驅而之善，故民之從之也輕[45]。

「今也制[46]民之產，仰不足以事父母，俯不足以畜妻子；樂歲終身苦，凶年不免於死亡。此惟救死而恐不贍[47]，奚[48]暇治禮義哉？

「王欲行之，則盍[49]反其本矣：五畝之宅，樹之以桑，五十者可以衣帛矣。雞豚狗彘之畜，無失其時，七十者可以食肉矣。百畝之田，勿奪其時，八口之家可以無飢矣。謹庠序之教，申[50]之以孝悌之義，頒白者不負戴於道路矣。老者衣帛食肉，黎民不飢不寒，然而不王者，未之有也。」

【語譯】

齊宣王問孟子道：「齊桓公、晉文公在春秋時代稱霸的事蹟，您可以講給我聽嗎？」

孟子答道：「孔子的學生們沒有談到齊桓公、晉文公的事蹟的，所以也沒有傳到後代來，我也不曾聽到過。王如果定要我說，便講講用道德力量來統一天下的『王』道吧！」

宣王問道：「要有怎樣的道德就能夠統一天下了呢？」

孟子說：「一切爲著使百姓的生活安定而努力，這樣去統一天下，沒有人能夠阻擋的。」

宣王說：「像我這樣的人，能夠使百姓的生活安定嗎？」

孟子說：「能夠。」

宣王說：「憑甚麼知道我能夠呢？」

孟子說：「我曾聽到胡齕告訴我一件事：王坐在大殿之上，有人牽著牛從殿下走過，王看到了，便問道：『牽著牛往哪兒去？』那人答道：『準備宰了祭鐘。』王便道：『放了它吧！看它那哆嗦可憐的樣子，毫無罪過，却被送進屠場，我實在不忍。』那人便道：『那麼，便廢除祭鐘這一儀節嗎？』王又道：『怎樣可以廢除呢？用隻羊來代替吧！』——不曉得果眞有這樣一回事嗎？」

宣王說：「有的。」

孟子說：「憑這種好心就可以統一天下了。老百姓都以爲王是吝嗇，我早就知道王是不忍。」

宣王說：「對呀，確實有這樣的百姓。齊國雖然不大，我也何至於連一頭牛都捨不得？我就是不忍看它那種哆嗦可憐的樣子，毫無罪過而被送進屠場，才用羊來代替它。」

孟子說：「百姓說王吝嗇，王也不必奇怪。（羊小牛大，）用小的代替大的，他們哪能體會到王的深意呢？如果說可憐它毫無罪過卻被送進屠場，那麼宰牛和宰羊又有什麼不同呢？」

宣王笑著說：「這個我眞連自己也不懂是什麼心理了。我的確不是吝惜錢財才去用羊來代替牛。（您這麼一說，）百姓說我吝嗇眞是理所當然的了。」

孟子說：「（百姓這樣誤解）沒有什麼關係。王這種不忍之心正是仁愛。道理就在於：王親眼看見那隻牛，卻沒有看見那隻羊。君子對於飛禽走獸，看見它們活著，便不忍心再看到它們死去；聽了它們悲鳴哀號，便不忍心再吃它們的肉。君子把廚房擺在遠離自己的場所，就是這個道理。」

宣王很高興地說：「有兩句詩歌：『別人存啥心，我能揣摩到。』您就是這樣的。我只是這樣做了，再問問自己，（爲什麼要這樣做呢？）卻說不出所以然來。您老人家這麼一說，我的心便豁然明亮了。但我這種心情和王道相合，又是什麼道理呢？」

孟子說：「假定有一個人向王報告：『我的膂力能夠舉重三千斤，卻拿不起一根羽毛；我的目力能夠把秋天鳥的細毛看得分明，一車子柴火擺在眼前卻瞧不見。』您肯相信這種話嗎？」

宣王說：「不。」

孟子便馬上接著說：「如今王的好心好意足以使動物沾光，卻不能使百姓得到好處，卻是爲什麼呢？這樣看來，一根羽毛都拿不起，只是不肯用力氣的緣故；一車子柴火都瞧不見，只是不肯用眼睛的緣故；老百姓得不到安定的生活，只是不肯施恩的緣故。所以王的不行仁德的政治來統一天下，只是不肯做，不是不能做。」

宣王說：「不肯做和不能做在現象上有什麼不同呢？」

孟子說：「把泰山夾在胳臂底下跳過北海，告訴人說：『這個我辦不到。』這眞是不能。替老年人折取樹枝，告訴人說：『這個我辦不到。』這是不肯做，不是不能做。王的不行仁政不是屬於把泰山夾在胳臂底下跳過北海一類，而是屬於替老年人折取樹枝一類的。

「尊敬我家裏的長輩，從而推廣到尊敬別人家裏的長輩；愛護我家裏的兒女，從而推廣到愛護別人家裏的兒女。（一切政治措施都由這一原則出發，）要統一天下就像在手心裏轉動東西那麼容易了。〔詩經〕上說：『先給妻子做榜樣，再推廣到兄弟，再進而推廣到封邑和國家。』這就是說把這樣的好心好意擴大到其他方面去就行了。所以由近及遠地把恩惠推廣開去，便足以安定天下；不這樣，甚至連自己的妻子都保護不了。古代的聖賢之所以遠遠地超越於一般人，沒有別的訣竅，只是他們善於推行他們的好行爲罷了。如今您的好心好意足以使動物沾光，百姓却得不著好處，這是爲什麼呢？

「秤一秤，才曉得輕重；量一量，才曉得長短。甚麼東西都如此，人的心更需要這樣。王，您考慮一下吧！

「難道說，動員全國軍隊，使將士冒著危險，去和別的國家結仇搆怨，這樣做您心裏才痛快嗎？」

宣王說：「不，我爲什麼定要這麼做才痛快呢？我之所以這樣做，不過是要滿足我的最大的慾望啊。」

孟子說：「王的最大慾望是什麼呢？可以講給我聽聽嗎？」

宣王笑了笑，却不說話。

孟子便說：「是爲了肥美的食物不夠吃呢？是爲了輕煖的衣服不夠穿呢？是爲了艷麗的彩色

不夠看呢？是爲了美妙的音樂不夠聽呢？還是爲了伺候的人不夠您使喚呢？這些，您手下的人員能夠儘快供給，難道您眞是爲了它們嗎？」

宣王說：「不，我不是爲了這些。」

孟子說：「那麼，您的最大慾望便可以知道了。您是想要擴張國土，使秦楚等國都來朝貢，自己作天下的盟主，同時安撫四周圍的落後外族。不過以您這樣的作法想滿足您這樣的慾望，好像爬到樹上去捉魚一樣。」

宣王說：「竟然有這樣嚴重嗎？」

孟子說：「恐怕比這更嚴重呢。爬上樹去捉魚，雖然捉不到，却沒有禍害。以您這樣的作法想滿足您這樣的慾望，如果費盡心力去做，（不但達不到目的，而且）一定會有禍害在後頭。」

宣王說：「（這是什麼道理？）可以講給我聽聽嗎？」

孟子說：「假定鄒國和楚國打仗，您以爲哪一國會打勝呢？」

宣王說：「楚國會勝。」

孟子說：「從這裏便可以看出：小國不可以跟大國爲敵，人口稀少的國家不可以跟人口衆多的國家爲敵，弱國不可以跟强國爲敵。現在中國土地總面積約九百萬平方里，齊國全部土地不過一百萬平方里。以九分之一的力量跟其餘的九分之八爲敵，這和鄒國跟楚國爲敵有什麼分別呢？（這條路是走不通的，那麼，）爲什麼不從根本著手呢？

「現在王如果能改革政治，施行仁德，便會使天下的士大夫都想到齊國來做官，莊稼漢都想到齊國來種地，行商坐賈都想到齊國來做生意，來往的旅客也都想取道齊國，各國痛恨本國君主的人們也都想到您這裏來控訴。果然做到這樣，又有誰能抵擋得住呢？」

宣王說：「我頭腦昏亂，對您的理想不能進一層的體會，希望您輔佐我達到目的，明明白白地教導我。我雖然不行，也無妨試它一試。」

孟子說：「沒有固定的產業收入却有一定的道德觀念和行爲準則的，只有士人才能夠做到。至於一般人，如果沒有一定的產業收入，便也沒有一定的道德觀念和行爲準則。這樣，就會胡作非爲，違法亂紀，什麼事都做得出來。等到他們犯了罪，然後去加以處罰，這等於陷害。哪有仁愛的人坐了朝廷却做出陷害老百姓的事的呢？所以英明的君主規定人們的產業，一定要使他們上足以贍養父母，下足以撫養妻兒；好年成，豐衣足食；壞年成，也不致餓死。然後再去誘導他們走上善良的道路，老百姓也就很容易地聽從了。

「現在呢，規定人們的產業，上不足以贍養父母，下不足以撫養妻兒；好年成，也是艱難困苦；壞年成，只有死路一條。這樣，每個人用全力救活自己的生命都怕來不及，哪有閒工夫學習禮義呢？

「王如果要施行仁政，爲什麼不從根本著手呢？每家給他五畝土地的住宅，四圍種植著桑樹，那麼，五十歲以上的人都可以有絲綿襖穿了。鷄狗與豬這類家畜，都有力量和工夫去飼養、繁殖，那麼，七十歲以上的人就都有肉可吃了。一家給他一百畝田地，並且不去妨礙他的生產，八口人的家庭便都可以吃得飽飽的了。辦好各級學校，反覆地用孝順父母、敬愛兄長的大道理來開導他們，那麼，鬚髮花白的人（便會有人代勞），不致頭頂著、背負著物件在路上行走了。老年人個個穿綿吃肉，一般人不凍不餓，這樣還不能使天下歸服的，那是從來沒有的事。」

【注釋】

1 齊宣王——威王之子，名辟疆。據推測，孟子在見了梁襄王之後便離開魏國到了齊國，這時齊宣王即位也不過兩年。

2 齊桓、晉文——齊桓公名小白，晉文公名重耳，在春秋時候先後稱霸，爲「五霸」之首。

3 以——同「已」。「無以」猶言「不得已」。

4 保——安也。

5 齕——音ㄏㄜˊ。

6 之——動詞，往也，適也。

7 釁鐘——釁，音ㄒㄧㄣˋ，王夫之〔孟子稗疏〕云：「釁，祭名，血祭也。凡落成之祭曰釁。」這是古代的一種禮節儀式，當國家的一件新的重要器物以至宗廟開始使用的時候，便要宰殺一件活物來祭它。

8 舍——同「捨」。

9 觳觫——音ㄏㄨˊㄙㄨˋ，楊慎〔丹鉛總錄〕云：「言牛將就屠而體縮恐懼也。」俞樾〔孟子平義〕把下句「若」字屬此句讀。楊樹達〔古書句讀釋例〕以「吾不忍其觳觫若無罪而就地死」十三字作一句讀。皆難聽信。

10 諸——「之乎」的合音。

11 愛——吝嗇之意。

12 褊——音ㄅㄧㄢˇ，小也。

13 異——動詞，奇怪，疑怪。

14 隱——趙岐〔注〕：「痛也。」哀痛，可憐。

15 君子遠庖廚——君子，有時指有德之人，有時指有位（官職）之人，這裏兩者都可解。遠，這裏作動詞，使動用法，使他遠離的意思，舊讀去聲。

16 說——同「悅」，高興，喜歡。

17 〔詩〕云——詩句見於〔詩經・小雅・巧言篇〕。

18 忖度——忖，音ㄘㄨㄣˇ。度，音ㄉㄨㄛˋ。揣想。

19 鈞——三十斤爲一鈞。

20 秋毫之末——有人說是鳥尾之細毛，有人說是禾穗上之白毛，總之是極細小的東西。

21 許——聽信。

22 今字前省去「曰」字，便是表示孟子的話是緊接宣王的話的。

23 挾太山以超北海——太山即泰山，北海即渤海。〔墨子・兼愛篇〕云：「譬若挈泰山越河濟也。」可見此是當時常用譬喻。

24 折枝——古來有三種解釋：㈠折取樹枝，㈡彎腰行禮，㈢按摩搔癢。譯文取第一義。

25 天下可運於掌——〔列子・湯問篇〕：「大王治國誠能若此，則天下可運於一握。」即此意。

26 刑于寡妻——〔詩〕云以下三句見於〔詩經・大雅・思齊篇〕。「刑」同「型」，猶言示範。寡妻，嫡妻也。這「寡」字和〔尚書・康誥〕的「寡兄」、康王之誥的「寡命」諸「寡」字同義，大也。可參考俞正燮〔癸巳類稾・寡兄解〕。

27 家——指卿大夫之有采邑者。

28 抑——選擇連詞，相當於現代漢語的「還是」。

19 采色——就是「彩色」。

30 便嬖——音ㄆㄧㄢˊ ㄅㄧˋ，在王左右親近之有寵幸者。

31 辟——同「闢」，開闢。

32 朝——使動用法，使其朝覲。

33 莅——音，ㄌㄧˋ，臨也。

34 若——如此，後來寫作「偌」。

35 殆——副詞，表示不肯定。可譯爲「可能」、「大概」、「幾乎」、「或者」。

36 有——同「又」。

37 鄒——國名，就是邾國，〔公羊〕又作邾婁，國土極小。今山東鄒縣東南有邾城，當是古邾國之地。

38 楚——春秋和戰國時的大國。

39 盍——同「盇」，「何不」的合音。

40 愬——同「訴」。

41 惛——同「昏」。

42 若——轉折連詞，他轉，「至於」之意。

43 則——假設連詞，假若。

44 罔——同「網」，此處用作動詞，張網羅以捕捉之意，猶言「陷害」。

45 輕——輕易，容易。

46 制——訂立制度。

47 贍——音ㄕㄢˋ，足夠。

48 奚——何。

49 盍——「何不」的合音。

50 申——趙岐〔注〕以「申重」解「申」，是也。〔荀子・仲尼篇〕云：「疾力以申重之。」楊倞〔注〕云：「申重猶再三也。」此「申」用法正與〔禮記・檀弓〕「申之以子夏」同。譯文故以「反覆開導」表達之。

卷二

梁惠王章句下

凡十六章

二·一

莊暴見孟子，曰：「暴見於王[1]，王語暴以好樂[2]，暴未有以對也。」曰[3]：「好樂何如？」

孟子曰：「王之好樂甚，則齊國其庶幾[4]乎！」

他日[5]，見於王曰：「王嘗語莊子以好樂，有諸？」

王變乎色[6]，曰：「寡人非能好先王之樂也，直好世俗之樂耳。」

曰：「王之好樂甚，則齊其庶幾乎！今之樂由古之樂也。」

曰：「可得聞與？」

曰：「獨樂樂，與人樂樂，孰樂？」

曰：「不若與人。」

曰：「與少樂樂，與衆樂樂，孰樂？」

曰：「不若與衆。」

「臣請爲王言樂。今王鼓樂於此，百姓聞王鐘鼓之聲，管籥[7]之音，舉[8]疾首蹙頞[9]而相告曰：『吾王之好鼓樂，夫何使我至於此極也？父子不相見，兄弟妻子離散。』今王田獵[10]於此，百姓聞王車馬之音，見羽旄[11]之美，舉疾首蹙頞而相告曰：『吾王之好田獵，夫何使我至於此極也？父子不相見，兄弟妻子離散。』此無他，不與民同樂也。

「今王鼓樂於此，百姓聞王鐘鼓之聲，管籥之音，舉欣欣然有喜色而相告曰：『吾王庶幾無疾病與，何以能鼓樂也？』今王田獵於此，百姓聞王車馬之音，見羽旄之美，舉欣欣然有喜色而相告曰：『吾王庶幾無疾病與，何以能田獵也？』此無他，與民同樂也。今王與百姓同樂，則王矣。」

【語譯】

齊國的臣子莊暴來見孟子，說道：「我去朝見王，王告訴我，他愛好音樂，我不知應該怎樣回答。」接著又說：「愛好音樂，究竟好不好？」

孟子說：「王如果非常愛好音樂，那齊國便會很不錯了。」

過了些時，孟子謁見齊王，問道：「您曾經告訴莊暴，說您愛好音樂，有這回事嗎？」

齊王很不好意思地說：「我並不是愛好古代音樂，只是愛好一般流行的樂曲罷了。」

孟子說：「只要您非常愛好音樂，那齊國便會很不錯了。無論現在流行的音樂，或者古代音樂都是一樣的。」

齊王說：「這個道理可以說給我聽聽嗎？」

孟子說：「一個人單獨地欣賞音樂快樂，跟別人一起欣賞音樂也快樂，究竟哪一種更快樂呢？」

齊王說：「當然跟別人一起欣賞更快樂些。」

孟子說：「跟少數人欣賞音樂，固然快樂，跟多數人欣賞音樂也快樂，究竟哪一種更快樂呢？」

齊王說：「當然跟多數人一起欣賞更快樂。」

孟子馬上接著說：「那麼，就讓我向您談談音樂和娛樂的道理吧。假使王在這兒奏樂，老百姓聽到鳴鐘擊鼓的聲音，又聽到吹簫奏笛的聲音，却全都覺得頭痛，愁眉苦臉地互相議論：『我們國王這樣愛好音樂，爲什麼使我苦到這般地步呢！父子不能見面，兄弟妻子東逃西散！』假使王在這兒打獵，老百姓聽到車馬的聲音，看到儀仗的華麗，却全都覺得頭痛，愁眉苦臉地互相議論：『我們國王這樣愛好打獵，爲什麼使我苦到這般地步呢？父子不能見面，兄弟妻子東逃西散！』（爲什麼百姓會這樣呢？）這沒有別的原因，就是因爲王只圖自己快樂而不同大家一同娛樂的緣故。

「假使王在這兒奏樂，百姓聽到鳴鐘擊鼓的聲音，又聽到吹簫奏笛的聲音，全都眉開眼笑地互相告訴：『我們國王大概很健康吧，要不這樣，怎麼能夠奏樂呢？』假使王在這兒打獵，老百姓聽到車馬的音聲，看到儀仗的華麗，全都眉開眼笑地互相告訴：『我們國王大概很健康吧，要不這樣，怎麼能夠打獵呢？』（爲什麼百姓會這樣呢？）這沒有別的原因，就是因爲王同百姓一同娛樂罷了。如果王同百姓一同娛樂，就可以使天下歸服了。」

【注釋】

1 暴見於王——「王」是齊宣王。這是由上一章和下一章所言都是齊宣王的事情而推知的。「暴見於王」和「莊暴見孟子」不同。一有介詞「於」字，一不用介詞。「見孟子」是「來看孟子」，「見於王」是「被王接見」。

2 樂——歷來注釋家都把這「樂」字解爲「音樂」。但也有人主張（如宋人陳善的《捫蝨新語》）把它解爲「快樂」，因爲下文孟子講到「田獵」，是一種娛樂，也不與「音樂」相干。但我們細推全文，「鼓樂」連言，認爲原意仍是「音樂」的「樂」，孟子以後又講到田獵，不過是由「獨樂」、「衆樂」而引伸出來的又一比方罷了。

[3] 曰——一個人的話中間又加一「曰」字，表示這個人說話之中有所停頓，因此加一「曰」字，表示「更端」，這是古人修辭體例，說詳俞樾〔古書疑義舉例〕卷二。

[4] 庶幾——「差不多」的意思，但只用於積極方面。

[5] 他日——直譯爲「別的日子」，有時表示在這以前的日子，如第十六章的「他日君出」；這裏表示在這以後的日子，所以譯爲「過了些時」。

[6] 變乎色——直譯爲「變了臉色」，譯文譯其意。

[7] 管籥——「籥」同「龠」，音ㄩㄝˋ。管龠，古代吹奏樂器，如今天簫笙之類的東西。

[8] 舉——副詞，皆，俱，全都。

[9] 疾首蹙頞——蹙，音ㄘㄨˋ。頞，音ㄜˋ，鼻莖，鼻樑。疾首蹙頞直譯爲腦袋疼痛皺著鼻樑，譯文用意譯法。

[10] 田獵——就是打獵。

[11] 羽旄——旗幟的意思，這裏譯爲「儀仗」。

❖

二・二

齊宣王問曰：「文王之囿方七十里[1]，有諸？」

孟子對曰：「於傳有之。」

曰：「若是其大[2]乎？」

曰：「民猶以爲小也。」

曰：「寡人之囿方四十里，民猶以爲大，何也？」

曰：「文王之囿方七十里，芻蕘者往焉，雉兔者往焉，與民同之。民以爲小，不亦宜乎？臣始至於境，問國之大禁，然後敢入。臣聞郊關之內有囿方四十里，殺其麋鹿者如殺人之罪，則是方四十里爲阱於國中。民以爲大，不亦宜乎？」

【語　譯】

齊宣王（問孟子）道：「聽說周文王有一處狩獵場，縱橫各長七十里，眞有這回事嗎？」

孟子答道：「在史籍上有這樣的記載。」

宣王說：「眞有這麼大嗎？」

孟子說：「老百姓還覺得太小呢。」

宣王說：「我的狩獵場，縱橫各只四十里，老百姓還認爲太大了，這又是爲什麼呢？」

孟子說：「文王的狩獵場縱橫各七十里，割草打柴的去，打鳥捕獸的也去，同老百姓一同享用。老百姓認爲太小，這不很自然嗎？（而您的呢，與此相反。）我剛到齊國邊界的時候，問明白了齊國最嚴重的禁令後，才敢入境。我聽說在齊國首都的郊外，有一個狩獵場，縱橫各四十里，誰要殺害了裏面的麋鹿，就等於犯了殺人罪。那麼，這爲方四十里的地面，對百姓來說，是在國內佈置一個陷阱。他們認爲太大了，不也應該嗎？」

【注釋】

[1] 文王之囿方七十里——古代畜養草木禽獸的園林，有圍牆的叫「苑」，沒有圍牆的叫「囿」。唐賈公彥〔周禮・地官・囿人疏〕云：「案『〔孟子〕文王之囿七十里，芻蕘者往焉。』『天子之囿百里』，並是田獵之處。」譯文據此，因譯爲「狩獵場」。

[2] 若是其大——這「其」字用法同「之」，但古人於這種地方多用「其」，極少用「之」。◈

二・三

齊宣王問曰：「交鄰國有道乎？」

孟子對曰：「有。惟仁者爲能以大事小，是故湯事葛[1]，文王事昆夷[2]。惟智者爲能以小事大，故太王事獯鬻[3]，勾踐事吳[4]。以大事小者，樂天者也；以小事大者，畏天者也。樂天者保天下，畏天者保其國。〔詩〕云：『畏天之威，於時保之。』」

王曰：「大哉言矣！寡人有疾，寡人好勇。」

對曰：「王請無好小勇。夫撫劍疾視曰，『彼惡敢當我哉！』此匹夫之勇，敵一人者也。王請大之！

「〔詩〕云：『王赫斯[5]怒，爰[6]整其旅，以遏徂莒[7]，以篤周祜[8]，以對于天下。』此文王之勇也。文王一怒而安天下之民。

「〔書〕曰[9]：『天降下民，作之君，作之師，惟曰其助上帝寵之[10]。四方有罪無罪惟我在，天下曷敢有越厥[11]志？』一人衡行[12]於天下，武王恥之。此武王之勇也。而武王亦一怒而安天下之民。今王亦一怒而安天下之民，民惟恐王之不好勇也。」

【語　譯】

齊宣王問道：「和鄰國相交有什麼原則和方式嗎？」

孟子答道：「有的。只有仁愛的人才能夠以大國的身分來服事小國，所以商湯服事葛伯，文王服事昆夷。只有聰明的人才能夠以小國的身分服事大國，所以太王服事獯鬻，勾踐服事夫差。以大國身分服事小國的，是無往而不快樂的人；以小國身分服事大國的，是謹愼畏懼的人。無往而不快樂的人足以安定天下，謹愼畏懼的人足以保護住自己的國家。這正如〔詩經・周頌・我將篇〕說的：『害怕上帝有威靈，（因此謹愼小心，）所以得到安定。』」

宣王說：「您的話眞高明呀！不過，我有個毛病，就是喜愛勇敢（，恐怕不能夠服事別國）。」

孟子答道：「那麼，王就不要喜愛小勇。有一種人，只是手按著刀劍瞪著眼睛說：『他怎麼敢抵擋我呢！』這只是個人的勇，只能敵得住一個人。希望王能夠把它擴大。

「〔詩經・大雅・皇矣篇〕說：『我王勃然一生氣，整頓軍隊往前去，阻止侵略莒國的敵人，增强周國的威望，因以報答各國對周國的嚮往。』這便是文王的勇。文王一生氣便使天下的百姓得到安定。

「〔書經〕說：『天降生一般的人，也替他們降生了君主，也替他們降生了師傅，這些君主和師傅的唯一責任，是幫助上帝來愛護人民。因此，四方之大，有罪者和無罪者，都由我負責。普天之下，何人敢超越他的本分（來胡作妄為）？』當時有一個紂王在世間橫行霸道，武王便認為這是奇恥大辱。這便是武王的勇。武王也一生氣而使天下的人民得到安定。如今王若是也生氣而使天下人民都得到安定，那麼，天下的人民還只怕王不喜愛勇敢哩。」

【注釋】

1 湯事葛——〔孟子・滕文公章句下〕第五章對此事有較詳的敘述，可參閱。

2 文王事昆夷——「昆夷」亦作「混夷」，周朝初年的西戎國名。文王如何服事昆夷，其事已經不能詳考。

3 太王事獯鬻——「太王」亦作「大王」，即古公亶父。「獯鬻」亦作「葷育」，音ㄒㄩㄣ ㄩˋ，即獫狁（ㄒㄧㄢˇ ㄩㄣˇ），亦即第十五章之狄人，當時的北方少數民族。本篇第十五章所載「太王居邠狄人侵之」的事即指此而言，可參看。

4 勾踐事吳——事詳〔國語・越語〕和〔吳語〕。越王勾踐被吳王夫差打得大敗，逃在會稽山，卑辭厚禮向吳國求和，本人替吳王當馬前卒。後來，終於報了仇，滅了吳國。

5 赫斯——猶言「赫然」，表態副詞，描寫發怒時的情貌。

6 爰——語首之詞，無義。

7 以遏徂莒——遏，止也。徂，往也。莒，國名。

8 以篤周祜——篤，厚也。祜，福也。直譯是「增添周室的福祜」，譯文用意譯法。

9 〔書〕曰——以下爲〔尚書〕逸文，〔僞古文尚書〕採入泰誓上篇。

10 其助上帝寵之——句讀應該如此。朱熹〔集註〕把下文「四方」連接「寵之」作一句，全文讀爲：「惟曰其助上帝，寵之四方」，是不對的。

11 厥——用法同「其」。

12 衡行——就是「横行」。古書於「横」字多作「衡」。

二·四

齊宣王見孟子於雪宮1。王曰：「賢者亦有此樂乎？」

孟子對曰：「有。人不得，則非其上矣。不得而非其上者，非也；爲民上而不與民同樂者，亦非也。樂民之樂者，民亦樂其樂；憂民之憂者，民亦憂其憂。樂以天下，憂以天下，然而不王者，未之有也。

「昔者齊景公2問於晏子3曰：『吾欲觀於轉附朝儛4，遵海而南，放於琅邪5，吾何脩而可以比於先王觀也？』

「晏子對曰：『善哉問也！天子適諸侯曰巡狩。巡狩者，巡所守也。諸侯朝於天子曰述職。述職者，述所職也。無非事者。春省耕而補不足，秋省斂而助不給。夏諺曰：『吾王不遊，吾何以休？吾王不豫6，吾何以助？一遊一豫，爲諸侯度。』今也不然：師行而糧食，飢者弗食，勞者弗息。睊睊胥讒7，民乃作慝8。方命9虐民，飲食若流。流連荒亡，爲諸侯憂10。從流下而忘反謂之流，從流上而忘反謂之連，從獸無厭謂之荒，樂酒無厭謂之亡。先王無流連之樂，荒亡之行。惟君所行也。』

「景公悅，大戒[11]於國，出舍於郊。於是始興發補不足。召大師[12]曰：『爲我作君臣相說之樂！』蓋〈徵招〉〈角招〉[13]是也。其詩曰，『畜君何尤[14]？』畜君者，好君也。」

【語譯】

齊宣王在他的別墅雪宮裏接見孟子，宣王問：「有道德的賢人也有這種快樂嗎？」

孟子答道：「有的。如果他們得不到這種快樂，他們就會埋怨國王了。得不著這種快樂就埋怨國王的，是不對的。可是作爲一國之主有快樂而不同他的百姓一同享受，也是不對的。以百姓的快樂爲自己的快樂的，百姓也會以國王的快樂爲自己的快樂；以百姓的憂愁爲自己的憂愁，百姓也會以國王的憂愁爲自己的憂愁。和天下之人同憂同樂，這樣還不能使天下歸服於他的，是從來不曾有過的事。

「過去齊景公問晏子說：『我想到轉附朝儛兩個山上去遊遊，然後沿著海岸向南行，一直到琅邪。我該怎樣辦才能夠和過去的聖賢之君的巡遊相比擬呢？』晏子答道：『問得好呀！天子到諸侯的國家去叫做巡狩。巡狩就是巡視各諸侯所守的疆土的意思。諸侯去朝見天子叫做述職。述職就是報告在他職責內的工作的意思。沒有不和工作相結合的。春天裏巡視耕種情況，對貧窮農戶加以補助；秋天裏考察收穫情況，對缺糧農戶加以補助。夏朝的諺語說：『我王不出來遊，我的休息向誰求？我王不出來走，我的補助哪會有？我的王遊遊走走，足以作爲諸侯的法度。』現在可不是這樣了，國王一出巡，興師動衆，到處籌糧運米。飢餓的人得不到吃食，勞苦的人得不到休息。所有人員無不切齒側目，怨聲載道，而人們就要為非作歹了。（這樣出巡）違背天意，虐待百姓，大吃大喝，浪費飲食如同流水，流連忘返，荒亡無行，使諸侯都為此而憂愁。怎樣叫做流連荒亡呢？由上游向下游的遊玩樂而忘歸叫做流，由下游向上游的遊玩樂而忘歸叫做連，無厭倦地打獵叫做荒，不知節制地喝酒叫做亡。過去的聖賢之君都沒有這種流連荒亡的行為。（頭一種是和工作相結合的巡行，後一種是只知自己快樂的流連荒亡，）您從事哪一種，由您自己決定吧！』

「景公聽了，大為高興。先在都城內做好準備，然後駐紮郊外，拿出錢糧，救濟貧窮的人。景公又把樂官長叫來，對他說：『給我創作一個君臣同樂的歌曲！』這個樂曲就是〈徵招〉〈角招〉，歌辭說：『這樣喜愛國君有什麼不對的呢？』」

【注釋】

1 齊宣王見孟子於雪宮——雪宮是齊宣王的離宮，離宮相當於現今的別墅。這一句有兩個說法，一說是齊宣王在雪宮接見孟子，一說是齊宣王招待孟子於雪宮而自己去看他。譯文取前說。

2 齊景公——春秋時齊國之君，姓姜名杵臼。

3 晏子——齊國賢臣，名嬰。現在所傳的〈晏子春秋〉，雖然有依託附會，但也可以窺見晏嬰的行事與學說之一斑。

4 觀於轉附朝儛——觀，遊也。轉附疑即今芝罘山（就是芝罘島），朝儛疑即今山東省榮城縣東之召石山。宋翔鳳〔孟子趙注補正〕謂朝儛爲兩水名，曲說不可從。

5 琅邪——山名，在今山東省諸城縣東南。

6 豫——義同「遊」。〔晏子春秋・內篇問下〕云：「春省耕而補不足者謂之遊，秋省實而助不給者謂之豫。」〔管子・戒篇〕云：「春出原農事之不本者謂之游，秋出補人之不足者謂之夕」。變「豫」言「夕」。

7 睊睊胥讒——睊睊，疊字以作表態副詞，形容因忿恨側目而視的樣子。胥，皆也，相也。讒，毀謗也。

8 慝——音ㄊㄜˋ，惡也。統治者暴虐人民，人民怨恨反抗，這是必然的。但在古代的某些人看來，仍認爲不對，所以這裏用「讒」、「慝」諸字，譯文也只能就原意翻譯。

9 方命——方，違反之意。命指上帝意旨。

10 夏諺曰……爲諸侯憂——蕭穆〔敬孚類稿〕卷一有孟子夏諺兩節解，他認爲這一節夏諺從「吾王不遊」一直貫到「爲諸侯憂」，因爲都是韻語，而其下「從流下而忘反謂之流」四句又是解釋，他說：「豈臣子對君之辭亦仿諺語用韻，自言之，且自解之者耶？」又說：「蓋前解巡狩述職之說，亦是先引前人成說，非己率爾造出也。」（方宗誠〔讀論孟補記〕說同。）譯文雖不用此說，但仍提出以供參考。

11 戒——舊注云：「備也。」這不是「戒備」之意，當讀如〔詩・小雅・大田〕「既種既戒，既備乃事」之「戒」，「準備」也。

12 大師——讀爲太師，古代樂官之長。

13 〔徵招〕〔角招〕——徵，音ㄓˇ，徵和角是古代五音（宮、商、角、徵、羽）中的兩個。招，同

「韶」。

14 尤——錯誤，過愆。

❖

二·五

齊宣王問曰：「人皆謂我毀明堂1，毀諸？已2乎？」

孟子對曰：「夫明堂者，王者之堂也。王欲行王政，則勿毀之矣。」

王曰：「王政可得聞與？」

對曰：「昔者文王之治岐3也，耕者九一4，仕者世祿5，關市譏6而不征，澤梁7無禁，罪人不孥8。老而無妻曰鰥9，老而無夫曰寡，老而無子曰獨，幼而無父曰孤。此四者，天下之窮民而無告者。文王發政施仁，必先斯四者。〔詩〕云，『哿矣富人，哀此煢獨10。』」

王曰：「善哉言乎！」

曰：「王如善之，則何為不行？」

王曰：「寡人有疾，寡人好貨。」

對曰：「昔者公劉11好貨，〔詩〕云：『乃積乃倉12，乃裹餱糧13，于橐于囊14。思戢用光15。弓矢斯張，干戈戚揚16，爰方啓行。』故居者有積倉，行者有裹囊17也，然後可以爰方啓行。王如好貨，與百姓同之，於王何有？」

王曰：「寡人有疾，寡人好色。」

對曰：「昔者太王18好色，愛厥妃。〔詩〕云：『古公亶父18，來朝走馬，率西水滸[19]，至于岐下，爰及姜女[20]，聿來胥宇[21]。』當是時也，內無怨女，外無曠夫[22]。王如好色，與百姓同之，於王何有[23]？」

【語譯】

齊宣王問道：「別人都建議我把明堂拆毀掉，（您說，）毀掉呢？還是不呢？」

孟子答道：「明堂是什麼呢？是有道德而能統一天下的王者的殿堂。您如果要實行王政，就不要把它毀掉了。」

王說：「（怎樣去實行王政呢？）可以講給我聽聽嗎？」

答道：「從前周文王治理岐周，對農民的稅率是九分抽一；對做官的人是給以世代承襲的俸祿；在關口和市場上，只稽查，不征稅；任何人到湖泊捕魚，不加禁止；犯罪的人，刑罰只及於他本人，不牽連到他的妻室兒女。失掉妻室的老年人叫做鰥夫，失掉丈夫的老女人叫做寡婦，沒有兒女的老人叫做孤獨者，死了父親的兒童叫做孤兒。這四種人是社會上窮苦無靠的人。周文王實行仁政，一定最先考慮到他們。〔詩經．小雅．正月篇〕說，『有錢財的人是可以過得去的了，可憐那些孤單的無依無靠者吧。』」

宣王說：「這話說得眞好呀！」

孟子說：「您如果認爲這話好，那爲什麼不實行呢？」

宣王說：「我有個毛病，我喜愛錢財（，實行王政怕有困難）。」

孟子答道：「從前公劉也喜愛錢財，〔詩經．大雅．公劉篇〕寫道：『糧食眞多，外有囤，內滿倉；還包裹著乾糧，裝滿橐，裝滿囊。人民安集，國威發揚。箭上弦，弓開張，其他武器都上場，浩浩蕩蕩向前行。』因此留在家裡的人有積穀，行軍的人有乾糧，這才能率領軍隊前進。王如果喜愛錢財，能跟百姓一道，那對於實行王政來統一天下有什麼困難呢？」

王又說：「我有個毛病，我喜愛女人（，實行王政怕有困難）。」

孟子答道：「從前太王也喜愛女人，非常疼愛他的妃子。〔詩經・大雅・緜篇〕寫道：『古公亶父淸早便跑著馬，沿著邠地西邊漆水河岸，來到岐山之下。還帶領著他的妻子姜氏女，都來這裏視察住處。』當這個時候，沒有找不著丈夫的老處女，也沒有找不著妻子的單身漢。王假若喜愛女人，能跟百姓一道，那對於實行王政來統一天下有什麼困難呢？」

【注 釋】

1 明堂——明堂的制度，根據〔周禮・考工記・匠人〕以及〔禮記・明堂位・疏〕所引諸書，其說各不相同。有的說是爲天子朝見諸侯而設的，有的說是天子的太廟。但這裏指的明堂在齊國國境之內，可能是準備天子東巡狩朝見諸侯用的。

2 已——止也。但古書常常以「諾」和「已」對言，已便有否定的意味（請參考楊樹達〔積微居小學述林・公羊傳諾已解〕）。這一「已」字也含有否定之意。

3 岐——地名，在今陝西岐山縣一帶。

4 耕者九一——孟子這話可能就是指井田制而言。每井九百畝，八家各一百畝，叫做私田。當中一百畝，叫做公田，由八家共同耕種。井田制是孟子理想的土地制度，詳見〔滕文公章句上」。這一制度未必能實行，但孟子以為古人是實行了的。

5 仕者世祿——這應該是指當時大夫以上的官職而言。

6 譏——〔禮記．王制〕云：「關執禁以譏。」注云：「譏，苛察也。」

7 澤梁——古代用以在流水中攔魚的一種裝置。

8 孥——本意是妻室兒女，這裏用作動詞。

9 鰥——音ㄍㄨㄢ。

10 哿矣富人，哀此煢獨——哿，音ㄍㄜˇ，又讀ㄎㄜˇ，可也。煢，音ㄑㄩㄥˊ，單獨之意。

11 公劉——后稷的後代，為周代創業的始祖。

12 倉——這裏用作動詞，以倉廩積穀也。

13 餱糧——餱，音ㄏㄡˊ。餱糧就是乾糧。

14 橐囊——橐，音ㄊㄨㄛˊ，橐和囊都是盛物之器，橐兩端有底，旁邊開口，東西盛滿以後，在中間舉起來，所盛物便在兩頭了，可以擔，也可以放在駱駝峯上，其大者還可以垂之於車。囊則無底，物件盛於其中，然後括其兩頭。囊大橐小。說詳黃以周〔史說略〕卷四〔釋囊橐〕。

15 思戢用光——思，語詞，無義。戢，音ㄐㄧˊ，這裏意義同於「輯」，和也，安也。光，發揚光大之意。

16 干戈戚揚——都是戰具。干，據歷代注家說，是保衞自己用的擋刀箭之牌（盾），楊樹達則以為是刺人之兵器，說詳〔積微居小學述林．釋干〕。戈是古代用以鉤挽敵人並啄刺敵人的兵器。戚，斧一類的東西，鋒刃較狹。揚，大斧。這句沒有動詞，因為是詩歌，故句法與平常語言不同。

17 裹囊——有些本子作「裹糧」，今從阮元〔校勘記〕的宋本孔本。說詳焦循〔正義〕所引臧琳〔經義雜記〕。〔鹽鐵論·鹽鐵取下篇〕說：「公劉好貨，居者有積，行者有囊」即用〔孟子〕此文。

18 太王，古公亶父——參見本篇第三章註3。

19 率西水滸——率，循也。滸，水涯也。這句話是說沿著邠地西邊的河岸而走。水指漆水，說詳王引之〔經義述聞〕。

20 爰及姜女——爰，語首詞，無義。姜女就是太姜，太王之妃。

21 聿來胥宇——聿，語首詞，無義。胥，動詞，省視，視察也。宇，屋宇。

22 內無怨女，外無曠夫——這裏內外係指男女而言。古代以女子居內，男子居外，所以這裏「怨女」用「內」字，「曠夫」用「外」字。

23 何有——當時成語，這裏用爲「何難之有」的意思。朱熹〔注〕云：「何有，言不難也。」◈

二·六

孟子謂齊宣王曰：「王之臣有託其妻子於其友而之楚遊者，比其反也1，則2凍餒其妻子，則如之何？」

王曰：「棄之。」

曰：「士師不能治士3，則如之何？」

王曰：「已之。」

曰：「四境之內不治，則如之何？」

王顧左右而言他。

【語譯】

孟子對齊宣王說道：「您有一個臣子把妻室兒女付託給朋友照顧，自己遊楚國去了。等他回來的時候，他的妻室兒女却在挨餓受凍。對待這樣的朋友，應該怎樣辦呢？」

王說：「和他絕交。」

孟子說：「假若管刑罰的長官不能管理他的下級，那應該怎樣辦呢？」

王說：「撤掉他！」

孟子說：「假若一個國家裏政治搞得很不好，那又該怎麼樣呢？」

齊王回過頭來左右張望，把話題扯到別處去了。

【注釋】

1. 比其反也——比讀去聲，ㄅㄧˋ，及也，至也。「反」同「返」。
2. 則——這個「則」字的用法，表示事情的結果不是當事者所願意而早已處於無可奈何的情況中。
3. 士師不能治士——士師，古代的司法官，〔周禮〕有士師，其下有「鄉士」「遂士」等屬官。〔孟子〕的「不能治士」的「士」可能指「鄉士」「遂士」而言，因爲據〔孟子〕「爲士師則可以殺之」（四·八），也以「士師」爲司法官也。

二・七

孟子見齊宣王，曰：「所謂故國者，非謂有喬木之謂也，有世臣之謂也。王無親臣矣，昔者所進，今日不知其亡[1]也。」

王曰：「吾何以識其不才而舍之？」

曰：「國君進賢，如不得已，將使卑踰尊，疏踰戚，可不愼與？左右皆曰賢，未可也；諸大夫皆曰賢，未可也；國人皆曰賢，然後察之；見賢焉，然後用之。左右皆曰不可，勿聽；諸大夫皆曰不可，勿聽；國人皆曰不可，然後察之；見不可焉，然後去之。左右皆曰可殺，勿聽；諸大夫皆曰可殺，勿聽；國人皆曰可殺，然後察之；見可殺焉，然後殺之。故曰，國人殺之也。如此，然後可以爲民父母。」

【語　譯】

孟子謁見齊宣王，對他說道：「我們平日所說的『故國』，並不是那個國家有高大樹木的意思，而是有累代功勳的老臣的意思。您現在沒有親信的臣子啦。過去所進用的人到今天想不到都罷免了。」

王問：「怎樣去識別那些缺乏才能的人而不用他呢？」

孟子答道：「國君選拔賢人，如果迫不得已要用新進，就要把卑賤者提拔在尊貴者之上，把疏遠的人提拔在親近者之上，對這種事能不愼重嗎？因此，左右親近之人都說某人好，不可輕信；衆位大夫都說某人好，也不可輕信；全國的人都說某人好，然後去瞭解；發現他眞有才幹，再任用他。左右親近之人都說某人不好，不要聽信；衆位大夫都說某人不好，也不要聽信；全國之人都說某人不好，然後去瞭解；發現他眞不好，再罷免他。左右親近之人都說某人可殺，不要聽信；衆位大夫都說某人可殺，也不要聽信；全國之人都說某人可殺，然後去瞭解；發現他該殺，再殺他。所以說，這是全國人殺的。這樣，才可以做百姓的父母。」

【注釋】

[1] 亡——去位，去國之意。

❖

二・八

齊宣王問曰：「湯放桀[1]，武王伐紂[2]，有諸？」

孟子對曰：「於傳[3]有之。」

曰：「臣弒[4]其君，可乎？」

曰：「賊仁者謂之『賊』，賊義者謂之『殘』。殘賊之人謂之『一夫』[5]。聞誅[4]一夫紂[5]矣，未聞弒君也。」

【語譯】

齊宣王問道：「商湯流放夏桀，武王討伐殷紂，眞有這回事嗎？」

孟子答道：「史籍上有這樣的記載。」

宣王說：「作臣子的殺掉他的君王，這是可以的嗎？」

孟子說：「破壞仁愛的人叫做『賊』，破壞道義的人叫做『殘』。這樣的人，我們就叫他作『獨夫』。我只聽說過周武王誅殺了獨夫殷紂，沒有聽說過他是以臣弒君的。」

【注　釋】

1 湯放桀——湯，殷商的開國之君。據古代傳說，夏桀暴虐，湯興兵討伐他，把桀流放到南巢（據舊日志書，今安徽巢縣東北五里的居巢故城有其遺跡）。

2 武王伐紂——商紂王無道，周武王捧著文王的木主興兵討伐，紂王大敗，自焚而死。

3 傳——去聲，傳記也。

4 弒，誅——這兩個詞各含有褒貶。臣下無理地殺死君主，兒女殺死父母都用『弒』字。誅則不然。合乎正義地討殺罪犯便用『誅』字。

5 一夫紂——即「獨夫紂」的意思。（「獨夫紂」是〈荀子．議兵篇〉所引〈泰誓〉語）。「獨夫」、「一夫」都是失掉了羣衆，成爲孤立者的意思。

❖

二．九

孟子見齊宣王，曰：「爲巨室1，則必使工師2求大木。工師得大木，則王喜，以爲能勝其任也。匠人斲3而小之，則王怒，以爲不勝其任矣。夫人幼而學之，壯而欲行之，王曰，『姑舍女所學而從我』，則何如？今有璞玉4於此，雖萬鎰5，必使玉人彫琢之。至於治國家，則曰，『姑舍女所學而從我』，則何以異於教玉人彫琢玉哉？」

【語譯】

孟子謁見齊宣王，說道：「建築一所大房子，那一定要派工師去尋找大的木料。工師得到了大木料，王就高興，認爲他能夠盡到他的責任。如果木工把那木料砍小了，王就會發怒，認爲擔負不了他的責任。（可見專門技術是很需要的。）有些人，從小學習一門專業，長大了便想運用實行。可是王却對他說：『把你所學的暫時放下，聽從我的話吧！』這又怎麼行呢？假定王有一塊未經彫琢的玉石，雖然它價值很高，也一定要請玉匠來彫琢它。可是一說到治理國家，你却（對政治家）說：『把你所學的暫時放下，聽從我的話吧！』這跟您要讓玉匠按照您的辦法彫琢玉石，又有什麼兩樣呢？」

【注釋】

1 巨室——古代『室』和『宮』有時意義相同，都是房屋的意思。〔呂氏春秋・驕恣篇〕說：「齊宣王爲大室，大益百畝，堂上三百戶。以齊之大，具之三年而未能成。」孟子的這一段話，可以說是用眼前的實事作比喻。

2 工師——古代官名，爲各種工匠的主管官。

3 斲——音ㄓㄨㄛˊ，砍削。

4 璞玉——璞，音ㄆㄨˊ。璞玉，玉之在石中者。

5 萬鎰——「鎰」也作「溢」，二十兩爲一鎰。「萬鎰」言其貴重，不是言其衆多。焦循〔正義〕依趙岐〔注〕，不正確。

❖

二・一〇

齊人伐燕，勝之1。宣王問曰：「或謂寡人勿取，或謂寡人取之。以萬乘之國伐萬乘之國，五旬而擧之，人力不至於此2。不取，必有天殃3。取之，何如？」

孟子對曰：「取之而燕民悅，則取之。古之人有行之者，武王是也。取之而燕民不悅，則勿取。古之人有行之者，文王是也4。以萬乘之國伐萬乘之國，簞食壺漿5以迎王師，豈有他哉？避水火也。如水益深，如火益熱，亦運而已矣6。」

【語譯】

齊國攻打燕國，大獲全勝。齊宣王問道：「有些人勸我不要吞併燕國，也有些人勸我吞併它。（我想：）以一個擁有萬輛兵車的大國去攻打同樣擁有萬輛兵車的大國，只用五十天便打下來了，光憑人力是做不到的呀（，一定是天意如此）。如果我們不把它吞併，上天會（認爲我們違反了他的意旨，因而）降下災害來。吞併它，怎麼樣？」

孟子答道：「如果吞併它，燕國百姓倒很高興，便吞併它。古人有這樣做過的，周武王便是。如果吞併它，燕國的百姓不高興，那就不要吞併它。古人有這樣做過的，周文王便是。以齊國這樣擁有一萬輛兵車的大國來攻打燕國這樣擁有一萬輛兵車的大國，燕國的百姓却用筐盛著乾飯，用壺盛著酒漿來歡迎您的軍隊，難道會有別的意思嗎？只不過是想逃開那水深火熱的苦日子罷了。如果他們的災難更加深了，那只是統治者由燕轉為齊罷了。」

【注釋】

1 齊人伐燕勝之——事在齊宣王五年，燕王噲把燕國讓給他的相國子之，可是國人不服，將軍市被、太子平進攻子之，子之反攻，又殺了市被和太子平，齊宣王便派匡章趁機攻打燕國，很快取得勝利。可參閱〔戰國策・燕策・齊策〕。

2 五旬而舉之，人力不至於此——〔史記・燕世家〕描寫燕國的戰況說：「士卒不戰，城門不閉，燕君噲死，齊大戰燕，子之亡。」因此齊人速勝，故以為人力不至於此。

3 不取，必有天殃——〔左傳〕僖公三十三年云：「秦違蹇叔而以貪勤民，天奉我也。奉不可失，敵不可縱。縱敵患生，違天不祥，必伐秦師！」〔國語・越語〕也說：「得時無怠，時不再來。天與不取，反為之災。」可見「天予不取，必有天殃」是當日早已流行的觀念。

4 文王是也——〔論語・泰伯篇〕說周文王三分天下有其二，還服事殷商。

5 簞食壺漿——簞，音ㄉㄢ，古代盛飯的竹筐。食，去聲，音ㄙˋ，飯。漿，用米熬成的酸汁，漢朝人叫做酨（音ㄗㄞˋ）漿的，古人用以代酒。

6 亦運而已矣——亦，祇也。運，轉也。朱熹解為「民將轉而望救於他人」，與「亦」和「而已矣」所表示的語氣不合，恐未當。

二·一一

齊人伐燕，取之。諸侯將謀救燕。宣王曰：「諸侯多謀伐寡人者，何以待之？」

孟子對曰：「臣聞七十里爲政於天下者，湯是也。未聞以千里畏人者也。〔書〕曰：『湯一征，自葛始1。』天下信之，東面而征，西夷怨；南面而征，北狄怨，曰：『奚爲後我？』民望之，若大旱之望雲霓2也。歸市者不止，耕者不變，誅其君而弔3其民，若時雨降，民大悅。〔書〕曰：『徯我后4，后來其蘇5。』今燕虐其民，王往而征之，民以爲將拯己於水火之中也，簞食壺漿以迎王師。若殺其父兄，係累6其子弟，毀其宗廟，遷其重器7，如之何其可也？天下固畏齊之强也，今又倍地而不行仁政，是動天下之兵也。王速出令，反其旄倪8，止其重器，謀於燕衆，置君而後去之，則猶可及止也。」

【語譯】

齊國攻打燕國，吞併了它。別的國家在計議著來救助燕國。宣王便問道：「很多國家正在商議著來攻打我，要怎樣對待呢？」

孟子答道：「我聽說過，有憑藉著縱橫各長七十里的國土來統一天下的，商湯就是，卻沒聽說過擁有縱橫各長一千里的國土而害怕別國的。〔尚書〕說過：『商湯征伐，從葛國開始。』天下人都很相信他，因此，向東方進軍，西方國家的百姓便不高興；向南方進軍，北方國家的百姓便不高興，都說道：『為什麼把我們放到後面呢？』人們盼望他，正好像久旱盼望烏雲和虹霓一樣。（湯的征伐，一點也不驚擾百姓，）做買賣的照常來往，種莊稼的照常下地。只是誅殺那些暴虐的國君來慰撫那些被殘害的百姓。他的來到，正好像天及時降下甘霖一樣，老百姓非常高興。〔尚書〕又說：『等待我們的王，他到了，我們也就復活了！』如今燕國的君主虐待百姓，您去征伐他，那裏的百姓認為您是要把他們從水深火熱的苦難中解救出來，因此都用筐盛著乾飯，用壺盛著酒漿來歡迎您的軍隊。而您呢，卻殺掉他們的父兄，擄掠他們的子弟，毀壞他們的宗廟祠堂，搬走他們的國家寶器。這怎麼可以呢？天下各國本來就害怕齊國強大，現在齊國的土地又擴大了一倍，而且還是暴虐無道，這自然會招致各國興兵動武。您趕快發出命令，遣回老老小小的俘虜，停止搬運燕國的寶器，再和燕國的人士協商，擇立一位燕王，然後自己從燕國撤退，這樣做，要使各國停止興兵，還是來得及的。」

【注　釋】

1 湯一征，自葛始——〔滕文公下〕作「湯始征，自葛載」，可見這「一」字就是開始的意義。但〔滕文公下〕沒有「〔書〕曰」字樣，因此江聲〔尚書集注音疏〕認為這些都不是〔尚書〕的文字。我們則以為若說「天下信之」以下不是〔尚書〕之文，是可信的，因為文氣不和〔尚書〕相似。而這六個字仍應認為是〔尚書〕逸文。宋翔鳳〔孟子趙注補正〕云：「〔書・序〕，湯征諸侯，葛伯不祀，湯始征之，作〈湯征〉。」鄭〈注〉云：「〈湯征〉亡。」此引書正是〈湯征〉之文。

[2] 雲霓——霓是虹霓，這裏指出於西方者。〈楚辭・哀時命〉云：「虹霓紛其朝覆兮，夕淫淫而霖雨。」也是如此。日在東方時，日光射入水氣折而返照成為出現於西方的虹，因之是下雨的先兆。〈秝通政經〉也說過：「虹霓旦見於西則為雨，暮見於東則雨止。」

[3] 弔——恤也，問也。

[4] 徯我后——徯，音ㄒㄧ，等待也。后，王也。

[5] 蘇——也寫作「穌」、「甦」，更生、復活的意思。

[6] 係累——係，同「繫」。累，同「纍」。束縛、細綁的意思。

[7] 遷其重器——重器，寶器也。〈戰國策・燕策〉載〈樂毅報燕惠王書〉，其中有一句說：「故鼎反乎曆室。」可為齊國遷走燕國的重器（故鼎）的證明。

[8] 旄倪——旄，同「耄」，音ㄇㄠˋ，八十、九十歲的人叫做耄。倪，就是「兒」。

❖

二・一二

鄒與魯鬨[1]。穆公[2]問曰：「吾有司[3]死者三十三人，而民莫之死[4]也。誅之，則不可勝誅；不誅，則疾視其長上之死而不救[5]，如之何則可也？」

孟子對曰：「凶年饑歲，君之民老弱轉[6]乎溝壑，壯者散而之四方者，幾[7]千人矣；而君之倉廩實，府庫充，有司莫以告，是上慢而殘下也。曾子[8]曰：『戒之戒之！出乎爾者，反乎爾者也。』夫民今而後得反之也。君無尤⑨焉！君行仁政，斯民親其上，死其長矣。」

【語譯】

鄒國同魯國發生了衝突。鄒穆公問孟子說：「這一次衝突，我的官吏犧牲了三十三個，老百姓却沒有一個爲他們死難的。殺了他們罷，殺不了那麼多；不殺罷，他們瞪著兩眼看著長官被殺却不去營救，實在可恨。（您說，）怎樣辦才好呢？」

孟子答道：「當災荒年歲，您的百姓，年老體弱的棄屍於山溝荒野之中，年輕力壯的便四處逃荒，這樣的人有千把了；而在您的穀倉中堆滿了糧食，庫房裏裝滿了財寶，這種情形，您的有關官吏誰也不來報告，這就是在上位的人不關心老百姓，並且還殘害他們。曾子曾經說過：『提高警惕，提高警惕！你怎樣去對待人家，人家將怎樣回報你。』現在，您的百姓可得著報復的機會了。您不要責備他們！您如果實行仁政，您的百姓自然就會愛護他的上級，情願爲他們的長官犧牲了。」

【注釋】

1 鄒與魯鬨——鄒，周朝時一個小國家，〔左傳〕和〔穀梁〕寫作「邾」，現今山東鄒縣東南有古邾城。鬨，音ㄏㄨㄥˋ，交戰。

2 穆公——當是鄒穆公，孟子是鄒人，所以穆公問他。賈誼〔新書〕和〔新序〕都記載著鄒穆公行仁政的故事，有人說是由於孟子的這一對答而改過。

③ 有司——意即「有關官吏」。

④ 莫之死——即「莫死之」的倒裝。「之」指「有司」。「莫之死」的意思就是「沒有人爲他們而犧牲」。

⑤ 疾視其長上之死而不救——「疾」是主要動詞，相當於〔論語・衛靈公第十五〕的「君子疾沒世而名不稱焉」和〔季氏第十六〕的「君子疾夫舍曰欲之而必爲之辭」的「疾」。「視其長上之死而不救」一句作爲「疾」的賓語。

⑥ 轉——「棄尸」的意思，〔淮南子・主術訓〕云：「是故生無乏用，死無轉尸。」此「轉」字即「轉尸」之意。

⑦ 幾——讀ㄐㄧ，近也。

⑧ 曾子——孔子弟子曾參。

⑨ 尤——動詞，責備，歸罪之意。

◈

二・一三

滕文公①問曰：「滕，小國也，間於齊、楚。事齊乎？事楚乎？」

孟子對曰：「是謀非吾所能及也。無已，則有一焉：鑿斯池②也，築斯城也，與民守之，效③死而民弗去，則是可爲也。」

【語譯】

滕文公問道：「滕國是一個弱小的國家，處在齊國和楚國的中間，是服事齊國呢？還是服事楚國呢？」

孟子答道：「這個問題不是我的能力所能解決的。如果您定要我談談，那就只有一個主意：把護城河挖深，把城牆築堅固，同百姓一道來保衞它，寧肯獻出生命，百姓都不離開，那就有辦法了。」

【注釋】

1 滕文公——滕，周朝的一個弱小國家，始祖爲周文王之子錯叔繡，故城在今山東滕縣西南。文公，趙岐於〔滕文公爲世子章．注〕云：「〔古紀世本〕錄諸侯之世，滕有考公麋，與文公之父定公相值；其子元公宏與文公相值。以後世避諱，改考公爲定公；以元公行文德，故謂之文公也。」

2 池——「城池」之「池」，就是護城河。

3 效——獻也，致也。

二·一四

滕文公問曰：「齊人將築薛[1]，吾甚恐，如之何則可？」

孟子對曰：「昔者大王居邠[2]，狄[3]人侵之，去之岐山[4]之下居焉。

非擇而取之，不得已也。苟為善，後世子孫必有王者矣。君子創業垂統，為可繼也。若夫⑤成功，則天也。君如彼何⑥哉？強⑦為善而已矣。」

【語　譯】

滕文公問道：「齊國人準備加強薛地的城池，我很害怕，您說怎麼辦才好？」

孟子答道：「從前太王居於邠地，狄人來侵犯。他便避開，搬到岐山之下定居下來。這不是太王主動選擇而採取的辦法，實在是不得已呀！要是一個君主能實行仁政（；即使他本人沒有成功），他的後代子孫一定會有成為帝王的。有德君子創立功業，傳之子孫，正是為著一代一代地能夠繼承下去。至於能不能成功呢，也還得依靠天命。您怎樣去對付齊人呢？只有努力實行仁政罷了。」

【注　釋】

①築薛——薛本為周朝初年的一個小國家，姓任，春秋初期還獨立存在（從〔春秋〕魯隱公十一年書「滕侯薛侯來朝」和莊公三十一年書「薛伯卒」知之），不知在什麼時候為齊所滅。薛的故城在今山東滕縣東南四十四里之處。齊滅薛後，齊威王以之封田嬰，田嬰因此號為靖郭君（郭是地名，近於薛，此用雷學淇〔竹書紀年義證〕之說）。田嬰將築薛，可能正在孟子從宋國到滕國的時候，所以滕文公以此相問。

[2] 邠——同「豳」（ㄅㄧㄣ），在今陝西旬邑縣西。

[3] 狄——即熏鬻，互詳本篇第三章注。

[4] 岐山——今陝西岐山縣東北六十里之箭括山，就是古時的岐山，因嶺巔有缺，山有兩岐，故以爲名。此用成蓉鏡〔禹貢班義述〕之說。

[5] 若夫——表示他轉的連詞，相當今天的「至於」。

[6] 如彼何——等於說「奈築薛之齊人何」。

[7] 强——音ㄑㄧㄤˇ，勉也。

❖

二・一五

滕文公問曰：「滕，小國也；竭力以事大國，則不得免[1]焉，如之何則可？」

孟子對曰：「昔者大王居邠，狄人侵之。事之以皮幣[2]，不得免焉；事之以犬馬，不得免焉；事之以珠玉，不得免焉。乃屬[3]其耆老[4]而告之曰：『狄人之所欲者，吾土地也。吾聞之也：君子不以其所以養人者害人。二三子何患乎無君？我將去之。』去邠，踰梁山[5]，邑[6]于岐山之下居焉。邠人曰：『仁人也，不可失也。』從之者如歸市[7]。

「或曰：『世守也，非身[8]之所能爲也。效死勿去。』

「君請擇於斯二者。」

【語　譯】

滕文公問道：「滕是個弱小的國家，盡心竭力地服事大國，仍然難免於禍害，應該怎麼辦才行？」

孟子答道：「古時候太王居於邠地，狄人來侵犯他。太王用皮裘和絲綢去孝敬他，狄人沒有停止侵犯；又用好狗名馬去孝敬他，狄人也沒有停止侵犯；又用珍珠寶玉去孝敬他，狄人還是沒有停止侵犯。太王便召集邠地的長老，向他們宣佈：『狄人所要的是我們的土地。（土地只是養人之物，）我聽說過：有道德之人不能爲養人之物反而使人遭到禍害。你們何必害怕沒有君主呢？（狄人不也可以做你們的君主嗎？）我準備離開這兒（，免得你們受害）。』於是離開邠地，越過梁山，在岐山之下重新建築一個城邑而定居下來。邠地的百姓說：『這是一位有仁德的人呀，不可以拋棄他。』追隨而去的好像趕市集一樣的踴躍。

「也有人這麼說：『這是祖宗傳下來教我們子孫代代應該保守的基業，不是我本人所能擅自作主而把它捨棄的。寧可獻出生命，也不要離開。』

「以上兩條路，您可以擇取其中的任何一條。」

【注　釋】

1 免——免於侵犯和危險的意思。

2 皮幣——皮，毛皮製成的裘；幣，繒帛。這「皮幣」和〔史記・平準書〕：「乃以白鹿皮方尺，緣以藻繢，爲皮幣，直四十萬。」的「皮幣」不同。

[3] 屬——和〔周禮・州長〕：「各屬其州之民而讀灋（法）。」的「屬」相同，召集、集合之意。

[4] 耆老——耆，音ㄑㄧˊ，曲禮：「六十曰耆」。〔說文〕：「七十曰老」。凡一地之年老者統稱爲耆老。

[5] 梁山——在今陝西乾縣西北五里。太王必須越過梁山，才能逃避敵人之禍害。由邠至岐約二百五十里，梁山恰在其中途一百三十里之處。此本閻若璩〔四書釋地續〕和胡渭〔禹貢錐指〕之說。

[6] 邑——動詞，建築城邑也。

[7] 歸市——歸，趨也。市，市集。

[8] 身——本人之意，和〔尚書・洪範〕「身其康強，子孫其逢吉」的「身」同一用法，而和〔滕文公下〕「彼身織屨」的「身」當副詞用者略有區別。

❖

二・一六

魯平公[1]將出，嬖人[2]臧倉者請曰：「他日君出，則必命有司所之。今乘輿[3]已駕矣，有司未知所之，敢[4]請。」

公曰：「將見孟子。」

曰：「何哉，君所爲輕身以先於匹夫者[5]？以爲賢乎？禮義由賢者出；而孟子之後喪踰前喪[6]。君無見焉！」

公曰：「諾[7]。」

樂正子入見，曰：「君奚爲不見孟軻也？」

曰：「或告寡人曰：『孟子之後喪踰前喪』，是以不往見也。」

曰：「何哉，君所謂踰者？前以士[8]，後以大夫[8]；前以三鼎[9]，而後以五鼎[9]與？」

曰：「否；謂棺椁衣衾[10]之美也。」

曰：「非所謂踰也，貧富不同也。」

樂正子見孟子，曰：「克[11]告於君，君爲[12]來見也。嬖人有臧倉者沮[13]君，君是以不果[14]來也。」

曰：「行，或使之；止，或尼[15]之。行止，非人所能也。吾之不遇魯侯，天也。臧氏之子焉能使予不遇哉？」

【語譯】

魯平公準備外出，他所寵幸的小臣臧倉請示道：「平日您出外，一定把要去的地方通知管事的人。現在車馬已經都預備好了，管事的人還不知道您要往哪裏去，因此來請示。」

平公說：「我要去拜訪孟子。」

臧倉說：「您不尊重自己的身分，而先去拜訪一個普通人，爲的什麼呢？您以爲孟子是賢德之人嗎？賢德之人的行爲應該合乎禮義，而孟子辦他母親的喪事大大超過他以前辦父親的喪事（，未必是賢德之人吧）。您不要去看他！」

平公說：「好吧。」

樂正子去見平公，問道：「您爲什麼不去看孟軻呢？」

平公說：「有人告訴我說，『孟子辦他母親的喪事大大超過他以前辦父親的喪事』，所以不去看他了。」

樂正子說：「您所說的超過，是什麼意思呢？是辦父親的喪事用士禮，辦母親的喪事用大夫之禮嗎？是辦父親的喪事用三個鼎擺設供品，辦母親的喪事用五個鼎擺設供品嗎？」

平公說：「不；我指的是棺槨衣衾精美。」

樂正子說：「那便不能叫『超過』，只是前後貧富不同罷了。」

樂正子去見孟子，說道：「我同魯君講了，他打算來看您。可是有一個他所寵幸的小臣臧倉阻止了他，他因此就不來了。」

孟子說：「一個人要做件事情，是有一種力量在支使他；就是不做，也是有一種力量在阻止他。做與不做，不是單憑人力所能做到的。我不能和魯侯遇合，是由於天命。臧家那小子，他怎麼能使我不和魯侯相遇合呢？」

【注釋】

1 魯平公——〔史記・魯世家〕云：「景公二十九年卒，子叔立，是爲平公。」〔索隱〕云：「〔世本〕『叔』作『旅』。」〔漢書・律歷志〕也作「旅」。

2 嬖人——被寵愛之人，有時指姬妾，如〔左傳〕隱公三年的：「公子州吁，嬖人之子也。」此則指被寵愛之小臣。

[3] 乘輿——乘，舊讀去聲。賈誼〈新書‧等齊篇〉說：「天子車曰乘輿，諸侯車曰乘輿，乘輿等也。」他雖然說的是漢初當時的制度，但必本於先秦。由〈孟子〉此篇可以證明。

[4] 敢——表敬副詞，無實際意義。

[5] 何哉，君所爲輕身以先於匹夫者——這是一倒裝句，和下文「何哉，君所謂踰者」句型相同，「君所爲輕身以先於匹夫者」爲主語，後置；「何」以疑問詞作謂語，先置。古代疑問句和驚歎句多用此種句型。

[6] 後喪踰前喪——後喪指其母喪，前喪指其父喪。

[7] 諾——表肯定的應對副詞。

[8] 以士，以大夫——謂以士禮辦父親的喪葬，以大夫之禮辦母親的喪葬。

[9] 三鼎，五鼎——鼎是古代的一種器皿，大小不一，用途也因之有所不同。〈周禮‧掌客〉鄭玄〈注〉云：「鼎，牲器也。」這「鼎」字即指此而言。古代祭祀用鼎來盛動物類的祭品。三鼎的內容是：「牲鼎一，魚鼎二，臘鼎三。」五鼎的內容是：「羊一，豕二，膚（切肉）三，魚四，臘五。」（見〈禮記‧郊特牲〉孔氏〈正義〉）桓公二年〈公羊傳〉何休〈注〉云：「禮祭，天子九鼎，諸侯七，卿大夫五，元士三也。」那麼，三鼎、五鼎仍然是士禮和卿大夫禮之別。

[10] 棺椁衣衾——內棺曰棺，外棺曰椁（ㄍㄨㄛˇ），古代士以上的人常用兩重以上的棺木。衣衾，死者裝殮的衣被。四字連言可以代表一切裝殮之器物。孟子厚葬其母，可參讀〈公孫丑下〉第七章。

[11] 克——樂正子之名，此人當是孟子的學生。

12 爲——去聲，將也。

13 沮——一本作「阻」，止也。

14 不果——表態副詞，〔詞詮〕云：「凡事與豫期相合者曰果，不合者曰不果。」

15 尼——舊讀去聲，〔正字通〕云：「猶曳止之也。」

卷三

公孫丑章句上

凡九章

三・一

公孫丑[1]問曰：「夫子當路[2]於齊，管仲、晏子[3]之功，可復許[3]乎？」

孟子曰：「子誠齊人也，知管仲、晏子而已矣。或問乎曾西[5]曰：『吾子[6]與子路[7]孰賢？』曾西蹵然[8]曰：『吾先子[9]之所畏也。』曰：『然則吾子與管仲孰賢？』曾西艴然[10]不悅，曰：『爾何曾[11]比予於管仲？管仲得君如彼其專也，行乎國政如彼其久也，功烈如彼其卑也；爾何曾比予於是？』」曰[12]：「管仲，曾西之所不爲也，而子爲[13]我願之乎？」

曰：「管仲以其君霸，晏子以其君顯。管仲、晏子猶不足爲與？」

曰：「以齊王，由[14]反手也。」

曰：「若是，則弟子之惑滋甚。且[15]以文王之德，百年而後崩[16]，猶未洽於天下；武王、周公[17]繼之，然後大行。今言王若易然，則文王不足法與？」

曰：「文王何可當也？由湯至武丁，賢聖之君六七作[18]，天下歸殷久矣，久則難變也。武丁朝諸侯，有天下，猶運之掌也。紂之去武丁未久也[19]，其故家遺俗，流風善政，猶有存者；又有微子、微仲、王子比干、箕子、膠鬲[20]——皆賢人也——相與[21]輔相[22]之，故久而後失之也。尺地，莫非其有也；一民，莫非其臣也；然而文王猶方百里起，是以難也。齊人有言曰：『雖有智慧，不如乘勢[23]；雖有鎡基，不如待時[24]。』今時則易然也：夏后、殷、周之盛，地未有過千里[25]者也，而齊有其地矣；雞鳴狗吠相聞，而達乎四境，而齊有其民矣。地不改[26]辟矣，民不改[26]聚矣，行仁政而王，莫之能禦也。且王者之不作，未有疏於此時者也；民之憔悴於虐政，未有甚於此時者也。飢者易為食，渴者易為飲。孔子曰：『德之流行，速於置郵而傳命[27]。』當今之時，萬乘之國行仁政，民之悅之，猶解倒懸也。故事半古之人，功必倍之，惟此時為然。」

【語　譯】

公孫丑問道：「您如果在齊國當權，管仲、晏子的功業可以再度興起來嗎？」

孟子說：「你眞是一個齊國人，只曉得管仲、晏子。曾經有人問曾西：『你和子路相比，誰强？』曾西不安地說道：『他是我父親所敬畏的人，（我哪敢與他相比？）』那人又說：『那麼，你和管仲相比，誰强？』曾西馬上不高興起來，說道：『你爲什麼竟拿我和管仲相比？管仲得到齊桓公的信賴是那樣地專一，行使國家的政權是那樣地長久，而功績却那樣地卑小。你爲什麼竟拿我跟他相比？』」停了一會兒，孟子又說：「管仲是曾西都不願與他相比的人，你以爲我是願意學他的嗎？」

公孫丑說：「管仲輔佐桓公使他霸天下；晏子輔佐景公使他名揚諸侯。管仲、晏子難道還不值得學習嗎？」

孟子說：「以齊國來統一天下，『易如反掌』。」

公孫丑說：「照您這樣講來，我便更加不懂了。像文王那樣的德行，而且活了將近一百歲，他推行的德政，還沒有周偏於天下；武王、周公繼承了他的事業，然後才大大地推行了王道（，統一了天下）。現在你把統一天下說得那樣容易，那麼，文王也不值得效法了嗎？」

孟子說：「文王怎麼能夠比得上呢？（我們拿當時的歷史情況來說吧，）從湯到武丁，賢明的君主總有六、七起，天下的人歸服殷朝已經很久了，時間一久便很難變動。武丁使諸侯來朝，把天下治理好，就好像在手掌中運轉東西一樣。紂王的年代上距武丁並不甚久，當時的勳舊世家、善良習俗、先民遺風、仁惠政教還有些存在的，又有微子、微仲、王子比干、箕子、膠鬲——他們都是賢德的人——共同來輔助他，所以經歷相當長久的時間才亡了國。當時沒有一尺土地不是紂王所有，沒有一個百姓不歸紂王所管，然而文王還能憑藉縱橫一百里的小國以創立豐功偉業，所以是很困難的。齊國有句俗話：『縱有聰明，還得趁形勢；縱有鋤頭，還得待農時。』現在的時勢要推行王政，就容易多了：縱在夏、商、周最興盛的年代裏，任何國家的國土也沒有超過縱橫一千里的，現在齊國卻有這麼廣闊的土地了；鷄鳴狗叫的聲音，從首都一直到四方的國界線，處處相聞，（人煙如此稠密，）齊國有這麼多的百姓。國土不必再開拓，百姓也不必再增加，只要實行仁政來統一天下，就沒有人能夠阻止得了。而且統一天下的賢君不出現的時間，歷史上從來沒有這樣長久過；老百姓被暴虐的政治所折磨，歷史上也從來沒有這樣厲害過。肚子飢餓的人不苛擇食物，口舌乾枯的人不苛擇飲料。孔子說過：『德政的流行，比驛站的傳達政令還要迅速。』現在這個時候，擁有萬輛兵車的大國實行仁政，老百姓的高興，正好像被人倒掛著而給解救了一般。所以，『事半功倍』，只有在這個時代才行。」

【注釋】

1 公孫丑——孟子弟子。

2 當路——當時成語，用如動詞，猶言「當權」、「當政」。

3 管仲、晏子——管仲，齊桓公之相；晏子即晏嬰，齊景公之相。〔史記〕有〔管晏列傳〕。今日所傳〔管子〕和〔晏子春秋〕，雖然不是兩人手筆，但謹慎抉擇，亦可以考見兩人的言行和政令之一斑。

4 許——趙岐〔注〕：「許猶與也。」

5 曾西——唐陸德明〔經典釋文・序錄〕：「曾申字子西，魯人，曾參之子。」但趙岐〔注〕云：「曾西，曾子之孫。」恐誤。宋王應麟〔困學紀聞〕、清毛奇齡〔四書賸言〕、江永〔羣經補義〕、閻若璩〔四書釋地〕都曾辨正之。

6 吾子——親密的對稱敬詞。

7 子路——孔子弟子，即仲由。

8 蹵然——蹵，音ㄘㄨˋ。朱熹〔集註〕：「不安貌。」

9 先子——古人用以稱其已逝世的長輩。這裏的「先子」指其父親曾參（孔子弟子，與子路爲同學，但年輩晚於子路）。若〔國語・魯語〕「吾聞之先子」的「先子」，則魯敬姜稱其舅（丈夫之父）季悼子也；〔左傳〕昭公四年的「魯以先子之故」的「先子」，則宣伯泛指其先人也。後代多用以指自己已死的父親。

10 艴然——艴，音ㄅㄛˊ，又音ㄈㄨˊ。趙岐〔注〕：「愠怒色也。」

11 曾——副詞，乃也，竟也。

12 曰——仍是孟子所說，重一「曰」字者，表示孟子說話時有停頓，即俞樾〔古書疑義舉例‧一人之辭而加『曰』字例〕所謂：「亦有非自問自答之辭，而中間又用『曰』字以別更端之語者。」

13 爲——猶謂也。說詳王引之〔經傳釋詞〕卷一。

14 由——同「猶」。

15 且——連詞，表示進一層的並列關係。此句意思承上段「管仲以其君覇，晏子以其君顯」而來，故用「且」字。

16 百年而後崩——〔史記‧周本紀‧集解〕引徐廣曰：「文王九十七乃崩。」可見古代傳說，文王壽命很高。

17 周公——姬旦，文王之子，武王之弟，輔助武王伐紂，統一天下，又輔助成王定亂，安定天下。魯國之始祖。

18 由湯至於武丁，賢聖之君六七作——這個「作」字意義等於今天口語的「起」字，可以把它看爲量詞。〔史記‧殷本紀〕，湯至武丁只有湯、太甲、太戊、祖乙、盤庚、武丁是聖賢之君，計六七起。〔孟子〕說六七起，或者爲不定之辭。

19 紂之去武丁未久也——根據〔史記‧殷本紀〕，由武丁至紂（帝辛），中歷祖庚、祖甲、廩辛、庚丁、武乙、太丁、帝乙七帝（考之卜辭，可信），但〔尚書‧無逸〕云：「自時（時，是也，此也，指祖甲）厥後，亦罔或克壽，或十年，或七八年，或五六年、或四三年。」可見廩辛、庚丁、武乙、太丁、帝乙諸帝在位日期都短。

[20] 微子、微仲、王子比干、箕子、膠鬲——微子名啓，紂的庶兄（〔孟子·告子上〕則以他為紂的叔父，此從〔左傳〕、〔呂氏春秋〕及〔史記〕）。微仲，微子之弟，名衍，亦曾見於〔呂氏春秋·當務篇〕及〔史記·宋微子世家〕。王子比干，紂的叔父，向紂屢次進諫，紂說：「吾聞聖人心有七竅。」於是剖之以觀其心。箕子也是紂的叔父，比干被殺，「箕子懼，乃詳（同佯）狂為奴，紂又囚之。」武王滅了商紂後，便「命召公釋箕子之囚」，「後二年……問以天道。」（所引見〔史記·殷本紀〕和〔周本紀〕）。膠鬲（ㄍㄜˊ），紂王之臣，曾見於〔國語·晉語〕及〔呂氏春秋·誠廉篇〕和〔貴因篇〕。

[21] 相與——雙音副詞，共同之意。

[22] 輔相——雙音動詞，相讀去聲。

[23] 雖有智慧，不如乘勢——「慧」、「勢」押韻，古音同在祭部。這兩句的「不如」都未直譯，直譯須作「不及」，反而不妥。

[24] 雖有鎡基，不如待時——「基」、「時」押韻，古音同在之部。「鎡基」即今之鋤頭。古書或作「茲基」、「茲其」、「鎡錤」。「時」指耕種之農時。

[25] 千里——「方千里」的省略。

[26] 改——更也，這裏作副詞用。

[27] 置郵而傳命——「置」和「郵」都是名詞，相當於後代的驛站傳遞，因之古代的驛站也叫「置」或者「郵」。「命」，國家的政令。

三·二

公孫丑問曰：「夫子加[1]齊之卿相，得行道焉，雖由此霸王，不異[2]

矣。如此，則動心[3]否乎？」

孟子曰：「否；我四十[4]不動心。」

曰：「若是，則夫子過孟賁[5]遠矣。」

曰：「是不難，告子[6]先我不動心。」

曰：「不動心有道乎？」

曰：「有。北宮黝[7]之養勇也：不膚橈[8]，不目逃，思以一豪挫於人，若撻之於市朝[9]；不受[10]於褐寬博[11]，亦不受於萬乘之君；視刺萬乘之君，若刺褐夫；無嚴[12]諸侯，惡聲至，必反之。孟施舍[13]之所養勇也，曰：『視不勝猶勝也；量敵而後進，慮勝而後會[14]，是畏三軍者也。舍豈能爲必勝哉？能無懼而已矣。』孟施舍似曾子，北宮黝似子夏[15]。夫二子之勇，未知其孰賢，然而孟施舍守約也。昔者曾子謂子襄[16]曰：『子好勇乎？吾嘗聞大勇於夫子[17]矣：自反而不縮[18]，雖褐寬博，吾不惴[19]焉；自反而縮，雖千萬人，吾往矣。』孟施舍之守氣，又不如曾子之守約也。」

曰：「敢問夫子之不動心與告子之不動心，可得聞與？」

「告子曰：『不得於言[20]，勿求於心[21]；不得於心，勿求於氣[22]。』不得於心，勿求於氣，可；不得於言，勿求於心，不可。夫志，氣之帥也；氣，體之充也。夫志至焉，氣次焉[23]；故曰：『持[24]其志，無暴[25]其氣。』」

「既曰，『志至焉，氣次焉。』又曰，『持其志，無暴其氣』者，何也？」

曰：「志壹[26]則動氣，氣壹則動志也。今夫蹶者趨者，是氣也，而反動其心。」

「敢問夫子惡乎長？」

曰：「我知言，我善養吾浩然[27]之氣。」

「敢問何謂浩然之氣？」

曰：「難言也。其爲氣也，至大至剛，以直養而無害，則塞於天地之間。其爲氣也，配義與道；無是，餒也。是集義所生者，非義襲而取之也。行有不慊[28]於心，則餒矣。我故曰，告子未嘗知義，以其外之也[29]。必有事焉，而勿正[30]，心勿忘，勿助長也。無若宋人然：宋人有閔[31]其苗之不長而揠[32]之者，芒芒然[33]歸，謂其人[34]曰：『今日病[35]矣！予助苗長矣！』其子趨而往視之，苗則[36]槁矣。天下之不助苗長者寡矣。以爲無益而舍之者，不耘[37]苗者也；助之長者，揠苗者也——非徒無益[38]，而又害之。」

「何謂知言？」

曰：「詖辭[39]知其所蔽[40]，淫辭知其所陷[41]，邪辭知其所離[42]，遁辭知其所窮[43]。——生於其心，害於其政；發於其政，害於其事。聖人復起，必從吾言矣。」

「宰我[44]、子貢[45]善爲說辭，冉牛[46]、閔子[47]、顏淵[48]善言德行。孔子兼之，曰：『我於辭命，則不能也。』然則夫子既聖矣乎？」

曰：「惡[49]！是何言也？昔者子貢問於孔子曰：『夫子聖矣乎[50]？』孔子曰：『聖則吾不能，我學不厭而教不倦也。』子貢曰：『學不厭，智也；教不倦，仁也。仁且智，夫子既聖矣。』夫聖，孔子不居——是何言也？」

「昔者竊[51]聞之：子夏、子游[52]、子張[53]皆有聖人之一體，冉牛、閔子、顏淵則具體而微，敢問所安。」

曰：「姑舍是[54]。」

曰：「伯夷[55]、伊尹[56]何如？」

曰：「不同道。非其君不事，非其民不使；治則進，亂則退，伯夷也。何事非君，何使非民；治亦進，亂亦進，伊尹也。可以仕則仕，可以止則止[57]，可以久則久，可以速則速[58]，孔子也。皆古聖人也，吾未能有行焉；乃[59]所願，則學孔子也。」

「伯夷、伊尹於孔子，若是班[60]乎？」

曰：「否；自有生民以來，未有孔子也。」

曰：「然則有同與？」

曰：「有。得百里之地而君[61]之，皆能以朝諸侯，有天下；行一不義，殺一不辜，而得天下，皆不爲也。是則同。」

曰：「敢問其所以異。」

曰：「宰我、子貢、有若62，智足以知聖人，汙不至阿其所好63。宰我曰：『以予64觀於夫子，賢於堯、舜65遠矣。』子貢曰：『見其禮而知其政，聞其樂而知其德66，由百世之後，等67百世之王，莫之能違也。自生民以來，未有夫子也。』有若曰：『豈惟民哉？麒麟之於走獸，鳳凰之於飛鳥，太山之於丘垤68，河海之於行潦69，類也。聖人之於民，亦類也。出於其類，拔乎其萃70，自生民以來，未有盛於孔子也。』」

【語　譯】

公孫丑問道：「老師假若做了齊國的卿相，能夠實現自己的主張，從此小則可以成霸業，大則可以成王業，那是不足奇怪的。如果遇到這種情況，您是不是（有所恐懼疑惑）而動心呢？」

孟子說：「不；我從四十歲以後就不再動心了。」

公孫丑說：「這麼看來，老師比孟賁强多了。」

孟子說：「這個不難，告子能夠不動心比我還早呢。」

公孫丑說：「不動心有方法麼？」

孟子說：「有。北宮黝的培養勇氣：肌膚被刺，毫不顫動；眼睛被戳，都不眨一眨。他以爲受一點點挫折，就好像在稠人廣衆之中挨了鞭打一樣。既不能忍受卑賤的人的侮辱，也不能忍受大國君主的侮辱。把刺殺大國的君主看成刺殺卑賤的人一樣。對各國的君主毫不畏懼，挨了罵一定回擊。孟施舍的培養勇氣又有所不同，他說：『我對待不能戰勝的敵人，跟對待足以戰勝的敵人一樣。如果先估量敵人的力量這才前進，先考慮勝敗這才交鋒，這種人若碰到數量衆多的軍隊一定會害怕。我哪能一定打勝仗呢？不過是能夠無所畏懼罷了。』——孟施舍的養勇像曾子，北宮黝的養勇像子夏。這兩個人的勇氣，我也不知道誰強誰弱，（但從培養方法而論，）孟施舍比較簡易可行。從前曾子對子襄說：『你喜歡勇敢嗎？我曾經從孔老師那裏聽到過關於大勇的理論：反躬自問，正義不在我，對方縱是卑賤的人，我不去恐嚇他；反躬自問，正義確在我，對方縱是千軍萬馬，我也勇往直前。——孟施舍的養勇只是保持一股無所畏懼的盛氣，（曾子却以理的曲直爲斷，）孟施舍自然又不如曾子這一方法的簡易可行。」

公孫丑說：「我大膽地問問您：老師的不動心和告子的不動心，可以講給我聽聽嗎？」

孟子說：「告子曾經講過：『假若不能在言語上得到勝利，便不必求助於思想；假若不能在思想上得到勝利，便不必求助於意氣。』（我認爲：）不能在思想上得到勝利，便不去求助於意氣，是對的；不能在言語上得到勝利，便不去求助於思想，是不對的。（爲什麼呢？）因爲思想意志是意氣感情的主帥，意氣感情是充滿體內的力量。思想意志到了哪裏，意氣感情也就在哪裏表現出來。所以我說，『要堅定自己的思想意志，也不要濫用自己的意氣感情。』」

公孫丑說：「您既然說，『思想意志到了哪裏，意氣感情也就在哪裏表現出來，』但是您又說：『既要堅定自己的思想意志，同時又不要濫用自己的意氣感情。』這是什麼道理呢？」

孟子說：「（它們之間是可以互相影響的。）思想意志若專注於某一方面，意氣感情必爲之轉移（，這是一般的情況）。意氣感情假若也專注於某一方面，也一定會影響到思想意志，不能不爲之動盪。譬如跌倒和奔跑，這只是體氣上專注於某一方面的震動，然而也不能不影響到思想，造成心的浮動。」

公孫丑問道：「請問，老師長於哪一方面？」

孟子說：「我善於分析別人的言辭，也善於培養我的浩然之氣。」

公孫丑又問道：「請問什麼叫做浩然之氣呢？」

孟子說：「這就難以說得明白了。那一種氣，最偉大，最剛强。用正義去培養它，一點不加傷害，就會充滿上下四方，無所不在。那種氣，必須與義和道配合；缺乏它，就沒有力量了。那一種氣，是由正義的經常積累所產生的，不是偶然的正義行爲所能取得的，只要做一件於心有愧的事，那種氣就會疲軟了。所以我說，告子不曾懂得義，因爲他把義看成心外之物。（我們必須把義看成心內之物，）一定要培養它，但不要有特定的目的；時時刻刻地記住它，但是也不能違背規律地幫助它生長。不要學宋國人那樣。宋國有一個擔心禾苗不長而去把它拔高些的人，十分疲倦地回去，對家裏人說：『今天累壞了！我幫助禾苗生長了！』他的兒子趕快跑去一看，禾苗都枯槁了。其實天下不幫助禾苗生長的人是很少的。以爲培養工作沒有益處而放棄不做的，就是種莊稼不鋤草的懶漢；違背規律地去幫助它生長的就是拔苗的人。這種助長行爲，不但沒有益處，反而會傷害它。」

公孫丑問：「怎麼樣才算善於分析別人的言辭呢？」

孟子答道：「不全面的言辭我知道它片面性之所在；過分的言辭我知道它失足之所在；不合正道的言辭我知道它與正道分歧之所在；躲閃的言辭我知道它理屈之所在。這四種言辭，從思想中產生出來，必然會在政治上產生危害；如果把它體現於政治設施，一定會危害及國家的各種具體工作。如果聖人再出現，也一定會承認我的話是對的。」

公孫丑說：「宰我、子貢善於講話，冉牛、閔子、顏淵善於闡述道德，孔子則兼有兩長，但是他還說：『我對於辭令，太不擅長。』（而您既善於分析別人的言辭，又善於養浩然之氣，言語道德兼而有之，）那麼，您已經是位聖人了嗎？」

孟子說：「哎！這是什麼話！從前子貢問孔子說：『老師已經是聖人了嗎？』孔子說：『聖人，我做不到；我不過學習不知滿足，教人不嫌疲累罷了。』子貢便說：『學習不知滿足，這是智；教人不嫌疲勞，這是仁。既仁且智，老師已經是聖人了。』聖人，連孔子都不敢自居，（你却加在我的頭上，）這是什麼話呢！」

公孫丑說：「從前我曾聽說過，子夏、子游、子張都各有孔子的一部分長處；冉牛、閔子、顏淵大體近於孔子，却不如他那樣的博大精深。請問老師：您自居於哪一種人？」

孟子說：「暫且不談這個。」

公孫丑又問：「伯夷和伊尹怎麼樣？」

孟子答道：「也不相同。不是他理想的君主，他不去服事；不是他理想的百姓，他不去使喚；天下太平就出來做官，天下昏亂就退而隱居，伯夷是這樣的。任何君主都可以去服事，任何百姓可以去使喚；太平也做官，不太平也做官，伊尹是這樣的。應該做官就做官，應該辭職就辭職，應該繼續做就繼續做，應該馬上走就馬上走，孔子是這樣的。他們都是古代的聖人，（可惜）我都沒有做到；至於我所希望的，是學習孔子。」

公孫丑問：「伯夷、伊尹與孔子他們是不一樣的嗎？」

孟子答道：「不；從有人類以來沒有能比得上孔子的。」

公孫丑又問：「那麼，在這三位聖人中，有相同的地方嗎？」

孟子答道：「有。如果得著縱橫各一百里的土地，而以他們爲君王，他們都能夠使諸侯來朝覲，統一天下。如果叫他們做一件不合道理的事，殺一個沒有犯罪的人，因而得到天下，他們都不會做的。這就是他們相同的地方。」

公孫丑說：「請問，他們不同的地方又在哪裏呢？」

孟子說：「宰我、子貢、有若三人，他們的聰明知識足以瞭解聖人，（即使）他們不好，也不致偏袒他們所愛好的人。（我們且看他們如何稱讚孔子吧。）宰我說：『以我看來老師，比堯舜都強多了。』子貢說：『看見一國的禮制，就瞭解它的政治；聽到一國的音樂，就知道它的德教。即使在百代以後去評價百代以來的君王，任何一個君王都不能違離孔子之道。從有人類以來，沒有能及他老人家的。』有若說：『難道僅僅人類有高下的不同嗎？麒麟對於走獸，鳳凰對於飛鳥，太山對於土堆，河海對於小溪，何嘗不是同類。聖人對於百姓，亦是同類，但遠遠超出了他那一類，大大高出了他那一羣。從有人類以來，沒有比孔子還要偉大的。』」

【注釋】

1 加——趙岐〔注〕云：「加猶居也。」按：「加」和「居」古音相同，所以能夠通用。

2 異——動詞的意動用法，以爲奇異之意。

3 動心——朱熹〔集註〕解此句說：「任大責重如此，亦有所恐懼疑惑而動其心乎？」饒魯云：「〔集註〕『恐懼疑惑』四字，雖是說心之所以動，然『恐懼』字是爲下文『養氣』張本，『疑惑』字是爲下文『知言』張本。」按此說有理，所以譯文添出「恐懼疑惑」諸字。

4 四十——四十歲也。古人於年齡，多不用量詞。

5 孟賁——古代勇士，〔史記・范睢列傳〕〔集解〕引許慎曰：「孟賁，衞人。」〔帝王世紀〕則以爲齊人。故事散見〔呂氏春秋・必己篇〕、〔史記・袁盎傳・索隱〕引〔尸子〕諸書。〔史記・秦本紀〕有孟說，朱亦棟〔孟子札記〕以爲即孟賁。

6 告子——〔墨子・公孟篇〕：「二三子曰：『告子言義而行甚惡，請棄之。』墨子曰：『不可；告子言談甚辨，言仁義而不吾毀。』」可見他曾受教於墨子。梁啓超〔墨子年代考〕云：「案〔孟子〕本文，無以證明告子爲孟子弟子，恐直是孟子前輩耳。墨子卒下距孟子生不過十餘年，告子弱冠得見墨子之晚年；告子老宿，得見孟子之中年。」

7 北宮黝——黝，音一ㄡˇ，其人已不可考。惟〔淮南子・主術訓〕云：「握劍鋒以離北宮子司馬蒯蕢，不使應敵，操其觚，招其末，則庸人能以制勝。」高誘〔注〕云：「北宮子，齊人也，〔孟子〕所謂北宮黝也。」

8 橈——音ㄋㄠˊ，或本作「撓」，卻也。卻，退也。

9 市朝——市，買賣之所；朝，朝廷。（趙佑〔溫故錄〕謂「朝市單言，市之朝也。」就是說等於後代的街公所，恐不可信。）但此處是偏義複詞，只有『市』義，而無『朝』義，因爲上古絕無在朝廷中鞭笞打人之事。

10 受——「受」下承上省略賓語，譯文加「侮辱」字。

11 褐寬博——褐，音ㄏㄜˊ，〔說文〕云：「粗衣。」〔詩・七月篇〕：「無衣無褐，何以卒歲。」鄭玄〔箋〕云：「人之貴者無衣，賤者無褐。」可見褐爲古代所謂賤者之服。這裏的「褐寬博」就是下文的「褐夫」，譯文都以「卑賤的人」譯之。

12 嚴——畏也。

13 孟施舍——已無可考。趙岐〔注〕云：「孟，姓；舍，名；施，發音也。」閻若璩〔四書釋地又續〕則以爲「孟施」爲複姓，與魯之少施氏同一例。翟灝〔四書考異〕則以爲古人名有二字，有時只稱其一字，「施舍」爲名，「不嫌其自稱『舍』也」。

14 會——此「會」字宜讀如〔詩·大雅·大明〕「會朝清明」之「會」，合兵之意，故譯爲交鋒。

15 子夏——孔子弟子卜商。

16 子襄——趙岐〔注〕云：「曾子弟子也。」

17 夫子——指孔子。

18 縮——〔禮記·檀弓〕：「古者冠縮縫，今也衡縫。」孔穎達〔正義〕云：「縮，直也。」按檀弓以「縮」「衡」對言，爲「橫直」之「直」。此則爲「曲直」之「直」，義得相通。

19 惴——動詞使動用法，使他驚懼之意。下「焉」字包含有「之」字之義，作爲賓語。

20 不得於言——不得乃不能得勝之意。這幾句都是講養勇之事，故以勝負言。舊注皆未得其義。「不得於言」謂人家能服我之口却未能服我之心。

21 勿求於心——朱熹〔集註〕云：「不必反求其理於心。」勿求於心就是不要在思想上尋找原因。

22 不得於心，勿求於氣——「不得於心」和「反而求之，不得吾心」（一·七）意義相同，謂不得其理於吾心。「勿求於氣」，趙岐〔注〕以「直怒之矣」解「求於氣」，可見他把這「氣」字解爲感情意氣。下文云：「氣，體之充也。」則又指體氣而言。大概孟子把「體氣」「意氣一看做一回事。

23 夫志至焉，氣次焉——趙岐〔注〕云：「志爲至要之本，氣爲其次。」毛奇齡〔逸講箋〕以「次」爲舍止，言「志之所至，氣即隨之而止」。今從之。

24 持——〔呂氏春秋·愼大篇〕高誘〔注〕：「持，守也。」〔荀子·榮辱篇〕楊倞〔注〕：「持，保也。」譯文引申爲「堅定」。

25 暴——趙岐〔注〕：「暴，亂也。」譯文「濫用」，只是意譯而已。

26 壹——趙岐讀壹爲噎，解爲閉塞，恐與孟子原意不合。朱熹云：「壹，專一也。孟子言志之所向專一，則氣固從之；然氣之所在專一，則志亦反爲之動。如人顚躓趨走，則氣專在是而反動其心焉。」可從，譯文本之。

27 浩然——朱熹〔集註〕云：「浩然，盛大流行之貌。」

28 慊——音ㄑㄧㄢˋ，趙岐〔注〕：「慊，快也。」

29 以其外之也——「外」，動詞意動用法。告子「仁內義外」之說，可參讀〔告子上篇〕第四章。

30 正——朱熹〔集註〕引〔公羊〕僖公二十六年〔傳〕「戰不正勝」，云：「正，預期也。」按〔公羊傳〕之「正」，當依王引之〔經義述聞〕之言「正之言定也，必也」，〔穀梁傳〕正作「戰不必勝」尤可證。朱熹之論證既落空，則此義訓不足取矣。王夫之〔孟子稗疏〕謂「正」讀如士昏禮「必有正焉」之「正」，「正者，徵也，的也，指物以爲徵準使必然也。」譯文依此說。或云：〔毛詩終風序箋〕云：「正猶止也」，「而勿正」即「而勿止」，亦通。

31 閔——〔左傳〕宣公十二年杜預〔注〕云：「閔，憂也。」按古書「閔」「愍」兩字常通用。〔說文〕：「愍，痛也。」「痛」也是「憂傷」之義。本篇第九章「阨窮而不憫」，字亦作

「憫」。

32 揠——音ㄧㄚ、，〔說文〕云：「拔也。」

33 芒芒然——趙岐〔注〕云：「芒芒，罷（疲）倦之貌。」

34 其人——趙岐〔注〕云：「其人，家人也。」

35 病——朱熹〔集註〕云：「病，疲倦也。」

36 則——此「則」字表示事情的結果不是施事者所願意而早已處於無可奈何的情況中。

37 耘——〔說文〕作「䅽」，云：「除苗間穢也。」〔詩・甫田〕：「或耘或耔。」〔傳〕云：「耘，除草。」字又作「芸」。

38 非徒無益——句上承上省略了主語「揠苗」或者「助長」諸字。古人多有此語法，如下文「生於其心」上也省略了「詖辭」、「淫辭」、「邪辭」、「遁辭」諸字，故都用破折號以明之。

39 詖辭——詖，音ㄅㄧ、，〔說文〕云：「古文以爲頗字。」按：所謂「古文以爲頗字」之「頗」即〔尚書・洪範〕「無偏無頗」之「頗」，故朱熹〔集註〕云：「詖，偏陂也。」〔四書講義〕云：「若任其偏曲之見，說著一邊，遺却一邊，是爲詖辭。」

40 蔽——當讀如〔荀子〕解蔽之「蔽」，楊倞〔注〕云：「蔽者，言不能通明，滯於一隅，如有物壅蔽之也。」可參看〔荀子・解蔽篇〕。

41 淫辭知其所陷——〔尚書・僞古文大禹謨〕：「罔淫于樂。」僞〔傳〕云：「淫，過也。」孔穎達〔正義〕云：「淫者過度之意，故爲過也。」按，孔〔疏〕此說甚是，故「久雨爲淫」（〔說文〕），「非其所祭而祭之名曰淫祀」（〔禮記・曲禮〕）。凡事當止而不止，必有所陷。故譯文以「過分」、「失足」表達其義。

42 邪辭知其所離——離於正則爲邪，故「邪辭知其所離」。

43 遁辭知其所窮——理有所窮而後其辭遁，譯文作「躲閃的言辭」。饒魯曰：「當看四個『所』字，如看病相似。『詖』、『淫』、『邪』、『遁』是病證，『蔽』、『陷』、『離』、『窮』是病源，『所蔽』、『所陷』、『所離』、『所窮』是病源之所在。」

44 宰我——孔子弟子宰予。

45 子貢——孔子弟子端木賜。

46 冉牛——孔子弟子冉耕，字伯牛。

47 閔子——孔子弟子閔損，字子騫。

48 顏淵——孔子弟子顏回，字子淵。本書亦稱「顏回」，亦稱「顏子」（八・二九）。

49 惡——歎詞，表驚訝不安。〔韓非子・難一篇〕作「啞」，〔史記・司馬相如傳〕難蜀父老作「烏」，聲音皆同於今日之「ㄚ」。譯文用「哎」表示。

50 夫子聖矣乎——〔論語・述而篇〕：「子曰：『若聖與仁，則吾豈敢；抑爲之不厭，誨人不倦，則可謂云爾已矣。』公西華曰：『正唯弟子不能學也。』」與〔孟子〕所引大意相同。但〔孟子〕所述與〔呂氏春秋・尊師篇〕所述恐是一事而爲〔論語〕失載者，顧炎武〔日知錄〕以此段當之，恐非。

51 竊——表自謙的表敬副詞，無義。

52 子游——孔子弟子言偃。

53 子張——孔子弟子顓孫師。

54 姑舍是——姑，暫且；舍，同「捨」；是，代詞。譯文作暫時不談這個。孟子自負極大，他曾說過：「五百年必有王者興，其間必有名世者。由周而來，七百有餘歲矣。以其數則過矣；以其時考之，則可矣。夫天未欲平治天下也；如欲平治天下，當今之世，舍我其誰？」（四・一三）可見無論對子夏、子張等或者閔子、顏淵等，都有不屑之意，但又不願明白說出，以至於諸「聖門弟子」有所譏評，只得避開不談。下文云：「乃所願，則學孔子也。」又是用另一種方式答覆此一問題了。

55 伯夷——與其弟叔齊爲孤竹君之二子，互相讓位，終於逃去。周武王伐紂，兩人扣馬而諫，周既一統，義不食其粟，餓死於首陽山。〔史記〕採其事蹟列爲〔列傳〕之第一篇。

56 伊尹——商湯之相，本書多採其傳說。〔史記・殷本紀〕亦可參看。

57 止——此處與「仕」對言，〔萬章下〕又作「可以處而處」意當爲退處。趙岐〔注〕云：「止，處也。」按此「處」字宜讀爲〔淮南子・主術訓〕「處人以譽尊」之「處」。高誘〔注〕（依陶方琦說）云：「處人，隱居者也。」則與後代「處士」之義同。

58 可以久則久，可以速則速——〔萬章下〕云：「孔子之去齊，接淅而行；去魯，曰：『遲遲吾行也，去父母國之道也。』可以速則速，可以久則久。」則所謂「久」者，指「遲遲吾行」，乃稽遲淹滯之義；所謂「速」者，指「接淅而行」，故趙岐〔注〕云：「疾行也。」「速」仍是「疾速」之義（〔說文〕云：「速，疾也。」），此處「速」下省略動詞「行」字，以副詞兼代動詞，古人多有此法。

59 乃——他轉連詞，「至於」之義。請參閱〔詞詮〕卷二。

60 班——趙岐〔注〕：「齊等之貌也。」

61 君——名詞作動詞用，使動用法，以爲君之意。

62 有若——孔子弟子，魯人。

63 智足以知聖人，汙不至阿其所好——趙岐、朱熹皆以「汙」字屬下讀，解爲「下」。「汙，不至阿其所好。」謂「假使汙下，必不阿私所好而空譽之。」此說可從。焦循〔正義〕謂「『汙』本作『洿』，〔孟子〕蓋用爲『夸』字之假借，夸者，大也。」此說恐非。

64 予——宰我之名，古人常自稱其名以表敬意。

65 堯、舜——古代傳說中的兩位聖君，事蹟可參〔史記・五帝本紀〕。

66 見其禮而知其政，聞其樂而知其德——趙岐〔注〕云：「見其制作之禮，知其政之可以致太平也；聽聞其雅頌之樂，而知其德之可與文武同也。」則以爲諸「其」字是指孔子。朱熹〔集註〕云：「見人之禮則可以知其政，聞人之樂則可以知其德。」則以爲諸「其」字是指各代各王。譯文從朱〔注〕。

67 等——朱熹解爲「差等」，是也。譯文是意譯。趙岐解爲「等同」，誤。

68 垤——音ㄉㄧㄝˊ，〔呂氏春秋・愼小篇〕：「不蹷於山而蹷於垤。」高誘〔注〕云：「土之小高處。」

69 行潦——潦，音ㄌㄠˇ。〔說文〕：「潦，雨水也。」（從段玉裁說）〔詩・大雅・泂酌〕〔毛傳〕云：「行潦，流潦也。」鄭玄〔箋〕云：「流潦，水之薄者也。」

70 萃——〔易序卦傳〕：「萃者，聚也。」

❖

三・三

孟子曰：「以力假仁者霸，霸必有大國；以德行仁者王，王不待大

——湯以七十里，文王以百里①。以力服人者，非心服也，力不贍②也；以德服人者，中心悅而誠服也，如七十子③之服孔子也。〔詩〕云④：『自西自東，自南自北，無思⑤不服。』此之謂也。」

【語譯】

孟子說：「仗恃實力然後假借仁義之名藉以號召征伐的可以稱霸諸侯，稱霸一定要憑藉國力的强大；依靠道德來實行仁義的可以使天下歸服，這樣做不必以强大國家爲基礎——湯就僅僅用他縱橫各七十里的土地，文王也就僅僅用他縱橫各百里的土地（實行了仁政，而使人心歸服）。仗恃實力來使人服從的，人家不會心悅誠服，只是因家他本身的實力不夠的緣故；依靠道德來使人服從的，人家才會心悅順服，好像七十多位大弟子的歸服孔子一樣。〔詩經〕說過：『從東從西，從南從北，無不心悅誠服。』正是這個意思。」

【注釋】

① 湯以七十里，文王以百里——這兩語都承上省略了主要動詞「王」字。「文王以百里」而王，爲古代的傳說，〔荀子．仲尼篇〕、〔史記．平原君列傳〕和〔韓詩外傳〕均有此說。後兩書更有「湯以七十里」而王的記載。但文王是否僅憑藉爲方百里之地而以德服人呢？按之史實，恐怕未必如此。可參閱顧炎武〔日知錄〕。

2 贍——趙岐〈注〉云：「贍，足也。」

3 七十子——〈史記・孔子世家〉云：「孔子以詩書禮樂教弟子，蓋三千焉；身通六藝者七十有二人。」這「七十有二人」（〈仲尼弟子列傳〉又說「七十有七人」），通稱爲「七十子」，〈史記・仲尼弟子列傳〉也說「學者多稱七十子之徒」是也。

4 〈詩〉云——所引詩在今〈大雅・文王有聲篇〉。詩以「北」「服」爲韻，古音同在之部之入聲職德部。

5 思——助詞，無義；如〈周南・關雎〉的「寤寐思服」，〈小雅・桑扈〉的「旨酒思柔」的諸「思」字。

❖

三・四

孟子曰：「仁則榮1，不仁則辱；今惡辱而居不仁2，是猶惡濕而居下也。如惡之，莫如貴德而尊士，賢者在位，能者在職3；國家閒暇4，及是時，明其政刑5。雖大國，必畏之矣。〈詩〉云6：『迨天之未陰雨，徹彼桑土7，綢繆8牖戶。今此下民9，或敢侮予？』孔子曰：『爲此詩者，其知道乎！能治其國家，誰敢侮之？』今國家閒暇，及是時，般樂怠敖10，是自求禍也。禍福無不自己求之者。〈詩〉云11：『永言配命12，自求多福。』〈太甲〉13曰：『天作孽，猶可違14；自作孽，不可活15。』此之謂也。」

【語譯】

孟子說：「（諸侯卿相）如果實行仁政，就會有榮耀；如果行不仁之政，就會遭受屈辱。如今這些人，非常厭惡屈辱，但仍然自處於不仁之地，這正好比一方面厭惡潮濕，一方面又自處於低窪之地一樣。假若眞的厭惡屈辱，最好是以德爲貴而尊敬士人，使有德行的人居於相當的官位，有才能的人擔任一定的職務；國家無內憂外患，趁這個時候修明政治法典，縱使強大的鄰國也一定會畏懼它了。〔詩經〕上說：『趁著雨沒下來雲沒起，桑樹根上剝些皮，門兒窗兒都得修理。下面的人們，誰敢把我欺！』孔子說：『做這一篇詩的懂得道理呀！能夠治理他的國家，誰敢侮辱他？』如今國家沒有內憂外患，追求享樂，怠惰遊玩，這等於自己尋求禍害。禍害或者幸福沒有不是自己找來的。〔詩經．大雅．文王篇〕又說：『我們永遠要與天命相配，自己去尋求更多的幸福。』〔太甲〕也說過：『天降的災害還可以躲避，自作的罪孽，逃也逃不了。』正是這個意思。」

【注釋】

1 仁則榮——此兩句省略了主語，從下文「莫如貴德而尊士」等句推之，蓋針對諸侯以及其卿相而言。

2 居不仁——此「居」字和下句「居下」之「居」字相照映。「下」則可「居」，而「居不仁」者，猶言所行所爲都是不仁之事。譯文爲著要保留這一「居」字之義，故譯爲「自處於不仁之地」。

3 賢者在位，能者在職——趙岐和朱熹都以爲「賢」和「能」，「位」和「職」都有所區別。但饒魯以爲：「天下豈有無能之賢，無職之位；只是併合說，於『賢』、『能』、『位』、『職』四字尚未分曉。」譯文仍取趙、朱之說。

4 國家閒暇——趙岐〔注〕以「無鄰國之虞」釋「閒暇」，考之〔國語・晉語〕，無內亂也可謂之閒暇。

5 刑——〔爾雅・釋詁〕：「刑，常也。」又：「刑，法也。」

6 〔詩〕云——以下詩句見於〔詩經・豳風・鴟鴞篇〕，以「雨」、「土」、「戶」、「予」爲韻，古音同在魚部。

7 桑土——土，音ㄉㄨˋ，〔韓詩〕即作「杜」。〔方言〕：「東齊謂根曰杜。」〔毛傳〕：「桑土，桑根也。」此句當指桑根之皮，因爲桑根不能作纏結之用。

8 綢繆——繆，音ㄇㄡˊ。綢繆，纏結之意。

9 下民——民猶人也。詩句作鴟鴞（一種形似黃雀而體甚小之鳥，不是鴟鷹。）口吻，其巢在上，故稱人爲「下民」。

10 般樂怠敖——般，音ㄆㄢˊ，般樂爲同義複音詞。〔爾雅・釋詁〕：「般，樂也。」〔詩・般〕鄭〔箋〕：「般，樂也。」怠，怠惰。敖，同「遨」，〔說文〕：「出遊也。」

11 〔詩〕云——以下詩句見「大雅・文王篇」。

12 永言配命——〔毛傳〕：「永，長也。」「配命」，言我周朝之命與天命相配。「言」爲語中助詞，無義。

13 〔太甲〕——〔尚書〕篇名，今文古文皆不傳，今日〔尚書〕中的〔太甲〕上、中、下三篇乃梅賾僞古文。

14 違——〔禮記・緇衣〕鄭玄〔注〕云：「違，猶辟（避）也。」

15 活——〔禮記・緇衣〕引作「逭」（ㄏㄨㄢˋ）。鄭玄〔注〕云：「逭，逃也。」則此「活」字是當「逭」之借字。

三・五

孟子曰：「尊賢使能，俊傑[1]在位，則天下之士[2]皆悅，而願立於其朝矣；市，廛而不征[3]征，法而不廛[4]，則天下之商皆悅，而願藏於其市矣；關，譏而不征[5]，則天下之旅[6]皆悅，而願出於其路矣；耕者，助[7]而不稅，則天下之農皆悅，而願耕於其野矣；廛[8]，無夫里之布[9]，則天下之民皆悅，而願爲之氓[10]矣。信能行此五者，則鄰國之民仰[11]之若父母矣。率其子弟，攻其父母，自有生民以來[12]未有能濟者也。如此，則無敵於天下。無敵於天下者，天吏[13]也。然而不王者，未之有也。」

【語　譯】

孟子說：「尊重有道德的人，使用有能力的人，傑出的人物都有官位，那麼，天下的士子都會高興，願意到那個朝廷找個一官半職了；在市場，給與空地以儲藏貨物，却不征收貨物稅；如果滯銷，依法徵購，不讓它長久積壓，那麼，天下的商人都會高興，願意把貨物存放在那市場上了；關卡，只稽查而不徵稅，那麼，天下的旅客都會高興，願意經過那裏的道路了；對耕田的人，實行井田制，只助耕公田，不再徵稅，那麼，天下的農夫都會高興，願意在那裏的田野上種莊稼了；人們居住的地方，沒有那一些額外的僱役錢和地稅，那麼，天下的百姓都會高興，願意在那裏僑居了。眞正能夠做到這五項，那麼，鄰近國家的老百姓都會像對待爹娘一樣地愛慕他了。（如果鄰國之君要率領這樣的人民來攻打他，便正好比）率領他的兒女來攻打他們的父母，從有人類以來，這種事沒有能夠成功的。像這樣，就會天下無敵，天下無敵的人就叫做『天吏』。如此而不能統一天下的，是從來不曾有過的。」

【注釋】

1 俊傑——朱熹〔集註〕云：「俊傑，才德之異於衆者。」

2 士——在古代書籍中，「士」有各種各樣的定義，如〔白虎通・爵篇〕云：「任事之稱也。」又云：「通古今辯然否謂之士。」又如〔國語・齊語・注〕云：「講學道義者也。」〔漢書・食貨志〕云：「學以居位曰士。」〔公羊〕成公元年傳〔注〕云：「德能居位曰士。」或者以其知識本領言，或者以其修養道德言，或者以其社會地位言，或者兩者三者兼而有之。總之，它是古代的一個階層，不比卿大夫有其「世祿」，雖大部分出身於庶人，（因此〔孟子・梁惠王上〕第一章以「王」爲一層，「大夫」爲一層，而「士庶人」共爲一層）都經常爲統治階級服務，而立於「庶人」之上。

3 廛而不征——〔周禮・廛人・注〕引鄭衆云：「廛謂市中之地未有肆而可居以畜藏貨物者也。」

孟子曰：『市廛而不征，法而不廛，則天下之商皆悅，而願藏於其市矣。』謂貨物儲藏於市中而不租稅也，故曰『廛而不征』。」

4 法而不廛——鄭衆又云：「其有貨物久滯於廛而不售者，官以法爲居取之，故曰『法而不廛』。」

5 譏而不征——〔禮記・王制〕：「關，譏而不征。」鄭玄〔注〕云：「譏，譏異服，識異言。」孔穎達〔正義〕云：「譏謂呵察，公家但呵察非違，不稅行人之物。」

6 旅——就是〔梁惠王上〕的「行旅」，旅客之意。

7 助——趙岐〔注〕云：「助者井田什一，助佐公家治公田。」〔孟子・滕文公上〕：「惟助爲有公田。」又云：「方里而井，井九百畝，其中爲公田。八家皆私百畝，同養公田。公事畢然後敢治私事。」（詳見五・三）。

8 廛——江永〔羣經補義〕云：「此廛謂民居，即〔周禮〕『上地夫廛』、『許行願受一廛』之『廛』。」

9 夫里之布——布，錢也。江永又云：「夫布見〔周禮・閭師〕，『凡無職者出夫布』，謂閒民爲民傭力者不能赴公旬三日之役，使之出一夫力役之泉，猶後世之僱役錢也。里謂里居，即〔孟子〕『收其田里』之里。里布見〔地官・載師〕，『凡宅不毛者有里布』，謂有宅不種桑麻，或荒其地，或爲臺榭游觀，則使之出里布，猶後世凡地皆有地稅也。此皆民之常賦，戰國時一切取之，非傭力之閒民已有力役之征，而仍使之別出夫布；宅有種桑麻，有嬪婦布縷之征，而仍使之別出里布，是額外之征借夫布里布之名而橫取者，今皆除之，則居廛者皆受惠也。」案江氏說夫布里布之義甚是，但後段謂『戰國時一切取之，因而孟子欲除之則非。〔孟子‧盡心下〕云：「孟子曰：有布縷之征、粟米之征、力役之征。君子用其一，緩其二，用其二而民有殍，用其三而父子離。」可見孟子本意。江氏所以爲此說者，以爲〔周禮〕是周公所作，孟子只有同意，決無反對之理，於是不得已而爲此調停之言。殊不知〔周禮〕決非周公之書，僅是部分地反映了春秋戰國一代中的若干實際情況的書罷了。

10 氓——音ㄇㄤˊ。焦循〔正義〕云：「趙〔注〕：『氓者，謂其民也。』按此，則『氓』與『民』小別，蓋自他歸往之民則謂之氓，故字從民亡。」

11 仰——這一仰字意義和〔詩‧小雅‧車舝〕「高山仰止」、〔孟子〕「民皆仰之」（四‧九）的「仰」相同，也正是「良人者所仰望而終身也」（八‧三三）的「仰望」之意。古人本有單詞（動詞爲多）複義之例。如〔孟子〕有時用「平治」（四‧一三），有時也單用一「平」字（八‧二）。

12 自有生民以來——朱熹〔集註〕本無「有」字。阮元〔校勘記〕云：「閩、監、毛三本〔韓本〕同（無有字），〔孔本〕、〔考文古本〕『自』下有『有』字。按〔石經〕此文漫漶，然細審之，此句是六字，當亦有『有』字也。」此從〔石經〕。

13 天吏——〔說文〕云：「吏，治人者也。」和大官叫「官」小官叫「吏」的「吏」不同。

◈

三‧六

孟子曰：「人皆有不忍人之心。先王有不忍人之心，斯有不忍人之政矣。以不忍人之心，行不忍人之政，治天下可運之掌上。所以謂人皆有不忍人之心者，今人乍1見孺子將入於井，皆有怵惕惻隱2之心——非所以內交3於孺子之父母也，非所以要4譽於鄉黨朋友也，非惡其聲而然也。

由是觀之，無惻隱之心，非人也；無羞惡之心，非人也；無辭讓之心，非人也；無是非之心，非人也。惻隱之心，仁之端[5]也；羞惡之心，義之端也；辭讓之心，禮之端也；是非之心，智之端也。人之有是四端也，猶其有四體也。有是四端而自謂不能者，自賊者也；謂其君不能者，賊其君者也。凡有四端於我[6]者，知皆擴而充之矣[7]，若火之始然[8]，泉之始達。苟能充之，足以保[9]四海；苟不充之，不足以事父母。」

【語　譯】

孟子說：「每個人都有憐䘏別人的心情。先王因為有憐䘏別人的心情，這就有憐䘏別人的政治了。憑著憐䘏別人的心情來實施憐䘏別人的政治，治理天下可以像轉運小物件於手掌上一樣的容易。我所以說每人都有憐䘏別人的心情，其道理就在於：譬如現在有人突然地看到一個小孩子要跌到井裏去了，任何人都會有驚駭同情的心情。這種心情的產生，不是為著要來和這小孩的爹娘攀結交情，不是為著要在鄉里朋友中間博取名譽，也不是厭惡那小孩的哭聲才如此的。從這裏看來，一個人，如果沒有同情之心，簡直不是個人；如果沒有羞恥之心，簡直不是個人；如果沒有推讓之心，簡直不是個人；如果沒有是非之心，簡直不是個人。同情之心是仁的萌芽，羞恥之心是義的萌芽，推讓之心是禮的萌芽，是非之心是智的萌芽。人的有這四種萌芽，正好比他有手足四肢一樣（，是自然而然的）。有這四種萌芽卻自己認為不行的人，這是自暴自棄的人；認為他的君主不行的人，便是暴棄他君主的人。所有具有這四種萌芽的人，如果曉得把它們擴充起來，便會像剛剛燒燃的火（，終必不可撲滅）；剛剛流出的泉水（，終必匯爲江河）。假若能夠擴充，便足以安定天下；假若不擴充，（讓它消滅，）便連贍養爹娘都不行。」

【注釋】

1 乍——朱熹〔集註〕：「乍，猶忽也。」

2 怵惕惻隱——怵，音ㄔㄨˋ，〔說文〕：「怵，恐也。」惕，音ㄊㄧˋ，〔易・乾・釋文〕引鄭玄云：「懼也。」〔說文〕：「惻，痛也。」隱，即「王若隱其無罪而就死地」（一・七）之「隱」，趙岐〔注〕：「隱，痛也。」「怵惕」皆驚懼之義，「惻隱」皆哀痛之義，都是同義複詞。

3 內交——內，同「納」，朱熹〔集註〕：「內，結也。」則「內交」即結交。

4 要——讀平聲，音ㄧㄠ，求也。

5 端——本作「耑」。〔說文〕：「耑，物初生之題（題猶額也，端也。）也，上象生形，下象其根也。」段玉裁〔注〕云：「古發端字作此，今則『端』行而『耑』廢，乃多用『耑』爲『專』矣。」

6 我——此「我」字作「己」字用。其例證可參考楊樹達〔高等國文法〕。

7 知皆擴而充之矣——這是假設句，但無假設連詞。

8 然——「燃」本字。〔說文〕：「然，燒也。」

9 保——這和「保民而王」（一・七）的「保」字同義，定也。

❖

三・七

孟子曰：「矢人豈不仁於函人[1]哉？矢人唯恐不傷人，函人唯恐傷

人。巫[2]匠[3]亦然。故術不可不愼也[4]。孔子曰：『里仁爲美。擇不處仁，焉得智[5]？』夫仁，天之尊爵也，人之安宅也。莫之禦而不仁，是不智也。不仁、不智，無禮、無義，人役也。人役而恥爲役，由[6]弓人而恥爲弓，矢人而恥爲矢也。如恥之，莫如爲仁。仁者如射：射者正己而後發；發而不中，不怨勝己者，反求諸己而已矣。」

【語譯】

孟子說：「造箭的人難道比造甲的人本性要殘忍些嗎？（如果不是如此，爲什麼）造箭的人生怕他的箭不能傷害人，而造甲的人卻怕他的甲不能抵禦刀箭呢？做巫的和做木匠的也如此，（巫唯恐自己的法術不靈，病人不得痊癒；木匠唯恐病人好了，棺材銷不出去。）可見得一個人選擇謀生之術不可以不謹愼。孔子說：『與仁共處是好的。由自己選擇，卻不與仁共處，怎樣能說是聰明呢？』仁是天最尊貴的爵位，是人最安逸的住宅。沒有人來阻擋你，你卻不仁，這是愚蠢。不仁、不智，無禮、無義，這種人只能做別人的僕役。本應該是僕役，卻自以爲恥，正好比造弓的人以造弓爲恥，造箭的人以造箭爲恥一般。如果眞以爲恥，不如好好地去行仁。行仁的人好比賽箭的人一樣：射箭的人先端正自己的姿態而後放箭；如果沒有射中，不埋怨那些勝過自己的人，反躬自問罷了。」

【注　釋】

1 函人——〔周禮．考工記〕：「燕無函。」鄭玄〔注〕：「函，鎧也。」（武億〔釋甲〕云：「漢名甲爲鎧。」）又〔函人〕云：「函人爲甲。」

2 巫——古人治病亦用巫，故〔論語〕有「巫醫」之稱，又相傳古者巫彭初作醫。

3 匠——〔說文〕：「匠，木工也。」

4 故術不可不愼也——當孟子之時，有習合縱連橫之說的人，有習爭戰之事的人，其形跡似乎都是幸災樂禍者之所爲。孟子此言擇術不可不愼，可能是以小喻大，有所爲而說的。

5 焉得智——引語見〔論語．里仁篇〕。

6 由——同「猶」。

三．八

孟子曰：「子路，人告之以有過，則喜。禹聞善言1，則拜。大舜有2大焉，善與人同3，捨己從人，樂取於人以爲善。自耕稼、陶、漁4以至爲帝，無非取於人者。取諸人以爲善，是與人爲善5者也。故君子莫大乎與人爲善。」

【語　譯】

孟子說：「子路，別人把他的錯誤指點給他，他便高興。禹聽到了善言，他就給人敬禮。偉大的舜更是了不得，他對於行善，沒有別人和自己的區分，拋棄自己的不是，接受人家的是，非常快樂地吸取別人的優點來自己行善。從他種莊稼、做瓦器、做漁夫一直到做天子，沒有一處優點不是從別人那裏吸取來的。吸取別人的優點來自己行善，這就是偕同別人一道行善。所以君子最高的德行就是偕同別人一道行善。」

【注釋】

[1] 禹聞善言——禹，古代歷史傳說中夏朝開創的天子，也是中國第一位治理洪水的偉大人物。〔尚書・皋陶謨〕：「禹拜昌言。」〔史記・夏本紀〕「昌言」改作「美言」，亦即〔孟子〕的「善言」。

[2] 有——同「又」。

[3] 善與人同——猶言善與人通。譯文用意譯法。

[4] 耕稼陶漁——〔史記・五帝本紀〕云：「舜耕歷山，歷山之人皆讓畔；漁雷澤，雷澤之人皆讓居；陶河濱，河濱器皆不苦窳。一年所居成聚，二年成邑，三年成都。」

[5] 與人爲善——與，偕同之意。朱熹〔集註〕云：「與，猶許也，助也。取彼之善而爲之於我，則彼益勸於爲善矣，是我助其爲善也。」亦通。

三・九

孟子曰：「伯夷，非其君，不事；非其友，不友。不立於惡人之朝[1]，不與惡人言；立於惡人之朝，與惡人言，如以朝衣朝冠坐於塗炭。

推惡惡之心，思與鄉人立，其冠不正，望望然②去之，若將浼焉③。是故諸侯雖有善其辭命而至者，不受也。不受也者，是亦不屑就已。柳下惠④不羞汙君，不卑小官；進不隱賢⑤，必以其道；遺佚⑥而不怨，阨窮而不憫⑦。故曰，『爾爲爾，我爲我，雖袒裼裸裎⑧於我側，爾焉能浼我哉？』故由由然⑨與之偕而不自失焉，援而止之而止。援而止之而止者，是亦不屑去已。」孟子曰：「伯夷隘，柳下惠不恭。隘與不恭，君子不由⑩也。」

【語譯】

孟子說：「伯夷，不是他理想的君主，不去侍奉；不是他理想的朋友，不去交結。不站在壞人的朝廷裏，不同壞人說話；站在壞人的朝廷裏，同壞人說話，好比穿戴著禮服禮帽坐在泥路或者炭灰之上。把這種厭惡壞人壞事的心情推廣起來，他便這樣想，同鄉下佬一塊站著，如果那人帽子沒有戴正，便將不高興地走開，好像自己會沾染骯髒似的。所以當時的各國君主雖然有好言好語來招致他的，他也是不接受的。他之所以不接受，就是因爲自己不屑於去接近。柳下惠卻不以爲侍奉壞君爲可恥，不以自己官職小爲卑下；入朝做官，不隱藏自己的才能，但一定按照他的原則辦事；自己被遺棄，也不怨恨；自己窮困，也不憂愁。所以他說：『你是你，我是我，你縱然在我旁邊赤身露體，怎麼能沾污我呢？』所以無論什麼人他都高興地同他一道，並且一點不失常態。牽住他，叫他留住，他就留住。叫他留住就留住，也就是因爲他用不著離開的緣故。」孟子又說：「伯夷器量太小；柳下惠不太嚴肅。器量太小和不太嚴肅，君子是不這樣做的。」

【注釋】

1 不立於惡人之朝——意思是不仕於惡人之朝，譯文仍只就字面意義譯出。

2 望望然——怨望之貌。

3 浼——音ㄇㄟˇ。〔說文〕：「汙也。」

4 柳下惠——〔淮南子・說林訓〕高誘〔注〕云：「柳下惠，魯大夫展無駭之子，名獲，字禽。（按：一云字季，孔穎達〔左傳正義〕云：『季』是五十歲之字，『禽』是二十歲之字。）家有大柳，樹惠德，因號柳下惠。〔文選・陶徵士誄・注〕引鄭玄〔論語注〕云：「柳下惠，魯大夫展禽，食采柳下，諡曰惠。」據〔列女傳・賢明篇〕，「惠」之爲諡，由其妻所倡議而門人從之者。其言行散見於〔左傳〕、〔國語〕、〔國策〕及先秦諸子書。

5 進不隱賢——〔韓非子・難三〕云：「故羣公公正而無私，不隱賢，不進不肖。」則「不隱賢」爲見賢人而不隱蔽之意。但趙〔注〕以爲：「進不隱己之賢才，必欲行其道也。」此說甚是。

6 遺佚——「佚」與「逸」通，謂不被用。

7 憫——朱熹〔集註〕云：「憫，憂也。」

8 袒裼裸裎——裼，音ㄒㄧ。袒，〔說文〕作「但」，云：「但，裼也。」〔爾雅・釋訓〕、〔詩・毛傳〕皆云：「袒裼，肉袒也。」（肉袒者，肉外見而無衣也。）裎，音ㄔㄥˊ。朱熹〔集註〕云：「裸裎，露身也。」

9 由由然——〔韓詩外傳〕引〔孟子・萬章下〕「由由然不忍去也」作「愉愉然不去也」，可見由由然為高興之貌。

10 由——〔廣雅釋詁〕：「由，行也。」

卷四

公孫丑章句下

凡十四章

朱熹〔集註〕云：「自第二章以下記孟子出處行實爲詳。」

四・一

孟子曰：「天時不如地利，地利不如人和[1]。三里之城，七里之郭[2]，環[3]而攻之而不勝。夫環而攻之，必有得天時者矣[4]；然而不勝者，是天時不如地利也。城非不高也，池[5]非不深也，兵革[6]非不堅利也，米粟非不多也；委[7]而去之，是地利不如人和也。故曰：域[8]民不以封疆之界，固國不以山谿之險，威天下不以兵革之利。得道[9]者多助，失道者寡助。寡助之至，親戚畔之[10]；多助之至，天下順之。以天下之所順，攻親戚之所畔；故君子有不戰[11]，戰必勝矣。」

【語　譯】

孟子說：「天時不及地利，地利不及人和。譬如有一座小城，每邊長僅三里，它的外郭也僅七里。敵人圍攻它，而不能取勝。在長期圍攻中，一定有合乎天時的戰機，卻不能取勝，這就是說得天時的不及佔地利的。（又譬如，另一守城者，）城牆不是不高，護城河不是不深，兵器和甲冑不是不銳利和不堅固，糧食不是不多；（然而敵人一來，）便棄城逃走，這就是說佔地利的不及得人和的。所以我說，限制人民不必用國家的疆界，保護國家不必靠山川的險阻，威行天下不必憑兵器的銳利。行仁政的幫助他的人就多，不行仁政的幫助他的人就少。幫助的人少到極點時，連親戚都反對他；幫助他的人多到極點時，全天下都順從他。拿全天下順從的力量來攻打親戚都反對的人，那麼，仁君聖主或者不用戰爭，若用戰爭，是必然勝利的了。」

【注釋】

1 天時、地利、人和——〔荀子・王霸篇〕云：「農夫朴力而寡能，則上不失天時，下不失地利，中得人和而百事不廢。」可見「天時、地利、人和」是當時成語，而內容各有所指。〔荀子〕所謂「天時」，顯然是指「農時」；所謂「地利」，顯然是指「地力」；所謂「人和」，顯然是指分工。〔孟子〕這裏的「天時」，可能是指陰晴寒暑之宜於攻戰與否，而歷代注解家以陰陽五行家的「時日干支五行王相孤虛」來解釋，恐怕不是孟子本意。（〔孟子〕的「地利」，自是指高城深池山川險阻，所謂「人和」，自是指人心所向內部團結。此皆容易明白。）

2 三里之城，七里之郭——〔戰國策・齊策〕言「三里之城，五里之郭」，又言「五里之城，七里之郭」，都是指即墨，而言其城郭之小。郭是外城，城是內城。內城三里，外城應只五里，不能七里。〔晉書・段灼傳〕兩次言「三里之城，五里之郭」，原文顯係根據〔孟子〕，可見〔孟子〕本應作「五里之郭」。此言七里，譯文仍從之。

3 環——朱熹〔集註〕：「環，圍也。」

4 必有得天時者矣——朱熹〔集註〕云：「言四面圍攻，曠日持久，必有值天時之善者。」

5 池——城壕也。〔集韻〕云：「壕，城下池。」

6 兵革——兵，武器，指戈矛刀箭等而言；革，皮革，指甲冑。古代甲冑，有以皮革爲之者，也有以銅鐵爲之者。

7 委——朱熹〔集註〕：「委，棄也。」

8 域——朱熹〔集註〕：「域，界限也。」

9 得道——意指得治國之道，即指行仁政。

10 親戚畔之——古代，「親戚」一詞有三種不同的意義：㈠〔列子・湯問篇〕：「楚之南有炎人之國，其親戚死，死其肉而棄，然後埋其骨，迺成爲孝子。」此「親戚」顯係僅指父母而言。㈡〔史記・五帝本紀〕：「堯二女不敢以貴驕，事舜親戚，甚有婦道。」〔正義〕云：「親戚謂父瞽叟、後母、弟象、妹顆手等也。」㈢〔禮記・曲禮上〕：「兄弟親戚稱其慈也。」〔正義〕云：「親指族內，戚指族外。」〔孟子〕所謂「親戚」，當是第二義或者第三義。（案：〔史記〕之「親戚」疑同於〔列子〕，張守節〔正義〕可能有誤。）「畔」同「叛」。

11 有不戰——此「有」字可以讀爲「有無」之「有」；亦可讀爲「或」，古書「有」與「或」經常通用，譯文係用「或」字之義。

四・二

孟子將朝王，王使人來曰：「寡人如1就見者也，有寒疾，不可以風。朝，將視朝2，不識可使寡人得見乎？」

對曰：「不幸而有疾，不能造朝。」

明日，出弔於東郭氏3。公孫丑曰：「昔者4辭以病，今日弔，或者5不可乎？」

曰：「昔者疾，今日愈，如之何不弔？」

王使人問疾，醫來。

孟仲子6對曰：「昔者有王命，有采薪之憂7，不能造朝。今病小愈，趨造於朝，我不識能至否乎？」

使數人要[8]於路，曰：「請必無歸，而造於朝！」

不得已而之景丑氏[9]宿焉。

景子曰：「內則父子，外則君臣，人之大倫也。父子主恩，君臣主敬。丑見王之敬子也，未見所以敬王也。」

曰：「惡！是何言也！齊人無以仁義與王言者，豈以仁義爲不美也？其心曰，『是何足與言仁義也』云爾，則不敬莫大乎是。我非堯舜之道，不敢以陳於王前，故齊人莫如我敬王也。」

景子曰：「否；非此之謂也。禮曰，『父召，無諾[10]；君命召，不俟駕[11]。』固將朝也，聞王命而遂不果[12]，宜[13]與夫禮若不相似然。」

曰：「豈謂是與？曾子曰：『晉楚之富，不可及也；彼以其富，我以吾仁；彼以其爵，我以吾義[14]，吾何慊[15]乎哉？』夫豈不義而曾子言之？是或一道也。天下有達尊三：爵一，齒一，德一。朝廷莫如爵，鄉黨莫如齒，輔世長民莫如德。惡得有其一以慢其二哉？故將大有爲之君，必有所不召之臣；欲有謀焉，則就之。其尊德樂道，不如是，不足與有爲也。故湯之於伊尹，學焉而後臣之，故不勞而王；桓公之於管仲，學焉而後臣之，故不勞而霸。今天下地醜[16]德齊，莫能相尚，無他，好臣其所教，而不好臣其所受教。湯之於伊尹，桓公之於管仲，則不敢召。管仲且猶不可召，而況不爲管仲者乎？」

【語　譯】

孟子準備去朝見齊王，恰巧王派了個人來，說道：「我本應該來看你，但是感冒了，不能吹風。如果你肯來朝，我便也臨朝辦公，不曉得能夠使我看到你嗎？」

孟子答道：「不幸得很，我也有病，不能到朝廷裏去。」

第二天，孟子要到東郭大夫家裏去弔喪。公孫丑說：「昨天託辭有病謝絕王的召見，今天又去弔喪，大概不可以吧？」

孟子說：「昨天生了病，今天好了，爲什麼不去弔喪呢？」

齊王打發人來問病，並且有醫生同來。

孟仲子應付說：「昨天王有命令來，他得著小病，不能奉命上朝廷去。今天剛好了一點，已經上朝廷裏了，但是不曉得能夠到達不。」

接著孟仲子派了好幾個人分別在孟子歸家的路上攔截孟子，說道：「您無論如何不要回家，一定要趕快上朝廷去！」

孟子沒有辦法，只得躲到景丑的家歇宿。

景丑說：「在家庭裏有父子，在家庭外有君臣，這是人與人間最重要的關係。父子之間以慈愛爲主，君臣之間以恭敬爲主。我只看見王對你很尊敬，卻沒有看見你對王是怎樣恭敬的。」

孟子說：「哎！這是什麼話！在齊國人中，沒有一個拿仁義的道理向王進言的，他們難道以爲仁義不好嗎？（不是的。）他們的心裏是這樣想的：『這個王哪能夠得上和他談仁義呢？』他們對王就是這樣的。這才是最大的不恭敬呢。我呢，不是堯舜之道不敢拿來向王陳述，所以在齊國人中沒有一個趕得上我這樣對王恭敬的。」

景丑說：「不，我所說的不是指這個。禮經上說過，『父親召喚，『唯』一聲就起身，不說『諾』；君主召喚，不等待車馬駕好就先走。』你呢，本來準備朝見王，一聽到王的召見，反而不去了，似乎和禮經所說有點不相合吧。」

孟子說：「原來你說的是這個呀！曾子說過：『晉國和楚國的財富，是我們趕不上的。但是，他有他的財富，我有我的仁；他有他的爵位，我有我的義，我爲什麼覺得比他少了什麼呢？』這些話如果沒有道理，曾子難道肯說嗎？大概是有點道理的。天下公認爲尊貴的東西有三樣：爵位是一個，年齡是一個，道德是一個。在朝廷中，先論爵位；在鄉里中，先論年齡；至於輔助君主統治百姓自然以道德爲最上。他哪能憑著爵位來輕視我的年齡和道德呢？所以大有作爲的君主一定有他的不能召喚的臣子；若有什麼事要商量，就親自到臣那裏去。尊尙道德和樂行仁政，如果不這樣，便不足和他有所作爲。因此，商湯對於伊尹，先向伊尹學習，然後以他爲臣，於是乎不大費力氣而統一了天下；桓公對於管仲，也是先向他學習，然後以他爲臣，於是乎不大費力氣而稱霸於諸侯。現在，各個大國，土地的大小是同一樣的，行爲作風也不相上下，彼此之間誰也不能駕凌在誰之上，沒有別的緣故，正是因爲他們只喜歡以聽從他的話的人爲臣，卻不喜歡以能夠教導他的人爲臣。商湯對於伊尹，桓公對於管仲，就不敢召喚。管仲還不可以召喚，何況連管仲都不願做的人呢？」

【注釋】

1 如——助動詞，宜也，當也。見〔詞詮〕。

2 朝，將視朝——趙岐〔注〕云：「儻可來朝，欲力疾臨視朝，因得見孟子也。」是以第一「朝」字仍讀爲「朝見」之「朝」，爲一逗。譯文取此讀法。朱熹〔集註〕以第一「朝」字讀爲「朝暮」之「朝」，爲「將視朝」之時間詞，亦通。

3 東郭氏——〔史記・平準書・索隱〕引〔風俗通〕云：「東郭牙，齊大夫。」則齊有東郭氏爲大夫之家。

4 昔者——古人以自說話者之時以前之時間，不論時距之久暫長短都謂之「曩」或者「昔」，此「昔者」則指「昨日」。

5 或者——表示傳疑的副詞。

6 孟仲子——趙岐〔注〕云：「孟仲子，孟子之從昆弟，學於孟子者也。」未詳所出。〔詩毛氏傳〕曾兩次徵引孟仲子說，〔經典釋文・序錄〕也說孟仲子曾經傳〔詩〕，但恐別是一人。

7 采薪之憂——采，「採」本字。〔禮記・曲禮〕下：「君使士射，不能，則辭以疾，言曰：『某有負薪之憂。』」可見「采薪之憂」或者「負薪之憂」都是疾病之代辭，爲當時交際上的習慣語。

8 要——平聲，音ㄧㄠ，遮攔之意。

9 景丑氏——其人已不可考。〔漢書・藝文志〕有〔景子〕三篇，列儒家，翟灝〔四書考異〕以爲似即此人所著。

10 父召無諾——趙岐〔注〕云：「禮，父召無諾，無諾而不至也。」意謂可以諾，但必至，此解恐非。〔禮記・曲禮〕云：「父召無諾，先生召無諾，唯而起。」〔玉藻〕亦云：「父命呼，唯而不諾。」曲禮〔注〕云：「應辭唯恭於諾。」孟子之意當如此。

11 君命召，不俟駕——〔論語・鄉黨篇〕云：「君命召，不俟駕行矣。」〔荀子・大略篇〕亦云：「諸侯召其臣，臣不俟駕，顚倒衣裳而走，禮也。〔詩〕曰：『顚之倒之，自公召之。』天子召諸侯，諸侯輦輿就馬，（〔注〕云：輦謂人挽車，言不暇待馬至，故輦輿就馬也。）禮也。」

12 不果——事之合於預期者曰果，否則曰不果；一般用作副詞，但其下動詞常承上文省略。

13 宜——王念孫云：「宜猶殆也。」說見王引之〔經傳釋詞〕。

14 彼以其富四句——四句的主要動詞似都有所省略，譯文是用意譯法。與〔呂氏春秋・期賢篇〕引魏文侯之言：「且吾聞段干木未嘗肯以己易寡人也，吾安敢驕之？段干木光（即「廣」字）乎德，寡人光乎地；段干木富乎義，寡人富乎財。」立場雖相反，意思則相同。

15 慊——趙岐〔注〕云：「慊，少也。」此處爲動詞意動用法，以爲少之意。

16 醜——〔方言〕云：「醜，同也，東齊曰醜。」

❖

四・三

陳臻①問曰：「前日於齊，王餽兼金②一百③，而不受；於宋，餽七十鎰而受；於薛④，餽五十鎰而受。前日之不受是，則今日之受非也；今日之受是，則前日之不受非也。夫子必居一於此矣。」

孟子曰：「皆是也。當在宋也，予將有遠行，行者必以贐⑤；辭曰：『餽贐。』予何爲不受？當在薛也，予有戒心⑥；辭曰：『聞戒，故爲兵餽之。』予何爲不受？若於齊，則未有處[7]也。無處而餽之，是貨[8]之也。焉有君子而可以貨取乎？」

【語譯】

陳臻問道：「過去在齊國，齊王送您上等金一百鎰，您不接受；後來在宋國，宋君送您七十鎰，您受了；在薛，薛君送您五十鎰，您也受了。如果過去的不接受是正確的，那今天的接受便錯了；如果今天的接受是正確的，那過去的不接受便錯了。二者之中，老師一定有一個錯誤。」

孟子說：「都是正確的。當在宋國的時候，我準備遠行，對遠行的人一定要送些盤費，因此他說：『送上一點盤費吧。』我爲什麼不受？當在薛的時候，我聽說路上有危險，需要戒備，因此他說：『聽說你需要戒備，送點錢給您買兵器吧。』我爲什麼不受？至於在齊國，就沒有什麼理由。沒有什麼理由卻要送我一些錢，這等於用金錢收買我。哪裡有君子可以拿錢收買的呢？」

【注釋】

[1] 陳臻——趙岐〔注〕云：「孟子弟子。」

[2] 兼金——趙岐〔注〕云：「兼金，好金也。其價兼倍於常者，故謂之兼金。」案：古時所謂「金」，不是今日的「黃金」，一般實際上是銅。王夫之〔孟子稗疏〕謂：「兼者雜也，雜青金（鉛）赤金（銅）白金（錫）可以鑄泉布器用者也。」恐不可信。

3 一百——趙岐〔注〕云：「一百，百鎰也。古者以一鎰爲一金。鎰，二十兩也。」

4 薛——春秋時的薛國此時已亡於齊，故周廣業〔孟子出處時地考〕云：「孟子所在之薛，乃齊靖郭君田嬰封邑，非春秋之薛也。」故城在今山東滕縣東南四十四里。

5 賮——音ㄐㄧㄣ，趙岐〔注〕云：「送行者贈賄之禮也，時人謂之賮。」案字本作「費」，〔說文〕：「費，會禮也。」則各種財禮皆得稱「費」，或作「進」，〔漢書・高帝紀〕「蕭何爲主吏，主進」，是也。劉逵注〔三都賦〕引〔蒼頡篇〕云：「賮，財貨也。」則又〔漢書・陳遵傳〕之「數負進」之「進」。

6 戒心——趙岐〔注〕云：「有戒備不虞之心也。時有惡人欲害孟子，孟子戒備。」

7 未有處——趙岐〔注〕云：「我在齊無事，於義未有所處也。」是沒有理由接受禮物的意思。

8 貨——動詞，賄賂之意。

◈

四・四

孟子之平陸[1]，謂其大夫[2]曰：「子之持戟之士[3]，一日而三失伍[4]，則去之[5]否乎？」

曰：「不待三。」

「然則子之失伍也亦多矣。凶年饑歲，子之民，老羸轉於溝壑，壯者散而之四方者，幾千人矣。」

曰：「此非距心之所得爲也。」

曰：「今有受人之牛羊而爲之牧之者，則必爲之求牧[6]與芻矣。求牧與芻而不得，則反諸其人乎？抑亦立而視其死與？」

曰：「此則距心之罪也。」

他日，見於王曰：「王之爲都[7]者，臣知五人焉。知其罪者，惟孔距心。」爲王誦[8]之。

王曰：「此則寡人之罪也。」

【語譯】

孟子到了平陸，對當地的長官孔距心說：「如果你的戰士，一天三次失職，你開除他嗎？」

答道：「不必等待三次，我就開除他了。」

孟子說：「那麼，你自己失職的地方也很多了。災荒年成，你的百姓，年老體弱拋尸露骨於山溝中的，年輕力壯逃亡於四方的，已將近千人了。」

答道：「這個事情不是我的力量所能做到的。」

孟子說：「譬如現在有一個人，接受別人的牛羊而替人牧放，那一定要替牛羊尋找牧場和草料了。如果牧場和草料都找不到，還是就把它退還原主呢？還是就站在那裡看著它一個個死去呢？」

答道：「這個就是我的罪過了。」

過了些時，孟子朝見了齊王，說道：「王的地方長官，我認識了五位。明白自己的罪過的，只有孔距心一個人。」於是把過去的問答複述了一遍。

王說：「這個也是我的罪過呢！」

【注釋】

[1] 平陸——齊國邊境邑名，故城當在今山東汶上縣北。

[2] 大夫——戰國時的邑宰亦稱大夫，故趙岐〔注〕云：「大夫，治邑大夫也。」相當今日的縣長。

[3] 持戟之士——戟，音ㄐㄧˇ，古代兵器的一種。古代常稱戰士爲「持戟」，如〔戰國策・秦策〕：「楚地持戟百萬。」〔史記・高祖紀〕：「持戟百萬。」這「持戟之士」也應是戰士之義。閻若璩〔四書釋地〕以爲：「蓋爲大夫守衛者，非指戰士。」恐未必然。

[4] 失伍——趙岐〔注〕云：「失其行伍。」〔釋地〕則引明郝敬云：「伍，班次也。失伍，不在班也。」譯文用意譯法。

[5] 去之——郝敬云：「去之，罷去也。」

[6] 牧——趙岐〔注〕云：「牧，牧地。」

[7] 都——〔左傳〕莊公二十八年云：「凡邑，有宗廟先君之主曰都，無曰邑。」閻若璩〔四書釋地續〕云：「都與邑雖有大小，君所居、民所聚，有宗廟及無之別，其實古多通稱。如『商邑翼翼，四方之極。』『即伐于崇，作邑于豐』，此都稱邑之明徵也。『趙良曰，君何不歸十五都？』『孟子曰，王之爲都者』，此邑稱都之明徵也。」

[8] 誦——背誦複述之意。

四・五

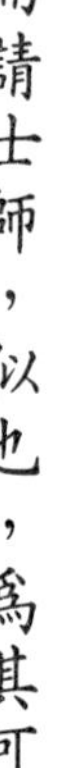
孟子謂蚳鼁[1]曰：「子之辭靈丘[2]而請士師，似也，爲其可以言也。

今既數月矣，未可以言與？」

蚳鼃諫於王而不用，致爲臣而去③。

齊人曰：「所以爲蚳鼃則善矣；所以自爲，則吾不知也。」

公都子④以告。

曰：「吾聞之也：有官守者，不得其職則去；有言責者，不得其言則去。我無官守，我無言責也，則吾進退，豈不綽綽然有餘裕哉？」

【語譯】

孟子對蚳鼃說：「你辭去靈丘縣長，卻要做治獄官，似乎很有道理，因爲可以向王進諫。現在，你作了治獄官已經幾個月了，還不能向王進言嗎？」

蚳鼃向王進諫，王不聽，因之辭職而去。

齊國有人便說：「孟子替蚳鼃考慮的主意是不錯的了，但是他怎樣替自己考慮呢，那我還不知道。」

公都子把這話告訴孟子。

孟子說：「我聽說過：有固定職務的，如果無法盡其職責，就可以不做；有進言的責任的，如果言不聽，計不從，也就可以不做。我既沒有固定的職務，又沒有進言的責任，那我的行動，難道不是寬舒得有無限的迴旋餘地嗎？」

【注釋】

1 蚳鼃——趙岐〔注〕云：「齊大夫。」，蚳，音ㄔ，鼃，即今蛙字。

2 靈丘——齊國邊境邑名。江永〔羣經補義〕以爲在今山東的聊城，又有人以爲在今滕縣附近，都無實據。

3 諫於王而不用，致爲臣而去——〔禮記・曲禮下〕云：「爲人臣之禮不顯諫。三諫而不聽，則逃之。」〔公羊傳〕莊公二十四年云：「三諫不從，遂去之。」故趙岐〔注〕云：「三諫不用，致仕而去。」

4 公都子——趙岐〔注〕云：「孟子弟子也。」

四・六

孟子爲卿於齊，出弔於滕1，王使蓋大夫王驩2爲輔行3。王驩朝暮見，反齊滕之路，未嘗與之言行事也。公孫丑曰：「齊卿之位，不爲小矣；齊滕之路，不爲近矣，反之而未嘗與言行事，何也？」曰：「夫4既或治之，予何言哉？」

【語譯】

孟子在齊國作卿，奉使到滕國去弔喪，齊王還派蓋邑的縣長王驩作爲副使同行。王驩同孟子兩人成天在一起，來回於齊滕兩國的旅途，孟子卻不曾同他一道談過公事。

公孫丑問道：「齊國卿的官位，不算小了；齊滕間的距離，不算近了；但來回一趟，卻不曾和王驩談過公事，這是爲什麼呢？」

孟子答道：「他既然一個人獨斷獨行了，我還說什麼呢？」

【注釋】

1 出弔於滕——季本〔孟子事蹟圖譜〕云：「其與王驩使滕，爲文公之喪也。非大國之君，無使貴卿及介往弔之禮，此固重文公之賢而隆其數，亦孟子欲親往弔以盡存沒始終之大禮也。」

2 蓋大夫王驩——蓋，音ㄍㄜˇ，齊國邑名，故城在山東沂水縣西北八十里。和「兄戴蓋祿萬鐘」（六．一〇）的「蓋」當是一邑，閻若璩〔四書釋地〕云：「以半爲王朝之下邑，王驩治之；以半爲卿族之私邑，陳氏世有之。」周柄中〔孟子辨正〕云：「〔左傳〕凡大夫加邑號者，皆治邑之大夫。王驩爲蓋大夫，猶距心爲平陸大夫。」王驩事又見〔孟子．離婁下〕第二十七章。

3 輔行——朱熹〔集註〕云：「輔行，副使。」

4 夫——彼也。

❖

四．七

孟子自齊葬於魯1，反於齊，止於嬴2。

充虞3請曰：「前日不知虞之不肖4，使虞敦匠事5。嚴6，虞不敢請。今願竊有請也：木若以[7]美然。」

曰：「古者棺椁無度[8]，中古[9]棺七寸，椁稱之。自天子達於庶人，非直為觀美也，然後盡於人心。不得[10]，不可以為悅；無財，不可以為悅。得之為[11]有財，古之人皆用之，吾何為獨不然？且比[12]化者[13]無使土親膚，於人心獨無恔[14]乎？吾聞之也：君子不以天下儉其親。」

【語譯】

孟子從齊國到魯國埋葬母親，又回到齊國，到了嬴縣，停留下來。充虞請問道：「承您看得起我，使我監理棺槨的製造工作，當時大家都忙碌，我雖有疑問，不敢請教。今日才來請教：棺木似乎太好了。」

孟子答道：「上古對於棺槨的尺寸，沒有一定規矩；到了中古，才規定棺厚七寸，槨的厚度以相稱為準。從天子一直到老百姓，講究棺槨，不僅是為著美觀，而是要這樣，才算盡了孝子之心。為法制所限，不能用上等木料，當然不稱心；能用上等木料，沒有財力，也還是不稱心。又有用上等木料的地位，財力又能買得起，古人都如此做了，我為什麼不這樣呢？而且，為了不使死者的尸體和泥土相挨，對孝子說來，難道就足以稱心了嗎？我聽說過：在任何情況下，都不應當在父母身上去省錢。」

【注　釋】

1 自齊葬於魯——趙岐〔注〕云：「孟子仕於齊，喪母，歸葬於魯。」案：據〔列女傳〕：「孟子處齊有憂色，擁楹而歎，孟母見之。」云云，則孟子仕齊，孟母同往。趙岐之說誠爲何信。

2 嬴——故城在今萊蕪縣西北四十里北。

3 充虞——趙岐〔注〕云：「孟子弟子。」

4 不知虞之不肖——此客氣語，故譯文亦以今日常用語達之。

5 敦匠事——孔廣森〔經學卮言〕云：「敦，治也。」匠，指木工。趙岐以「匠」字絕句，「事」字屬下讀，亦通。

6 嚴——焦循〔正義〕云：「嚴爲急；急者，謂不暇也。」

7 以——太也。

8 古者棺椁無度——趙岐〔注〕云：「言古者棺椁薄厚無尺寸之度。」

9 中古——趙岐〔注〕云：「中古謂周公制禮以來。」孔廣森〔經學卮言〕云：「中古尚指周公以前，周公制禮，則自天子至於庶人皆有等。」

10 不得——舊注皆以不得「謂法制所不當得」，譯文所本。

11 爲——王念孫〔讀書雜志〕云：「〔孟子〕『得之爲有財』，言『得之與有財』也。」

12 比——去聲，爲也。

13 化者——〔淮南子‧精神訓〕高誘〔注〕云：「化，猶死也。」

14 恔——音ㄒㄧㄠˋ，趙岐〔注〕云：「快也。」

四・八

沈同[1]以其私問曰：「燕可伐與[2]？」孟子曰：「可；子噲不得與人燕，子之不得受燕於子噲。有仕[3]於此，而子悅之，不告於王而私與之吾子之祿爵；夫士也，亦無王命而私受之於子，則可乎——何以異於是？」

齊人伐燕。

或問曰：「勸齊伐燕，有諸？」

曰：「未也；沈同問『燕可伐與』，吾應之曰，『可』，彼然而伐之也。彼如曰，『孰可以伐之？』則將應之曰，『爲天吏，則可以伐之。』今有殺人者，或問之曰，『人可殺與？』則將應之曰，『可。』彼如曰，『孰可以殺之？』則將應之曰：『爲士師，則可以殺之。』今以燕伐燕，何爲勸之哉？」

【語　譯】

沈同用個人身分問孟子說：「燕國可以討伐嗎？」

孟子答道：「可以；燕王子噲不能夠（任自己的意思）把燕國交給別人；他的相國子之也不能夠（就這樣）從子噲那裡接受燕國。譬如有這麼一個人，你很喜歡他，便不向王請示而自作主張地把你的俸祿官位都讓給他；他呢，也沒有國王的任命便從你那裡接受了俸祿官位，這樣可以嗎？——子噲子之私相授受的事和這個例子又什麼分別呢？」

齊國果然去討伐燕國。

有人問孟子說：「齊國討伐燕國，你曾經勸說過，有這回事嗎？」

孟子答道：「沒有；沈同曾經用他個人身分問我，說：『燕國可以討伐嗎？』我答應說：『可以。』他們就這樣地去打燕國了。他假若再問：『誰可以去討伐他呢？』那我便會說：『只有天吏才可以去討伐。』譬如這裡有一個殺人犯，有人問道：『這犯人該殺嗎？』那我會說：『該殺。』假若他再問：『誰可以殺他呢？』那我就會回答：『只有治獄官才可以去殺他。』如今用一個同燕國一樣暴虐的齊國去討伐燕國，我爲什麼去勸他呢？」

【注釋】

[1] 沈同——趙岐〈注〉云：「沈同，齊大臣。」焦循〈正義〉云：「沈同無考。」

[2] 燕可伐與——參閱〈梁惠王下〉第十、第十一兩章以及下第九章之經文並注釋。

[3] 仕——「士」、「仕」古字多通用，此「仕」字當讀爲「士」。

四·九

燕人畔[1]。王曰：「吾甚慚於孟子[2]。」

陳賈[3]曰：「王無患焉。王自以爲與周公孰仁且智？」

王曰：「惡！是何言也！」

曰：「周公使管叔監殷[4]，管叔以殷畔[5]；知而使之，是不仁也；不知而使之，是不智也。仁智，周公未之盡也，而況於王乎？賈請見而解之。」

見孟子，問曰：「周公何人也？」

曰：「古聖人也。」

曰：「使管叔監殷，管叔以殷畔也，有諸？」

曰：「然」。

曰：「周公知其將畔而使之與？」

曰：「不知也。」

「然則聖人且有過與？」

曰：「周公，弟也；管叔，兄也。周公之過，不亦宜乎？且古之君子⑥，過則改之；今之君子，過則順之。古之君子，其過也，如日月之食⑦，民皆見之；及其更也，民皆仰之⑧。今之君子，豈徒順之，又從爲之辭。」

【語　譯】

燕國人羣起反抗齊國。齊王說：「我對於孟子感到非常慚愧。」

陳賈說：「王不要難過。在仁和智的方面，王和周公比較，您自己說，誰強一些？」

齊王說：「哎！這是什麼話！（我哪敢同周公相比！）」

陳賈說：「周公使管叔監督殷國，管叔卻率領殷遺民來造反；這一結果，如果周公早已預見到了，卻仍然使管叔去監督，那是他的不仁；如果周公未曾預見到，便是他的不智。仁和智，周公都沒有完全做到，何況您呢？我願意去看看孟子向他解釋解釋。」

於是陳賈來見孟子，問道：「周公是怎樣的人？」

答道：「古代的聖人。」

陳賈說：「他使管叔監督殷國，管叔卻率領殷遺民造反，有這回事嗎？」

答道：「有的。」

問道：「周公是早預見到管叔會造反，卻偏要使他去的嗎？」

答道：「周公是不曾預見到的。」

陳賈說：「這樣說來，聖人也會有過錯嗎？」

答道：「周公是弟弟，管叔是哥哥，（難道弟弟能疑心哥哥會造反嗎？）周公這種錯誤，難道不也是合乎情理的嗎？而且，古代的君子，有了過錯，隨即改正；今天的君子，有了過錯，竟將錯就錯。古代的君子，他的過錯，好像日蝕月蝕一般，老百姓個個都看得到；當他改正的時候，個個都抬頭望著。今天的君子，不僅僅將錯就錯，並且還編造一番假道理來為錯誤辯護。」

【注釋】

1 燕人畔——齊破燕，燕王噲死，子之亡。趙國便召燕公子職於韓，派樂池送入燕，立為燕王，就是燕昭王。齊宣王原意在吞併燕國，而諸侯和燕國人合謀另立燕王，反抗齊國，從齊王言之，說這是「背叛」。

2 吾甚慙於孟子——慙，今作「慚」。〔說文〕：「慙，媿也。」孟子曾經勸王：「速出令，反其旄倪，止其重器，謀於燕衆，置君而後去之。」（二·一一）而齊宣王不聽，結果遭到燕國反抗。

3 陳賈——趙岐〔注〕云：「齊大夫也。」〔戰國策·秦策〕有一姚賈，與李斯同時，而高誘以爲即此陳賈，不可信。

4 周公使管叔監殷——〔史記·管蔡世家〕以管叔爲兄，周公爲弟，與孟子下文同。但〔列女傳·母儀篇〕則以周公爲兄，管叔爲弟，與孟子下文趙岐〔注〕相同。毛奇齡〔四書賸言〕主後說。又〔史記·魯世家〕云：「已殺紂，周公把大鉞，召公把小鉞，以夾武王，釁社，告紂之罪於天及殷民，釋箕子之囚，封紂子武庚祿父，使管叔、蔡叔傅之，以續殷祀。」管蔡世家亦云：「武王已克殷紂，平天下，封功臣昆弟，於是封叔鮮於管，封叔度於蔡，二人相紂子武庚祿父，治殷遺民。」

5 管叔以殷畔——〔史記·管蔡世家〕云：「武王既崩，成王少，周公旦專王室，管叔、蔡叔疑周公爲之不利於成王，乃挾武庚以作亂。周公旦承成王命伐誅武庚，殺管叔，而放蔡叔，遷之。」

6 君子——這裡的「君子」，和「君子創業垂統」（二·一四）的「君子」意義相近，不僅指在位者，甚至是指在高位者而言。

7 日月之食——日蝕月蝕的「蝕」字，古書多作「食」字。

8 仰之——仰，抬頭望也。此指日月蝕復明而言，而臣民對君王的更改錯誤。也正如盼望日月復明一般，故也可以說「仰之」。

四・一〇

孟子致爲臣而歸[1]。王就見孟子，曰：「前日願見而不可得，得侍同朝，甚喜[2]；今又棄寡人而歸，不識可以繼此而得見乎？」

對曰：「不敢請耳，固所願也。」

他日，王謂時子[3]曰：「我欲中國[4]而授孟子室，養弟子以萬鍾[5]，使諸大夫國人皆有所矜式。子盍爲我言之！」

時子因陳子而以告孟子，陳子以時子之言告孟子[6]。

孟子曰：「然[7]；夫時子惡知其不可也？如使予欲富，辭十萬[8]而受萬，是爲欲富乎？季孫[9]曰：『異哉子叔疑[9]！使己爲政，不用，則亦已矣，又使其子弟爲卿。人亦孰不欲富貴？而獨於富貴之中有私龍斷[10]焉。』古之爲市也，以其所有易其所無者，有司者治之耳。有賤丈夫[11]焉，必求龍斷而登之，以左右望，而罔市利。人皆以爲賤，故從而征之。征商自此賤丈夫始矣。」

【語譯】

孟子辭去齊國的官職準備回鄉，齊王到孟子家中相見，說道：「過去希望看到您，卻不可能；後來能夠同在一起，我很高興；現在您又將拋棄我而回去了，不知道我們以後還可以相見嗎？」

答道：「這個，我只是不敢請求罷了，本來是很希望的。」

過了一些時，齊王對時子說：「我想在臨淄城中給孟子一幢房屋，用萬鍾之粟來養活他的門徒，使我國的官吏和人民都有所效法。你何不替我向孟子談談！」時子便託陳子把這話轉告孟子；陳子也就把時子的話告訴了孟子。

孟子說：「嗯；那時子哪曉得這事情做不得呢？假若我是貪圖財富，辭去十萬鍾的俸祿卻來接受這一萬鍾的賜予，這難道是貪圖財富嗎？季孫說過：『子叔疑眞奇怪！自己要做官，別人不用，也就罷了，卻又使自己兒子兄弟來做卿大夫。誰不想做官發財，但是他卻在做官發財之中有一種壟斷行爲。』（怎樣叫做『壟斷』呢？）古代的買賣，以有易無，這種事情，相關的部門管理它罷了。卻有一個卑鄙漢子，一定要找一個獨立的高地登上去，左邊望望，右邊望望，恨不得把所有買賣的好處由他一網打盡。別人都覺得這人卑鄙，因此抽他的稅。向商人抽稅便從此開始了。」

【注釋】

1 孟子致爲臣而歸——「歸」指回返家鄉，和下文「棄寡人而歸」的「歸」同義。「致爲臣」，趙岐解爲「辭齊卿」，古書常有「致祿」（〔國語．魯語〕）「致政」（〔晉語〕、〔禮記．王制〕等）「致仕」（〔公羊〕宣公元年〔傳〕）的語詞，這些「致」字都是「歸還」之意，故〔國語〕〔注〕云：「致，歸也。」

2 得侍同朝甚喜——歷來讀「得侍」爲句，「同朝甚喜」爲句，此讀實誤。孔廣森〔經學卮言〕云：「『得侍同朝』者謙詞，言與孟子得爲君臣而同朝也。『甚喜』，王自言甚喜也。俗讀『得侍』絕句者謬。」

[3] 時子——趙岐〔注〕云：「齊臣也。」

[4] 中國——「中」爲介詞，「國」讀如「徧國中無與立談者」（八・三三）之「國」，謂「臨淄城」。「中國」猶言在國都之中。

[5] 萬鍾——根據〔左傳〕昭公三年晏嬰「齊舊四量：豆、區、釜、鍾，四升爲豆，各自其四以登於釜，釜十則鍾」的話，則區爲一斗六升，釜爲六斗四升，鍾爲六石四斗。萬鍾則爲六萬四千石。但古代一升，僅合今日〇・一九三七升，則六萬四千石猶不足今日之一萬三千石。宋翔鳳〔孟子趙注補正〕云：「王謂時子，養弟子以萬鍾，言致卿祿一歲之粟，若後世致仕食俸之法也。」

[6] 時子因陳子句——趙岐〔注〕云：「陳子，孟子弟子陳臻。」顧炎武〔日知錄〕云：「『時子因陳子而以告孟子，陳子以時子之言告孟子。』此不須重見而意已明。」

[7] 然——王引之〔經傳釋詞〕云：「〔禮記・檀弓〕：『有子曰：然，然則夫子有爲言之也。』〔論語・陽貨篇〕：『然，有是言也。』〔孟子・公孫丑篇〕曰：『然，夫時子惡知其不可也。』此三『然』字，但爲應詞而不訓爲是。」

[8] 十萬——孟子所謂十萬，當係成數，以見其多，不必作確數看。閻若璩謂係指孟子在齊國多年俸祿的總數而言，可參考其所著〔孟子生卒年月考〕。

[9] 季孫、子叔疑——朱熹〔集註〕云：「不知何時人。」周廣業〔孟子出處地時考〕以〔春秋〕昭公二十九年之「叔詣」當子叔疑，亦純是揣測之詞。趙岐之〔注〕則誤以兩人爲孟子弟子。

[10] 龍斷——龍，同「壟」，龍斷本是名詞，岡壟之斷而高者，〔列子・湯問篇〕：「自此冀之南

漢之陰無隴斷焉。」則作「隴斷」。又可借用作動詞，網羅市利之意。

11 丈夫——〔穀梁傳〕文公十二年云：「男子二十而冠，冠而列丈夫。」則「丈夫」爲成年男子之通稱。

❖

四·一一

孟子去齊1，宿於晝2。有欲爲王留行者3，坐而言4。不應，隱几5而臥。

客不悅曰：「弟子齊宿6而後敢言，夫子臥而不聽，請勿復敢見矣。」

曰：「坐4！我明語子。昔者魯繆公無人乎子思之側，則不能安子思7；泄柳、申詳無人乎繆公之側，則不能安其身8。子爲長者9慮，而不及子思；子絕長者乎？長者絕子乎？」

【語　譯】

孟子離開齊國，在晝縣過夜。有一位想替齊王把孟子挽留住的人恭敬地坐著同孟子說話，孟子卻不加理會，伏在靠几上睡起來。

那人很不高興，說道：「我在準備會您的頭一天便整潔身心，今天同您說話，您卻裝睡覺，不聽我的，以後再也不敢同您相見了。」（說著，起身要走。）

孟子說：「坐下來！我明白地告訴你。過去，（魯繆公怎樣對待賢人呢？）他如果沒有人在子思身邊，就不能夠使子思安心；如果泄柳、申詳沒有人在魯繆公身邊，也就不能使自己安心。你替我這個老頭考慮，連子思怎樣被魯繆公對待都想不到，（不去勸說齊王改變態度，卻用空話留我，）這樣，還是你跟我決絕呢，還是我跟你決絕呢？」

【注釋】

1 孟子去齊——閻若璩〔孟子生卒年月考〕云：「繫致爲臣章於燕畔王慙之後，蓋君臣之隙既開，有不可以復合者矣，故孟子決然請去。」

2 晝——趙岐〔注〕云：「齊西南近邑也。」案：「晝」在臨淄之西南，爲孟子自齊返鄒必經之道；「畫」（音ㄏㄨㄛˋ）在臨淄之西北三十里，爲燕破齊時軍隊所經之地，一南一北，兩地不同。有人混而一之，誤。

3 有欲爲王留行者——閻若璩〔四書釋地又續〕云：「當日爲王留行者，豈有不通姓名之理；爲其人可略，作七篇時，遂從而略之。」

4 坐而言——趙岐〔注〕云：「客危坐而言。」以「危坐」釋「坐」。蓋古人之坐不用椅凳，閻若璩〔釋地又續〕云：「兩膝著地，伸腰及股而勢危者爲跪；兩膝著地，以尻（俗云屁股）著蹠（足踵）而少安者爲坐。趙氏於『坐而言』曰『危坐』，於『坐，我明語子』單曰『坐』，蓋『危坐』者，客跪而言留孟子之言，迨不聽，然後變色而起，孟子於是命之以安坐以聽我語。此兩『坐』字殊不同。」

5 隱几——隱，〔說文〕作「㥯」，云：「有所依據也。」（依王筠〔句讀〕）但古書都以「隱」字爲之。「几」，〔說文〕云：「居几也。」「居几」就是「坐几」，爲老年人坐時所倚靠的。古時無高几。

⑥齊宿——齊，同「齋」。先一日齋戒，便叫「齋宿」。

⑦昔者魯繆公句——繆，同「穆」。魯繆公，名顯，在位三十三年。子思，孔子之孫，名伋。朱熹〔注〕此句云：「繆公尊禮子思，常使人候伺道達誠意於其側，乃能安而留之也。」

⑧泄柳申詳句——泄柳，即〔告子下〕第六章之子柳，魯繆公時賢人。申詳，據〔禮記・檀弓〕鄭〔注〕，爲孔子學生子張之子，子游之婿。朱熹〔注〕此句云：「繆公尊之不如子思，然二子義不苟容，非有賢者在其君之左右維持調護之，則亦不能安其身矣。」

四・一二

孟子去齊。尹士①語人曰：「不識王之不可以爲湯武，則是不明也；識其不可，然且至，則是干澤②也。千里而見王，不遇故去，三宿而後出晝，是何濡滯也？士則茲不悅③。」

高子④以告。

曰：「夫尹士惡知予哉？千里而見王，是予所欲也；不遇故去，豈予所欲哉？予不得已也。予三宿而出晝，於予心猶以爲速，王庶幾⑤改之！王如改諸，則必反予。夫出晝，而王不予追也，予然後浩然⑥有歸志。予雖然，豈舍王哉！王由⑦足用⑧爲善；王如用予，則豈徒齊民安，天下之民舉安。王庶幾改之！予日望之！予豈若是⑨小丈夫然哉？諫於其君而不受，則怒，悻悻然⑩見⑪於其面，去則窮日之力而後宿哉？」

尹士聞之，曰：「士誠小人也。」

【語　譯】

孟子離開了齊國，尹士對別人說：「不曉得齊王不能夠做商湯、周武，那便是孟子的糊塗；曉得他不行，然而還要來，那便是孟子的貪求富貴。老遠地跑來，不相融洽而走，在晝縣歇了三夜才離開，爲什麼這樣慢騰騰的呢？我對這種情況很不高興。」

高子便把這話告訴給孟子。

孟子說：「那尹士哪能瞭解我呢？老遠地來和齊王相見，這是我的希望；不相融洽而走，難道也是我所希望的嗎？只是我的不得已罷了。我在晝縣歇宿了三夜再離開，在我心裡還以爲太快了，（我這麼想：）王也許會改變態度的；王假若改變態度，那一定會把我召回。我離開晝縣，王還沒有追回我，我才無所留戀地有回鄉的念頭。縱是這樣，我難道肯拋棄齊王嗎？齊王（雖然不能做商湯、周武，）也還可以好好地做一番；齊王假若用我，何止齊國的百姓得到太平，天下的百姓都可以得到太平。王也許會改變態度的！我天天盼望著呀！我難道像這樣的小器人一樣嗎？向王進勸諫之言，王不接受，便大發脾氣，滿臉不高興；一旦離開，非得走到筋疲力竭不肯住腳嗎？」

尹士聽到了這話以後，說：「我眞是個小人。」

【注釋】

1 尹士——趙岐〔注〕云：「齊人也。」

2 干澤——趙岐〔注〕云：「干，求也；澤，祿也。」

3 茲不悅——茲，此也。這句爲倒裝句，「茲不悅」即「不悅此」。

4 高子——趙岐〔注〕云：「高子亦齊人，孟子弟子。」

5 庶幾——表示希冀的副詞。

6 浩然——朱熹〔集註〕云：「如水之流不可止也。」

7 由——同「猶」。

8 足用——猶「足以」。

9 是——這，這樣的。王引之〔經傳釋詞〕云：「是猶夫也」，則解爲「那」、「那樣的」，恐不確。

10 悻悻然——趙岐〔注〕引〔論語〕之「硜硜然小人哉」作「悻悻然小人哉」，以解此「悻悻然」，則「悻悻然」爲器量狹小者之貌。「悻」與「硜」古音同在耕部，聲紐亦近，故可通。鄭玄注〔論語〕云：「硜硜，小人之貌也。」

11 見——同「現」。

❖

四・一三

孟子去齊，充虞路問曰：「夫子若有不豫色然。前日虞聞諸夫子曰：『君子不怨天，不尤人[1]。』」

曰：「彼一時，此一時也[2]。五百年必有王者興，其間必有名世者[3]。由周而來，七百有餘歲矣[4]。以其數，則過矣；以其時考之，則可矣。夫天未欲平治天下也；如欲平治天下，當今之世，舍我其誰也？吾何為不豫哉？」

【語譯】

孟子離開齊國，在路上，充虞問道：「您似乎有不快樂的樣子。但是，從前我聽您說過，『君子不抱怨天，不責怪人。』（今天又為什麼如此呢？）」

孟子說：「那又是一個時候，現在又是一個時候，（情況不同啦。從歷史上看來，）每過五百年一定有位聖君興起，而且還會有命世之才從其中出來。從周武王以來，到現在已經七百多年了。論年數，超過了五百；論時勢，現在正該是聖君賢臣出來的時候了。天不想使天下太平了吧；如果想使天下太平，在今日的社會裡，除開我，還有誰呢？我為什麼不快樂呢？」

【注釋】

[1] 不怨天，不尤人——實是孔子的話，見〈論語・憲問篇〉，孟子不過向他的學生轉述而已。

[2] 彼一時，此一時也——焦循〈正義〉云：「近通解以『彼一時』為充虞所聞君子不怨天不尤人之時，時為暇豫之時，則論為經常之論也。『此一時』為今孟子去齊之時，為行藏治亂關係之時

也，則憂天憫人之意不得不形諸顏色也。」

[3] 名世者——「名世」疑即為後代之「命世」，「名」與「命」古本通用，焦循〔正義〕已言之。孟子所謂「其間必有名世者」，恐係指輔助「王者」之臣而言。孟子一匹夫，無所憑藉，自不敢自居於「王者」，但為周公則未嘗不可。〔三國志・魏志・武帝紀〕云：「天下將亂，非命世之才不能濟也。」孟子所謂「名世者」疑即此意。

[4] 七百有餘歲矣——江永〔羣經補義〕云：「孟子去齊，在燕人畔之後，蓋當周赧王三年己酉。」江氏因而考訂，「自武王乙卯至赧王，實得七百三十九年。」惟據朱右曾〔汲冢紀年存真〕的考較，則又少十六年，實得七百二十三年。

❖

四・一四

孟子去齊，居休[1]。公孫丑問曰：「仕而不受祿，古之道乎？」

曰：「非也；於崇[2]，吾得見王，退而有去志，不欲變[3]，故不受也。繼而有師命[4]，不可以請。久於齊，非我志也。」

【語　譯】

孟子離開齊國，居於休地。公孫丑問道：「做官卻不受俸祿，合乎古道嗎？」

孟子說：「不；在崇，我看到了齊王，回來便有離開的意思，不想改變，所以不接受俸祿。不久，齊國有戰事，不可以申請離開。長久地留在齊國，不是我的心願。」

【注　釋】

1 休——閻若璩〔四書釋地〕云：「故城在今滕縣北十五里，距孟子家約百里。」

2 崇——地名，今不可考。

3 不欲變——趙岐〔注〕云：「志欲去矣，不欲即去，若爲詭變，見非泰甚。」以「詭變」釋「變」，意思是以爲孟子之欲走而不馬上走者，乃是不想作詭異之行，被別人責罵得太甚。此說恐非。朱熹〔集註〕云：「變，謂變其去志。」是也。

4 師命——師旅之命。

卷五

滕文公章句上

凡五章

五·一

滕文公為世子[1]，將之楚，過宋[2]而見孟子。孟子道性善，言必稱堯舜。

世子自楚反，復見孟子。孟子曰：「世子疑吾言乎？夫道一而已矣。成覸[3]謂齊景公曰：『彼，丈夫也；我，丈夫也；吾何畏彼哉？』顏淵曰：『舜，何人也？予，何人也？有為者亦若是。』公明儀[4]曰：『文王，我師也；周公豈欺我哉？』今滕，絕長補短[5]，將五十里也，猶可以為善國。〔書〕曰：『若藥不瞑眩，厥疾不瘳[6]。』」

【語譯】

滕文公當他作太子的時候，要到楚國去，經過宋國，會見了孟子。孟子開口不離堯舜，同他講了人性本是善良的道理。

太子從楚國回來，又來看孟子。孟子說：「太子懷疑我的話嗎？天下的眞理就這麼一個。成覸對齊景公說：『他是個男子漢，我也是個男子漢，我為什麼怕他呢？』顏淵說：『舜是什麼樣的人，我也是什麼樣的人，有作為的人也會像他那樣。』公明儀說：『文王是我的老師，周公也是應該信賴的。』現在的滕國，假若把土地截長補短，拼成正方形，每邊之長也將近五十里，還可以治理成一個好國家。〔書經〕上說過：『如果藥物不能使人吃得頭暈腦轉，那種病是不會痊癒的。』」

【注釋】

1 世子——即「太子」，「世」和「太」，古音相同，古書常通用。〔公羊傳〕莊公三十二年云：「君存稱世子。」何休〔注〕云：「明當世父位爲君。」

2 過宋——過，舊讀平聲。是時宋已由舊都商邱遷都彭城（今徐州市），而滕在徐州之北一百九十里之地，滕文公適楚，必定南行而經宋，來回都如此。閻若璩〔四書釋地〕以爲滕文公過宋是故意爲見孟子而繞道，蓋不知宋已遷都之事也。

3 成覸——覸，音ㄐㄧㄢˋ。成覸，又作「成覵」（〔說文〕見部）、「成荊」（〔淮南子・齊俗訓〕）、「成慶」（〔戰國策・趙策〕、〔漢書・廣川王傳〕），齊之勇臣。王夫之〔孟子稗疏〕云：「其言『吾何畏彼』者，以角力言耳，孟子借引以喻人之自强。」

4 公明儀——曾見於〔禮記・檀弓〕與〔祭義〕，鄭玄〔祭義・注〕云：「公明儀，曾子弟子。」

5 絕長補短——〔墨子・非命篇〕云：「古者湯封於亳，絕長繼短，地方百里。」〔戰國策・楚策〕：「今楚國雖小，絕長續短，猶以數千里。」可見「絕長補短」爲當時計算土地面積時之常用語。

6 〔書〕曰句——「若藥不瞑眩，厥疾不瘳」句又見〔國語・楚語〕引武丁之書，梅氏取以爲僞古文說命上篇。趙岐〔注〕云：「瞑眩，藥攻人疾，先使瞑眩憒亂，乃得瘳愈也。」瞑，音ㄇㄧㄢˊ；眩，音ㄒㄩㄢˋ；瘳，音ㄔㄡ。

◈

五・二

滕定公1薨，世子謂然友2曰：「昔者孟子嘗與我言於宋，於心終不忘。今也不幸至於大故[3]，吾欲使子問於孟子，然後行事。」

然友之鄒[4]問於孟子。

孟子曰：「不亦善乎！親喪，固所自盡也[5]。曾子曰：『生，事之以禮；死，葬之以禮，祭之以禮，可謂孝矣[6]。』諸侯之禮，吾未之學也；雖然，吾嘗聞之矣。三年之喪[7]，齊疏之服[8]，飦粥之食[9]，自天子達於庶人，三代共之。」

然友反命，定爲三年之喪。父兄百官皆不欲，曰：「吾宗國[10]魯先君莫之行，吾先君亦莫之行也，至於子之身而反之，不可。且〔志〕[11]曰：『喪祭從先祖。』曰，『吾有所受之也[12]。』」

謂然友曰：「吾他日未嘗學問，好馳馬試劍。今也父兄百官不我足也，恐其[13]不能盡於大事，子爲我問孟子！」

然友復之鄒問孟子。

孟子曰：「然；不可以他求者也。孔子曰：『君薨，聽於冢宰[14]，歠[15]粥，面深墨[16]，即位而哭，百官有司[17]莫敢不哀，先之也。』上有好者，下必有甚焉者矣。君子之德，風也；小人之德，草也。草尚之風，必偃[18]。是在世子。」

然友反命。

世子曰：「然；是誠在我。」

五月居廬[19]，未有命戒。百官族人可，謂曰知[20]。及至葬，四方來觀之，顏色之戚，哭泣之哀，弔者大悅。

【語譯】

滕定公死了，太子對他的師傅然友說：「過去在宋國，孟子給我談了許多，我心裡一直不曾忘記。今日不幸得很，遭了父喪，我想請你到孟子那裡問問，然後再辦喪事。」

然友便到鄒國，去問孟子。

孟子說：「好得很呀！父母的喪事，本應該自動地盡心竭力的。曾子說過：『當他們在世的時候，依禮去奉侍；他們去世了，依禮去埋葬，依禮去祭祀，這可以說是盡孝了。』諸侯的禮節，我雖然不曾學習過，但也聽說過。實行三年的喪禮，穿著粗布緝邊的孝服，吃著稀粥，從天子一直到老百姓，夏、商、周三代都是這樣的。」

然友回國復命，太子便決定行三年的喪禮。滕國的父老官吏都不願意，說道：「我們的宗國魯國的歷代君主沒有實行過，我們歷代的祖先也沒有實行過，到你這一代便改變了祖先的做法，這是不應該的。而且〈志〉說過，『喪禮祭禮一律依從祖宗的規矩。』道理就在於我們是從這一傳統繼承下來的。」

太子便對然友說：「我過去不曾搞過學問，只喜歡跑馬舞劍。今日，我要實行三年之喪，父老們官吏們都對我不滿，恐怕這一喪禮不能夠使我盡心竭力，你再替我去問問孟子罷！」

然友又到鄒國去問孟子。

孟子說：「嗯！這是不能夠求於別人的。孔子說過，『君主死了，太子把一切政務交給首相，喝著粥，面色深黑，就臨孝子之位便哭，大小官吏沒有人敢不悲哀，因爲太子親身帶頭的緣故。』在上位的有什麼愛好，在下面的人一定愛好得更利害。君子的德好像風，小人的德好像草，風向哪邊吹，草就向哪邊倒。這一件事情完全決定於太子。」

然友向太子回報。

太子說：「對；這應當決定於我。」

於是太子居於喪廬中五月，不曾頒佈過任何命令和禁令。官吏們同族們都很贊成，認爲知禮。等待舉行葬禮的時候，四方的人都來觀禮，太子容色的悲慘，哭泣的哀痛，使來弔喪的人都非常滿意。

【注釋】

1 滕定公——文公之父，參見二·一三注1。

2 然友——趙岐〈注〉云：「世子之傅也。」

3 大故——趙岐〈注〉云：「謂大喪也。」按「大故」爲古代常用詞，譯爲今語則是「重大的事故」，其所指依所言的內容而有不同。〈論語·微子篇〉：「故舊無大故，則不棄也。」此「大故」謂「惡逆之事」；〈周禮·春官·大宗伯〉「國有大故」的「大故」，則謂「凶災」。

4 之鄒——〈史記·正義〉云：「今鄒縣去徐州滕縣四十餘里，蓋往反不過大半日，故可問而後行事。」

5 親喪固所自盡也——〔論語・子張篇〕：「曾子曰，吾聞諸夫子：人未有自致者也，必也親喪乎！」此孟子所本。「自致」即「自盡」，朱熹〔集註〕云：「致，盡其極也。蓋人之真情所不能自已者。」

6 曾子曰諸句——〔論語・爲政篇〕：「孟懿子問孝。子曰：『無違。』樊遲御，子告之曰：『孟孫問孝於我，我對曰，無違。』樊遲曰：『何謂也?』子曰：『生，事之以禮；死，葬之以禮，祭之以禮。』」孟子以爲是曾子語，或者另有所本。〔大戴禮記・曾子本孝篇〕也曾載曾子數言，文雖不同，意則相近。

7 三年之喪——據儒家傳說，上古便曾行三年之喪（子女對於父母，臣對於君，都守孝三年），但據下文「吾宗伯魯先君莫之行，吾先君亦莫之行也」的話，以及〔左傳〕的若干關於喪事的記載，儒家此語很可懷疑。毛奇齡〔四書賸言〕則以爲此是商制，亦只是臆測之詞。

8 齊疏之服——齊，音ㄗ。〔儀禮・喪服〕云：「疏衰裳齊。」疏，猶粗也；凡服上曰衰，下曰裳；齊，緝（衣服縫邊）也。「疏衰裳齊」意思就是用粗布做成的喪服上衣和下裳，縫衣邊（斬衰則不縫衣邊）。

9 飦粥之食——飦，同「饘」，音ㄓㄢ。〔禮記・檀弓〕孔穎達〔疏〕云：「厚曰饘，稀曰粥。」

10 宗國——周朝重宗法，魯、滕諸國的始封祖都是周文王的兒子，而周公封魯，於行輩爲較長（參見四・九注4），因之其餘姬姓諸國都以魯爲宗國。毛奇齡〔經問〕論此甚詳，可參看。

11 志——趙岐〔注〕云：「志，記也。〔周禮〕，小史掌邦國之志。」焦循〔正義〕云：「小史所掌之志，記世系昭穆之事，容有『喪祭從先祖』云云，故趙氏引以爲證，實不知爲何書也。」王夫之〔孟子稗疏〕以「且志」爲「古書名，雜編古今雅俗共稱之成說以彙記之。」恐是臆說。

12 曰，吾有所受之也——趙岐〔注〕云：「曰喪祭之事，各從其先祖之法，言我轉有所承受之，不可於己身獨改更也。一說吾有所受之，世子言我受之於孟子也。」後一說不可信。

13 其——此「其」字固可以看作世子自指之詞，古人本有藉第三人稱代詞以自指之例。趙岐〔注〕以為指父兄百官，亦通。

14 孔子曰云云——〔論語・憲問篇〕：「子張曰：『〔書〕云，高宗諒陰，三年不言。何謂也？』子曰：『何必高宗？古之人皆然。君薨，百官總己以聽於冢宰三年。』」〔集解〕引孔氏云：「冢宰，天官卿，佐王治者也。三年喪畢，然後王自聽政也。」

15 歠——音ㄔㄨㄛ，〔說文〕：「飲也。」

16 深墨——趙岐〔注〕云：「深，甚也；墨，黑也。」

17 百官有司——譯文以「官」譯「百官」，以「吏」譯「有司」。

18 君子之德數句——〔論語・顏淵篇〕：「子曰：子欲善而民善矣。君子之德風，小人之德草；草上之風，必偃。」「上」與「尚」同，古多通用。趙岐〔注〕云：「尚，加也。」「草尚之風」謂草加之以風。譯文用意譯法。

19 五月居廬——〔左傳〕隱公元年云：「天子七月而葬，同軌畢至；諸侯五月，同盟至；大夫三月，同位至；士踰月，外姻至。」則諸侯五月乃葬，未葬前，孝子必居凶廬。凶廬也叫『梁闇』，用土磚砌成，不用柱，不用楣，不用修飾，以草為屏。甚至在守孝的時期內都居於此。

20 百官族人可，謂曰知——朱熹〔集註〕云：「可謂曰知，疑有闕誤。」可見他也不甚瞭解，趙岐〔注〕也沒說明白，暫且以我們的意思譯出。

五·三

滕文公問爲國。

孟子曰：「民事不可緩也。〔詩〕云[1]：『晝爾于茅[2]，宵爾索綯[3]；亟其乘屋[4]，其始播百穀。』民之爲道也，有恆產者有恆心，無恆產者無恆心。苟無恆心，放辟邪侈，無不爲已。及陷乎罪，然後從而刑之，是罔民也。焉有仁人在位罔民而可爲也？是故賢君必恭儉禮下，取於民有制。陽虎[5]曰：『爲富不仁矣，爲仁不富矣。』

「夏后氏五十[6]而貢，殷人七十[6]而助，周人百畝[6]而徹，其實皆什一也。徹者，徹[7]也；助者，藉[8]也。龍子[9]曰：『治地莫善於助，莫不善於貢。』貢者，挍[10]數歲之中以爲常。樂歲，粒[11]米狼戾[12]，多取之而不爲虐，則寡取之；凶年，糞其田而不足，則必取盈焉。爲民父母，使民盻盻然[13]，將終歲勤動，不得以養其父母，又稱[14]貸而益之，使老稚轉乎溝壑，惡在其爲民父母也？夫世祿，滕固行之矣。〔詩〕云：『雨我公田，遂及我私[15]。』惟助爲有公田。由此觀之，雖周亦助也。

「設爲庠序學校[16]以教之。庠者，養也；校者，教也；序者，射也[17]。夏曰校，殷曰序，周曰庠；學則三代共之，皆所以明人倫也。人倫明於上，小民親於下。有王者起，必來取法，是爲王者師[18]也。

「〔詩〕云：『周雖舊邦，其命惟新[19]。』文王之謂也。子力行之，亦以新子之國！」

使畢戰[20]問井地[21]。

孟子曰：「子之君將行仁政，選擇而使子，子必勉之！夫仁政，必自經界[22]始。經界不正，井地不鈞[23]，穀祿[24]不平，是故暴君汙吏必慢其經界。經界既正，分田制祿可坐而定也。

「夫滕，壤地褊小，將爲[25]君子焉，將爲[25]野人焉。無君子，莫治野人；無野人，莫養君子。請野九一而助，國中什一使自賦。卿以下必有圭田[26]，圭田五十畝；餘夫二十五畝[27]。死徙無出鄉，鄉田同井，出入相友，守望相助，疾病相扶持，則百姓親睦。方里而井，井九百畝，其中爲公田。八家皆私百畝，同養公田；公事畢，然後敢治私事，所以別野人也。此其大略也；若夫潤澤之，則在君與子矣。」

【語　譯】

滕文公問孟子治理國家的事情。

孟子說：「關心人民是最爲急迫的任務。《詩經》上說：『白天割取茅草，晚上絞成繩索，趕緊修繕房屋，到時播種五穀。』人民有一個基本情況：有一定的產業收入的人才有一定的道德觀念和行爲準則，沒有一定的產業收入的人便不會有一定的道德觀念和行爲準則。假若沒有一定的道德觀念和行爲準則，就會胡作非爲違法亂紀，什麼事都做得出來。等到他們犯了罪，然後去加以處罰，這等於陷害。哪有仁愛的人坐了朝廷卻做出陷害老百姓的事情的呢？所以賢明之君一定認眞辦事，節省用度，有禮貌地對待臣下，尤其是徵收賦稅要有一定的制度。陽虎曾經說過：

『要發財致富便不能仁愛，要仁愛便不能發財致富。』

（古代的稅收制度大致如此：）夏代每家五十畝地而行『貢』法，商朝每家七十畝地而行『助』法，周朝每家一百畝地而行『徹』法。（三種稅制雖然不同，）稅率其實都是十分抽一。『徹』是『通』的意思（，因爲那是在不同情況的通盤計算下貫徹十分之一的稅率）；『助』是借助的意思（，因爲要借助於人民的勞力來耕種公有土地）。古代一位賢者龍子說過：『田稅最好是助法，最不好是貢法。』貢法是比較若干年的收成得一個定數。（不分豐收和災荒，都按這一定數來徵收。）豐收年成，到處是穀物，多徵收一點也不算苛暴，卻並不多收；災荒年成，每家的收穫量甚至還不夠第二年肥田的用費，也非收滿那一定數不可。一國的君主號稱百姓的父母，卻使百姓整年地辛苦勞動，而結果是連養活爹娘都不能夠，還得借高利貸來湊足納稅數字，終於一家的老小拋屍露骨於山溝之中，那麼作爲百姓父母的作用又在哪兒呢？做大官的人都有一定的田租收入，子孫相傳，這一辦法，滕國早就實行了，（爲什麼百姓都不能有一定的田地收入呢？）周朝的一篇詩上說：『雨先下到公田裡，然後再落到私田！』只有助法才有公有田，從這點看來，就是周朝，也是實行助法的。

「（人民的生活有著落了，）便要興辦『庠』、『序』、『學』、『校』來教育他們。『庠』是教養的意思，『校』是教導的意思，『序』是陳列的意思（，陳列實物以便實施實物教育）。（地方學校，）夏代叫『校』，商代叫『序』，周代叫『庠』；至於大學，三代都叫『學』。那目的都是闡明並教導人民以人與人間的各種必然關係以及相關的各種行爲準則。人與人的關係以及行爲準則，諸侯卿大夫士都明白了，小百姓自然會親密地團結在一起。如果有聖王興起，一定會來學習倣效，這樣便做了聖王的老師了。

「〔詩經〕上又說：『岐周雖然是一個古老的國家，國運卻充滿著新氣象。』這是讚美文王的詩句。你努力實行吧，也來使你的國家氣象一新！」

滕文公使畢戰向孟子問井田制。

孟子說：「你的君準備實行仁政，選擇你來問我，你一定要好好做！實行仁政，一定要從劃分整理田界開始。田界劃分得不正確，井田的大小就不均勻，作爲俸祿的田租收入也就不會公平合理，所以暴虐的君王以及貪官汚吏一定要打亂正確的田間限界。田間限界正確了，分配人民以田地，制定官吏的俸祿，都可以毫不費力地作出決定了。

「滕國的土地狹小，卻也得有官吏和勞動人民。沒有官吏，便沒有人管理勞動人民；沒有勞動人民，也沒有人養活官吏。我建議：郊野用九分抽一的助法，城市用十分抽一的貢法。公卿以下的官吏一定有供祭祀的圭田，每家五十畝；如果他家還有剩餘的勞動力，便每一勞動力再給二十五畝。無論埋葬或者搬家，都不離開本鄉本土。共一井田的各家，平日出入，互相友愛；防禦盜賊，互相幫助，一有疾病，互相照顧，那麼百姓之間便親愛和睦了。辦法是：每一方里的土地爲一個井田，每一井田有九百畝，當中一百畝是公有田，以外八百畝分給八家作私有田。這八家共同來耕種公有田。先把公有田耕種完畢，再來料理私人的事務，這就是區別官吏與勞動人民的辦法。這不過是一個大概，至於怎樣去修飾調度，那就在於你的君和你本人了。」

【注釋】

1 〔詩〕云——阮元〔校勘記〕云：「閩本『云』誤『曰』，監、毛本承其誤。」焦循〔正義〕本亦誤作

「〔詩〕曰」。又下文詩句在〔詩經・豳風・七月篇〕。

2 于茅——于，往也；茅，作動詞用，取茅之意。

3 索綯——索，動詞，以兩三股摩而交之，總爲一繩，此種動作謂之索，亦謂之絞。綯，名詞，繩索也。

4 亟其乘屋——〔詩〕鄭〔箋〕云：「亟，急；乘，治也。」

5 陽虎——魯國正卿季氏的總管，一度挾持季氏，專魯國國政，失敗而出亡。其人與孔子同時，字貨。

6 五十、七十、百畝——這只是孟子假託古史以闡述自己的理想，古史自然不如此，清代有些學者信以爲真，紛紛出來作解釋，如顧炎武〔日知錄〕以爲「特丈尺之不同，而田未嘗易也」，來彌縫其闕，殊可不必。

7 徹——〔論語・顏淵篇〕：「盍徹乎。」鄭玄〔注〕云：「周法什一而稅謂之徹；徹，通也。爲天下之通法也。」譯文取此義，不用趙岐〔注〕「徹猶人徹取物也」之義。

8 藉——趙岐〔注〕云：「藉者，借也；猶人相借力助之也。」

9 龍子——趙岐〔注〕云：「古賢人也。」〔尚書・大傳・甫刑篇〕有「子龍子」，亦見於〔孔叢子・論書篇〕，朱亦棟〔孟子札記〕云：「疑即此人也。」

10 挍——或作「校」，古書上「挍」「校」兩字經常被混亂。

11 粒——〔尚書・皐陶謨〕：「烝民乃粒。」〔詩・周頌〕：「立（鄭〔箋〕云，『立當作粒』）我烝民。」這兩「粒」字都是動詞，穀食也。而這裡作名詞，亦謂穀米，因與「米」字結合爲一雙音詞。趙岐〔注〕云：「粒米，粟米之粒也。」把「粒」看爲量詞，恐不確。

12 狼戾——雙聲區別詞，趙岐〔注〕云：「猶狼藉也。饒多狼藉（縱橫之意）棄捐於地。」

13 盻盻然——趙岐〔注〕云：「勤苦不休息之貌。」盻，音ㄒㄧˋ。

14 稱——趙岐〔注〕云：「舉也。」

15 雨我公田二句——雨，讀去聲。詩句見〔詩經・小雅・大田篇〕。

16 庠、序、校——諸詞亦見於〔儀禮〕、〔周禮〕、〔禮記〕、〔左傳〕諸書，都用作鄉里學校的名稱，故譯文加上「地方學校」諸字。

17 庠者，養也；序者，射也——王念孫〔廣雅疏證〕云：「『庠』訓爲『養』，『序』訓爲『射』，皆是教導之名。」

18 爲王者師——朱熹〔集註〕云：「滕國褊小，雖行仁政，未必能興王業；然爲王者師，則雖不有天下，而其澤亦足以及天下矣。」

19 周雖舊邦二句——見〔詩經・大雅・文王篇〕。

20 畢戰——趙岐〔注〕云：「滕臣也。」

21 井地——即井田。

22 經界——趙岐〔注〕云：「經亦界也。」則「經界」爲同義複詞。

23 鈞——「鈞」「均」古字通用。

24 穀祿——亦爲同義複詞，古人俸祿用穀，所以穀有祿義。

25 爲——趙岐〔注〕云：「爲，有也。」

26 圭田——趙岐〔注〕云：「圭，絜（潔）也。」〔禮記・王制〕：「夫圭田無征。」孔穎達〔正義〕云：「圭，潔也。士以潔白而升，則與以圭田，使供祭祀；若以不潔白而黜，則收其田里，故士無田則不祭。有田以表其潔，無田以罰其不潔也。」或謂零星不井者曰圭田；亦有謂圭即畦字，五十畝曰畦。今從趙岐說。

27 餘夫二十五畝——此句承上圭田而言，恐不能和《周禮・遂人》「餘夫亦如之」的「餘夫」（一般農民家的餘夫）一例看待。

五・四

有爲神農之言[1]者許行[2]，自楚之滕，踵[3]門而告文公曰：「遠方之人聞君行仁政，願受一廛而爲氓[4]。」

文公與之處。

其徒數十人，皆衣褐[5]，捆屨[6]，織席以爲食。

陳良[7]之徒陳相與其弟辛負耒耜而自宋之滕，曰：「聞君行聖人之政，是亦聖人也，願爲聖人氓。」

陳相見許行而大悅，盡棄其學而學焉。陳相見孟子，道許行之言曰：「滕君則誠賢君也；雖然，未聞道也。賢者與民並耕而食，饔飧[8]而治。今也滕有倉廩府庫，則是厲[9]民而以自養也，惡得賢？」

孟子曰：「許子必種粟而後食乎？」

曰：「然。」

「許子必織布而後衣乎？」

曰：「否；許子衣褐。」

「許子冠乎？」

曰：「冠。」

曰：「奚冠？」

曰：「冠素。」

曰：「自織之與？」

曰：「否；以粟易之。」

曰：「許子奚爲不自織？」

曰：「害於耕。」

曰：「許子以釜甑[10]爨，以鐵[11]耕乎？」

曰：「然。」

「自爲之與？」

曰：「否；以粟易之。」

「以粟易械器者，不爲厲陶冶；陶冶亦以其械器易粟者，豈爲厲農夫哉？且許子何不爲陶冶，舍[12]皆取諸其宮[13]中而用之？何爲紛紛然與百工交易？何許子之不憚煩？」

曰：「百工之事固不可耕且爲也。」

「然則治天下獨可耕且爲與？有大人[14]之事，有小人之事。且一人之身，而百工之所爲備，如必自爲而後用之，是率天下而路[15]也。故曰，或勞心，或勞力；勞心者治人，勞力者治於人；治於人者食人，治人者食於人，天下之通義也。

「當堯之時，天下猶未平，洪水橫流，氾濫於天下，草木暢茂，禽獸繁殖，五穀不登，禽獸偪[16]人，獸蹄鳥跡之道交於中國。堯獨憂之，舉舜而敷[17]治焉。舜使益掌火，益烈山澤而焚之，禽獸逃匿。禹疏九河[18]，瀹濟[19]漯[20]而注諸海，決汝漢，排淮泗而注之江[21]，然後中國可得而食也。當是時也，禹八年於外，三過其門而不入，雖欲耕，得乎？

「后稷[22]教民稼穡，樹藝五穀[23]；五穀熟而民人育。人之有道也[24]，飽食、煖衣、逸居而無教[25]，則近於禽獸。聖人有[26]憂之，使契[27]爲司徒，教以人倫，——父子有親，君臣有義，夫婦有別，長幼有敍，朋友有信。放勳[28]曰[29]：『勞之來之[30]，匡之直之，輔之翼之，使自得之，又從而振德之。』聖人之憂民如此，而暇耕乎？

「堯以不得舜爲己憂，舜以不得禹皋陶[31]爲己憂。夫以百畝之不易[32]爲己憂者，農夫也。分人以財謂之惠，教人以善謂之忠，爲天下得人者謂之仁。是故以天下與人易，爲天下得人難。孔子曰：『大哉堯之爲君！惟天爲大，惟堯則之，蕩蕩乎民無能名焉！君哉舜也！巍巍乎有天下而不與焉[33]！』堯舜之治天下，豈無所用其心哉？亦[34]不用於耕耳。

「吾聞用夏變夷者，未聞變於夷者也。陳良，楚產也，悅周公、仲尼之道，北學於中國。北方之學者，未能或之先也。彼所謂豪傑之士也。子之兄弟事之數十年，師死而遂倍[35]之！昔者孔子沒，三年之外，門人治任[36]將歸，入揖於子貢，相嚮而哭，皆失聲，然後歸。子貢反，築室於場，獨居三年，然後歸。他日，子夏、子張、子游以有若似聖人，欲以所事孔子事之，強曾子。曾子曰：『不可；江漢以濯之，秋陽[37]以暴[38]之，皜皜[39]乎不可尚已。』今也南蠻鴃[40]舌之人，非先王之道，子倍子之師而學之，亦異於曾子矣。吾聞出於幽谷遷於喬木者，未聞下喬木而入於幽谷者。〈魯頌〉曰：『戎狄是膺[41]，荊舒是懲。』周公方且膺之，子是之學，亦爲不善變矣。」

「從許子之道，則市賈[42]不貳，國中無僞；雖使五尺之童[43]適市，莫之或欺。布帛長短同，則賈相若；麻縷絲絮輕重同，則賈相若；五穀多寡同，則賈相若；屨大小同，則賈相若。」

曰：「夫物之不齊，物之情也；或相倍蓰[44]，或相什百[45]，或相千萬。子比[46]而同之，是亂天下也。巨屨小屨[47]同賈，人豈爲之哉？從許子之道，相率而爲僞者也，惡能治國家？」

【語譯】

有一位研究神農氏的學說的人叫許行的，從楚國到了滕國，親自謁見滕文公，告訴他說：「我這個由遠方來的人聽說您實行仁政，希望得到一個住所，做您的百姓。」

文公給了他房屋。

他的門徒幾十個，都穿著粗麻織成的衣服，以打草鞋織席子爲生活。

陳良的門徒陳相和他弟弟陳辛背著農具，從宋國到了滕國，也對文公說：「聽說您實行聖人的政治，那麼，您也是聖人了。我願意做聖人的百姓。」

陳相見了許行，非常高興，完全拋棄以前的學說而向許行學習。

陳相來看孟子，轉述許行的話，說道：「滕君確實是個賢明的君主，雖然如此，但是也還不眞懂得道理。賢人要和人民一道耕種，才吃；自己做飯，而且也要替百姓辦事。如今滕國有儲穀米的倉廩，存財物的府庫，這是損害別人來奉養自己，又怎能叫做賢明呢？」

孟子說：「許子一定自己種莊稼才吃飯嗎？」

陳良說：「對。」

「許子一定自己織布才穿衣嗎？」

「不！許子只穿粗麻織成的衣服。」

「許子戴帽子嗎？」

答道：「戴。」

孟子問：「戴什麼帽子？」

答道：「戴白綢帽子。」

孟子問：「自己織的嗎？」

答道：「不，用穀米換來的。」

孟子問：「許子爲什麼不自己織呢？」

答道：「因爲妨礙莊稼活。」

孟子問：「許子也用鍋甑做飯，用鐵器耕田嗎？」

答道：「對。」

「自己做的嗎？」

答道：「不，用穀米換來的。」

「農夫用穀米換取鍋甑和農具，不能說是損害了瓦匠鐵匠，那麼，瓦匠鐵匠用鍋甑和農具來換取穀米，難道說是損害了農夫嗎？而且許子爲什麼不親自燒窰冶鐵，做成各種器械，什麼東西都儲備在家中隨時取用？爲什麼許子要這樣那樣一件件地和各種工匠做買賣？爲什麼許子這樣不怕麻煩？」

陳相答道：「各種工匠的工作本來不是一方面耕種一方面能同時做得了的。」

「那麼，難道管理國家就能一方面耕種一方面又能同時做得了嗎？（可見必須分工。）有官吏的工作，有小民的工作。只要是一個人，各種工匠的成品對他都是不可缺少的，如果一件件東西都要自己製造出來才去用它，這是率領天下的人疲於奔命。所以我說，有的人勞動腦力，有的人勞動體力；腦力勞動者統治人，體力勞動者被人統治；被統治者養活別人，統治者靠人養活，這是通行天下的共同原則。

「當堯的時候，天下還不安定，大水爲災，四處氾濫，草木密密麻麻地生長，鳥獸成羣地繁殖，穀物卻沒有收成；飛鳥野獸危害人類，到處都是它們的腳跡。堯一個人爲此憂慮，把舜選拔出來總領治理工作。舜命令伯益掌管火政，益便將山野沼澤地帶的草木用烈火燒毀，使鳥獸逃跑隱藏。禹又疏濬九河，治理濟水漯水，引流入海，挖掘汝水漢水，疏通淮水泗水，引導流入長江，中國才可以耕種。在這個時候，禹八年在外，三次經過自己的家門前都不進去，縱使想親自種地，可能嗎？

「后稷教導百姓種莊稼，栽培穀物。穀物成熟了，便可以養育百姓。人之所以為人，吃飽了，穿暖了，住得安逸了，如果沒有教育，也和禽獸差不多。聖人又為此憂慮，便使契做司徒的官，主管教育。用關於人與人的關係的大道理以及行為準則來教養人民——父子之間有骨肉之親，君臣之間有禮義之道，夫妻之間摯愛而有內外之別，老少之間有尊卑之序，朋友之間有誠信之德。堯說道：『督促他們，糾正他們，幫助他們，使他們各得其所，然後加以提攜和教誨。』聖人的為百姓考慮如此周到而煩苦，還有閒暇耕種嗎？

「堯把得不著舜這樣的人作為自己的憂慮，舜把得不著禹和皐陶這樣的人作為自己的憂慮。把自己的田地耕種得不好作為憂慮的，那是農夫。把錢財分給別人的叫做惠，把好的道理教給別人的叫做忠，替天下人民找到出色人才的便叫做仁。（在我看來，）把天下讓給別人比較容易，替天下找到出色人才卻困難些。所以孔子說：『堯的做天子眞是偉大！只有天最偉大，也只有堯能夠效法天。堯的聖德廣闊無邊呀，竟使人民找不到恰當的詞語來讚美他！舜也是了不得的天子！那麼使人敬服地坐了天下，自己卻不享受它，佔有它！』堯舜的治理天下，難道不用心思嗎？只是不用在莊稼上罷了。

「我只聽說過用中國的一切來改變落後國家的，沒有聽說過用落後國家的一切來改變中國的。陳良本是楚國的土著，卻喜愛周公孔子的學說，由南而北到中國來學習，北方的讀書人還沒有人能夠超過他的，他眞是所謂豪傑之士啊！你們兄弟向他學習了幾十年，他一死，竟完全背叛他！從前，孔子死了，（他的門徒都給他守孝三年，）三年之後，各人收拾行李準備回去，走進子貢住處作揖告別，相對而哭，都泣不成聲，這才回去。子貢又回到墓地重新築屋，獨自住了三年，然後回去。過了些時，子夏、子張、子游認爲有若有點像孔子，便想要用尊敬孔子之禮來尊敬他，勉強曾子同意。曾子說：『不行；譬如曾經用江漢之水洗濯過，曾經在夏日的太陽裡曝曬過，眞是潔白得無以復加了。（誰能再比得孔子呢？）』如今許行這南方蠻子，說話怪腔怪調，也來指責我們祖先聖王之道，你們卻背叛你們的老師去向他學，那和曾子的態度便相反了。（譬如鳥，）我只聽說過飛出深暗山溝遷往高大樹木的，沒有聽說過離開高大樹木飛進深暗山溝的。〈魯頌〉說過，『攻擊戎狄，痛懲荊舒。』（楚國這樣的國家，）周公還要攻擊它，你卻向他學，這簡直是越變越壞了。」

陳相說：「如果聽從許子的學說，那就會做到市場上的物價一致，人人沒有欺假。縱令打發小孩子去市場，也沒有人來欺騙他。布匹絲綢的長短一樣，價錢便一樣；麻線絲綿的輕重一樣，價錢便一樣；穀米的多少一樣，價錢也一樣；鞋的大小一樣，價錢也一樣。」

孟子說：「各種東西的品種質量不一致，這是自然的。（它們的價格，）有的相差一倍五倍，有的相差十倍百倍，有的相差千倍萬倍；你要（不分精粗優劣，）完全使它們一致，只是擾亂天下罷了。好鞋和壞鞋一樣價錢，人難道肯做嗎？聽從許子的學說，是率領大家走向虛僞，哪能夠治理國家呢？」

【注釋】

1 神農之言——神農，上古傳說中的人物，〈尚書大傳〉、〈白虎通・號篇〉等書以伏羲、神農、燧人爲三皇。春秋戰國諸子，多託古代所謂聖主以自重，孟子則「言必稱堯舜」，因之當時重農學派也託之於神農。〈漢書・藝文志〉農家有〈神農〉二十篇，班固自注云：「六國時，諸子疾時怠於農業，道耕農事，託之神農。」師古注云：「劉向〈別錄〉云：疑李悝及商君所說。」其遺說可窺者，如〈呂氏春秋・愛類篇〉：「神農之教曰：『士有當年而不耕者，則天下或受其飢矣；女有當年而不績者，則天下或受其寒矣。』故身親耕，妻親績，所以見致民利也。」亦與許行之說相合。

2 許行——不見於他書。〈呂氏春秋・當染篇〉有「禽滑𪐴學於墨子，許犯學於禽滑𪐴」之語，某氏云：「禽滑𪐴，梁氏〈人表考〉謂即禽滑釐，今按許犯即許行也。春秋時晉有狐突，字伯行；齊有陳逆，字子行。〈晉語〉韋昭〈注〉：『犯，逆也。』〈小爾雅・廣言〉：『犯，突也。』古人名『突』、『逆』字『行』，知許行蓋名『犯』字『行』矣。」但此說亦不甚可信，『許犯』與『許行』，一名一字，固可相應，亦不能謂墨家之許犯即農家之許行，某氏勉納許行於墨家，殊屬牽强。且禽滑𪐴如果是禽滑釐，則其人死年未必能在墨子卒年以後。假定墨子卒於周安王十年，即紀元前三九二年，許行即爲其晚年之最小弟子，年亦當在二十左右，則此時與孟子相見（假定爲周顯王四十八年，紀元前三二一年），則已年逾九十矣，安能僕僕道路自楚之滕耶？某氏亦自知其不可，便謂禽滑𪐴未必是禽滑釐，又自陷於進退兩難之局矣。

3 踵——趙岐〈注〉云：「至也。」

4 氓——段玉裁〈說文注〉云：「自他歸往之民則謂之氓，故字從民亡。」此一義也。〈國策・秦策〉：「不憂民氓。」〈淮南子・修務訓〉：「以寬民氓。」高誘〈注〉皆云：「野民曰氓。」趙岐〈注〉亦云：「氓，野人之稱。」（此即〈周禮・遂人〉「六遂之民謂之甿」，「以田里安甿」，「以土宜教甿稼穡」之「甿。」）此又一義也。恐以第一義為較確。

5 褐——趙岐於「許子衣褐」〔注〕云：「以毳為之，若今馬衣者也；或曰，褐，集衣也；一曰，粗布衣也。」則褐有三義，一為用細獸毛做的衣，像漢朝的所謂馬衣（短褂；後代馬褂一詞來源是否本此，待考）；二為以未績之麻所製成的短衣；三為粗布衣。但據陳相對孟子的答語（「否；許子衣褐」），似乎褐不必織而後成，則此處宜取第一或者第二義。

6 捆屨——捆，音ㄎㄨㄣˇ，〔經典釋文〕引許叔重曰：「捆，織也。」依高誘〔淮南子注〕與趙岐〔孟子〕此〔注〕「捆，叩椓（敲打之意）也。」編草鞋或者麻鞋和編絲組都要一面編織，一面敲打使緊，因之都可以叫「捆」。今日還有把編織草鞋毛衣叫作「打草鞋」「打毛衣」的，所以〔玉篇〕也云：「捆，織也，纂組也。」

7 陳良——梁啓超〔先秦政治思想史〕以為即〔韓非子・顯學篇〕的「仲良氏之儒」。

8 饔飧——饔，音ㄩㄥ，飧，音ㄙㄨㄣ。趙岐〔注〕、朱熹〔集註〕並云：「饔飧，熟食也；朝曰饔，夕曰飧。」此「饔飧」作動詞用，意謂自炊爨也。

9 厲——〔論語〕：「則以為厲己也。」王肅〔注〕云：「厲，病也。」

10 釜甑——釜，金屬器；甑，古人以泥土為之，故字從瓦。

11 鐵——此指農具，古人有以器物的質料代其器物之名的修辭條例，如〔公孫丑下〕以「木」代「棺」（木若以美然），可參閱楊樹達〔古書疑義舉例續補〕。

12 舍——何物也，後代作「偖」，緩言之為「什麼」、「甚麼」。

13 宮——〔爾雅・釋宮釋文〕：「古者貴賤同稱宮，秦漢以來惟王者所居稱宮焉。」

14 大人——也同「君子」相似，有時指有德者，有時指有位者，此處則指有位者。

15 路——宋翔鳳〔孟子趙注補正〕云：「〔管子・戒篇〕：『舉齊國之幣握路家五十室。』王引之曰『握當為振。路讀為露。露家，困窮之家也。』〔方言〕：『露，敗也。』〔莊子・漁父〕曰：『田荒室露。』〔管子・四時篇〕：『國家乃路。』『路』亦同『露』，亦訓敗也。孟子『率天下而路』，趙〔注〕謂『羸困之路』，義與〔管子〕同。」

16 偪——古「逼」字。

17 敷——徧也（〔詩賚〕「敷時繹思」〔傳〕），故〔舜典〕「敷奏以言」，〔史記・五帝紀〕譯作「徧告以言」。

18 九河——〔尚書・禹貢〕：「九河既道。」〔毛詩・般・正義〕引鄭玄云：「河水自上，至此流盛，而地平無岸，故能分為九以衰其勢，壅塞故通利之也。九河之名：徒駭、太史、馬頰、覆釜、胡蘇、簡、絜、鉤盤、鬲津。」

19 濟——水名。按濟水出自今河南濟源縣西王屋山，其故道本過黃河而南，東流至山東，與黃河平行入海。今則下游為黃河所佔，惟河北發源處尚存。

20 漯——此處不讀ㄌㄟˇ，而讀ㄊㄚˋ（古讀入聲）。古漯水當出今山東朝城縣境。自宋代黃河決口於商胡，朝城絕流，舊跡遂爾湮沒。

21 決汝漢排淮泗而注之江——此句古今爭論最多，原因就在於除漢水外（源出陝西之嶓冢山，經老河口，正支東流至漢陽入於長江），汝與淮泗都不入江。鄒漢勛、蕭穆等人為此均有詳細考證，我們以為孟子不過申述禹治水之功，未必字字實在，所以不必拘泥。

22 后稷——相傳名棄，為周朝的始祖，帝堯時為農師。〔詩經・大雅・生民〕即是歌詠其事的樂章。

23 五穀——趙岐〔注〕云：「稻、黍、稷、麥、菽也。」稻，今之水稻；黍，今黃米之黏者，可以釀酒；稷，今之小米；麥，今之小麥；菽，豆類之總名。

24 人之有道也——句意和「民之爲道也」（一五．三）相同，則「有」猶「爲」也。

25 飽食句——舊以「飽食煖衣」爲一讀，「逸居而無教」爲一讀，實誤。崔述〔論語餘說〕云：「『飽食煖衣逸居而無教』九字一句，謂衣食居三者俱全而惟無教也，與中庸『去讒、遠色、賤貨而貴德』文意正同。」

26 有——同「又」。

27 契——音ㄒㄧㄝˋ，本作「偰」，相傳爲殷代的祖先。

28 放勳——放，舊讀上聲。放勳，帝堯之名。

29 曰——臧琳〔經義雜記〕引孫奭〔孟子音義〕並按趙岐〔注〕語，謂此「曰」字乃「日」字之誤，是也。惟字誤已久，譯文仍用「曰」字。

30 勞之來之——王念孫〔廣雅疏證〕云：「說文：『勑，勞勑也。』〔爾雅〕：『勞、來，勤也。』〔大雅．下武篇〕：『昭茲來許。』鄭〔箋〕：『勞、來，皆謂勤也。』〔史記．周紀〕：『日夜勞來，定我西土。』〔墨子．尚賢篇〕：『垂其股肱之力，而不相勞來。』皆謂勤也。」王棻〔柔橋文鈔．勞之來之解〕謂「來」當作「勑」，實即「敕」字。與下文「直」、「翼」、「得」、「德」叶韻。案此言實誤。下文「匡」「直」同義，「輔」「翼」同義，則「勞」「來」不當分爲二義。即以韻而論，「來」與「直」「翼」諸字亦平入相通，何必改字而後叶哉？

31 臯陶——音ㄍㄠ ㄧㄠˊ，又作「咎繇」，〔書．舜典〕云：「臯陶，汝作士。」爲虞舜時之司法官。

32 易——〔詩·甫田〕毛〔傳〕：「易，治也。」

33 孔子曰等句——〔論語·泰伯〕：「子曰，巍巍乎舜禹之有天下也，而不與焉？」「與」即「參與」之「與」，這裡含有「私有」、「享受」之意。又：「子曰，大哉堯之爲君也！巍巍乎唯天爲大，唯堯則之。蕩蕩乎民無能名焉。巍巍乎其有成功也！煥乎其有文章！」

34 亦——副詞，祇也，特也，但也。參見〔詞詮〕。

35 倍——同「背」。

36 任——〔詩大雅·生民〕：「是任是負。」鄭玄以「抱」釋「任」。〔國語·齊語〕〔注〕亦云：「任，抱也。」而趙岐此〔注〕云：「任，擔也。」焦循〔正義〕云：「〔郊特牲〕〔注〕云：『孕，任子也。』孕懷抱在前，則『任』之爲『抱』，其本義也。因而擔於肩者，載於車者（〔淮南子〕高誘〔注〕云：『任，載也。』）通謂之任，散言之則通也。」

37 秋陽——陽，太陽也，周正建子，周之七八月乃今日農曆之五六月，故周之所謂秋陽，實爲今夏日之太陽。

38 暴——「曝」本字。

39 皜皜——趙岐〔注〕云：「甚白也。」但「江漢以濯」三句，毛奇齡〔四書索解〕焦循〔正義〕均以爲「江漢以濯之，以江漢比夫子也；秋陽以暴之，以秋陽比夫子也；皜皜乎不可上，以天比夫子也。同一水，池沼可濯也，不能及江漢之濯也；同一火，燔燎可暴也，不能及秋陽之暴也；乃以江漢擬之猶未足也，以秋陽擬之猶未盡也，其如天之不可上矣。」此又一解，故云：「皜皜謂孔子盛德如天之元氣皓旰。」但譯文仍從趙義。

40 鴃——亦作「鴂」、「䴗」，音ㄐㄩㄝˊ，即伯勞鳥。

41 戎狄是膺兩句——詩見〔魯頌・閟宮〕。膺，擊也。

42 賈——同「價」。

43 五尺之童——古人尺短，五尺不過今日之三尺半。

44 蓰——音ㄒㄧˇ，五倍。

45 百——或作「伯」，同。

46 比——舊讀去聲，朱熹〔集註〕云：「次也。」

47 巨屨小屨——趙岐〔注〕云：「巨，粗屨也；小，細屨也。」

◈

五・五

墨者夷之①因徐辟②而求見孟子。孟子曰：「吾固願見，今吾尚病，病愈，我且往見，夷子不來③！」

他日，又求見孟子。孟子曰：「吾今則可以見矣。不直，則道不見④；我且直之。吾聞夷子墨者，墨之治喪也，以薄為其道也⑤；夷子思以易天下，豈以為非是而不貴也；然而夷子葬其親厚，則是以所賤事親也。」

徐子以告夷子。

夷子曰：「儒者之道，古之人若保赤子⑥，此言何謂也？之則以為愛無差等，施由親始⑦。」

徐子以告孟子。

孟子曰：「夫夷子信以爲人之親其兄之子爲若親其鄰之赤子乎？彼有取爾也。赤子匍匐將入井，非赤子之罪也。且天之生物也，使之一本[8]，而夷子二本[8]故也。蓋上世嘗有不葬其親者，其親死，則舉而委之於壑。他日過之，狐狸食之，蠅蚋姑嘬之[9]。其顙有泚[10]，睨而不視。夫泚也，非爲人泚，中心達於面目，蓋歸反虆梩[11]而掩之。掩之誠是也，則孝子仁人之掩其親，亦必有道矣。」

徐子以告夷子。夷子憮然爲閒[12]曰：「命之[13]矣。」

【語譯】

墨家信徒夷之藉著徐辟的關係要求看孟子。孟子說：「我本來願意接見，不過我現在病著，病好了，我打算去看他，他不必來！」

過了一些時候，又要求來看孟子。孟子說：「現在可以相見了。不過，不說直話，眞理表現不出，我姑且說說直話吧。我聽說夷子是墨家信徒，墨家辦理喪葬，以節儉爲合理，夷子也想用薄葬來改革天下，自然是認爲不薄葬是不足貴的；但是他自己埋葬他的父母卻相當豐厚，那便是拿他所輕賤所否定的東西對待他的父母親了。」

徐子把這話告訴了夷子。

夷子說：「儒家的學說認爲，古代的君王愛護百姓好像愛護嬰兒一般，這句話是什麼意思呢？我以爲他的意思是，人對人的愛並沒有親疏厚薄的區別，只是實行起來從父母親開始罷了。」

（那麼，墨家的兼愛之說很有道理，而我的厚葬父母，也就有理由了。）」

徐子又把這話告訴了孟子。

孟子說：「夷子眞正以爲人們愛他的姪兒，和愛他鄰人的嬰兒是一樣的嗎？夷子不過抓住了這一點：嬰兒在地上爬行，快要跌到井裡去了，這自然不是嬰兒自己的罪過。（這時候，不管是誰的孩子，無論誰看見了，都會去救的，夷子以爲這就是愛無次等，其實，這是人的惻隱之心）況且天生萬物，只有一個根源，（就人來說，只有父母，所以儒家主張「老吾老以及人之老」，）夷子卻說有兩個根源，（因此認爲我的父母和人的父母，沒有分別，主張愛無差等。）道理就在這裡。大概上古曾經有不埋葬父母的人，父母死了，抬了他拋棄在山溝中。過了一些時候，經過那裡，狐狸在吃著他，蒼蠅蚊子在咀吮著他，那個人不禁額頭上流著悔恨的汗，邪著眼睛望望，不敢正視。這一種流汗，不是流給別人看的，實是由於衷心的悔恨而在面貌上表達出來的，大概他也回家去取了鋤頭畚箕再把屍體埋葬了。埋葬屍體誠然是對的，那麼，孝子仁人埋葬他的父母，自然有他的道理了。」

徐子把這話告訴了夷子。夷子很爲悵惘地停了一會，說道：「我懂得了。」

【注釋】

1 墨者夷之——墨者，就是信奉墨子學說的人；夷之已無可考。

2 徐辟——趙岐〔注〕云：「孟子弟子也。」

3 夷子不來——趙岐〔注〕云：「是日夷子聞孟子病，故不來。」焦循〔正義〕云：「趙氏以『夷子不來』是記其實事，近時通解謂亦孟子言，謂我病愈往見夷子，夷子不必來。王氏引之〔經傳釋詞〕云：『不，毋也，勿也。』」

4 見——同「現」。

5 墨之治喪句——墨家主張薄葬，〔墨子〕有〔薄葬篇〕。

6 古之人若保赤子——〔尚書・康誥〕：「若保赤子，惟民其康乂。」

7 施由親始——〔論語・爲政篇〕「施於有政」〔集解〕云：「包曰，施，行也。」案「施」亦當訓行，焦循〔正義〕以爲：「『恩』、『施』、『愛』三字義通，『施由親始』即『愛由親始』。」恐非。

8 一本，二本——原義不明確，譯文姑仍舊解足其意。

9 蠅蚋姑嘬之——蚋，音ㄖㄨㄟˋ，蚊類昆蟲。一解以「蚋姑」連讀，謂爲螻蛄，即俗名土狗的昆蟲。實則「姑」應讀爲「盬」，咀也（見阮元〔釋且〕）。嘬，音ㄔㄨㄞˋ，趙岐〔注〕云：「攢共食之也。」

10 泚——音ㄘˇ，趙岐〔注〕云：「汗出泚泚然也。」〔周禮・考工記〕鄭〔注〕引作「疵」，焦循〔正義〕云：「其顙有疵，謂頭額病，猶云疾首也。」亦通。

11 虆梩——音ㄌㄟˊ ㄌㄧˊ。虆，盛土之籠；梩，可以臿地剷土者，相當於今日的鍬或者鍤。

12 憮然爲閒——憮，音ㄨˇ，朱熹〔集註〕云：「憮然，茫然自失之貌。爲閒者，有頃之閒也。」

13 命之——朱熹〔集註〕云：「命，猶教也，言孟子已教我矣。」則「之」雖爲第三人稱代詞，實則夷之用以自指。

卷六

滕文公章句下

凡十章

六・一

陳代[1]曰：「不見諸侯，宜若小然；今一見之，大則以王，小則以霸。且〔志〕曰：『枉尺而直尋。』宜若可爲也。」

孟子曰：「昔齊景公田，招虞人以旌[2]，不至，將殺之。志士不忘在溝壑，勇士不忘喪其元。孔子奚取焉？取非其招不往也。如不待其招而往，何哉？且夫枉尺而直尋者，以利言也。如以利，則枉尋直尺而利，亦可爲與？昔者趙簡子[3]使王良[4]與嬖奚[5]乘，終日而不獲一禽。嬖奚反命曰：『天下之賤工也。』或以告王良。良曰：『請復之。』彊而後可，一朝而獲十禽。嬖奚反命曰：『天下之良工也。』簡子曰：『我使掌與女乘。』謂王良。良不可，曰：『吾爲之範我馳驅[6]，終日不獲一；爲之詭遇[7]，一朝而獲十。〔詩〕云：「不失其馳，舍矢如破[8]。」我不貫[9]與小人乘，請辭。』御者且羞與射者比[10]；比而得禽獸，雖若丘陵，弗爲也。如枉道而從彼，何也？且子過矣：枉己者，未有能直人者也。」

【語　譯】

陳代說：「不去謁見諸侯，似乎只是拘泥於小節吧；如今一去謁見諸侯，大呢，可以實行仁政，統一天下；小呢，可以改革局面，稱霸中國。而且〔志〕上說：『所屈折的譬如只有一尺，而所伸直的卻有八尺了。』好像可以做一做。」

孟子說：「從前齊景公田獵，用有羽毛裝飾的旌旗來召喚獵場管理員，管理員不去，景公便準備殺他。(可是他並不因此而畏懼，曾經得到孔子的稱讚。)因爲有志之士(堅守節操，)不怕(死無葬身之地，)棄屍山溝；勇敢的人(見義而爲，)不怕喪失腦袋。孔子對於這一獵場管理員取他哪一點呢?就是取他不是自己所應該接受的召喚之禮，他硬是不去。假定我竟不等待諸侯的招致便去，那又是怎樣的呢?而且你說所屈折的只有一尺，所伸直的卻有八尺，這完全是從利的觀點來考慮的。如果專從利益來考慮，那麼，所屈折的有八尺，所伸直的卻只一尺，也有利益，也可以做做麼?從前，趙簡子命令王良替他的寵幸小臣叫奚的駕車去打獵，整天打不著一隻獸。奚向簡子回報說：『王良是個拙劣的駕車人。』有人便把這話告訴了王良。王良說：『希望再來一次。』奚被勉强之後才肯，一個早晨便打中十隻獸。便又回報說：『王良是一個高明的駕車人呀。』趙簡子說：『那麼，我就叫他專門替你駕車。』便同王良說，王良不肯，說道：『我給他依規矩奔馳，整天打不著一隻；我給他違背規矩駕車，一個早晨便打中了十隻。可是〔詩經〕說過，「按照規矩而奔馳，箭一放出便破的。」我不習慣於替小人來駕車，這差事我不能擔任。』駕車人尚且以同壞的射手合作爲可恥，這種合作得到禽獸縱是堆集如山，也不肯做。假定我們先屈辱自己的志向和主張而追隨諸侯，那又是爲什麼呢?而且你錯了，自己不正直的人從來沒有能夠使別人正直的。」

【注　釋】

1 陳代——趙岐〔注〕云：「孟子弟子也。」

2 招虞人以旌——旌，音ㄐㄧㄥ。〔說文〕云：「游車載旌，析羽注旄首，所以精進士卒也。」

〔左傳〕昭公二十年云：「齊侯田於沛，招虞人以弓，不進，公使執之。辭曰：『昔我先君之田也，旃以招大夫，弓以招士，皮冠以招虞人。臣不見皮冠，故不敢進。』乃舍之。仲尼曰：『守道不如守官，君子韙之。』」案〔左傳〕所載與孟子所言雖有所不同，但大體一致。古代君王有所召喚，一定有相當的事物以見信。旌是召喚大夫用的，弓是召喚士用的，若是召喚虞人（守苑囿之吏），只能用皮冠。

[3] 趙簡子——晉國正卿趙鞅。

[4] 王良——〔左傳〕哀公二年云：「郵無恤御簡子。」杜預〔注〕云：「郵無恤，王良也。」王良為春秋末年的善御者，先秦兩漢古籍多稱之。

[5] 嬖奚——嬖，音ㄅㄧˋ，即〔梁惠王下〕的「嬖人」，愛幸小人也；奚是其名。

[6] 範我馳驅——「範」作動詞用，謂納我馳驅於軌範之中，根據〔穀梁傳〕昭公八年所載，駕御田獵的車，塵土飛揚不能出於軌道，馬蹄應該發足相應，快慢合拍。

[7] 詭遇——根據〔白氏六帖．執御篇〕所引的〔孟子〕舊〔注〕，以「譎」訓「詭」，謂不依法駕御為「詭遇」。案此說甚是。

[8] 〔詩〕云等句——詩句見〔小雅．車攻篇〕。王引之〔經傳釋詞〕云：「如破，而破也。」

[9] 貫——〔爾雅．釋詁〕：「習也。」就是今日的「慣」字。

[10] 比——舊讀去聲，〔漢書．劉歆傳〕：「比意同力。」顏師古〔注〕云：「比，合也。」案當與「子比而同之」（五．四）的「比」為一義。

❖

六·二

景春[1]曰：「公孫衍[2]、張儀[3]豈不誠大丈夫哉？一怒而諸侯懼，安

居而天下熄④。」

孟子曰：「是焉得爲大丈夫乎？子未學禮乎？丈夫之冠也，父命之⑤；女子之嫁也，母命之⑥，往送之門⑦，戒之曰：『往之女家，必敬必戒，無違夫子！』以順爲正者，妾婦之道也。居天下之廣居⑧，立天下之正位⑧，行天下之大道⑧；得志，與民由之；不得志，獨行其道。富貴不能淫，貧賤不能移，威武不能屈，此之謂大丈夫。」

【語　譯】

景春說：「公孫衍和張儀難道不是眞正的大丈夫嗎？一發脾氣，諸侯便都害怕；安靜下來，天下便太平無戰事。」

孟子說：「這個怎能叫做大丈夫呢？你沒有學過禮嗎？男子舉行加冠禮的時候，父親給以訓導；女子出嫁的時候，母親給以訓導，送她到門口，告誡她說：『到了你家裡，一定要恭敬，一定要警惕，不要違背丈夫。』以順從爲最大原則的，這是婦女之道。（至於男子，）應住在天下最寬廣的住宅——仁——裡，站在天下最正確的位置——禮——上，走著天下最光明大路——義；得志的時候，偕同百姓循著大道前進；不得志的時候，也獨自堅持自己的原則，富貴不能亂我之心，貧賤不能變我之志，威武不能屈我之節，這樣才叫做大丈夫。」

【注　釋】

1 景春——趙岐〈注〉云：「孟子時人，爲從衡之術者。」周廣業〈孟子古注考〉云：「〈漢書・藝文志〉兵陰陽家有〈景子〉十三篇，疑即此人。」

2 公孫衍——即魏人犀首，當時著名的說客，在秦爲大良造的官，又曾佩五國相印，〈史記〉卷七十有傳。

3 張儀——魏人，遊說六國連橫去服從秦國的大政客，〈史記〉卷七十有傳。公孫衍、張儀爲同時人，景春說此話時，正是他們得意之時。景春所以不曾說到蘇秦的緣故，可能因爲此時蘇秦已死（周廣業〈孟子出處時地考〉之說）。

4 熄——趙岐〈注〉云：「安居不用辭說，則天下兵革熄也。」故譯文以「太平無戰事」譯「熄」字。

5 丈夫之冠也，父命之——古時男子到了二十歲，便叫做成年人，行加冠禮。但根據〈儀禮・士冠禮〉，行加冠的時候，祝辭都由「賓」，不由「父」，與孟子所言不同，因之後來有種種解釋。一說，「父不自命，而以其命之意出於賓」。則「賓命」即是「父命」。一說，「命」不必口令，以行與事示之而已（〈詁經精舍文集・四集〉孫瑛〈丈夫之冠也父命之說〉）。一說，孟子當時本有父命的禮儀，不必事事與〈儀禮〉相合。

6 女子之嫁也，母命之等句——孟子此言也與〈儀禮・士婚禮〉所載略有不同。

7 往送之門——劉寶楠〈愈愚錄〉以爲「往」字當作一讀，我們以爲不必。

8 廣居、正位、大道——朱熹〈集註〉云：「廣居，仁也；正位，禮也；大道，義也。」按之

〔論語〕「立於禮」、〔孟子〕「居仁由義」（一三・三三）、「仁，人之安宅也」（三・七又七・一一）、「義，人路也」（一一・一一）諸語，〔集註〕所釋，最能探得孟子本旨。

❖

六・三

周霄①問曰：「古之君子仕乎？」

孟子曰：「仕。〔傳〕曰：『孔子三月無君，則皇皇②如也，出疆必載質③。』公明儀曰：『古之人三月無君，則弔。』」

「三月無君則弔，不以急乎？」

曰：「士之失位也，猶諸侯之失國家也。〔禮〕曰④：『諸侯耕助⑤，以供粢盛⑥；夫人蠶繅⑦，以爲衣服⑧。犧牲不成⑨，粢盛不絜，衣服不備，不敢以祭。惟士無田，則亦不祭。』牲殺、器皿、衣服不備，不敢以祭，則不敢以宴，亦不足弔乎？」

「出疆必載質，何也？」

曰：「士之仕也，猶農夫之耕也；農夫豈爲出疆舍其耒耜哉？」

曰：「晉國⑩亦仕國也，未嘗聞仕如此其急。仕如此其急也，君子之難仕，何也？」

曰：「丈夫生而願爲之有室，女子生而願爲之有家；父母之心，人皆有之。不待父母之命、媒妁⑪之言，鑽穴隙相窺，踰牆相從，則父母國人皆賤之。古之人未嘗不欲仕也，又惡不由其道。不由其道而往者，與鑽穴隙之類也⑫。」

【語　譯】

周霄問道：「古代的君子做官嗎？」

孟子答道：「做官。〈傳記〉上說：『孔子要是三個月沒有君主任用他，就非常焦急，離開一個國家，一定帶著準備和別國君主初次相見的禮物。』公明儀也說過：『古代的人三個月沒有君主任用，就要去安慰他，給以同情。』」

周霄便問：「三個月沒有找到君主便去安慰他，不也太急了些嗎？」

孟子答道：「士的失掉官位，正好像諸侯的失掉國家。〈禮〉上說過：『諸侯親自參加耕種，就是用來供給祭品；夫人親自養蠶繅絲，就是用來供給祭服。牛羊不肥壯，穀物不潔淨，祭服不具備，不敢用來祭祀。士若沒有（供給祭祀的）田地，那也不能祭祀。』牛羊、祭具、祭服不具備，不敢用來祭祀，也就不能舉行宴會，那不也應該去安慰他嗎？」

周霄又問：「離開國界一定帶著見面的禮物，又是什麼道理呢？」

孟子答道：「士的做官，就好像農民的耕田；農民難道因爲離開國界便捨棄他的農具嗎？」

周霄說：「魏國也是一個有官可做的國家，我卻不曾聽說過找官位是這樣的急迫的。找官位既這樣的急迫，君子卻不輕易做官，又是什麼道理呢？」

孟子說：「男孩子一生下來，父母便希望給他找妻室；女孩子一生下來，父母便希望給他找婆家。爹娘這樣的心情，個個都有。但是，若是不等待爹娘開口，不經過媒人介紹，自己便鑽洞扒門縫來互相窺望，爬過牆去私會，那麼，爹娘和社會人士都會輕視他。古代的人不是不想做官，但是又討厭不經合乎禮義的道路來找官做。不經合乎禮義的道路的，正和男女的鑽洞扒門縫是一樣的。」

【注釋】

1 周霄——趙岐〔注〕云：「魏人也。」按此人又見於〔戰國策・魏策〕，考其年代，當在梁惠王與襄王之時。

2 皇皇——〔禮記・檀弓〕鄭〔注〕云：「皇皇，憂悼在心之貌也。」〔楚辭〕王逸〔注〕云：「皇皇，惶遽貌。」

3 質——同「贄」、「摯」，音ㄓˋ。古代初相見，一定用一定的禮物來表示誠意，這禮品便叫「贄」，這禮品，士人一般用雉。

4 〔禮〕曰等句——〔禮記・祭統〕云：「天子親耕於南郊，以共（供）齊（粢）盛；王后蠶於北郊，以共純服。諸侯耕於東郊，亦以共齊盛；夫人蠶於北郊，以共冕服。」〔穀梁傳〕桓公十四年云：「天子親耕，以共粢盛；王后親蠶，以供祭服。」又成公十七年云：「宮室不設，不可以祭；車馬器械不備，不可以祭；有司一人不備其職，不可以祭。」〔禮記・曲禮〕云：「無田祿者不設祭器。」又〔王制〕云：「大夫士宗廟之祭，有田則祭，無田則薦。」都和孟子所說略同。自然孟子所引不是這些書（這些書都著述在〔孟子〕以後），但他所引的話的起訖，實在無由確定，焦循〔孟子正義〕以爲「犧牲不成」以下非引文，恐誤；今暫定「牲殺」以下爲孟子伸述之言。

5 耕助——此二字爲連綿動詞，和下文「蠶繅」相對成文。「助」即「藉」（〔說文〕作「耤」，云：「帝耤千畝也。」經傳多作「藉」。）〔滕文公上〕已云：「助者，藉也。」故知〔孟子〕此處實假「助」為「藉」。古者天子有藉田千畝，諸侯百畝，於每年孟春，率三公九卿諸侯大夫躬耕。天子三推，三公五推，卿、諸侯、大夫九推（見〔呂氏春秋．孟春紀〕）。則天子他們之耕田，不過做做樣子罷了，其實仍須假借人民的力量以為之，所以這田便叫「藉田」，而耕種這種「藉田」也叫「藉」。〔國語．周語〕上：「宣王即位，不籍千畝。」盧植曰：「藉，耕也。」〔左傳〕昭公十八年云：「鄅人藉稻。」〔正義〕引服虔〔注〕云：「藉，耕種於藉田也。」正是此「助」字之義。趙〔注〕未瞭，前人註解以及字書亦皆未及，故詳言之。

6 粢盛——粢，音ㄗ；盛，音ㄔㄥ。「粢」字〔說文〕作「𪗉」，重文作「粢」，古書或又作「齊」。六穀（黍、稷、稻、粱、麥、苽）之可以盛於器皿中的叫「粢」（〔詩．甫田〕〔毛傳〕云：「器實曰齊。」）；已經盛於器皿中的叫「盛」（〔毛傳〕云：「在器曰盛。」）。

7 夫人蠶繅——此「夫人」專指諸侯之正妻。繅，音ㄙㄠ，抽繭出絲。

8 衣服——專指祭祀穿用的衣服。

9 犧牲不成——祭祀所殺的牛羊豬等都叫「犧牲」，也叫「牲殺」。王夫之〔孟子稗疏〕云：「畜牧曰牲，漁獵曰殺。大夫用麋，士用兔，皆漁獵所獲，所謂殺也。」〔釋名．釋言語〕云：「成，盛也。」趙岐〔注〕云：「不成，不實肥腯也。」

10 晉國——詳一．五註1。

11 媒妁——〔說文〕：「媒，謀也，謀合二姓。」又云：「妁，酌也，斟酌二姓也。」

12 與鑽穴隙之類也——這句不合語法，孔廣森〔經學卮言〕以為「與」讀為「歟」，當屬上句，作表停頓的語氣詞用。但〔孟子〕全書不見相同的句例，故難以相信。焦循〔正義〕以為「之類」的「之」字是衍文，本作「與鑽穴隙類也」；俞樾〔孟子平義〕則謂「與」當讀爲「如」，亦俱無確證。我們只能存疑。

❖

六．四

彭更[1]問曰：「後車數十乘，從者數百人，以傳食[2]於諸侯，不以泰乎？」

孟子曰：「非其道，則一簞食不可受於人；如其道，則舜受堯之天下，不以爲泰——子以爲泰乎？」

曰：「否；士無事而食，不可也。」

曰：「子不通功易事，以羨[3]補不足，則農有餘粟，女有餘布；子如通之，則梓匠輪輿[4]皆得食於子。於此有人焉，入則孝，出則悌，守先王之道，以待[5]後之學者，而不得食於子；子何尊梓匠輪輿而輕爲仁義者哉？」

曰：「梓匠輪輿，其志將以求食也；君子之爲道也，其志亦將以求食與？」

曰：「子何以其志爲哉？其有功於子，可食而食之矣。且子食志乎？食功乎？」

曰：「食志。」

曰：「有人於此，毀瓦畫墁[6]，其志將以求食也，則子食之乎？」

曰：「否。」

曰：「然則子非食志也，食功也。」

【語譯】

彭更問道：「跟隨的車輛幾十，跟隨的人幾百，由這一國吃到那一國，（您這樣做，）不也太過分了嗎？」

孟子答道：「如果不合理，就一筐飯也不可以接受；如果合理，舜接受了堯的天下，都不以爲過分——你以爲過分了嗎？」

彭更說：「不是這樣說，（我以爲）讀書人不工作，吃白飯，是不可以的。」

孟子說：「你如果不互通各人的成果，交換各行業的產品，用多餘的來彌補不夠的，就會使農民有多餘的米，（別人得不著吃；）婦女有多餘的布，（別人得不著穿；）如果能互通有無，那麼，木匠車工都能夠從你那裡得著吃的。假定這裡有個人，在家孝順父母，出外尊敬長輩。嚴守著古代聖王的禮法道義，用來培養後代的學者，卻不能從你這裡得著吃的；那麼，你爲什麼尊貴木匠車工，卻輕視仁義之士呢？」

彭更說：「木匠車工，他們的動機本是謀飯吃；君子的研究學術，推行王道，那動機也是弄到吃的嗎？」

孟子說：「你爲什麼要論動機呢？他們對你有功績，可以給以吃的，便給以吃的了。而且，你還是論動機而給以吃的呢？還是論功績而給以吃的呢？」

彭更說：「論動機。」

孟子說：「這裡有個匠人，把屋瓦打碎，在新刷的牆壁上亂畫，他的動機也是爲著弄到吃的，你給他吃的嗎？」

彭更說：「不。」

孟子說：「那麼，你不是論動機，是論功績的了。」

【注釋】

1 彭更——趙岐〔注〕云：「孟子弟子。」

2 傳食——傳，舊讀去聲，傳食猶言轉食。

3 羨——趙岐〔注〕云：「餘也。」

4 梓匠輪輿——〔周禮・考工記〕有梓人、匠人，爲木工；有輪人（製車輪）、輿人（製車箱），爲製車之工。

5 待——焦循〔正義〕說：趙岐大概是讀『待』爲『持』，謂扶持後之學者。

6 墁——音ㄇㄢˋ，本義爲粉刷牆壁的工具，這裡似乎指新粉刷的牆壁而言。朱熹〔集註〕云：「墁，牆壁之飾也。」可能亦是此意。

❖

六・五

萬章[1]問曰：「宋，小國也；今將行王政，齊楚惡而伐之[2]，則如之何？」

孟子曰：「湯居亳[3]，與葛[4]爲鄰，葛伯放[5]而不祀。湯使人問之曰：『何爲不祀？』曰：『無以供犧牲也。』湯使遺之牛羊。葛伯食之，又不以祀。湯又使人問之曰：『何爲不祀？』曰：『無以供粢盛也。』湯使亳衆往爲之耕，老弱饋食。葛伯率其民，要其有酒食黍稻者奪之，不授者殺之。有童子以黍肉餉，殺而奪之。〈書〉曰：『葛伯仇餉[6]。』此之謂也。爲其殺是童子而征之，四海之內皆曰：『非富天下也，爲匹夫匹婦復讎也。』『湯始征，自葛載[7]』，十一征而無敵於天下。東面而征，西夷怨；南面而征，北狄怨，曰：『奚爲後我？』民之望之，若大旱之望雨也。歸市者弗止，芸者不變，誅其君，弔其民，如時雨降。民大悅。〈書〉曰：『徯我后，后來其無罰！』『有攸[8]不惟[9]臣，東征，綏厥士女，篚厥玄黃[10]，紹我周王見休[11]，惟臣附于大邑周[12]。』其君子實玄黃于篚以迎其君子，其小人簞食壺漿以迎其小人；救民於水火之中，取其殘而已矣。〈太誓〉[13]曰：『我武惟揚，侵于[14]之疆，則取于[14]殘，殺伐用張，于湯有光。』不行王政云爾；苟行王政，四海之內皆舉首而望之，欲以爲君；齊楚雖大，何畏焉？」

【語譯】

萬章問道：「宋是個小國家，如今想實行仁政，齊楚兩個大國卻因此討厭，而出兵攻擊它，怎麼辦呢？」

孟子道：「湯居住在亳地，同葛國爲鄰國，葛伯放肆得很，不守禮法，不祭祀鬼神。湯著人去問：『爲什麼不祭祀？』答道：『沒有牛羊做祭品。』湯便給他以牛羊。葛伯把牛羊吃了，卻不用來祭祀。湯又著人去問：『爲什麼不祭祀？』答道：『沒有穀米做祭物。』湯便著亳地百姓去替他們耕種，老弱的人給耕田的人去送飯。葛伯卻帶領著他的百姓攔住那些拿著酒菜好飯的送飯者進行搶奪，不肯交出來的便殺掉他。有一個小孩去送飯和肉，葛伯竟把他殺掉了，搶去他的飯和肉。〔書〕上說：『葛伯仇視送飯者。』正是這個意思。湯就爲著這一小孩的被殺來討伐葛伯，天下的人都說：『湯不是貪圖天下的財富，是爲老百姓報仇。』湯的作戰，便從葛國開始，出征十一次，沒有能抗拒他的。向東方出征，西方的人便不高興；向南方出征，北方的人便不高興，說道：『爲什麼不先打我們這裡？』老百姓的盼望他，正和大乾旱年歲盼望雨水一樣。（作戰的時候，）做買賣的不曾停止過，鋤地的不曾躲避過，殺掉那暴虐的君主，安慰那可憐的百姓，這也和及時的雨水落下來一樣，老百姓非常高興。〔書〕也說過：『等待我的王！王來了我們便不再受罪了！』又說：『攸國不服，周王便東行討伐，來安定那些男男女女，他們也把黑色和黃色的綢好了的綢帛放在筐子裡，請求介紹和周王相見，得到光榮，作大周國的臣民。』這說明了周朝初年東征攸國的情況。官員們把黑色和黃色的束帛裝滿筐子來迎接官員，老百姓便用竹筐盛飯，用壺盛酒漿來迎接士兵，可見得周王的出師只是把老百姓從水火之中拯救出來，而殺掉那殘暴的君主罷了。泰誓上說：『我們的威武要發揚，攻到邗國的疆土上，殺掉那殘暴的君王，還有一些該死的都得砍光，這樣的功績比湯還輝煌。』不實行仁政便罷了；如果實行王政，天下的人都抬起頭盼望著，要擁護他來做君王；齊國楚國縱是強大，怕什麼呢？』

【注 釋】

1 萬章——趙岐〔萬章章句〕云：「萬章，章名，孟子弟子也。」案此人當是孟子高足弟子，一則問難最多，一則〔史記・孟子列傳〕説孟子「退而與萬章之徒作〔孟子〕七篇」。

2 今將行王政，齊楚惡而伐之——根據〔戰國策・宋策〕、〔史記・宋世家〕，宋王偃的行爲同於桀紂，終於爲齊、魏、楚三國所滅。而〔孟子〕説他行王政，有人説這是王偃早年之事，而「晚節不終」（周廣業〔孟子出處時地考〕），而全祖望、焦循則懷疑〔國策〕〔史記〕的記載，認爲是當時齊楚諸國誣陷之言。

3 亳——音ㄅㄛˊ，自來説湯都者分歧無定説，而以〔漢書・地理志〕〔注〕臣瓚説爲可信，蓋在今商邱北，漢時之薄縣，説詳王國維〔觀堂集林・説亳〕。

4 葛——古國名，嬴姓，故城在今河南寧陵縣北十五里。

5 放——放縱、放肆之意。

6 葛伯仇餉——趙岐〔注〕云：「〔尚書〕逸篇文。」案梅賾採入僞古文〔仲虺之誥〕。管同〔因寄軒文集〕云：「吾意〔尚書〕止云『葛伯仇餉』，所謂『仇餉』者不知何事，至後世或乃言其本末如此。事有無不可知，孟子但以天理人情爲斷。」

7 湯始征，自葛載——此六字恐仍是〔尚書〕之文，互詳〔梁惠王下〕十一章注。〔毛詩傳〕云：「載，始也。」

8 有攸——舊注把「攸」字當「所」字解，恐誤。根據甲文和晚商金文都有攸國之名，故譯文作攸國。

9 惟——爲也，用法和〔尚書·益稷〕「萬邦黎獻共惟帝臣」的「惟」相同。

10 篚厥玄黃——篚，音ㄈㄟˇ，這裡作動詞用，謂把物件裝在筐篚之中。玄黃，本爲束帛之色，即以指代幣帛，用法和〔尚書·禹貢〕的「玄纁」相同。

11 休——美也。

12 大邑周——甲文中有「大邑商」「天邑商」之辭，金文中亦有「大邑周」之辭，不僅別人尊之如此稱呼，自稱亦如此也（「大邑」即「天邑」，〔尚書·多士〕亦有「天邑商」之文）。自「有攸」以下至此仍是古〔尚書〕之文，今已亡逸，梅賾由此採入〔僞武成篇〕。

13 〔太誓〕——即〔泰誓〕，其文章已亡逸，馬融所見的「後得」的〔泰誓〕也是僞作，今天梅賾僞古文的〔泰誓〕更是贋品了。此數句經他採入〔泰誓·中篇〕。

14 于——這兩個「于」字都是國名，陳夢家〔尚書通論〕云：「于即是邘。案〔通鑑前編〕：『紂十有八祀，西伯伐邘。』〔注〕引徐廣曰『〔大傳〕作于。』『于』疑即卜辭之盂方伯。」

六·六

孟子謂戴不勝1曰：「子欲子之王之善與？我明告子。有楚大夫於此，欲其子之齊語也，則使齊人傅諸？使楚人傅諸？」

曰：「使齊人傅之。」

曰：「一齊人傅之，衆楚人咻2之，雖日撻而求其齊也，不可得矣；引而置之莊嶽3之閒數年，雖日撻而求其楚，亦不可得矣。子謂薛居州，善士也，使之居於王所。在於王所者，長幼卑尊皆薛居州也，王誰與爲不善？在王所者，長幼卑尊皆非薛居州也，王誰與爲善？一薛居州，獨4如宋王何？」

【語譯】

孟子對戴不勝說：「你想你的君王學好嗎？我明白告訴你。這裡有位楚國的官員，希望他的兒子會說齊國話，那麼，找齊國人來教呢？還是找楚國人來教呢？」

答道：「找齊國人來教。」

孟子說：「一個齊國人教他，卻有許多楚國人在打擾，縱使每天鞭打他，逼他說齊國話，也是做不到的；假若帶領他在臨淄莊街嶽里的鬧市，住上幾年，縱使每天鞭打他逼他說楚國話，也是做不到的。你說薛居州是個好人，要他住在王宮中。如果在王宮中的年齡大的小的，地位低的高的，都是好人，那王同誰做出壞事來呢？如果在王宮中的，年齡大的小的、地位低的高的，都不是好人，那王又同誰做出好事來呢？一個薛居州能把宋王怎麼樣呢？」

【注釋】

1 戴不勝——趙岐〔注〕云：「宋臣。」趙佑〔四書溫故錄〕以為即戴盈之（第八章），一名一字，無確據。

2 咻——音ㄒㄧㄡ，趙岐〔注〕云：「讙也。」焦循〔正義〕云：「讙即今之喧嘩字也。」

3 莊嶽——顧炎武〔日知錄〕云：「莊是街名，嶽是里名。」〔左傳〕襄公二十八年：「得慶氏之木於莊。」杜預〔注〕以「六軌之道」（大街）釋「莊」。又「反陳於嶽。」杜〔注〕云：「嶽，里名。」

4 獨——王引之〔經傳釋詞〕云：「獨猶將也。」一作單獨解。

六·七

公孫丑問曰：「不見諸侯何義？」

孟子曰：「古者不爲臣不見。段干木1踰垣而辟之，泄柳閉門而不納2，是皆已甚；迫，斯可以見矣。陽貨欲見孔子3而惡無禮，大夫4有賜於士，不得受於其家，則往拜其門。陽貨矙5孔子之亡也，而饋孔子蒸豚；孔子亦矙其亡也，而往拜之。當是時，陽貨先，豈得不見？曾子曰：『脅肩諂笑6，病于夏畦7。』子路曰：『未同而言，觀其色赧赧然，非由之所知也8。』由是觀之，則君子之所養，可知已矣。」

【語譯】

公孫丑問道：「不主動地去謁見諸侯，是什麼道理？」

孟子說：「在古代，（一個人）如果不是諸侯的臣屬，便不去謁見。（從前魏文侯去看段干木，）段干木卻跳過牆躲開了；（魯穆公去看泄柳，）泄柳關著大門不加接待，這都做得過分；如果逼著要見，也就可以相見。陽貨想要孔子來看他，又不願自己失禮，（逕行召喚。有這一條禮節，）大夫對士有所賞賜，當時士如果不在家，不能親自接受拜謝，便得再親自去大夫家裡答謝。因此陽貨探聽到孔子外出的時候，給他送去一個蒸小豬；孔子也探聽到陽貨不在家，才去答謝。在這個時候，陽貨若是（不耍花招，）先去看孔子，孔子哪會不去看他？曾子說：『竦起兩肩，做著討好的笑臉，這比夏天在菜地裡工作還要累。』子路說：『分明不願意同這個人來談，卻勉強和他說話，臉上又表現出慚愧的顏色，這種人，我是不贊成的。』從這裡看來，君子怎樣來培養自己的品德節操，就可以知道了。」

【注釋】

1 段干木——姓段，名干木（此從臧庸〔拜經日記〕說，與〔史記集解〕以為「段干」複姓者異），魏文侯時賢者，其故事又散見於〔史記．魏世家〕、〔呂氏春秋．期賢篇、舉難篇〕等。〔高士傳〕云：「段干木少貧賤，心志不遂，乃師事卜子夏與田子方。李克、翟璜、吳起等居於魏，皆為將，惟干木守道不仕。」

2 納——作「內」，同。

3 陽貨欲見孔子——事又見〔論語．陽貨篇〕。「見」舊讀去聲，為使動用法，陽貨欲使孔子來見之意。

4 大夫——陽貨雖然不是魯國之卿，但為正卿季氏之宰（總管），所以也得稱「大夫」；而其時孔子在野，故稱「士」。

5 矙——同「瞰」，音ㄎㄢˋ，窺伺也。

6 脅肩諂笑——脅肩即竦體，故意為恭敬之狀；諂笑，強為媚悅之顏。

⑦夏畦——夏，夏天；畦，音ㄒㄧ，灌園，澆水。

⑧非由之所知——朱熹〔集註〕云：「甚惡之之辭也。」

❖

六・八

戴盈之①曰：「什一，去關市之征，今茲②未能，請輕之，以待來年，然後已，何如？」孟子曰：「今有人日攘③其鄰之雞者，或告之曰：『是非君子之道。』曰：『請損之，月攘一雞，以待來年，然後已。』——如知其非義，斯速已矣，何待來年？」

【語譯】

戴盈之說：「稅率十分抽一，免除關卡和商品的賦稅，今年還辦不到，預備先減輕一些，等到明年，然後完全實行，怎麼樣？」

孟子說：「現在有一個人每天偷鄰人一隻雞，有人告訴他說：『這不是正派人的行爲。』他便說：『預備減少一些，先每一個月偷一隻，等到明年，然後完全不偷。』——如果曉得這種行爲不合道理，便趕快停止算了，爲什麼要等明年呢？」

【注釋】

[1] 戴盈之——趙岐〔注〕云：「宋大夫。」

[2] 茲——〔呂氏春秋・任地篇〕：「今茲美禾，來茲美麥。」高誘〔注〕云：「茲，年也。」

[3] 攘——音ㄖㄤˇ，〔尚書・呂刑〕鄭玄〔注〕云：「有因而盜曰攘。」〔淮南子・氾論訓〕「其父攘羊」高誘〔注〕亦云：「凡六畜自來而取之曰攘。」則「攘」和「盜」（偷）似有所不同。但「日攘一雞」之「攘」則不便如此解釋，因不見得每天都有鄰人之雞「自來」而可以「有因」而取之也。〔禮記・禮器〕鄭玄〔注〕、〔穀梁傳〕成公五年〔釋文〕都云：「攘，盜竊也。」譯文仍取此義。

◈

六・九

公都子[1]曰：「外人皆稱夫子好辯，敢問何也？」

孟子曰：「予豈好辯哉？予不得已也。天下之生久矣，一治一亂。當堯之時，水逆行，氾濫於中國，蛇龍居之，民無所定；下者爲巢，上者爲營窟[2]。〔書〕曰：『洚水警余[3]。』洚水者，洪水也。使禹治之。禹掘地而注之海，驅蛇龍而放之菹[4]；水由地中行，江、淮、河、漢是也。險阻既遠，鳥獸之害人者消，然後人得平土而居之。

「堯舜既沒，聖人之道衰，暴君代作[5]，壞宮室以爲汙池，民無所安息；棄田以爲園囿，使民不得衣食。邪說暴行又作，園囿、汙池、沛澤多而禽獸至。及紂之身，天下又大亂。周公相武王誅紂，伐奄三年討其君⑥，驅飛廉於海隅而戮之⑦，滅國者五十，驅虎、豹、犀、象而遠之，天下大悅。〈書〉曰：『丕顯哉，文王謨！丕承哉，武王烈！佑啓我後人，咸以正無缺⑧。』

「世衰道微，邪說暴行有⑨作，臣弒其君者有之，子弒其父者有之。孔子懼，作〈春秋〉。〈春秋〉，天子之事也；是故孔子曰：『知我者其惟〈春秋〉乎！罪我者其惟〈春秋〉乎！』

「聖王不作，諸侯放恣，處士⑩橫議，楊朱⑪、墨翟⑫之言盈天下。天下之言不歸楊，則歸墨。楊氏爲我，是無君也；墨氏兼愛，是無父也。無父無君，是禽獸也。公明儀曰：『庖有肥肉，廄有肥馬；民有飢色，野有餓莩，此率獸而食人也。』楊墨之道不息，孔子之道不著，是邪說誣民，充塞仁義也。仁義充塞，則率獸食人，人將相食。吾爲此懼，閑⑬先聖之道，距楊墨，放淫辭，邪說者不得作。作於其心，害於其事；作於其事，害於其政。聖人復起，不易吾言矣。

「昔者禹抑洪水而天下平，周公兼夷狄，驅猛獸而百姓寧，孔子成〈春秋〉而亂臣賊子懼。〈詩〉云：『戎狄是膺，荊舒是懲，則莫我敢承⑭。』無父無君，是周公所膺也。我亦欲正人心，息邪說，距詖行，放淫辭，以承三聖者；豈好辯哉？予不得已也。能言距楊墨者，聖人之徒也。」

【語譯】

公都子說：「別人都說您喜歡辯論，請問，爲什麼呢？」

孟子說：「我難道喜歡辯論嗎？我是不能不辯論呀。人類社會產生很久了，太平一時，又亂一時。當唐堯的時候，大水橫流，到處氾濫，大地上成爲蛇和龍的居處，人們無處安身；低地的人在樹上搭巢，高地的人便打相連的洞穴。〔尚書〕說：『洚水警誡我們。』洚水是什麼呢？就是洪水。命令禹來治理。禹疏通河道，使水都流到大海裡，把蛇和龍趕到草澤裡，水順著河床流動，長江、淮河、黃河、漢水便是這樣。危險既已消除，害人的鳥獸也沒有了，人才能夠在平原居住。

「堯舜死了以後，聖人之道逐漸衰落，殘暴君主不斷出現，他們毀壞民宅來做深池，使百姓無地安身；破壞農田來做園林，使百姓不能得到衣服和食物；荒謬的學說、殘暴的行爲隨之興起，園林、深池、草澤多了起來，禽獸也就來了。到商紂的時候，天下又大亂。周公輔助武王，把紂王殺了，又討伐奄國，三年之後又把奄君殺掉了，並把飛廉趕到海邊，也加以殺戮，被滅的國家一共五十個，把老虎、豹子、犀牛、大象趕到遠方，天下的百姓非常高興。〔尚書〕說過：『文王的謀略多麼光明！武王的功烈多麼偉大！幫助我們，啓發我們，直到後代，使大家都正確而沒有缺點。』

「太平之世和仁義之道又逐漸衰微，荒謬的學說、殘暴的行爲又起來了，有臣子殺死君主的，也有兒子殺死父親的。孔子深爲憂慮，著作了〔春秋〕一部歷史書。著作歷史，（有所讚揚和指摘，）這本來是天子的職權，（孔子不得已而做了。）所以孔子說：『了解我的，怕就在於〔春秋〕這部著作吧！責罵我的，也怕就在於〔春秋〕這部著作吧！』

「（自那以後）聖王也不再出現，諸侯無所忌憚，一般士人也亂發議論，楊朱、墨翟的學說充滿天下，於是所有的主張不屬於楊朱派，便屬於墨翟派。楊派主張個人第一，這便否定對君上的盡忠，就是目無君上；墨派主張天下同仁，不分親疏，這便將否定對父親的盡孝，就是目無父母。目無君上，目無父母，那就成了禽獸了。公明儀說過：『廚房裡有肥肉，馬廄裡有肥馬，但是，老百姓臉上有飢色，野外躺著餓死的屍體，這就是率領著禽獸來吃人。』楊朱、墨翟的學說不消滅，孔子學說就無法發揚，這便是荒謬的學說欺騙了百姓，而阻塞了仁義的道路。仁義的道路被阻塞，也就等於率領禽獸來吃人，人與人也將互相殘殺。我因而深爲憂慮，便出來捍衛古代聖人的學說，反對楊墨的學說，駁斥錯誤的言論，使發表荒謬議論的人不能抬頭。那種荒謬的學說，從心裡產生出來，便會危害工作；危害了工作，也就危害了政治。即使聖人再度興起，也會同意我這番話的。

「從前大禹制服了洪水，天下才得著太平；周公兼併了夷狄，趕跑了猛獸，百姓才得著安寧；孔子著作了〔春秋〕，叛亂的臣子、不孝的兒子才有所害怕。〔詩〕說過：『攻擊戎狄，痛懲荊舒，就沒有人敢於抗拒我。』像楊墨這樣目無君上目無父母的人，正是周公所要懲罰的。我也要端正人心，消滅邪說，反對偏激的行爲，駁斥荒唐的言論來繼承大禹、周公、孔子三位聖人的事業，難道是喜歡辯論嗎？我是不能不辯論的呀。能夠以言論來反對楊墨的，也就是聖人的門徒了。」

【注釋】

1 公都子——趙岐〔注〕云：「孟子弟子也。」

2 營窟——〔說文〕云：「營，帀居也。」段〔注〕云：「帀居謂圍繞而居。」焦循〔正義〕云：「此營窟當是相連爲窟穴。」

3 〔書〕曰，洚水警余——趙岐〔注〕云：「〔尚書〕逸篇也。」「洚」和「洪」古音相同。

4 菹——音ㄐㄩ，澤生草曰菹。

5 代作——焦循〔正義〕云：「〔說文〕：代，更也。代作謂更代而作，非一君也。」

6 周公相武王諸句——崔述〔論語餘說〕云：「『周公相武王誅紂』一句；『伐奄三年討其君』一句；『伐奄』乃成王事，不得上承『相武王』言之。」朱珔〔小萬卷齋文稿〕說同。

7 驅飛廉於海隅而戮之——〔史記．秦本紀〕云：「蜚廉（『蜚』與『飛』古字相通）生惡來。惡來有力，蜚廉善走，父子俱以材力事殷紂。周武王之伐紂，并殺惡來。是時蜚廉爲紂石北方，還，無所報，爲壇霍太山，而報得石棺，銘曰：『帝令處父（處父，蜚廉別號），不與殷亂，賜爾石棺以華氏。』死遂葬於霍太山。」所言與孟子有異。

8 〔書〕曰丕顯哉數句——趙岐〔注〕云：「〔尚書〕逸篇也。」案梅賾竊以入僞古文〔君牙篇〕。「承」是繼承之意，譯文用意譯法。丕，大也。

9 有——同「又」。

10 處士——〔漢書．異性諸侯王表〕「處士橫議」〔注〕云：「師古曰：處士謂不官於朝而居家者也。」

[11] 楊朱——其人其事又略見於〔莊子〕及〔淮南子〕諸書。

[12] 墨翟——魯人，或云宋人，生年當在周敬王之末年，其時或者孔子猶未死，但至遲難出孔子卒後之十年內；享年可能在八十以上，死當在孟子出生前十年左右，當周安王十年左右。其學說備見於〔墨子〕一書。

[13] 閑——〔說文〕：「閑，闌也。從門中有木。」段玉裁〔注〕云：「引申爲防閑。」〔穀梁〕桓二年〔傳〕范寧〔注〕云：「閑謂扞禦。」故譯爲「捍衛」。趙岐〔注〕云：「閑，習也。」恐非。

[14] 承——抵禦之意。

六・一〇

匡章[1]曰：「陳仲子[2]豈不誠廉士哉？居於陵[3]，三日不食，耳無聞，目無見也。井上有李，螬食實者過半矣[4]，匍匐往，將食[5]之，三咽，然後耳有聞，目有見。」

孟子曰：「於齊國之士，吾必以仲子爲巨擘[6]焉。雖然，仲子惡能廉？充仲子之操，則蚓而後可者也。夫蚓，上食槁壤，下飲黃泉[7]。仲子所居之室，伯夷之所築與？抑亦盜跖[8]之所築與？所食之粟，伯夷之所樹與？抑亦盜跖之所樹與？是未可知也。」

曰：「是何傷哉？彼身織屨，妻辟纑[9]，以易之也。」

曰：「仲子，齊之世家也；兄戴，蓋[10]祿萬鍾；以兄之祿爲不義之祿而不食也，以兄之室爲不義之室而不居也，辟[11]兄離母，處於於陵。他日歸，則有饋其兄生鵝[12]者，己頻顣[13]曰：『惡用是鶂鶂[14]者爲哉？』他日，其母殺是鶂也，與之食之。其兄自外至，曰：『是鶂鶂之肉也。』出而哇之。以母則不食，以妻則食之；以兄之室則弗居，以於陵則居之，是尚爲能充其類也乎？若仲子者，蚓而後充其操者也。」

【語　譯】

匡章說：「陳仲子難道不眞是一個廉潔的人嗎？住在於陵地方，三天沒有吃東西，耳朵沒有了聽覺，眼睛沒有了視覺。井上有個李子，金龜子已經吃掉了大半，他爬過去，拿來吃，吞了三口，耳朵才有聽覺，眼睛才有了視覺。」

孟子說：「在齊國人士中間，我一定把仲子看作大姆指。但是，他怎能叫做廉潔？要推廣仲子所作所爲，那只有把人變成蚯蚓之後才能辦到。蚯蚓，在地面上便吃乾土，在地面下便喝泉水。（眞是廉潔之至，無求於人。仲子還不能和它比。爲什麼呢？）他所住的房屋，是像伯夷那樣廉潔的人所建築的呢？還是像盜跖那樣的强盜所建築的呢？他所吃的穀米，是像伯夷那樣廉潔的人所種植的呢？還是像盜跖那樣的强盜種植的呢？這個還是不知道的。」

匡章說：「那有什麼關係呢？他親自編草鞋，他妻子績麻練麻，交換來的（，這就行了）。」

孟子說：「仲子是齊國的宗族大家，享有世代相傳的祿田。他哥哥陳戴，從蓋邑收入的俸祿便有幾萬石之多。他卻以他哥哥的俸祿爲不義之物，不去吃它；以他哥哥的房屋爲不義之產，不去住它。避開哥哥，離開母親，住在於陵地方。有一天回到家裡，恰巧有一個人送給了他哥哥一隻活鵝，他皺著眉頭說：『要這種呃呃叫的東西做甚麼呢？』過了些時，他母親殺了這隻鵝，給他吃了。恰巧他哥哥從外面回來，便說：『這就是那呃呃叫的東西的肉呀。』他便跑出門去，嘔了出來。母親的食物不吃。卻吃妻子的；哥哥的房屋不住，卻住在於陵，這還能算是推廣廉潔之義到了頂點嗎？像仲子這樣的行爲，如果要推廣到頂點，只有把人變成蚯蚓之後才能辦到。」

【注釋】

1 匡章——齊人，曾爲齊威王將，率兵禦秦，大敗之。宣王時，又曾將五都之兵以取燕。其言行散見於〔戰國策・齊策、燕策〕及〔呂氏春秋・不屈、愛類〕諸篇。其年歲大致和孟子相當，兩人當是朋友，〔呂氏春秋・不屈篇〕高誘〔注〕云：「匡章，孟子弟子也。」恐不可信。

2 陳仲子——即〔荀子・不苟篇〕、〔韓非子・外儲說右〕的「田仲」，〔荀子・非十二子篇〕的「陳仲」，亦作「於陵仲子」。〔淮南子・氾論訓〕云：「季襄、陳仲子立節抗行，不入洿君之朝，不食亂世之食，遂餓而死。」高誘〔注〕云：「陳仲子，齊人，孟子弟子。」餓死以及孟子弟子之說恐都不可信。

3 於陵——於，音ㄨ。閻若璩〔四書釋地續〕引顧野王〔輿地志〕和唐張説〔石泉驛詩〕題自注，說於陵在今山東長山縣南，和臨淄相距近二百里。

4 井上有李，螬食實者過半矣——井上之「李」，爲李樹，還是李實，很難肯定。〔文選・張景陽雜詩・注〕引〔孟子章句〕作「井上有李實」，姑從之。螬爲蠐螬，金龜子的幼蟲，但以果樹爲食物者實爲金龜子，故譯文以金龜子譯之。

5 將食——〔荀子・成相篇〕：「吏謹將之無詖滑。」楊倞〔注〕云：「將，持也。」管同云：「將，取也。〔書・微子〕曰：『將食無災。』〔文選・注〕二十七引〔孟子〕作『將而食之』，語意可見。」以「取」訓「將」，亦通。

6 巨擘——趙岐〔注〕云：「大指也。」漢人又叫爲「大擘」，見鄭玄〔儀禮・士喪禮注〕。

7 黃泉——〔左傳〕隱公元年云：「不及黃泉，無相見也。」杜預〔注〕云：「地中之泉，故曰黃泉。」

8 盜跖——春秋時有名大盜，柳下惠的兄弟。

9 辟纑——趙岐〔注〕云：「緝績其麻曰辟，練其麻曰纑（ㄌㄨ）。」

10 蓋——音ㄍㄜ，地名，陳戴采邑。公孫丑下有「蓋大夫王驩」，閻若璩〔四書釋地〕云：「以半爲王朝之下邑，王驩治之；以半爲卿族之私邑，陳氏世有之。」此說甚是。元李治〔敬齋古今黈〕讀「兄戴蓋」爲句，云「戴蓋」是「乘軒」，恐不可信。

11 辟——同「避」。

12 䳘——今作「鵝」。

13 頻顣——朱熹〔集註〕云：「頻與顰同，顣與蹙同。」則以「頻」爲顰眉，「顣」爲皺縮眉鼻，表示不高興。

14 鶃鶃——朱熹〔集註〕云：「鵝聲也。」

卷七

離婁章句上

凡二十八章

七・一

孟子曰：「離婁[1]之明、公輸子[2]之巧，不以規矩，不能成方員；師曠[3]之聰，不以六律[4]，不能正五音[5]；堯舜之道，不以仁政，不能平治天下。今有仁心仁聞[6]而民不被其澤、不可法於後世者，不行先王之道也。故曰，徒善不足以為政，徒法不能以自行。〔詩〕云：『不愆不忘，率由舊章[7]。』遵先王之法而過者，未之有也。聖人既竭目力焉，繼之以規矩準繩，以為方員平直，不可勝用也；既竭耳力焉，繼之以六律正五音，不可勝用也；既竭心思焉，繼之以不忍人之政，而仁覆天下矣。故曰，為高必因丘陵，為下必因川澤；為政不因先王之道，可謂智乎？是以惟仁者宜在高位。不仁而在高位，是播其惡於眾也。上無道揆[8]也，下無法守也，朝不信道，工不信度[9]，君子犯義，小人犯刑，國之所存者幸也。故曰，城郭不完[10]，兵甲不多，非國之災也；田野不辟[11]，貨財不聚，非國之害也。上無禮，下無學，賊民興，喪無日矣。〔詩〕曰：『天之方蹶，無然泄泄[12]。』泄泄猶沓沓也。事君無義，進退無禮，言則非[13]先王之道者，猶沓沓也。故曰，責難於君謂之恭，陳善閉邪[14]謂之敬，吾君不能謂之賊。」

【語譯】

孟子說：「就是有離婁的目力，公輸般的技巧，如果不用圓規和曲尺，也不能正確地畫出方形和圓形；就是有師曠審音的耳力，如果不用六律，便不能校正五音；就是有堯舜之道，如果不行仁政，也不能管理好天下。現在有些諸侯，雖然有仁愛的心腸和仁愛的聲譽，但老百姓却受不到他的恩澤，他的政治也不能成爲後代的模範的，就是因爲不去實行前代聖王之道的緣故。所以說，光有好心，不足以治理政治；光有好法，好法自己也動作不起來（；好心與好法必須配合而行）。〔詩經〕說過：『不要偏差，不要遺忘，一切都依循傳統的規章。』依循前代聖王的法度而犯錯誤的，是從來沒有過的事。聖人既已用盡了目力，又用圓規、曲尺、水準器、繩墨，來造作方的、圓的、平的、直的東西，那些東西便用之不盡了；聖人既已用盡了耳力，又用六律來校正五音，各種音階也就運用無窮了；聖人既已用盡了腦力，又實行仁政，那麼，仁德便遍蓋於天下了。所以說，築高臺一定要憑藉山陵，挖深池一定要憑藉沼澤；如果管理政治不憑藉前代聖王之道，能說是聰明嗎？因此，只有仁人應該處於統治地位。不仁的人而處於統治地位，就會把他的罪惡傳播給羣衆。在上的沒有道德軌範，在下的沒有法律制度，朝廷不相信道義，工匠不相信尺度，官吏觸犯義理，百姓觸犯刑法，國家還能生存的，那眞太僥倖了。所以說，城牆不堅固，軍備不充足，不是國家的災難；田野沒開闢，經濟不富裕，不是國家的禍害；如果在上的人沒有禮義，在下的人沒有教育，違法亂紀的人都起來了，國家的滅亡也就快了。〔詩經〕上說：『上天正在動，不要這樣多言。』多言即囉嗦。事君不義，進退無禮，說話便詆毀前代聖人之道，這樣就是『喋喋多言』。所以說，用仁政來要求君主才叫做『恭』；向君主講說仁義，堵塞異端，這才叫『敬』；如果認爲君主不能爲善，這便是『賊』。」

【注　釋】

1 離婁——〔莊子〕作「離朱」，相傳爲黃帝時人，目力極強，能於百步之外望見秋毫之末。

2 公輸子——名般（「般」一作「班」），魯國人，因之又叫「魯班」。大概生於魯定公或者哀公之時，年歲小於孔子，而長於墨子。爲中國古代的巧匠，曾爲楚惠王製作雲梯，欲用之攻打宋國，墨子止之。其人其事散見於〔禮記・檀弓〕、〔戰國策〕、〔墨子〕諸書。

3 師曠——晉平公的太師（樂官之長），爲中國古代極有名的音樂家。其事散見於〔左傳〕、〔禮記〕、〔國語〕及周秦諸子。

4 六律——指陽律六而言，它是太蔟、姑洗、蕤賓、夷則、無射、黃鍾。相傳黃帝時伶倫截竹爲筒，以筒之長短分別聲音之清濁高下，樂器之音即依以爲準則。分陰陽各六，陽爲律，陰爲呂，合稱十二律。

5 五音——中國音階之名，即宮、商、角、徵、羽。宮相當於ㄉㄛ，商相當於ㄖㄨㄟ，角相當於ㄇㄧ，徵相當於ㄙㄛ，羽相當於ㄌㄚ。

6 聞——去聲，聲譽也。

7 不愆兩句——見〔詩經・大雅・假樂篇〕。鄭玄〔箋〕云：「愆，過；率，循也。成王之令德，不過誤，不遺失，循用舊典之文章。」

8 揆——〔爾雅・釋言〕：「揆，度也。」

9 度——此「度」字恐非法度之「度」，似宜讀爲〔韓非子〕「寧信度，毋自信也」之「度」，指尺碼而言。

10 完——〔周禮．考工記．輪人〕云：「輪人爲輪，斬三材必以其時。三材既具，巧者和之。轂也者，以爲利轉也；輻也者，以爲直指也；牙也者，以爲固抱也。輪敝，三材不失職，謂之完。」這「完」字有堅牢之義。〔孟子〕此「完」字之義當同於此。

11 辟——同「闢」。

12 天之方蹶兩句——見〔詩經．大雅．板篇〕。〔毛傳〕云：「蹶，動也。」泄泄，〔說文〕作「呭呭」，又作「詍詍」，皆云：「多言也。」

13 非——及物動詞，意動用法，「以爲不是」之意。朱熹〔集註〕云：「非，詆毀也。」

14 閉邪——趙岐朱熹都解爲閉君之邪心，譯文不從。

◈

七．二

孟子曰：「規矩，方員之至[1]也；聖人，人倫之至[1]也。欲爲君，盡君道；欲爲臣，盡臣道。二者皆法堯舜而已矣。不以舜之所以事堯事君，不敬其君者也；不以堯之所以治民治民，賊其民者也。孔子曰：『道二，仁與不仁而已矣。』暴其民甚[2]，則身弒國亡；不甚[2]，則身危國削，名之曰『幽』『厲』[3]，雖孝子慈孫，百世不能改也。〔詩〕云：『殷鑒不遠，在夏后之世。』[4]此之謂也。」

【語譯】

孟子說，「圓規和曲尺是方圓的標準，聖人是做人的標準。作爲君主，就要盡君主之道；作爲臣子，就要盡臣子之道。兩種，只要都取法堯和舜便行了。不用舜服事堯的態度和方法來服事君主，便是對他君主的不恭敬；不用堯治理百姓的態度和方法來治理百姓，便是對百姓的殘害。孔子說：『治理國家的方法有兩種，行仁政和不行仁政罷了。』暴虐百姓太厲害，本身就會被殺，國家會被滅亡；不太厲害，本身也會危險，國力會被削弱，死了的諡號叫做『幽』，叫做『厲』，縱使他有孝子順孫，經歷一百代也是更改不了的。〔詩經〕說過：『殷商有一面離它不遠的鏡子，就是前一代的夏朝。』說的正是這個意思。」

【注　釋】

1 至——〔荀子・議兵篇〕云：「所以不受命於主有三：可殺而不可使處不完，可殺而不可使擊不勝，可殺而不可使欺百姓，夫是謂之三至。」楊倞〔注〕云：「至爲一守而不變。」〔孟子〕此「至」字意義固與「極」同，但與〔荀子〕此「至」字之意義也不相違，所以譯文以「標準」譯出。

2 暴其民甚數語——焦循〔正義〕從趙佑〔溫故錄〕之說作如此句讀：「暴其民，甚，則身弒國亡；不甚，則身危國削。」譯文便當如此：「暴虐百姓，重則本身被殺，國家被滅亡；輕則本身危險，國家削弱。」「甚」和「不甚」不是指「暴」的程度，而是指後果的輕重，此說亦通。

3 幽厲——周朝有幽王和厲王。〔逸周書・諡法解〕云：「壅遏不通曰幽，動祭亂常曰幽。殺戮無辜曰厲。」可見「幽」「厲」都是惡諡。幽王寵愛褒姒，用佞巧之臣虢石父，乃爲申侯及犬戎所殺；厲王暴虐，又殺謗者，終被國人所逐。厲王爲幽王之祖，在前，孟子說爲「幽厲」，只是取以爲譬罷了。

4 殷鑒兩句——見〔詩經・大雅・蕩篇〕。古代的鏡子是用銅鑄的，叫做「鑑」。

◈

七・三

孟子曰：「三代之得天下也以仁，其失天下也以不仁。國之所以廢興存亡者亦然。天子不仁，不保四海；諸侯不仁，不保社稷；卿大夫不仁，不保宗廟1；士庶人不仁，不保四體。今惡死亡而樂不仁，是猶惡醉而强2酒。」

【語　譯】

孟子說：「夏、商、周三代的獲得天下是由於仁，他們的喪失天下是由於不仁。國家的興起和衰敗、生存和滅亡也是這個道理。天下如果不仁，便不能保存他的天下；諸侯如果不仁，便不能保持他的國家；卿大夫如果不仁，便不能保持他的祖廟；士人和老百姓如果不仁，便不能保全自己的身體。現在有些人害怕死亡，却樂於不仁，這好比害怕醉却偏要喝酒一樣。」

【注　釋】

1 宗廟——卿大夫有采邑然後有宗廟，所以這宗廟實指采邑而言。

2 强——勉强，讀上聲。

七·四

孟子曰：「愛人不親，反其仁；治人不治，反其智1；禮人不答，反其敬——行有不得者皆反求諸己，其身正而天下歸之。〔詩〕云：『永言配命，自求多福。』」

【語譯】

孟子說：「我愛別人，可是別人不親近我，那得反問自己，自己的仁愛還不夠嗎？我管理別人，可是沒管好，那得反問自己，自己的智慧和知識還不夠嗎？我有禮貌地對待別人，可是得不到相應的回答，那得反問自己，自己的恭敬還不夠嗎？任何行爲如果沒有得到預期的效果都要反躬自責，自己的確端正了，天下的人自會歸向他。〔詩經〕說過：『與天意相匹配的周朝萬歲呀！幸福都得自己尋求。』」

【注釋】

1 治人不治反其智——〔穀梁〕僖二十二年〔傳〕也有這種話，云：「治人而不治，則反其知。」古代「知」「智」兩字不分，〔孟子〕原文恐亦作「知」。智慧的强弱本與知識的廣狹有關，故譯文加「知識」二字。

七·五

孟子曰：「人有恆言，皆曰，『天下國家。』天下之本在國，國之本在家[1]，家之本在身。」

【語譯】

孟子說：「大家有句口頭話，都這麼說，『天下國家。』可見天下的基礎是國，國的基礎是家，而家的基礎則是個人。」

【注釋】

[1] 國之本在家——從〈大學〉「治國」、「齊家」的解釋看來，這一「家」字是一般的意義，未必是「大夫曰家」的「家」。

❖

七·六

孟子曰：「爲政不難，不得罪於巨室[1]。巨室之所慕，一國慕之；一國之所慕，天下慕之；故沛然德教溢乎四海。」

【語譯】

孟子說：「搞政治並不難，只要不得罪那些有影響力的賢明的卿大夫就行了。因爲他們所敬慕的，一國的人都會敬慕；一國人所敬慕的，天下的人都會敬慕，因此德教就可以浩浩蕩蕩地洋溢於天下。」

【注釋】

1 巨室——趙岐〔注〕云：「巨室，大家也，謂賢卿大夫之家。」

◈

七·七

孟子曰：「天下有道，小德役大德1，小賢役大賢；天下無道，小役大，弱役強。斯二者，天也。順天者存，逆天者亡。齊景公曰：『既不能令，又不受命，是絕物也。』涕出而女於吳2。今也小國師大國而恥受命焉，是猶弟子而恥受命於先師也。如恥之，莫若師文王。師文王，大國五年，小國七年，必為政於天下矣。〔詩〕云3：『商之孫子，其麗4不億5。上帝既命，侯6于周服。侯服于周，天命靡常。殷士膚7敏，祼8將9于京10。』孔子曰：『仁不可為眾也11。夫國君好仁，天下無敵。』今也欲無敵於天下而不以仁，是猶執熱而不以濯也。〔詩〕云：『誰能執熱，逝不以濯12？』」

【語　譯】

孟子說：「政治清明的時候，道德不高的人為道德高的人所役使，不太賢能的人為非常賢能的人所役使；政治黑暗的時候，力量小的為力量大的所役使，弱的為強的所役使。這兩種情況，都是由天決定的。順從天的生存，違背天的滅亡。齊景公曾經說過：『既然不能命令別人，又不接受別人的命令，這是絕路一條。』因此流著眼淚把女兒嫁到吳國去。如今弱小國家以強大國家為師，却以接受命令為恥，這好比學生以接受老師的命令為恥一樣。如果眞以為恥，最好以文王為師。以文王為師，強大國家只需要五年，較小國家也只需要七年，一定可以得到天下的政治權力。〔詩經〕說過：『商代的子孫，數目何止十萬。上帝既已授命於文王，他們便都為周朝的臣下。他們都為周朝的臣下，可見天意沒有一定。殷代的臣子也都漂亮聰明，執行灌酒的禮節助祭於周京。』孔子也說過：『仁德的力量，是不能拿人多人少來計算的。君主如果愛好仁，天下就不會有敵手。』如今一些諸侯想要天下沒有敵手，却又不行仁政，這好比苦熱的人不肯洗澡一樣。〔詩經〕說過：『誰能不以炎熱為苦，却不去沐浴？』」

【注　釋】

1 小德役大德——即「小德役於大德」之意，「於」字省略。下三句同。

2 涕出而女於吳——女，去聲，嫁的意思。〔說苑・權謀篇〕云：「齊景公以其子妻闔廬，送諸郊，泣曰：『余死不汝見矣。』高夢子曰：『齊負海而縣山，縱不能全收天下，誰干我？君愛則勿行。』公曰：『余有齊國之固，不能以令諸侯，又不能聽，是生亂也。寡人聞之，不能令，則莫若從。』遂遣之。」

3 〔詩〕云——詩見〔大雅・文王篇〕。

4 麗——〔毛傳〕云：「數也」。

5 億——朱駿聲〔說文通訓定聲〕云：「〔楚語・註〕『十萬曰億』，此古數也；今人乃以萬萬爲億。」

6 侯——語詞，無義。

7 膚——〔毛傳〕云：「膚，美也。」

8 祼——亦作「灌」，古代祭祀中的一種儀節，把鬱鬯之酒倒在地上以迎接鬼神。

9 將——朱熹〔集註〕云：「助也。」

10 京——周朝都會鎬京。遺址屬今陝西長安市。

11 仁不可爲衆也——此句只能以意會，不便於逐字譯出。〔詩・文王・毛傳〕也說過：「盛德不可爲衆也。」鄭玄〔箋〕則說：「言衆之不如德也。」譯文本此。趙岐和朱熹似俱未得其解。

12 誰能執熱，逝不以濯——見〔詩經・大雅・桑柔篇〕。逝，語詞，無義。段玉裁〔經韻樓集・詩執熱解〕云：「尋詩意，執熱猶觸熱苦熱，濯謂浴也。濯訓滌，沐以濯髮，浴以濯身，洗以濯足，皆得云濯。此詩謂誰能苦熱而不澡浴以潔其體，以求涼快者乎？鄭〔箋〕、〔孟子〕趙〔注〕朱〔注〕、〔左傳〕杜〔注〕皆云『濯其手』，轉使義晦，由泥於『執』字耳。」

◈

七・八

孟子曰：「不仁者可與言哉？安其危而利其菑，樂其所以亡者。不仁而可與言，則何亡國敗家之有？有孺子歌曰：『滄浪①之水清兮，可以濯我纓②；滄浪之水濁兮，可以濯我足。』孔子曰：『小子聽之！清斯濯纓，濁斯濯足矣。自取之也。』夫人必自侮，然後人侮之；家必自毀，而後人毀之；國必自伐，而後人伐之。〈太甲〉曰：『天作孽，猶可違；自作孽，不可活③。』此之謂也。」

【語譯】

孟子說：「不仁的人難道可以同他商議嗎？他們眼見別人的危險，無動於中；利用別人的災難來取利；把荒淫暴虐這些足以導致亡國敗家的事情當作快樂來追求。不仁的人如果還可以同他商議，那怎麼會發生亡國敗家的事情呢？從前有個小孩歌唱道：『滄浪的水清呀，可以洗我的帽纓；滄浪的水濁呀，可以洗我的兩脚。』孔子說：『學生們聽著！水清就洗帽纓，水濁就洗脚，這都是由水本身決定的。』所以人必先有自取其辱的行爲，別人才侮辱他；家必先有自取毀壞的因素，別人才毀壞他；國必先有自取討伐的原因，別人才討伐它。〈尚書·太甲篇〉說過：『天給造作的罪孽還可以逃開；自己造作的罪孽，逃也逃不了。』正是這個意思。」

【注釋】

① 滄浪——盧文弨〈鍾山札記〉云：「倉浪，青色；在竹曰倉筤，在水曰滄浪。」按盧說是也。

前人有以滄浪爲水名者（或云，漢水之支流；或云即漢水），又有以爲地名者（在湖北均縣北），恐都不可靠。朱琦〔小萬卷齋文集〕有滄浪非地名辨。

[2] 纓——繫帽的絲帶。

[3] 〔太甲〕曰數句——請參三·四註[13]～[15]。

❖

七·九

孟子曰：「桀紂之失天下也，失其民也；失其民者，失其心也。得天下有道：得其民，斯得天下矣；得其民有道：得其心，斯得民矣；得其心有道：所欲與之聚之[1]，所惡勿施，爾也[2]。民之歸仁也，猶水之就下、獸之走壙[3]也。故爲淵敺[4]魚者，獺也；爲叢敺爵[5]者，鸇也；爲湯武敺民者，桀與紂也。今天下之君有好仁者，則諸侯皆爲之敺矣。雖欲無王，不可得已。今之欲王者，猶七年之病求三年之艾[6]也。苟爲不畜，終身不得。苟不志於仁，終身憂辱，以陷於死亡。〔詩〕云：『其何能淑，載胥及溺[7]。』此之謂也。」

【語譯】

孟子說：「桀和紂的喪失天下，是由於失去了百姓的支持；他們的失去百姓的支持，是由於失去了民心。獲得天下有方法：獲得了百姓的支持，便獲得了天下；獲得百姓的支持有方法：獲得了民心，便獲得了百姓的支持；獲得民心也有方法：他們所希望的，替他們聚積起來；他們所厭惡的，不要加在他們頭上，如此罷了。百姓向仁德仁政歸附，正好比水的向下流、獸的向曠野奔走一樣。所以替深池把魚趕來的是水獺，替森林把鳥雀趕來的是鷂鷹，替商湯、周武把百姓趕來的是夏桀和殷紂。現在的諸侯如果有好仁的人，那其他諸侯都會替他把百姓趕來了。縱使不想統一天下，也是做不到的。但是今天這些希望統一天下的人，譬如害了七年的病要用三年的陳艾來醫治，如果平常不積蓄，終身都得不到。如果無意於仁政，終身都會受憂受辱，以至於死亡。〔詩經〕說過：『那如何能辦得好，不過相率落水滅頂罷了。』也正是這個意思。」

【注釋】

1 與之聚之——「與」字可以看爲動詞，則「與之」與「聚之」並列，當譯爲「給與他們並爲他們積聚」。但王引之〔經傳釋詞〕云：「家大人曰，『與』，猶『爲』也，『爲』字讀去聲，『所欲與之聚之』，言所欲則爲民聚之也。」把「與」字看爲介詞，較好。譯文從此說。

2 爾也——趙佑〔溫故錄〕云：「讀『爾也』自爲句。」則爾，如此；也，用法同「耳」。

3 走壙——走，舊讀去聲。壙同「曠」，曠野也。

4 敺——同「驅」。

5 爵——同「雀」。

6 三年之艾——趙岐〔注〕云：「艾可以爲灸人病，乾久益善，故以爲喻。」

7 其何能淑兩句——見〔詩經・大雅・桑柔篇〕。鄭玄〔箋〕云：「淑，善；胥，相；及，與也。」

七・一〇

孟子曰：「自暴[1]者，不可與有言[2]也；自棄者，不可與有爲[2]也。言非[3]禮義，謂之自暴也；吾身不能居仁由義，謂之自棄也。仁，人之安宅也；義，人之正路也。曠安宅而弗居，舍正路而不由，哀哉！」

【語譯】

孟子說：「自己殘害自己的人，不能和他談出有價值的言語；自己拋棄自己的人，不能和他做出有價值的事業。出言破壞禮義，這便叫做自己殘害自己；自己認爲不能以仁居心，不能由義而行，這便叫做自己拋棄自己。仁是人類最安適的住宅；義是人類最正確的道路。把最安適的住宅空著不去住，把最正確的道路捨棄不去走，可悲得很呀！」

【注釋】

[1] 暴——朱熹〔集註〕云：「暴，猶害也。」

[2] 有言，有爲——均應看做固定詞組。「有爲」常見於〔孟子〕，亦作「有行」，如萬章下：「知繆公之可與有行也而相之。」（九・九）。「有爲」、「有行」是「有所作爲」之意，則「有言」應是「有善言」之意。

[3] 非——此處作及物動詞，實是動詞的意動用法，「以爲不是」之意，朱熹〔集註〕云：「非猶毀也。」

七・一一

孟子曰：「道在邇[1]而求諸遠，事在易而求諸難：人人親其親、長其長，而天下平。」

【語譯】

孟子說：「道在近處卻往遠處求，事情本容易卻往難處做——只要各人親愛自己的雙親，尊敬自己的長輩，天下就太平了。」

【注釋】

[1] 邇——邇，近也。朱熹〔集註〕本作「爾」，〔校勘記〕云：「考文古本『邇』作『爾』。」

七・一二

孟子曰：「居下位而不獲於上[1]，民不可得而治也。獲於上有道，不信於友，弗獲於上矣。信於友有道，事親弗悅，弗信於友矣。悅親有道，反身不誠，不悅於親矣。誠身有道，不明乎善，不誠其身矣。是故誠者，天之道也；思誠者，人之道也。至誠而不動者，未之有也；不誠，未有能動者也。」

【語譯】

孟子說：「職位卑下，又得不到上級的信任，是不能夠把百姓治理好的。要得到上級的信任有方法，（首先要得到朋友的信任，）若是得不到朋友信任，也就得不到上級信任了。要使朋友相信有方法，（首先要得到父母的歡心，）若是侍奉父母而不能使父母高興，朋友也就不相信了。要使父母高興有方法，（首先要誠心誠意，）若是反躬自問，心意不誠，也就不能使父母高興了。要使自己誠心誠意也有方法，（首先要明白什麼是善，）若是不明白什麼是善，也就不能使自己誠心誠意了。所以誠是自然的規律；追求誠是做人的規律。極端誠心而不能使別人感動的，是天下不曾有過的事；不誠心沒有能感動別人的。」

【注釋】

[1] 獲於上——〔禮記・中庸〕也有這幾句，鄭玄〔注〕云：「獲，得也。」按〔孟子〕有時亦用「得」字，如「不得乎親不可以爲人」（七・二八），「不得於君則熱中」（九・一）。朱熹〔集註〕云：「『獲於上』，得其上之信任也。」

七・一三

孟子曰：「伯夷辟紂，居北海之濱[1]，聞文王作，興[2]曰：『盍歸乎來[3]！吾聞西伯[4]善養老者。』太公辟紂[5]，居東海之濱[6]，聞文王作，興[2]曰：『盍歸乎來！吾聞西伯善養老者。』二老者，天下之大老也，而歸之，是天下之父歸之也。天下之父歸之，其子焉往？諸侯有行文王之政者，七年之內⑦，必爲政於天下矣。」

【語譯】

孟子說：「伯夷避開紂王，住在北海海邊，聽說文王興起來了，便說：『何不到西伯那裏去呢？我聽說他是善於養老的人。』姜太公避開紂王，住在東海海邊，聽說文王興起來了，便說：『何不到西伯那裏去呢！我聽說他是善於養老的人。』伯夷和太公兩位老人，是天下最有聲望的老人，都歸於西伯，這等於天下的父親歸於西伯了。天下的父親都去了，他們兒子還有那裏可去呢？如果諸侯中間有實行文王的政治的，頂多七年，就一定能掌握天下的政權了。」

【注釋】

①北海之濱——閻若璩〔四書釋地續〕云：「伯夷，孤竹國之世子也。前漢遼西郡令支縣有孤竹城。〔括地志〕，孤竹古城在盧龍縣南十二里。余謂今永平府治，河入海從右碣石，正古之北海，在今昌黎縣西北，亦是當日避紂處，其去國都不遠。〔通志〕以居北海爲濰縣者誤。」

②作興——朱熹〔集註〕以「作」字絕句，「興」字屬下讀。趙岐〔注〕則以「作興」爲一詞。今從朱熹，說詳楊樹達〔古書句讀釋例〕例一〇二。此「興」字即「若夫豪傑之士，雖無文王猶興」（一三·一〇）之「興」。譯文略其義。

[3] 來——王引之《經傳釋詞》云：「來，語末助詞也。孟子『盍歸乎來』，《莊子・人間世篇》『嘗以語我來』，又『子其有以語我來』，『來』字皆語助。」

[4] 西伯——即周文王。

[5] 太公辟紂——《史記・齊世家》云：「太公望呂尚者，東海上人。蓋嘗窮困，年老矣，以魚釣奸周西伯。或曰，太公博聞，嘗事紂。紂無道，去之。游說諸侯無所遇，而卒西歸周西伯。或曰，呂尚處士，隱海濱。周西伯拘羑里，散宜生、閎夭素知而招呂尚。呂尚亦曰，吾聞西伯賢，又善養老，盍往焉。」焦循《正義》云：「《史記》列三說，是當以《孟子》爲斷。」

[6] 東海之濱——閻若璩《四書釋地續》云：「後漢琅邪國海曲縣，劉昭引《博物記・注》云：太公呂望所出，今有東呂鄉。又釣於棘津，其浦今存。又於清河國廣川縣棘津城，辨其當在琅邪海曲，此城殊非。余謂海曲故城，《通典》稱在莒縣東，則當日太公辟紂居東海之濱即是其家。漢崔瑗、晉盧無忌立《齊太公碑》以爲汲縣人者，誤。」

[7] 七年之內——第七章云：「師文王，大國五年，小國七年，必爲政於天下矣。」則此一「七年」是就小國言之，大國則不待此數矣。

❖

七・一四

孟子曰：「求也爲季氏宰，無能改於其德，而賦粟倍他日。孔子曰：『求非我徒也，小子鳴鼓而攻之可也[1]。』由此觀之，君不行仁政而富之，皆棄於孔子者也，況於爲之强戰？爭地以戰，殺人盈野；爭城以戰，殺人盈城，此所謂率土地而食人肉，罪不容於死。故善戰者服上刑[2]，連諸侯[3]者次之，辟草萊、任土地[4]者次之。」

【語譯】

孟子說：「冉求做季康子的總管，不能改變他的行爲，反而把田賦增加了一倍。孔子說：『冉求不是我的學生，你們大張旗鼓地攻擊他都可以。』從這裏看來，君主不實行仁政，反而去幫助他聚斂財富的人，都是被孔子所唾棄的，何況替那不仁的君主努力作戰的人呢？（這些人）爲爭奪土地而戰，殺死的人遍野；爲爭奪城池而戰，殺死的人滿城，這就是帶領土地來吃人肉，死刑都不足以贖出他們的罪過。所以好戰的人都應該受最重的刑罰，從事合縱連橫的人該受次一等的刑罰，（爲了增加賦稅使百姓）開墾草莽盡地力的人該受再次一等的刑罰。」

【注釋】

1 求也爲季氏宰諸句——〔論語・先進篇〕云：「季氏富於周公，而求也爲之聚斂而附益之。子曰：『非吾徒也，小子鳴鼓而攻之可也。』」哀公十一年〔左傳〕云：「季氏欲以田賦，使冉有訪諸仲尼，曰：『丘不識也。』三發，卒曰：『子爲國老，待子而行，若之何子之不言也？』仲尼不對，而私於冉有曰：『君子之行也，度於禮，施取其厚，事舉其中，斂從其薄。如是，則以丘亦足矣。若不度於禮，而貪冒無厭，則雖以田賦，將又不足。且子季孫，若欲行而法，則周公之典在；若欲苟而行，又何訪焉？』弗聽。」焦循〔正義〕云：「季孫斯以哀公三年卒，康子即位。用田賦，時正康子爲政。」冉求，字子有。

2 服上刑——〔尚書・呂刑〕云：「五罰不服。」〔傳〕云：「不服，不應罰也。」則「服」爲「應罰」之義。趙岐〔注〕云：「上刑，重刑也。」

3 連諸侯——朱熹〔集註〕云：「連結諸侯，如蘇秦、張儀之類。」

4 辟草萊任土地——朱熹〔集註〕云：「辟，開墾也。任土地謂分土授民，使任耕稼之責，如李悝盡地力、商鞅開阡陌之類也。」開墾荒地這是好事，何以孟子反對呢？大概他認為諸侯之所以如此做，不是為人民，而是為私利。或者他認為當時人民之窮困，不是由於地方未盡，而是由於剝削太重，戰爭太多。王夫之〔孟子稗疏〕不得此解，便以為這兩句是指按田畝科稅而言，實誤。

❖

七・一五

孟子曰：「存1乎人者，莫良於眸子2。眸子不能掩其惡。胸中正，則眸子瞭3焉；胸中不正，則眸子眊4焉。聽其言也，觀其眸子，人焉廋5哉？」

【語譯】

孟子說：「觀察一個人，沒有比觀察他的眼睛更好了。因為眼睛不能遮蓋一個人的醜惡。心正，眼睛就明亮；心不正，眼睛就昏暗。聽一個人說話的時候，注意觀察他的眼睛，這個人的善惡又能往哪裏隱藏呢？」

【注釋】

1 存——〔爾雅・釋詁〕云：「存，察也。」

2 眸子——眸，音ㄇㄡˊ，朱熹〔集註〕云：「眸子，目瞳子也。」

3 瞭——音ㄌㄧㄠˇ，明也。

4 眊——音ㄇㄠˋ，趙岐〔注〕云：「眊者，蒙蒙目不明之貌。」

5 廋——音ㄙㄡ，趙岐〔注〕云：「匿也。」

七・一六

孟子曰：「恭者不侮人，儉者不奪人。侮奪人之君，惟恐不順焉，惡得為恭儉？恭儉豈可以聲音笑貌為哉？」

【語譯】

孟子說：「恭敬別人的人不會侮辱別人，自己節儉的人不會掠奪別人。有些諸侯，一味侮辱別人，掠奪別人，只怕別人不順從自己，那如何能做到恭敬和節儉？恭敬和節儉這兩種品德難道是可以光憑好聽的聲音和笑臉做得出來的嗎？」

七・一七

淳于髡1曰：「男女授受不親，禮與？」

孟子曰：「禮也。」

曰：「嫂溺，則援之以手乎？」

曰：「嫂溺不援，是豺狼也。男女授受不親，禮也；嫂溺，援之以手者，權[2]也。」

曰：「今天下溺矣，夫子之不援，何也？」

曰：「天下溺，援之以道；嫂溺，援之以手——子欲手援天下乎？」

【語譯】

淳于髡問：「男女之間，不親手遞接東西，這是禮制嗎？」

孟子答道：「是禮制。」

髡說：「那麼，假若嫂嫂掉在水裏，用手去拉她嗎？」

孟子說：「嫂嫂掉在水裏，不去拉她，這簡直是豺狼。男女之間不親手遞接，這是正常的禮制；嫂嫂掉在水裏，用手去拉她，這是變通的辦法。」

髡說：「現在天下的人都掉在水裏了，您不去救援，又是什麼緣故呢？」

孟子說：「天下的人都掉在水裏了，要用『道』去救援；嫂嫂掉在水裏了，用手去救援——你難道要我用手去救援天下的人嗎？」

【注釋】

1 淳于髡——姓淳于，名髡，齊國人，曾仕於齊威王、齊宣王和梁惠王之朝，事蹟散見〔戰國策．齊策〕、〔史記．孟荀列傳、滑稽列傳〕諸書。

2 權——〔公羊傳〕桓公十一年云：「權者，反於經然後有善者也。」權，變通之意。

七．一八

公孫丑曰：「君子之不教子，何也？」

孟子曰：「勢不行也。教者必以正；以正不行，繼之以怒。繼之以怒，則反夷[1]矣。『夫子教我以正，夫子未出於正也。』則是父子相夷也。父子相夷，則惡矣。古者易子而教之，父子之間不責善。責善則離，離則不祥[2]莫大焉。」

【語譯】

公孫丑問：「君子不親自教育兒子，為什麼呢？」

孟子答道：「由於情勢行不通。教育一定要用正理正道，用正理正道而無效，跟著來的就是忿怒。一忿怒，那反而傷感情了。（兒子會這麼說：）『您拿正理正道教我，您的所作所為却不出於正理正道。』那就是父子間互相傷感情了。父子間互相傷感情，便很不好。古時候互相交換兒子來教育，使父子間不因求好而相責備。求其好而相責備，就會使父子間發生隔閡，父子間一有隔閡，那是最爲不好的事。」

【注　釋】

1 夷——〔易・序卦傳〕云：「夷者，傷也。」

2 祥——〔說文〕：「祥，福也。」〔爾雅・釋詁〕云：「祥，善也。」古人多以「不善」解「不祥」，如〔祭義〕：「忌日不用，非不祥也。」其中亦有「福」義。

◈

七・一九

孟子曰：「事，孰爲大？事親爲大；守，孰爲大？守身爲大。不失其身而能事其親者，吾聞之矣；失其身而能事其親者，吾未之聞也。孰不爲事？事親，事之本也；孰不爲守？守身，守之本也。曾子養曾皙[1]，必有酒肉；將徹，必請所與；問有餘，必曰，『有。』曾皙死，曾元[2]養曾子，必有酒肉；將徹，不請所與；問有餘，曰，『亡矣。』——將以復進也[3]。此所謂養口體者也。若曾子，則可謂養志也。事親若曾子者，可也。」

【語　譯】

孟子說：「侍奉誰最重要？侍奉父母最重要。守護什麼最重要？守護自己（不使陷於不義）最重要。自己的品質節操無所失，又能侍奉父母的，我聽說過；自己的品質節操已經陷於不義了，却能夠侍奉父母的，我沒有聽說過。侍奉的事都應該做，但是，侍奉父母是根本；守護的事都應該做，但是，守護自己的品質節操是根本。從前曾子奉養他的父親曾晳，每餐一定都有酒有肉，撤除的時候，一定要問，剩下的給誰；曾晳若問還有剩餘嗎，一定答道：『有。』曾晳死了，曾元養曾子，也一定有酒有肉；撤除的時候，便不問剩下的給誰了；曾子若問還有剩餘嗎，便說：『沒有了。』意思是留下預備以後進用。這個叫做口體之養。至於曾子的對父親，才可以叫做順從親意之養。侍奉父母做到像曾子那樣就可以了。」

【注釋】

[1] 曾晳——名點，也是孔子學生。

[2] 曾元——曾子（曾參）之子，〔禮記・檀弓〕曾載其人。

[3] 將以復進也——趙岐〔注〕云：「曾元曰無，欲以復進曾子也。」譯文本此。

七・二〇

孟子曰：「人不足與適[1]也，政不足閒[2]也；唯大人爲能格君心之非。君仁，莫不仁；君義，莫不義；君正，莫不正。一正君而國定矣。」

【語譯】

孟子說：「那些當政的小人不值得去譴責，他們的政治也不值得去非議；只有大人才能夠糾正君主的不正確思想。君主仁，沒有人不仁；君主義，沒有人不義；君主正，沒有人不正。一把君主端正了，國家也就安定了。」

【注釋】

1 人不足與適——適，同「謫」（ㄓㄜˊ）。趙岐〔注〕云：「時皆小人居位，不足過責也。」譯文本此。

2 閒——去聲，非也。一本作「政不足與閒也」。

七·二一

孟子曰：「有不虞1之譽，有求全之毀。」

【語譯】

孟子說：「有意料不到的讚揚，也有過於苛求的詆毀。」

【注釋】

1 虞——〔詩·大雅·抑〕：「用戒不虞。」〔毛傳〕：「不虞，非度也。」則「虞」有「料想」之義。〔方言〕云：「虞，望也。」亦可通。

七·二二

孟子曰：「人之易[1]其言也，無責耳矣[2]。」

【語譯】

孟子說：「人把什麼話都輕易地說出口，那便不足責備了。」

【注釋】

[1] 易——去聲，輕易也。

[2] 無責耳矣——俞樾〔孟子平義〕云：「無責耳矣，乃言其不足責也。孔子稱君子『欲訥於言』，又曰，『仁者其言也訒』，若輕易其言，則無以入德矣，故以不足責絕之也。」案趙岐及朱熹解此句都不好，惟此說尚差强人意，姑從之。

七·二三

孟子曰：「人之患在好為人師。」

【語譯】

孟子說：「人的毛病在於喜歡做別人的老師。」

七·二四

樂正子從於子敖[1]之齊。

樂正子見孟子。孟子曰：「子亦來見我乎？」

曰：「先生何為出此言也？」

曰：「子來幾日矣？」

曰：「昔者[2]。」

曰：「昔者，則我出此言也，不亦宜乎？」

曰：「舍館[3]未定。」

曰：「子聞之也，舍館定，然後求見長者乎？」

曰：「克有罪。」

【語譯】

樂正子跟隨著王子敖到了齊國。

樂正子去見孟子。孟子問：「你也來看我嗎？」

樂正子答道：「老師為什麼說這樣的話呢？」

孟子問：「你來了幾天了？」

答道：「昨天。」

孟子說：「昨天，那麼，我說這樣的話不也應該嗎？」

樂正子說：「住所沒有找好。」

孟子說：「你聽說過，要住所找好了才來求見長輩嗎？」

樂正子說：「我錯了。」

【注　釋】

1 子敖——爲王驩之字，（見八．二七）。

2 昔者——昨天。

3 舍館——〔說文〕：「館，客舍也。」

◈

七．二五

孟子謂樂正子曰：「子之從於子敖來，徒餔啜1也。我不意子學古之道而以餔啜也。」

【語　譯】

孟子對樂正子說：「你跟隨著王子敖來，只是爲著飲食罷了。我沒想到你學習古人的大道，竟然是爲著飲食。」

【注釋】

①餔啜——餔，音ㄅㄨ，朱熹〔集註〕云：「食也。」啜，音ㄔㄨㄛˋ，又音ㄓㄨㄟˋ，朱熹〔集註〕云：「飲也。」

七·二六

孟子曰：「不孝有三①，無後爲大。舜不告而娶，爲無後也，君子以爲猶告也。」

【語譯】

孟子說：「不孝順父母的事有三種，其中以沒有子孫爲最大。舜不先稟告父母就娶妻，爲的是怕沒有子孫，（因爲先稟告，妻就會娶不成，）因此君子認爲他雖沒有稟告，實際上同稟告了一樣。」

【注釋】

①不孝有三——趙岐〔注〕云：「於禮有不孝者三者，謂阿意曲從，陷親不義，一不孝也；家貧親老，不爲祿仕，二不孝也；不娶無子，絕先祖祀，三不孝也。」

七·二七

孟子曰：「仁之實，事親是也；義之實，從兄是也；智之實，知斯二者弗去是也；禮之實，節文斯二者是也；樂之實，樂斯二者，樂則生矣；生則惡可已也，惡可已，則不知足之蹈之手之舞之。」

【語譯】

孟子說：「仁的主要內容是侍奉父母；義的主要內容是順從兄長；智的主要內容是明白這兩者的道理而堅持下去；禮的主要內容是對這兩者既能合宜地加以調節，又能適當地加以修飾；樂的主要內容是從這兩者中得到快樂，快樂就會發生了；快樂一發生就無法休止，無法休止就會不知不覺地手舞足蹈起來了。」

❖

七·二八

孟子曰：「天下大悅而將歸己，視天下悅而歸己，猶草芥也，惟舜為然。不得乎親，不可以為人；不順乎親，不可以為子。舜盡事親之道而瞽瞍[1]厎豫[2]，瞽瞍厎豫而天下化，瞽瞍厎豫而天下之為父子者定，此之謂大孝。」

【語譯】

孟子說：「天下的人都很悅服自己，而且將歸附自己，把這一切看成草芥一樣，只有舜是如此的。不能得到父母的歡心，不可以做人；不能順從父母的旨意，不能做兒子。舜竭盡一切心力來侍奉父母，結果他父親瞽瞍變得高興了；瞽瞍高興了，天下的風俗因此轉移；瞽瞍高興了，天下的父子的倫常也由此確定了，這便叫做大孝。」

【注釋】

1 瞽瞍——舜的父親，其事可以參閱本書九・二、九・四。

2 厎豫——厎，音ㄓˇ，閩本監本毛本作底，阮元〔校勘記〕云：「案音義『之爾切』，是用『厎』字。」〔爾雅〕：「厎，致也；豫，樂也。」

卷八

離婁章句下

凡三十三章

按邵武士人僞託孫奭疏本題爲三十二章，不數人有不爲也一章，實誤。

八・一

孟子曰：「舜生於諸馮1，遷於負夏1，卒於鳴條1，東夷之人也。文王生於岐周2，卒於畢郢3，西夷之人也。地之相去也，千有餘里；世之相後也，千有餘歲。得志行乎中國，若合符節4，先聖後聖，其揆一也。」

【語譯】

孟子說：「舜出生在諸馮，遷居到負夏，死在鳴條，則是東方人。文王生在岐周，死在畢郢，則是西方人。兩地相隔一千多里，時代相距一千多年，得意時在中國的所作所爲，幾乎一模一樣，古代的聖人和後代的聖人，他們的道路是相同的。」

【注釋】

1 諸馮、負夏、鳴條——舜是傳說中的人物，此三處地名更無法確指。依〔孟子〕文意，當在東方，則鳴條未必是〔書序〕所謂「遂與桀戰於鳴條之野」的「鳴條」。諸馮，傳說在今山東菏澤縣南五十里。

2 岐周——周爲周代國名，岐即今之岐山（在陝西岐山縣東北）。

3 畢郢——畢郢即〔呂氏春秋・具備篇〕「武王嘗窮於畢程矣」之「畢程」。劉台拱〔經傳小記・釋畢郢〕云：「畢者，程之大地名；程者，畢中之小號也。」程在今陝西咸陽市東二十一里。

[4] 符節——符和節都是古代表示印信之物，原料有玉、角、銅、竹之不同，形狀也有虎、龍、人之別，隨用途而異。一般是可剖爲兩半，各執其一，相合無差，以代印信。

◈

八·二

子產[1]聽鄭國之政，以其乘輿[2]濟人於溱洧[3]。孟子曰：「惠[4]而不知爲政。歲十一月[5]，徒杠成；十二月，輿梁[6]成，民未病涉也。君子平其政，行辟[7]人可也，焉得人人而濟之？故爲政者，每人而悅之，日亦不足矣。」

【語譯】

子產主持鄭國的政治，用所乘的車輛幫助別人渡過溱水和洧水。孟子議論這事道：「這只是小恩小惠，他並不懂得政治。如果十一月修成走人的橋；十二月修成走車的橋，百姓就不會再爲渡河發愁了。君子只要把政治搞好，他一出外，鳴鑼開道都可以，哪裏能夠一個一個地幫助別人渡河呢？如果搞政治的人，一個一個地去討人歡心，時間也就會太不夠用了。」

【注釋】

[1] 子產——春秋時鄭國的賢相公孫僑之字。〔左傳〕、〔國語〕以及先秦子書多載其言行。

2 乘輿——輿，本是車箱，此處以代車子。乘，仍讀平聲。「乘輿」猶言所乘之車。

3 溱洧——溱，〔說文〕作「潧」，水名，發源於河南密縣東北聖水峪，東南會洧水為雙洎河，東流入賈魯河。洧，音ㄨㄟ，亦水名，源出河南登封縣東陽城山，東流經密縣與溱水會合。

4 惠——惠，恩惠也。孔子評論子產，曾屢以「惠」字許之。〔論語・公冶長〕云：「子謂子產，其養民也惠。」又〔憲問〕云：「或問子產。子曰：『惠人也。』」〔左傳〕昭公二十年亦云：「及子產卒，仲尼聞之，出涕，曰：『古之遺愛也。』」可見孟子之下此字蓋有所本。

5 歲十一月——阮元〔校勘記〕云：「〔周禮〕之例，凡夏正（建寅）皆曰歲，凡曰歲終，曰正歲，曰歲十二月，皆謂夏時也。凡言正月之吉，不曰歲，謂周正（建子）也。」說詳〔戴震文集〕。則〔孟子〕此言歲十一月、十二月，皆謂夏正。按〔孟子〕一書立言體例未必同於〔周禮〕，若夏曆十一月徒杠始成，將嫌太晚，如以為周正，當今九月十月（夏曆）則近於情理。

6 徒杠成，十二月輿梁——杠，音ㄐㄧㄤ，段玉裁〔說文・注〕「橋」字云：「凡獨木者曰杠，駢木者曰橋，大而為陂陀者曰橋。」又「梁」字下〔注〕云：「梁之字用木跨水，則今之橋也。〔孟子〕，『十一月輿梁成』，〔國語〕引夏令曰，『九月除道，十月成梁』，大雅，『造舟為梁』，皆今之橋制。見於經傳者言梁不言橋也。」

7 辟——同「闢」。古代上層人物出外，前有執鞭者開道，猶如後代的鳴鑼開道。

◈

八・三

孟子告齊宣王曰：「君之1視臣如手足，則臣視君如腹心；君之視臣如犬馬，則臣視君如國人；君之視臣如土芥，則臣視君如寇讎。」

王曰：「禮，為舊君有服2，何如斯可為服矣？」

曰：「諫行言聽，膏澤下於民；有故而去，則君使人導之出疆，又先[3]於其所往；去三年不反，然後收其田里。此之謂三有禮焉。如此，則為之服矣。今也為臣，諫則不行，言則不聽；膏澤不下於民；有故而去，則君搏執之，又極[4]之於其所往；去之日，遂收其田里。此之謂寇讎。寇讎，何服之有？」

【語譯】

孟子告訴齊宣王說：「君主把臣下看待為自己的手腳，那臣下就會把君主看待為自己的腹心；君主把臣下看待為狗馬，那臣下就會把君主看待為一般人；君主把臣下看待為泥土草芥，那臣下就會把君主看待為仇敵。」

王說：「禮制規定，已經離職的臣下對過去的君主還得服一定的孝服，君主怎樣對待臣下，臣下才會為他服孝呢？」

孟子說：「諫，他接受照辦了；建議，他聽從了；政治上的恩惠下達到老百姓；有什麼事故不得不離開，那君主一定打發人引導他離開國境，並且先派人到他要去的那一地方作一番佈置；離開了三年還不回來，才收回他的土地房屋。這個叫做三有禮。這樣做，臣下就會為他服孝了。如今做臣下，勸諫，不被接受；建議，不被聽從；政治上的恩惠到不了百姓；有什麼事故不得不離開，那君還把他綑綁起來；他去到一個地方，還想方設法使他窮困萬分；離開那一天，就收回他的土地房屋。這個叫做仇敵。對仇敵樣的舊君，臣下還服什麼孝呢？」

【注　釋】

1 之——之，此處用以表示該句爲主從複合句之從句。又王引之〔經傳釋詞〕云：「之，猶『若』也。」恐非。

2 禮，爲舊君有服——今〔儀禮・喪服篇〕亦有大夫爲舊君服齊衰三月之文。

3 先——〔禮記・檀弓〕：「昔者夫子失魯司寇，將之荊，蓋先之以子夏，又申之以冉有，以斯知不欲速貧也。」這一「先」字義同於〔檀弓〕，使人先去佈置之意。

4 極——〔說文〕：「窮，極也。」〔論語・堯曰篇〕：「四海困窮。」包咸〔注〕云：「困，極也。」則「極」有「困窮」之義。這「極」字是使動用法。

◈

八・四

孟子曰：「無罪而殺士，則大夫可以去；無罪而戮民，則士可以徙。」

【語　譯】

孟子說：「士人沒有罪，被殺掉，那麼大夫便可以離開；百姓沒有罪，被人殺戮，那麼，士人便可以搬走。」

◈

八・五

孟子曰：「君仁，莫不仁；君義，莫不義。」

【語譯】

孟子說：「君主若仁，便沒有人不仁；君主若義，便沒有人不義。」

❖

八·六

孟子曰：「非禮之禮，非義之義，大人弗爲。」

【語譯】

孟子說：「似是而非的禮，似是而非的義，有德行的人是不做的。」

❖

八·七

孟子曰：「中也養不中，才也養不才[1]，故人樂有賢父兄也。如中也棄不中，才也棄不才，則賢不肖之相去，其間不能以寸[2]。」

【語譯】

孟子說：「道德品質很好的人來教育薰陶那道德品質不好的人；有才能的人來教育薰陶那沒有才能的人，所以每人都喜歡有個好父兄。如果道德品質很好的人，不去教育薰陶那些道德品質不好的人，有才能的人，不去教育薰陶那些沒有才能的人，那麼，那所謂好，所謂不好，他們中間的距離也相近得不能用分寸來計量了。」

【注釋】

1 中也養不中，才也養不才——朱熹〔集註〕云：「無過不及之謂中，足以有爲之謂才；養，謂涵育薰陶，俟其自化也。」

2 其間不能以寸——此句省略了動詞，本爲「不能以寸量」之意。

◈

八·八

孟子曰：「人有不爲也，而後可以有爲。」

【語譯】

孟子說：「人要有所不爲，才能有所爲。」

◈

八·九

孟子曰：「言人之不善，當如後患何？」

【語譯】

孟子說：「宣揚別人的不好，後患來了，該怎麼辦呢？」

◈

八·一〇

孟子曰：「仲尼不爲已甚者。」

【語譯】孟子說：「孔子是做什麼都不過火的人。」

八・一一

孟子曰：「大人者，言不必信，行不必果，惟義所在。」

【語譯】孟子說：「有德行的人，說話不一定句句守信，行為不一定貫徹始終，與義同在，依義而行。」

八・一二

孟子曰：「大人者，不失其赤子之心[1]者也。」

【語譯】孟子說：「有德行的人便是能保持那種嬰兒的天眞純樸的心的人。」

【注釋】

1 不失其赤子之心——趙岐〔注〕云：「大人謂君，國君視民當如赤子，不失其民心之謂也。一說曰，赤子，嬰兒也。少小之心，專一未變化，人能不失其赤子時心，則爲貞正大人也。」按「大人」未必專指「國君」而言，因之前一說未必可信。

◈

八・一三

孟子曰：「養生者不足以當大事，惟送死可以當大事。」

【語譯】

孟子說：「養活父母不算什麼大事情，只有給他們送終才算得上一件大事情。」

◈

八・一四

孟子曰：「君子深造之以道，欲其自得之也。自得之，則居之安；居之安，則資1之深；資之深，則取之左右逢其原，故君子欲其自得之也。」

【語譯】

孟子說：「君子依循正確的方法來得到高深的造詣，就是要求他自覺地有所得。自覺地有所得，就能牢固地掌握它而不動搖；牢固地掌握它而不動搖，就能積蓄很深；積蓄很深，便能取之不盡，左右逢源，所以君子要自覺地有所得。」

八・一五

孟子曰：「博學而詳說之，將以反說約也。」

【語譯】

孟子說：「廣博地學習，詳細地解說，（是要在融會貫通以後，）回到簡略地述說大意的地步去哩。」

八・一六

孟子曰：「以善[1]服人者，未有能服人者也；以善養人，然後能服天下。天下不心服而王者，未之有也。」

【注釋】

[1] 資——〔說文〕云：「資，貨也。」段玉裁〔注〕云：「資者積也。旱則資舟，水則資車，夏則資皮，冬則資絺綌，皆居積之謂。」

【語　譯】

孟子說：「拿善來使人服輸，沒有能夠使人服輸的；拿善來薰陶教養人，這才能使天下的人都歸服。天下的人不心服卻能統一天下的，是從來沒有過的事。」

◈

八・一七

孟子曰：「言無實不祥。不祥之實，蔽賢者當之。」

【注　釋】

[1] 善——孟子本意自然是指仁義禮智諸端而言，但以不具體譯出爲妥。爲譯爲「真理」，亦未嘗不可。

◈

【語　譯】

孟子說：「說話而無內容，無作用，是不好的。這種不好的結果，將由妨礙賢者進用的人來承當它。」

◈

八・一八

徐子[1]曰：「仲尼亟稱於水，曰『水哉，水哉[2]！』何取於水也？」

孟子曰：「源泉混混[3]，不舍晝夜，盈科[4]而後進，放乎四海。有本

者如是，是之取爾[5]。苟爲無本，七八月之閒雨集[6]，溝澮皆盈；其涸也，可立而待也。故聲聞[7]過情，君子恥之。」

【語譯】

徐子說：「孔子幾次稱讚水，說：『水呀，水呀！』他所取於水的是什麼呢？」

孟子說：「有本源的泉水滾滾地往下流，晝夜不停，把窪下之處注滿，又繼續向前奔流，一直流到海洋去。有本源的便像這樣，孔子取他這一點罷了。假若沒有本源，一到七、八月間，雨水衆多，大小溝渠都滿了；但是一會兒也就乾枯了。所以名譽超過實際的，君子引爲恥辱。」

【注釋】

[1] 徐子——趙岐〔注〕云：「徐辟也。」（參見五・五）。

[2] 仲尼亟稱於水等句——亟，去聲，數也。徐子說孔子屢次稱讚水，且引「水哉，水哉」之文，現在已經文籍無徵。〔論語〕唯〔子罕篇〕載有這樣一段：「子在川上，曰：『逝者如斯夫！不舍晝夜。』」

[3] 混混——〔說文〕：「混，豐流也。」段玉裁〔注〕云：「盛滿之流也。〔孟子〕曰，『源泉混混』，古音讀如袞，俗字作滾。」

[4] 科——趙岐〔注〕云：「坎也。」

5 是之取爾——即「取是爾」之倒裝句，「爾」同「耳」。

6 七八月之閒雨集——周正七八月當夏正五六月，孟子此用周正。〔禮記・月令〕：「季夏之月，水潦盛昌，大雨時行。」今華北平原猶如此。

7 聲聞——聞，去聲，名譽也。

❖

八・一九

孟子曰：「人之所以異於禽獸者幾希，庶民去之，君子存之。舜明於庶物，察於人倫，由仁義行，非行仁義也。」

【語譯】

孟子說：「人和禽獸不同的地方只那麼一點點，一般百姓丟棄它，君子保存了它。舜懂得事物的道理，了解人類的常情，於是從仁義之路而行，不是把仁義作爲工具、手段來使用的呢！」

❖

八・二〇

孟子曰：「禹惡旨酒而好善言。湯執中，立賢無方[1]。文王視民如傷，望道而[2]未之見。武王不泄邇，不忘遠[3]。周公思兼三王，以施四事；其有不合者，仰而思之，夜以繼日；幸而得之，坐以待旦。」

【語譯】

孟子說：「禹不喜歡美酒，卻喜歡有價值的話。湯堅持中正之道，舉拔賢人卻不拘泥於一定的常規。文王看待百姓好像他們受了傷害一樣（，只加撫慰，不加侵擾）；追求眞理又似乎未曾見到一樣（，毫不自滿，努力不懈）。武王不輕侮在朝廷中的近臣，不遺忘散在四方的遠臣。周公想要兼學夏、商、周三代的君王，來實踐禹、湯、文王、武王所行的勛業；如果有不合於當日情況的，抬著頭考慮，白天想不好，夜裏接著想；僥倖地想通了，便坐著等待天亮（馬上付諸實行）。」

【注釋】

1 無方——〔禮記·檀弓〕「左右就養無方」，〔內則〕「博學無方」，鄭玄〔注〕並云：「方，常也。」焦循〔正義〕云：「惟賢則立，而無常法，乃申上『執中』之有權。」

2 而——朱熹〔集註〕云：「而讀爲如。」

3 不泄邇不忘遠——趙岐〔注〕云：「泄，狎；邇，近也。不泄狎近賢，不遺忘遠善；近謂朝臣，遠謂諸侯也。」

❖

八·二一

孟子曰：「王者之迹1熄而〔詩〕亡，〔詩〕亡然後〔春秋〕作。晉之〔乘〕2，楚之〔檮杌〕2，魯之〔春秋〕2，一也；其事則齊桓、晉文，其文則史。孔子曰：『其義則丘竊取之矣。』」

【語譯】

孟子說：「聖王採詩的事情廢止了，〈詩〉也就沒有了；〈詩〉沒有了，孔子便創作了〈春秋〉。（各國都有叫做『春秋』的史書，）晉國的又叫做〈乘〉，楚國的又叫做〈檮杌〉，魯國的仍叫做〈春秋〉，都是一樣的；所記載的事情不過如齊桓公、晉文公之類，所用的筆法不過一般史書的筆法。（至於孔子的〈春秋〉就不然，）他說：『〈詩〉三百篇上寓褒善貶惡的大義，我在〈春秋〉上便借用了。』」

【注釋】

1 迹——〈說文解字．丌部〉云：「䢋，古之遒人，以木鐸記詩言。」朱駿聲〈說文通訓定聲〉云：「〈孟子〉王者之迹熄而〈詩〉亡，『迹』即『䢋』之誤。」程樹德〈說文稽古篇〉曰：「此論甚確。考〈左傳〉引〈夏書〉曰：『遒人以木鐸徇於路。』杜〈註〉：『遒人，行人之官也。木鐸，木舌金鈴。徇於路，求歌謠之言。』偽〈胤征〉本此。〈王制〉：『命太師陳詩以觀民風。』〈公羊〉何〈註〉：『五穀畢入，民皆居宅，從十月盡正月止，男女相從而歌，饑者歌其食，勞者歌其事。男年六十女年五十無子者，官衣食之，使之民間求詩，鄉移於邑，邑移於國，國以聞於天子，故王者不出戶牖，盡知天下。』」

2 〈乘〉、〈檮杌〉、〈春秋〉——〈春秋〉本爲各國史書的通名，所以墨子有「吾見百國〈春秋〉」，「著在燕之〈春秋〉」、「著在宋之〈春秋〉」等語。晉又別名〈乘〉，楚又別名〈檮杌〉。這魯之〈春秋〉，乃魯國當日的史書，如果孔子真修了〈春秋〉，當是他的原始資料之一，和上文的〈春秋〉不同。

八・二二

孟子曰：「君子之澤1五世而斬，小人之澤1五世而斬。予未得爲孔子徒也，予私淑2諸人也。」

【語譯】

孟子說：「君子的流風餘韻五代以後便斷絕了，小人的流風餘韻，五代以後也斷絕了。我沒有能夠做孔子的門徒，我是私下向人學習來的。」

【注釋】

1 君子之澤，小人之澤——趙岐〈注〉以「大德大凶」解「君子小人」，則當以「影響」兩字譯「澤」字。焦循〈正義〉云：「近時通解以君子爲聖賢在位者，小人爲聖賢不在位者。」譯文取此義。澤，朱熹〈集註〉云：「猶言流風餘韻也。」

2 淑——借爲「叔」，〈說文〉：「叔，取也。」

八・二三

孟子曰：「可以取，可以無取，取傷廉；可以與，可以無與，與傷惠[1]；可以死，可以無死，死傷勇[1]。」

【語譯】

孟子說：「可以拿，可以不拿，拿了對廉潔有損害（，還是不拿）；可以施與，可以不施與，施與了對恩惠有損害（，還是不施與）；可以死，可以不死，死了對勇敢有損害（，還是不死）。」

【注釋】

[1] 傷惠，傷勇——一般人以爲可以與，可以無與，則宜與；可以死，可以無死，則宜死。孟子卻不然，認爲與則傷惠，死則傷勇。毛奇齡〔聖門釋非錄〕引元儒金履祥之言曰：「此必戰國之世，豪俠之習勝，多輕施結客，若四豪之類；刺客輕生，若荊聶之類，故孟子爲當時戒耳。」

❖

八・二四

逢蒙[1]學射於羿[2]，盡羿之道，思天下惟羿爲愈己，於是殺羿。孟子曰：「是亦羿有罪焉。」

公明儀曰：「宜若無罪焉。」

曰：「薄乎云爾，惡得無罪？鄭人使子濯孺子侵衛，衛使庾公之斯追之。子濯孺子曰：『今日我疾作，不可以執弓，吾死矣夫！』問其僕曰：『追我者誰也？』其僕曰：『庾公之斯也。』曰：『吾生矣。』其僕曰：『庾公之斯，衛之善射者也；夫子曰吾生，何謂也？』曰：『庾公之斯學射於尹公之他，尹公之他學射於我。夫尹公之他，端人也，其取友必端矣。』庾公之斯至，曰：『夫子何爲不執弓？』曰：『今日我疾作，不可以執弓。』曰：『小人學射於尹公之他，尹公之他學射於夫子。我不忍以夫子之道反害夫子。雖然，今日之事，君事也，我不敢廢。』抽矢，扣輪，去其金，發乘矢而後反。」

【語　譯】

古時候，逢蒙跟羿學射箭，完全獲得了羿的技巧，他便想，天下的人只有羿比自己强，因此便把羿殺死了。孟子說：「這裏也有羿的罪過。」

公明儀說：「好像沒有什麼罪過吧。」

孟子說：「罪過不大罷了，怎能說一點也沒有呢？鄭國曾經使子濯孺子侵犯衛國，衛國便使庾公之斯來追擊他。子濯孺子說：『今天我的病發作了，拿不了弓，我活不成了。』問駕車的人道：『追我的是誰呀？』駕車的人答道：『庾公之斯。』他便說：『我死不了啦。』駕車的人說：『庾公之斯是衛國有名的射手，您反而說死不了啦，這是什麼道理呢？』答道：『庾公之斯跟尹公之他學射，尹公之他又跟我學射。尹公之他是個正派人，他所選擇的朋友學生一定也正派。』庾公之斯追上了，問道：『老師爲什麼不拿弓？』子濯孺子說：『今天我的病發作了，拿不了弓。』庾公之斯便說：『我跟尹公之他學射，尹公之他又跟您學射。我不忍心拿您的技巧反過頭來傷害您。但是，今天的事情是國家的公事，我又不敢完全廢棄。』於是抽出箭，向車輪敲了幾下，把箭頭搞掉，發射四箭然後就回去了。」

【注釋】

1 逢蒙——逢，音ㄆㄥˊ，又音ㄆㄤˊ。逢蒙，〔莊子〕作「蓬蒙」，〔呂氏春秋〕作「蠭蒙」，〔荀子〕〔史記〕作「蠭門」，〔漢書〕作「逢門」。〔左傳〕襄公四年但言羿「將歸自田，家衆殺而亨之。」則逢蒙既爲羿的學生，又爲他的家衆。後來叛變，幫助寒浞殺羿。

2 羿——夏代諸侯有窮國之君。〔左傳〕襄公四年曾引此事。

◈

八・二五

孟子曰：「西子1蒙不潔，則人皆掩鼻而過之；雖有惡2人，齊戒沐浴，則可以祀上帝。」

【語譯】

孟子說：「如果西施身上沾染了骯髒，別人走過的時候，也會捂著鼻子；縱是面貌醜陋的人，如果他齋戒沐浴，也就可以祭祀上帝。」

【注釋】

1 西子——趙岐〔注〕云：「西子，古之好女西施也。」其所以說「古之好女」，而不說「越國好女」者，大概因爲西施之名，早已見於〔管子・小稱篇〕的緣故。〔莊子・齊物論〕「厲與西施」〔釋文〕引司馬彪云：「夏姬也。」周柄中〔孟子辨正〕云：「似乎古有此美人，而後世相因，借以相美，如善射者皆稱羿之類。」

2 惡——〔呂氏春秋・去尤篇〕高誘〔注〕云：「惡，醜也。」

八・二六

孟子曰：「天下之言性也，則故而已矣。故者以利1爲本。所惡於智者，爲其鑿也。如智者若禹之行水也，則無惡於智矣。禹之行水也，行其所無事也。如智者亦行其所無事，則智亦大矣。天之高也，星辰之遠也，苟求其故，千歲之日至2，可坐而致也。」

【語譯】

孟子說：「天下的討論人性，只要能推求其所以然便行了。推求其所以然，基礎在於順其自然之理。我們厭惡使用聰明，就是因爲聰明容易陷於穿鑿附會。假若聰明人像禹的使水運行一樣，就不必對聰明有所厭惡了。禹的使水運行，就是行其所無事（，順其自然，因勢利導）。假設聰明人也能行其所無事，（不違反其所以然而努力實行，）那聰明也就不小了。天極高，星辰極遠，只要能推求其所以然，以後一千年的冬至，都可以坐著推算出來。」

【注　釋】

1 利——朱熹〔集註〕云：「利猶順也。」

2 日至——〔孟子〕兩言「日至」，「至於日至之時皆熟矣」（一一．七）則謂夏至，這個「日至」，當指冬至，因爲周正以冬至之月爲元月。

❖

八．二七

公行子有子之喪1，右師2往弔。入門，有進而與右師言者，有就右師之位而與右師言者。孟子不與右師言，右師不悅曰：「諸君子皆與驩言，孟子獨不與驩言，是簡驩也。」

孟子聞之，曰：「禮，朝廷不歷3位而相與言，不踰階而相揖也。我欲行禮，子敖以我爲簡，不亦異乎？」

【語　譯】

公行子死了兒子，右師去弔唁。他一進門，便有人走向前同他說話；（他坐定了，）又有人走近他的席位同他說話。孟子不同他說話，他不高興，說道：「各位大夫都同我說話，只有孟子不同我說話，這是對我的簡慢。」

孟子知道了，便說：「按照禮節，在朝廷中，不跨過位次來交談，也不越過石階來作揖。我依禮而行，子敖卻以為我簡慢了他，不也可怪嗎？」

【注　釋】

[1] 公行子有子之喪——趙岐〈注〉云：「齊大夫也。」根據〈儀禮〉，父為長子斬衰三年，公行子死了兒子，齊國諸大臣都去作弔，所以有很多人便說這是他的長子死了。

[2] 右師——官名，其人即「蓋大夫王驩」（四．六），字子敖。

[3] 歷——「歷位」之「歷」同於「歷階」之「歷」，都是跨越之意。

◈

八．二八

孟子曰：「君子所以異於人者，以其存心也。君子以仁存心，以禮存心。仁者愛人，有禮者敬人。愛人者，人恒愛之；敬人者，人恒敬之。有人於此，其待我以橫逆[1]，則君子必自反也：我必不仁也，必無禮也，此物奚宜至哉？其自反而仁矣，自反而有禮矣，其橫逆由是也，君子必自反也，我必不忠。自反而忠矣，其橫逆由是也，君子曰：『此亦妄人也已矣。如此，則與禽獸奚擇[2]哉？於禽獸又何難[3]焉？』是故君子有終身之憂，無一朝之患也。乃若所憂則有之：舜，人也；我，亦人也。舜為法於天下，可傳於後世，我由未免為鄉人也，是則可憂也。憂之如何？如舜而已矣。若夫君子所患則亡矣。非仁無為也，非禮無行也。如有一朝之患，則君子不患矣。」

【語譯】

孟子說：「君子同一般人不同的地方，就在於居心不同。君子居心於仁，居心於禮。仁人愛別人，有禮的人恭敬別人。愛別人的人，別人經常愛他；恭敬別人的人，別人經常恭敬他。假定這裏有個人，他對我橫蠻無理，那君子一定反躬自問，我一定不仁，一定無禮，不然，這種態度怎麼會來呢？反躬自問以後，我實在仁，實在有禮，那人的橫蠻無理卻仍然不改，君子一定又反躬自問，我一定不忠。反躬自問以後，我實在忠心耿耿的，那種橫蠻無理仍然一樣，君子就會說：『這個人不過是個狂人罷了，既這麼樣，那同禽獸有什麼區別呢？對於禽獸又責備什麼呢？』所以君子有長期的憂慮，卻沒有突發的痛苦。這樣的憂慮是有的：舜是人，我也是人。舜呢，為天下人的模範，名聲傳於後代，我呢，仍然不免是一個普通人。這個才是值得憂愁的事。憂愁了又怎樣辦呢？盡力向舜學習罷了。至於君子別的痛苦那就沒有了。不是仁愛的事不做，不是合於禮節的事不做。即使一旦有意外飛來的禍害，君子也不以為痛苦了。」

【注釋】

1 橫逆——橫，去聲。朱熹〔集註〕云：「橫逆，謂强暴不順理也。」

2 擇——朱熹〔集註〕云：「奚擇，何異也。」以「異」釋「擇」，甚是。按「擇」有區別之義，如「則牛羊何擇焉」（一．七），今日猶有「擇別」之辭。

3 難——「責難」之意。蔣仁榮〔孟子音義考證〕謂「何難」，「何患」也，亦通。

八．二九

禹、稷當平世，三過其門而不入1，孔子賢之。顏子當亂世，居於陋巷，一簞食，一瓢飲；人不堪其憂，顏子不改其樂，孔子賢之2。孟子曰：「禹、稷、顏回同道。禹思天下有溺者，由己溺之也；稷思天下有飢者，由己飢之也，是以如是其急也。禹、稷、顏子易地則皆然。今有同室之人鬭者，救之，雖被髮纓冠3而救之，可也；鄉鄰有鬭者，被髮纓冠而往救之，則惑也；雖閉戶可也4。」

【語譯】

禹、稷處於政治清明的時代，三次經過自己家門都不進去，孔子稱讚他們。顏子處於政治昏亂的時代，住在狹窄的巷子裏，一筐飯，一瓢水，別人都受不了那種苦生活，他卻自得其樂，孔子也稱讚他。孟子說：「禹、稷和顏回（處世的態度雖有所不同，）道理卻一樣。禹以爲天下的人有遭淹沒的，好像自己使他淹沒了一樣；稷以爲天下的人有挨餓的，好像自己使他挨餓一樣，所以他們拯救百姓才這樣急迫。禹、稷和顏子如果互相交換地位，顏子也會三過家門不進去，禹、稷也會自得其樂。假定有同屋的人互相鬬毆，我去救他，縱是披著頭髮頂著帽子，連帽帶子也不結去救他都可以。（禹、稷的行爲正好比這樣。）如果本地方的鄰人在鬬毆，也披著頭髮不結好帽帶子去救，那就是糊塗了，縱使把門關著都可以的。（顏回的行爲正好比這樣。）」

【注釋】

1 禹稷當平世，三過其門而不入——楊樹達〔漢語文言修辭學・私名連及例〕云：「三過不入，本禹事而亦稱稷。」

2 顏子當亂世等句——〔論語・雍也篇〕：「子曰：賢哉，回也！一簞食，一瓢飲，在陋巷，人不堪其憂，回也不改其樂，賢哉，回也！」

3 被髮纓冠——朱熹〔集註〕云：「不暇束髮，而結纓往救，言急也，以喻禹、稷。」被，同「披」。纓，本義是「冠系」（帽上帶子，自上而下繫在頸上的），此作動詞用。

4 閉戶可也——朱熹〔注〕云：「喻顏子也。」

◈

八・三〇

公都子曰：「匡章，通國皆稱不孝焉，夫子與之遊，又從而禮貌之，敢問何也？」

孟子曰：「世俗所謂不孝者五：惰其四支，不顧父母之養，一不孝也；博奕好飲酒，不顧父母之養，二不孝也；好貨財，私妻子，不顧父母之養，三不孝也；從[1]耳目之欲，以為父母戮[2]，四不孝也；好勇鬬很[3]，以危父母，五不孝也。章子有一於是乎？夫章子，子父責善而不相遇也[4]。責善，朋友之道也；父子責善，賊恩之大者。夫章子，豈不欲有夫妻子母之屬哉？為得罪於父，不得近，出妻屏[5]子，終身不養焉。其設心以為不若是，是則罪之大者，是則章子而已矣。」

【語　譯】

公都子說：「匡章，全國都說他不孝，您卻同他來往而且相當敬重他，請問這該怎麼說呢？」

孟子說：「一般人所謂不孝的事情有五件：四肢懶惰，不管父母的生活，一不孝；好下棋喝酒，不管父母的生活，二不孝；好錢財，偏愛妻室兒女，不管父母的生活，三不孝；放縱耳目的慾望，使父母因此受恥辱，四不孝；逞勇敢好鬬毆，危及父母，五不孝。章子在這五項之中有一項嗎？章子不過是父子中間以善相責而把關係弄壞了罷了。以善相責，這是朋友相處之道；父子之間以善相責，是最傷害感情的事。章子難道不想有夫妻母子的團聚嗎？就因為得罪了父親，不能和他親近，因此把自己妻室也趕出去，把自己兒子也趕到遠方，終身不要他們侍奉。他這樣設想，不如此，那罪過更大了，這個就是章子的為人呢。」

【注釋】

1 從——同「縱」。

2 戮——朱熹〈集註〉云：「戮，羞辱也。」按朱熹此義甚確。〈左傳〉文公六年：「夷之蒐，賈季戮臾駢。臾駢之人欲盡殺賈氏以報焉。臾駢曰，不可。」云云，此「戮」亦羞辱之義，不可解爲殺戮者。

3 很——今作「狠」，「很」爲本字。

4 章子子父責善而不相遇——〈戰國策・齊策〉載齊威王之言云：「章子之母啓得罪其父，其父殺之，而埋馬棧之下。吾使章子將也，勉之曰：『夫子之强，全兵而還，必更葬將軍之母。』對曰：『臣非不能更葬先妾也，臣之母啓得罪臣之父，臣之父未教而死。夫不得父之教而更葬母，是欺死父也。故不敢。』夫爲人子而不欺死父，豈爲人臣欺生君哉？」全祖望〈經史問答〉因云：「然則所云責善，蓋必勸其父以弗爲已甚，而父不聽，遂不得近，此自是人倫大變。」

5 屏——上聲，音ㄅㄧㄥˇ。〈禮記・曲禮〉鄭〈注〉云：「退也。」又〈王制〉鄭〈注〉云：「猶放去也。」

❖

八・三一

曾子居武城1，有越寇2。或曰：「寇至，盍去諸？」曰：「無寓人於我室，毀傷其薪木。」寇退，則曰：「修我牆屋，我將反。」寇退，曾子反。左右曰：「待先生如此其忠且敬也，寇至，則先去以爲民望；寇退，則反，殆於不可[3]。」沈猶行[4]曰：「是非汝所知也。昔沈猶有負芻之禍[5]，從先生者七十人，未有與焉。」

子思[6]居於衞，有齊寇。或曰：「寇至，盍去諸？」子思曰：「如伋去，君誰與守？」

孟子曰：「曾子、子思同道。曾子，師也，父兄也；子思，臣也，微也。曾子、子思易地則皆然。」

【語　譯】

曾子在武城居住，越國軍隊來侵犯。有人便說：「敵寇要來了，何不離開一下呢？」曾子說：「（好吧。但是）不要使別人借住在我這裏，破壞那些樹木。」敵人退了，曾子說：「把我的牆屋修理修理吧，我要回來了。」敵人退了，曾子也回來了。他旁邊的人說：「武城的官員們對待您是這樣地忠誠恭敬，敵人來了，便早早地走開，給百姓做了個壞榜樣；敵人退了，馬上回來，恐怕不可以吧。」沈猶行說：「這個不是你們所曉得的。從前先生住在我那裏，有個名叫負芻的作亂，跟隨先生的七十個人也都早早走開了。」

子思住在衞國，齊國軍隊來侵犯。有人說：「敵人來了，何不走開呢？」子思說：「假若我也走開了，君主同誰來守城呢？」

孟子說：「曾子、子思兩人所走的道路是相同的。曾子當時是老師，是前輩；子思當時是臣子，是小官。曾子、子思如果對換地位，他們的行爲也會是這樣的。」

【注釋】

1 武城——地名，故城在今山東費縣西南九十里。

2 有越寇——根據〔漢書・地理志〕，越王勾踐二十五年曾經都於琅琊，築有館臺。春秋時的琅琊，就在今天山東的諸城縣東南一百五十里之地。根據〔左傳〕哀公二十一年以後吳魯越魯關係史的記載，費縣東南一帶之地，是和越滅吳後的疆界犬牙相錯的，因之越寇之來去甚易。

3 殆於不可——這種句法和〔禮記・檀弓下〕：「謂爲俑者不仁，殆於用人乎哉。」的「殆於用人」相同，殆，近也。

4 沈猶行——趙岐〔注〕云：「曾子弟子也。」按姓沈猶，名行。翟灝〔四書考異〕云：「〔荀子・儒效篇〕，仲尼將爲司寇，沈猶氏不敢朝飲其羊。沈猶，蓋魯之著氏也。」

5 負芻之禍——趙岐〔注〕云：「時有作亂者曰負芻，來攻沈猶氏。」是以「負芻」爲人名，譯文從此說。但朱熹〔集註〕云：「時有負芻者作亂。」則以「負芻」爲背草的人。故錄之以供參考。

6 子思——〔史記・孔子世家〕云：「孔子生鯉，字伯魚。伯魚年五十，先孔子死。伯魚生伋，字子思，年六十二，嘗困於宋。子思作〔中庸〕。」

八・三二

儲子1曰：「王使人瞷2夫子，果有以異於人乎？」

孟子曰：「何以異於人哉？堯舜與人同耳。」

【語譯】

儲子說：「王打發人來窺探您，您眞有跟別人不同的地方嗎？」

孟子說：「有什麼跟別人不同的地方呢？堯舜也同一般人一樣呢？」

【注釋】

1 儲子——趙岐〔注〕云：「齊人也。」〔戰國策・燕策〕云：「將軍市被、太子平謀，將攻子之。儲子謂齊閔宣王因而仆之，破燕必矣。」當即此人。當時或爲齊相，又見一二・五。

2 瞯——音ㄐㄧㄢ，或本作「瞷」，窺也。

八・三三

齊人有一妻一妾而處室者，其良人1出，則必饜酒肉而後反。其妻問所與飲食者，則盡富貴也。其妻告其妾曰：「良人出，則必饜酒肉而後反；問其與飲食者，盡富貴也，而未嘗有顯者來，吾將瞯良人之所之也。」

蚤起，施2從良人之所之，徧國中無與立談者。卒之東郭墦間，之祭者3，乞其餘；不足，又顧而之他——此其爲饜足之道也。

其妻歸，告其妾，曰：「良人者，所仰望而終身也，今若此——」與其妾訕其良人，而相4泣於中庭5，而良人未之知也，施施6從外來，驕其妻妾。

由君子觀之，則人之所以求富貴利達者，其妻妾不羞也，而不相泣者，幾希矣⑦。

【語　譯】

齊國有一個人，家裏有一妻一妾。那丈夫每次外出，一定吃得飽飽地，喝得醉醺醺地回家。他妻子問他一道吃喝的是些什麼人，據他說來，全都是一些有錢有勢的人物。他妻子便告訴他的妾說：「丈夫外出，總是吃飽喝醉而後回來；問他同些什麼人吃喝，他說全都是些有錢有勢的人物，但是，我從來沒見過有什麼顯貴人物到我們家裏來，我準備偷偷地看看他究竟到了些什麼地方。」

第二天一清早起來，她便尾隨在他丈夫後面行走，走遍城中，沒有一個人站住同她丈夫說話的。最後一直走到東郊外的墓地，他又走近祭掃墳墓的人那裏，討些殘菜剩飯；不夠，又東張西望地跑到別處去乞討了——這便是他吃飽喝醉的辦法。

他妻子回到家裏，便把這情況告訴他的妾，並且說：「丈夫，是我們仰望而終身倚靠的人，現在他竟是這樣的——」於是她兩人便共同在庭中咒罵著，哭泣著，而丈夫還不知道，高高興興地從外面回來，向他兩個女人擺威風。

由君子看來，有些人所用的乞求升官發財的方法，能不使他妻妾引為羞恥而共同哭泣的，實在太少了！

【注釋】

1 良人——〔儀禮·士昏禮〕：「媵御良席在東。」鄭玄〔注〕云：「婦人稱夫曰良。」按六朝仍存此稱，〔樂府詩集·讀曲歌〕：「白門前，烏帽白帽來。白帽郎，是儂良，不知烏帽郎是誰。」可證。王念孫〔廣雅疏證〕云：「『良』與『郎』聲之侈弇耳，猶古者婦稱夫曰『良』，而今謂之『郎』也。」

2 施——音ㄧˇ，又音ㄧˋ，錢大昕〔潛研堂答問〕云：「施，古斜字。」

3 卒之東郭墦閒，之祭者——何焯〔義門讀書記〕云：「宋元刊本以『卒之東郭墦閒』句，『之祭者乞其餘』句，『不足』句，『又顧而之他』句。上文『瞷良人之所之』，此『卒之』字，『之祭者』字，『之他』字，緊相貫注。」今從此讀。又可以作一句讀，大意相同。

4 相——疑此「相」字意同「相與」，共同之意。

5 中庭——猶言「庭中」。

6 施施——趙岐〔注〕云：「猶扁扁，喜悅之貌。」

7 則人之所以求富貴利達者，其妻妾不羞也，而不相泣者，幾希矣——這句話的主語是「人之所以求富貴利達其妻妾不羞而不相泣者」，謂語是「幾希」；主語中的「者」、「也」兩字，不過因主語太長，助其停頓罷了。

卷九

萬章章句上

凡九章

萬章問曰：「舜往于田[1]，號泣于旻天[2]，何爲其號泣也？」

孟子曰：「怨慕[3]也。」

萬章曰：「『父母愛之，喜而不忘；父母惡之，勞而不怨[4]。』然則舜怨乎？」

曰：「長息問於公明高[5]曰：『舜往于田，則吾既得聞命矣；號泣于旻天，于父母，則吾不知也。』公明高曰：『是非爾所知也？』夫公明高以孝子之心，爲不若是恝[6]，我竭力耕田，共[7]爲子職而已矣，父母之不我愛，於我何哉[8]？帝使其子九男二女[9]，百官[10]牛羊倉廩備，以事舜於畎畝之中，天下之士多就之者，帝將胥[11]天下而遷之焉。爲不順[12]於父母，如窮人無所歸。天下之士悅之，人之所欲也，而不足以解憂；好色，人之所欲，妻帝之二女，而不足以解憂；富，人之所欲，富有天下，而不足以解憂；貴，人之所欲，貴爲天子，而不足以解憂。人悅之、好色、富貴，無足以解憂者，惟順於父母可以解憂。人少，則慕父母；知好色，則慕少艾[13]；有妻子，則慕妻子；仕則慕君，不得於君則熱中。大孝終身慕父母。五十而慕[14]者，予於大舜見之矣。」

【語　譯】

萬章問道：「舜到田地裏去，向著天一面訴苦，一面哭泣，爲什麼要這樣呢？」

孟子答道：「由於對父母一方面怨恨，一方面懷戀的緣故。」

萬章說：「（曾子說過，）『父母喜愛他，雖然高興，卻不因此而懈怠；父母厭惡他，雖然憂愁，卻不因此而怨恨。』那麼，舜怨恨父母嗎？」

孟子說：「從前長息曾經問過公明高，他說，『舜到田裏去，我是已經懂得的了；他向天訴苦哭泣，這樣來對待父母，我卻還不懂得那是爲什麼。』公明高說：『這不是你所能懂得的。』公明高的意思，以爲孝子的心理是不能像這樣地滿不在乎的：我盡力耕田，好好地盡我做兒子的職責罷了；父母不喜愛我，叫我有什麼辦法呢？帝堯打發他的孩子九男二女跟百官一起帶著牛羊、糧食等等東西到田野中去爲舜服務；天下的士人也有很多到舜那裏去，堯也把整個天下讓給了舜。舜卻只因爲沒有得著父母的歡心，便好像鰥寡孤獨的人找不著依靠一般。天下的士人喜愛他，是誰都願意的，卻不足以消除憂愁；美麗的姑娘，是誰都愛好的，他娶了堯的兩個女兒，卻不足以消除憂愁；財富，是誰都希望獲得的，富而至於佔有天下，卻不足以消除憂愁；尊貴，是誰都希望獲得的，尊貴而至於做了君主，卻不足以消除憂愁。大家都喜愛他、美麗的姑娘、財富和尊貴都不足以消除憂愁，只有得著父母的歡心才可以消除憂愁。人在幼小的時候，就懷戀父母；懂得喜歡女子，便想念年輕而漂亮的人；有了妻子，便迷戀妻室；做了官，便討好君主；得不著君主的歡心，便內心焦急得發熱：只有最孝順的人才終身懷戀父母。到了五十歲的年紀還懷戀父母的，我在偉大的舜身上見到了。」

【注 釋】

1 舜往于田——相傳舜曾耕於歷山，「往于田」就是去做莊稼活。

2 號泣于旻天——焦循〔正義〕云：「〔顏氏家訓・風操篇〕云：『禮以哭，有言者爲號。』此云號泣，則是且言且泣。」旻，音ㄇㄧㄣˊ。〔說文・日部〕：「旻，秋天也。〔虞書〕說，仁閔覆下則稱旻天。」

3 慕——此「慕」字，即下文「大孝終身慕父母」之「慕」，對父母的依戀古人常單用一「慕」字。如〔禮記・檀弓上〕云：「其往也如慕，其反也如疑。」鄭玄〔注〕云：「慕謂小兒隨父母啼呼。」

4 父母愛之等句——〔禮記・祭義〕云：「曾子曰：『父母愛之，喜而弗忘；父母惡之，懼而無怨。』」〔大戴禮記・曾子大孝篇〕也有此語，可見萬章這話係引用自曾子，因之孟子推測公明高的心理作答，公明高爲曾子弟子，則係以曾子解釋曾子也。此「忘」字當讀如〔左傳〕隱公七年「鄭伯盟，歃如忘」之「忘」，杜〔注〕云：「志不在於歃血也。」故譯文以「懈怠」譯之。勞，〔淮南子・精神訓〕高誘〔注〕云：「憂也。」

5 長息、公明高——趙岐〔注〕云：「長息，公明高弟子；公明高，曾子弟子。」洪頤煊〔經義叢鈔〕云：「〔春秋〕家公羊高，亦即〔孟子〕所謂公明高也。」或又謂此公明高與〔說苑・修文篇〕之公孟子高爲一人。

6 恝——音ㄐㄧㄝˊ，又音ㄐㄧㄚˊ，〔說文〕作「忦」，云：「忽也。」趙岐〔注〕云：「恝，無愁之貌。」

7 共——當讀爲「恭」。

8 於我何哉——趙岐〔注〕云：「於我之身獨有何罪哉，自求責於己而悲感焉。」朱熹〔集註〕亦同此意，實誤。若如此說，「爲若是恝」便無著落了。焦循〔正義〕云：「一說此申言上『恝』字，若恝然無愁，則以我既竭力耕田共子職矣，尚有何罪而父母不我愛哉？孝子必不若是也。」此說近之。但以「尚有何罪」釋「何哉」仍嫌未得，「於我何哉」者，意謂對我有什麼關係呢。此古人常語，與〔論語〕之「於我何有哉」意相近。

9 九男二女——堯以二女妻舜事見於〔尚書・堯典〕；〔列女傳・母儀篇〕謂二女長名娥皇，次名女英。使九男事舜，趙岐〔注〕以爲〔逸書〕所載。

10 百官——或云，與〔論語・子張篇〕「百官之富」的「百官」意義同，指宮室而言，不是官吏之意。「官」的本義指宮室屋宇，見何紹基〔東洲草堂文鈔・跋漢潘乾校官碑〕和楊樹達〔積微居小學金石論叢・釋官〕兩文，亦通，但譯文仍從舊解。

11 胥——〔爾雅・釋詁〕云：「胥，皆也。」引伸之便有「盡」義。「胥天下」猶言「盡天下」也。

12 順——日本竹添進一郎〔左傳會箋〕釋襄公八年「唯子產不順」云：「順亦悅也。〔孟子〕不順於父母即不悅於父母也。」按此說雖可通，仍嫌佐證不足，姑錄之以備參考。

13 少艾——亦作「幼艾」，〔戰國策〕，魏牟謂趙王曰：「王不以予工，乃與幼艾。」〔楚辭・九歌〕云：「慫長劍兮擁幼艾。」「少艾」、「幼艾」皆謂年輕美貌之人。

14 五十而慕——趙岐〔注〕云：「〔書〕曰：舜生三十徵庸，二十（今本作「三十」或「五十」者皆誤）在位，在位時尚慕，故言五十也。」

萬章問曰：「〔詩〕云：『娶妻如之何？必告父母[1]。』信斯言也，宜莫如舜。舜之不告而娶，何也？」

孟子曰：「告則不得娶。男女居室，人之大倫也。如告，則廢人之大倫，以懟[2]父母，是以不告也。」

萬章曰：「舜之不告而娶，則吾既得聞命矣；帝之妻舜而不告，何也？」

曰：「帝亦知告焉則不得妻也。」

萬章曰：「父母使舜完廩，捐階[3]，瞽瞍焚廩。使浚井，出[4]，從而揜[5]之。象[6]曰：『謨蓋都君咸我績[7]，牛羊父母，倉廩父母，干戈朕，琴朕，弤[8]朕，二嫂使治朕棲[9]。』象往入舜宮，舜在床琴。象曰：『鬱陶[10]思君爾。』忸怩[11]。舜曰：『惟[12]茲臣庶，汝其于[13]予治。』不識舜不知象之將殺己與？」

曰：「奚而[14]不知也？象憂亦憂，象喜亦喜。」

曰：「然則舜僞喜者與？」

曰：「否；昔者有饋生魚於鄭子產，子產使校人[15]畜之池。校人烹之，反命曰：『始舍之，圉圉[16]焉；少則洋洋[17]焉；攸然[18]而逝。』子產曰：『得其所哉！得其所哉！』校人出，曰：『孰謂子產智？予既烹而食之，曰，得其所哉，得其所哉。』故君子可欺以其方，難罔以非其道。彼以愛兄之道來，故誠信而喜之，奚僞焉？」

【語譯】

萬章問道：「〈詩經〉說過：『娶妻該怎麼辦？一定要事先報告父母。』相信這句話的，應該沒有人趕得上舜。但是，舜卻事先不向父母報告，娶了妻子，又是什麼道理呢？」

孟子答道：「報告便娶不成。男女結婚，是人與人之間的必然關係。如果舜事先報告了，那麼，這一必然關係在舜身上便會被廢棄了，結果便將怨恨父母，所以他便不報告了。」

萬章說：「舜不報告父母而娶妻，那我懂得這道理了；堯給舜以妻子，也不向舜的父母說一聲，又是什麼道理呢？」

孟子說：「堯也知道，假若事先一加說明，便會嫁娶不成了。」

萬章問道：「舜的父母打發舜去修繕穀倉，等舜上了屋頂，便抽去梯子，他父親瞽瞍還放火焚燒那穀倉。（幸而舜設法逃下來了。）於是又打發舜去淘井，（他不知道舜從旁邊的洞穴）出來了，便用土填塞井眼。舜的兄弟象說：『謀害舜都是我的功勞，牛羊分給父母，倉廩分給父母，干戈歸我，琴歸我，弤弓歸我，兩位嫂嫂要她們替我鋪床疊被。』象便向舜的住房走去，舜卻坐在床邊彈琴，象說：『哎呀！我好想念您呀！』但神情之間是很不好意思的。舜說：『我想念著這些臣下和百姓，你替我管理管理吧！』我不曉得舜不知象要殺他嗎？」

孟子答道：「爲什麼不知道呢？象憂愁，他也憂愁；象高興，他也高興。」

萬章說：「那麼，舜的高興是假裝的嗎？」

孟子說：「不；從前有一個人送條活魚給鄭國的子產，子產使主管池塘的人畜養起來，那人卻煮著吃了，回報說：『剛放在池塘裏，它還要死不活的；一會兒，搖擺著尾巴活動起來了，突然間遠遠地不知去向。』子產說：『它得到了好地方呀！得到了好地方呀！』那人出來了，說道：『誰說子產聰明，我已經把那條魚煮著吃了，他還說：「得到了好地方呀，得到了好地方呀！」』所以對於君子，可以用合乎人情的方法來欺騙他，不能用違反道理的詭詐欺罔他。象既然假裝著敬愛兄長的樣子來，舜因此眞誠地相信而高興起來，爲什麼是假裝的呢？」

【注釋】

1 〔詩〕云等句——詩見〔齊風・南山篇〕，舜時自然無此詩句，萬章說「信斯言也，宜莫如舜」，不過以爲舜時也有此禮而已。

2 懟——音ㄉㄨㄟˋ，又音ㄓㄨㄟˋ，怨也。

3 階——〔禮記・喪大記〕云：「虞人設階。」鄭玄〔注〕云：「階，所乘以升屋者。」又〔說文〕云：「梯，木階也。」則「階」與「梯」有時有區別，有時亦得通用。

4 出——趙岐〔注〕云：「使舜浚井，舜入而即出，瞽瞍不知其已出，從而蓋其井。」以「出」爲「舜出」。另一說，從上下文義看，「出」當是瞽瞍等出；與下文「從而揜之」的「從而」相應。

5 揜——今通作「掩」。但按之〔說文〕，「揜」、「掩」是兩字，云：「揜，覆也。」「掩，斂也。」

6 象——舜同父異母弟。

7 謨蓋都君咸我績——蓋，「害」之假借字。阮元〔釋蓋〕云：「〔呂刑〕云：『鰥寡無蓋』，『蓋』

即『害』字之借，言堯時鯀寡無害也。〔孟子〕『謀蓋都君』，此兼井廩言之，蓋亦當訓爲『害』也。若專以『謀蓋』爲蓋井，而不兼焚廩，則『咸我績』『咸』字，無所著矣。」「都君」指舜。舜「一年而所居成聚，二年成邑，三年成都」（見〔史記·五帝本紀〕），故有「都君」之稱。

8 弤——音ㄉㄧˇ。趙岐〔注〕云：「彫弓也。天子曰彫弓。堯禪舜天下，故賜之彫弓也。」焦循〔正義〕云：「乃此時堯不當有禪舜之意，以弤爲天子之弓，於義未協。趙佑〔溫故錄〕云，『弤或別一弓之名，舜所常用，亦如五弦之琴爲舜自作者耳。』按〔廣韻〕引〔埤蒼〕云：『弤，舜弓名。』」

9 棲——趙岐〔注〕云：「床也。」

10 鬱陶——〔楚辭·九辯〕云：「豈不鬱陶而思君兮。」則「鬱陶」爲思念之貌。

11 忸怩——音ㄋㄧㄡˇ ㄋㄧˊ。〔說文·新附〕：「忸怩，慙也。」

12 惟——〔說文〕：「惟，凡思也。」段玉裁〔注〕云：「凡思，謂浮泛之思。」

13 于——王引之〔經傳釋詞〕云：「于，爲也；爲，助也。」

14 奚而——猶言「奚爲」。

15 校人——趙岐〔注〕云：「主池沼小吏也。」

16 圉圉——音ㄩˇ。趙岐〔注〕云：「魚在水羸劣之貌。」

17 洋洋——趙岐〔注〕云：「舒緩搖尾之貌。」

18 攸然——趙岐〔注〕云：「迅走趨水深處也。」

九·三

萬章問曰：「象日以殺舜爲事，立爲天子則放之，何也？」

孟子曰：「封之也；或曰，放焉。」

萬章曰：「舜流共工于幽州①，放驩兜于崇山②，殺三苗于三危③，殛鯀于羽山④，四罪而天下咸服，誅不仁也。象至不仁，封之有庳⑤。有庳之人奚罪焉？仁人固如是乎——在他人則誅之，在弟則封之？」

曰：「仁人之於弟也，不藏怒焉，不宿怨焉，親愛之而已矣。親之，欲其貴也；愛之，欲其富也。封之有庳，富貴之也。身爲天子，弟爲匹夫，可謂親愛之乎？」

「敢問或曰放者，何謂也？」

曰：「象不得有爲於其國，天子使吏治其國而納其貢稅焉，故謂之放。豈得暴彼民哉？雖然，欲常常而見之，故源源而來，『不及貢，以政接于有庳⑥。』此之謂也。」

【語譯】

萬章問道：「象每天把謀殺舜的事情作爲他的工作，等舜做了天子，卻僅僅流放他，這是什麼道理呢？」

孟子答道：「其實是舜封象爲諸侯，不過有人說是流放他罷了。」

萬章說：「舜把共工流放到幽州，把驩兜發配到崇山，把三苗之君驅逐到三危，把鯀充軍到羽山，懲處了這四個大罪犯，天下便都歸服了，就因爲討伐了不仁的人的緣故。象是最不仁的人，卻以有庫之國來封他。有庫國的百姓又有什麼罪過呢？對別人，就加以懲罰；對弟弟，就封以國土，難道仁人的作法竟是這樣的嗎？」

孟子說：「仁人對於弟弟，有所忿怒，不藏於心中；有所怨恨，不留在胸內，只是親他愛他罷了。親他，便要使他貴；愛他，便要使他富。把有庫國土封給他，正是使他又富又貴。本人做了天子，弟弟卻是一個老百姓，可以說是親愛嗎？」

萬章說：「我請問，爲什麼有人說是流放呢？」

孟子說：「象不能在他國土上爲所欲爲，天子派遣了官吏來給他治理國家，繳納貢稅，所以有人說是流放。象難道能夠暴虐地對待他的百姓嗎？（自然不能。）縱是如此，舜還是想常常看到象，象也不斷地來和舜相見。（古書上說，）『不必等到規定的朝貢的時候，平常也假借政治上的需要來相接待。』就是這個意思。」

【注釋】

1 流共工于幽州——此下至「四罪而天下咸服」並見於今〔尚書・舜典〕。〔史記・集解〕引鄭云：「共工，水官名。」〔尚書〕孔穎達〔正義〕又引鄭云：「其人名氏未聞，先祖居此官，故以官爲氏也。」〔史記・集解〕引馬融云：「幽州，北裔（邊遠之地）。」〔正義〕引〔括地志〕云：「故龔城在檀州燕樂縣界，故老傳云，舜流共工幽州居此城。」則當在今日密雲縣東北。

2 放驩兜于崇山——驩兜，堯舜時大臣。崇山，〔史記・集解〕引馬云：「南裔也。」孫星衍

〔尚書今古文注疏〕云：「〔御覽〕四十九引盛宏之〔荊州記〕曰，〔書〕云，放驩兜于崇山，崇山在澄陽縣南七十五里。」

③ 殺三苗于三危——舜典「殺」作「竄」，故很多訓詁家都以爲這「殺」字不作殺戮解，而是「竄」的假借字。三苗，國名；三危，西裔（俱馬融說）。〔後漢書·西羌傳·注〕云：「三危山在今沙州敦煌縣東南，山有三峯，曰三危也。」（按三危之山何在，古今異說紛紜，其實堯舜之歷史既屬傳說，則其人其地皆不必過於實指，因之本文註解亦只略舉一說以備一格而已。）

④ 殛鯀于羽山——「殛」或「極」，因之這「殛」字有兩解，一作流放解，與上文「流」、「放」、「竄」字義一律。一作誅殺解。羽山，據〔漢書·地理志〕，當在今江蘇贛榆縣界。據〔太平寰宇記〕則以爲在今山東蓬萊縣東南三十里。鯀，大禹之父。

⑤ 有庳——庳，音ㄅㄧˋ，自〔水經注〕引王隱之說，謂「應陽縣本泉陵之北部，東五里有鼻墟，象所封也。山下有象廟」以來，都以爲庳在今湖南道縣北。但舜都蒲阪，象封道縣，陸路有太行山之阻，水程有洞庭波之隔，相距三千里，何能「常常而見」「源源而來」耶？故閻若璩〔四書釋地續〕深以爲疑。

⑥ 不及貢，以政接于有庳——這兩句疑是〔尚書〕逸文，所以〔孟子〕斷以「此之謂也。」

❖

九·四

咸丘蒙①問曰：「語云：『盛德之士，君不得而臣，父不得而子。』舜南面而立，堯帥諸侯北面而朝之，瞽瞍亦北面而朝之。舜見瞽瞍，其容有蹙②。孔子曰：『於斯時也，天下殆哉，岌岌乎③！』不識此語誠然乎哉？」

孟子曰：「否；此非君子之言，齊東野人之語也。堯老而舜攝也。〈堯典〉曰[4]：『二十有八載[5]，放勳[6]乃徂落[7]，百姓[8]如喪考妣[9]，三年，四海遏密八音[10]。』孔子曰：『天無二日，民無二王[11]。』舜既爲天子矣，又帥天下諸侯以爲堯三年喪，是二天子矣。」

咸丘蒙曰：「舜之不臣堯，則吾既得聞命矣。〈詩〉云：『普天之下，莫非王土；率土之濱，莫非王臣[12]。』而舜既爲天子矣，敢問瞽瞍之非臣，如何？」

曰：「是詩也，非是之謂也；勞於王事而不得養父母也。曰：『此莫非王事，我獨賢勞[13]也。』故說詩者，不以文[14]害辭[15]，不以辭害志。以意逆[16]志，是爲得之。如以辭而已矣，〈雲漢〉之詩曰：『周餘黎民，靡有孑遺[17]。』信斯言也，是周無遺民也。孝子之至，莫大乎尊親；尊親之至，莫大乎以天下養。爲天子父，尊之至也；以天下養，養之至也。〈詩〉曰：『永言孝思，孝思維則[18]。』此之謂也。〈書〉曰：『祗載見瞽瞍，夔夔齊栗，瞽瞍亦允若[19]。』是爲父不得而子也[20]？」

【語　譯】

咸丘蒙問道：「俗話說：『道德最高的人，君主不能夠以他爲臣，父親不能夠以他爲子。』舜（便是這種人，）做了天子，堯便率領諸侯向北面去朝他，他父親瞽瞍也向北面去朝他。舜看見了瞽瞍，容貌侷促不安。孔子說道：『在這個時候，天下岌岌乎危險得很呀！』不曉得這話眞是如此的嗎？」

孟子答道，「不；這不是君子的言語，而是齊東野人的話。（堯活著的時候，舜未嘗做天子，不過）堯當老年時，叫舜代理天子之職罷了。〔堯典〕上說過：『二十八年以後，堯死了，羣臣好像死了父母一樣，服喪三年，老百姓也停止一切音樂。』孔子說過：『天上沒有兩個太陽，人間沒有兩個天子。』假若舜眞在堯死以前做了天子，同時又率領天下的諸侯爲堯服喪三年，這便是同時有兩個天子了。」

咸丘蒙說：「舜不以堯爲臣，我已經領受你的教誨了。〔詩經〕又說過：『徧天下沒有一塊不是天子的土地；環繞土地的四周，沒有一人不是天子的臣民。』如果舜既做了天子，請問瞽瞍卻不是臣民，又是什麼道理呢？」

孟子說：「〔北山〕這首詩，不是你所說的那意思，而是說作者本人勤勞國事以致不能夠奉養父母。他說：『這些事沒有一件不是天子之事呀，爲什麼獨我一人勞苦呢？』所以解說詩的人，不要拘於文字而誤解詞句，也不要拘於詞句而誤解原意。用自己切身的體會去推測作者的本意，這就對了。假如拘於詞句，那〔雲漢〕的詩說過：『周朝剩餘的百姓，沒有一個存留。』相信了這一句話，是周朝沒有存留一個人了。孝子孝的極點，沒有超過尊敬他的雙親的；尊敬雙親的極點，沒有超過拿天下來奉養父母的。瞽瞍做了天子的父親，可說是尊貴到極點了；舜以天下來奉養他，可說是奉養的頂點了。〔詩經〕又說：『永遠地講究孝道，孝道便是天下的法則。』正是這個意思。〔書經〕又說過：『舜恭敬小心地來見瞽瞍，態度謹愼恐懼，瞽瞍也因之眞正順理而行了。』這難道是『父親不能夠以他爲子』嗎？」

【注　釋】

1 咸丘蒙——咸丘本是地名（原在魯國），此以地名爲姓氏。趙岐〔注〕云：「咸丘蒙，孟子弟子。」

2 有蹙——「有」爲詞頭，無義。蹙，音ㄘㄨˋ，不安貌。

3 天下殆哉岌岌乎——此爲「天下岌岌乎殆哉」之倒裝。古人常以「岌」作狀語，表示危殆。〔管子．小問篇〕云：「危哉君之國岌乎！」又〔墨子．非儒篇〕云：「孔丘與其門弟子閒坐，曰，夫舜見瞽瞍蹴然，此時天下圾乎！」〔韓非子．忠孝篇〕云：「舜見瞽瞍，其容造焉。孔子曰，當是時也，危哉天下岌岌！有道者，父固不得而子，君固不得而臣也。」

4 〔堯典〕曰——以下數句實爲今〔尚書．舜典〕文。按今〔堯典〕〔舜典〕本是一篇，謂之〔堯典〕。至齊明帝建武年間，吳興姚方興於大航頭得所謂孔氏傳古文，始分〔堯典〕爲二，以「慎徽五典」至末謂之「舜典」，而加「曰若稽古帝舜」二十八字於其中，實則與古不合。

5 二十有八載——有，讀爲「又」，古人常於十數與零數之間用「有」字。二十有八載，〔史記．堯本紀〕云：「堯立七十得舜，二十年而老，令舜攝行天子之政，薦之於天，堯辟位，凡二十八年而崩。」則此「二十有八載」，謂舜攝政之後的二十八年也。又可與下章「舜相堯二十有八載」互證。

6 放勳——亦作「放勛」，堯之稱號。

7 徂落——〔爾雅．釋詁〕：「徂落，死也。」

8 百姓——閻若璩〔四書釋地〕又續云：「『百姓』義二，有指『百官』言者，〔書〕『百姓』與『黎民』

對，〔禮大傳〕『百姓』與『庶民』對是也。有指小民言者，『百姓不親，五品不遜』是也。〔四書〕中『百姓』凡二十五見，惟『百姓如喪考妣』指『百官』，蓋有爵土者為天子服斬衰三年，禮也。」王夫之說同。

9 考妣——父母。郭沫若云：「周彝器中父之嚴（死後其靈不滅曰嚴，亦曰鬼）曰考，其配曰母；父以上曰祖，其配曰妣。〔堯典〕有『如喪考妣』之語，乃偽託也。」（〔金文叢考．傳統思想考〕，又〔甲骨文字研究．釋祖妣〕。）

10 四海遏密八音——四海，指民間言（本江聲〔尚書集註．音疏〕說）。〔爾雅．釋詁〕云：「遏，止也。」密，〔說文〕作「謐」，云：「謐，靜語也；一曰，無聲也。」八音，指八種質料（金、石、絲、竹、匏、土、革、木）所作的樂器而言。

11 孔子曰以下諸句——〔禮記．曾子問篇〕及〔坊記〕都引有孔子此語，也都作「天無二日，士無二王」。

12 〔詩〕云以下諸句——此見〔詩．小雅．北山〕。〔詩．序〕云：「北山，大夫刺幽王也。役使不均，己勞於從事，而不得養其父母焉。」「率土之濱」之「率」，仍當依〔毛傳〕訓「循」，王引之〔經義述聞〕以為「率，自也。自土之濱者，舉外以包內，猶言四海之內。」恐非。

13 賢勞——〔毛傳〕云：「賢，勞也。『賢勞』猶言劬勞。」宋翔鳳〔孟子趙注補正〕則云：「〔小爾雅〕：『賢，多也。』〔詩〕：『大夫不均，我從事獨賢。』『獨賢』猶言『獨多』。〔孟子〕說詩為『賢勞』，正是『多勞』之義。」亦通。

14 文——朱熹〔集註〕云：「文，字也。」

15 辭——朱熹〔集註〕云：「辭，語也。」

16 逆——揣測之意。〔易・說卦〕云：「知來者逆，是故〔易〕，逆數也。」「逆」字與此同。

17 周餘黎民靡有孑遺——兩句見〔詩・大雅・雲漢〕。「黎民」即老百姓之意，有人解釋爲黎氏族族俘，至少和孟子說詩之意不合。〔方言〕云：「孑，餘也。周鄭之間或曰孑，青徐楚之間曰孑。」故馬瑞辰〔毛詩傳箋通釋〕云：「孑遺二字同義。」

18 〔詩〕曰：維則——此〔大雅・下武篇〕文。

19 〔書〕曰：允若——趙岐〔注〕云：「〔尚書〕逸篇。」又云：「祇，敬；載，事也。夔夔（ㄎㄨㄟ）齊（同「齋」）栗，敬慎戰懼貌。」朱熹〔集註〕云：「允，信；若，順也。」但俞氏以爲「允若」之「若」當屬下讀，讀爲「若是，爲父不得而子也？」則誤。

20 也——同「邪」，此從俞樾〔孟子平義〕之說。

九・五

萬章曰：「堯以天下與舜，有諸？」

孟子曰：「否；天子不能以天下與人。」

「然則舜有天下也，孰與之？」

曰：「天與之。」

「天與之者，諄諄[1]然命之乎？」

曰：「否；天不言，以行與事示之而已矣。」

曰：「以行與事示之者，如之何？」

曰：「天子能薦人於天，不能使天與之天下；諸侯能薦人於天子，不能使天子與之諸侯；大夫能薦人於諸侯，不能使諸侯與之大夫。昔者，堯薦舜於天，而天受之；暴[2]之於民，而民受之；故曰，天不言，以行與事示之而已矣。」

「曰：敢問薦之於天，而天受之；暴之於民，而民受之，如何？」

曰：「使之主祭，而百神享之，是天受之；使之主事，而事治，百姓安之，是民受之也。天與之，人與之，故曰，天子不能以天下與人。舜相堯二十有八載，非人之所能爲也，天也。堯崩，三年之喪畢，舜避堯之子於南河[3]之南，天下諸侯朝覲者，不之堯之子而之舜；訟獄[4]者，不之堯之子而之舜；謳歌者，不謳歌堯之子而謳歌舜，故曰，天也。夫然後之中國[5]，踐天子位焉。而[6]居堯之宮，逼堯之子，是篡也，非天與也。〈太誓〉曰：『天視自我民視，天聽自我民聽[7]。』此之謂也。」

【語譯】

萬章問道：「堯拿天下授與舜，有這麼回事嗎？」

孟子答道：「不；天子不能夠拿天下授與人。」

萬章又問：「那麼，舜得到了天下，是誰授與的呢？」

答道：「天授與的。」

又問道：「天授與的，是反覆叮嚀地告誡他的嗎？」

答道：「不是；天不說話，拿行動和工作來表示罷了。」

問道：「拿行動和工作來表示，是怎樣的呢？」

答道：「天子能夠向天推薦人，卻不能强迫天把天下給與他；（正如）諸侯能夠向天子推薦人，卻不能强迫天子把諸侯的職位給與他；大夫能夠向諸侯推薦人，卻不能强迫諸侯把大夫的職位給與他。從前，堯將舜推薦給天，天接受了；又把舜公開介紹給百姓，百姓也接受了；所以說，天不說話，拿行動和工作來表示罷了。」

問道：「推薦給天，天接受了；公開介紹給百姓，百姓也接受了，這是怎樣的呢？」

答道：「叫他主持祭祀，所有神明都來享用，這便是天接受了；叫他主持工作，工作做得很好，百姓很滿意他，這便是百姓接受了。天授與他，百姓授與他，所以說，天子不能夠拿天下授與人。舜幫助堯治理天下，一共二十八年，這不是某一人的意志所能做到的，而是天意。舜死了，三年之喪完畢，舜爲著要使堯的兒子能夠繼承天下，自己便逃避到南河的南邊。可是，天下諸侯朝見天子的，不到堯的兒子那裏，卻到舜那裏；打官司的，也不到堯的兒子那裏，卻到舜那裏；歌頌的人，也不歌頌堯的兒子，卻歌頌舜，所以說，這是天意。這樣，舜才回到首都，坐了朝廷。如果自己居住於堯的宮室，逼迫堯的兒子（讓位給自己），這是篡奪，而不是天授了。〔太誓〕說過：『百姓的眼睛就是天的眼睛，百姓的耳朵就是天的耳朵。』正是這個意思。」

【注　釋】

1 諄諄——〔說文〕：「諄，告曉之孰（熟）也。」〔詩・大雅・抑〕：「誨爾諄諄。」〔廣韻〕

云：「諄，告之丁寧。」

2 暴——音ㄆㄨˋ，朱熹〔集註〕云：「顯也。」

3 南河——〔史記・正義〕引〔括地志〕云：「故堯城在濮州鄄城縣東北十五里，又有偃朱故城，在縣西北十五里。濮州北臨漯大川也，河在堯都之南，故曰南河，〔禹貢〕『至于南河』是也。其偃朱城所居，即舜讓避丹朱於南河之南處也。」按偃朱故城在今河南濮城東二十五里，本名朱家阜。

4 訟獄——經傳多作「獄訟」，如〔周禮・地官・大司徒〕云：「凡民之不服教而有獄訟者。」此作「訟獄」，與「獄訟」同爲同義複詞。趙岐〔注〕云：「訟獄，獄不能決罪，故訟之。」以「訟獄」爲動賓結構，實誤。

5 之中國——〔文選・陸機答賈長淵詩注〕引此文作「歸中國」，可能是依上文「避於南河之南」之意，因以「歸」釋「之」，譯文從之。又〔史記・堯紀・正義〕引劉熙云：「帝王所都爲中，故曰中國。」

6 而——同「如」。說見王引之〔經傳釋詞〕。

7 〔太誓〕：民聽——今本〔太誓〕爲梅氏僞古文，此兩語亦爲所採。「天視自我民視」兩句譯文用意譯法。

❖

九・六

萬章問曰：「人有言：『至於禹而德衰，不傳於賢，而傳於子[1]。』有諸？」

孟子曰：「否，不然也；天與賢，則與賢；天與子，則與子。昔者，舜薦禹於天，十有七年，舜崩，三年之喪畢，禹避舜之子於陽城[2]，天下之民從之，若堯崩之後不從堯之子而從舜也。禹薦益於天，七年，禹崩，三年之喪畢，益避禹之子於箕山之陰[3]。朝覲訟獄者不之益而之啓[4]，曰：『吾君之子也。』謳歌者不謳歌益而謳歌啓，曰：『吾君之子也。』丹朱[5]之不肖，舜之子亦不肖。舜之相堯、禹之相舜也，歷年多，施澤於民久。啓賢[4]，能敬承繼禹之道。益之相禹也，歷年少，施澤於民未久。舜、禹、益相去久遠[6]，其子之賢不肖，皆天也，非人之所能爲也。莫之爲而爲者，天也；莫之致而至者，命也。匹夫而有天下者，德必若舜禹，而又有天子薦之者，故仲尼不有天下。繼世以有天下，天下之廢，必若桀紂者也，故益、伊尹、周公不有天下。伊尹相湯以王於天下，湯崩，太丁未立，外丙[7]二年，仲壬[7]四年，太甲顚覆湯之典刑，伊尹放之於桐[8]，三年，太甲悔過，自怨自艾，於桐處仁遷義，三年，以聽伊尹之訓己也，復歸于亳[9]。周公之不有天下，猶益之於夏、伊尹之於殷也。孔子曰：『唐虞禪，夏后殷周繼，其義一也。』」

【語譯】

萬章問道：「有人說：『到禹的時候道德就衰微了，天下不傳給賢聖的人，卻傳給自己的兒子。』這樣的話可靠麼？」

孟子答道：「不，不是這樣的；天要授與賢聖的人，便授與賢聖的人；天要授與君主的兒子，便授與君主的兒子。從前，舜把禹推薦給天，十七年之後，舜死了，三年之喪完畢，禹爲著要讓位給舜的兒子，自己便躲避到陽城去。可是，天下百姓的跟隨禹，正好像堯死了以後他們不跟隨堯的兒子卻跟隨舜一樣。禹把益薦給天，七年之後，禹死了，三年之喪完畢，益又爲著讓位給禹的兒子，自己便躲避到箕山之北去。當時朝見天子的人，打官司的人，都不去益那裡，而去啓那裡，說道：『他是我們君主的兒子呀。』歌頌的人也不歌頌益，而歌頌啓，說道：『他是我們君主的兒子呀。』堯的兒子丹朱不好，舜的兒子也不好。而且，舜的幫助堯，禹的幫助舜，經過的年歲多，對百姓施與恩澤的時間長。（啓和益就不同。）啓很賢明，能夠認眞地繼承禹的傳統。益幫助禹，經過的年歲少，對百姓施與恩澤的時間短。舜、禹、益之間相距時間的長短，以及他們兒子的好壞，都是天意，不是人力所能做到的。沒有人叫他們這樣做，而竟這樣做了的，便是天意；沒有人叫他來，而竟這樣來了的，便是命運。以一個老百姓而竟得到天下的，他的道德必然要像舜和禹一樣，而且還要有天子推薦他，所以孔子（雖是聖人，因沒有天子的推薦，）便不能得到天下。世代相傳而得到天下的，天所要廢棄的，一定要像夏桀商紂那樣殘暴無德的，所以益、伊尹、周公（雖是聖人，因爲所逢的君主不像桀紂，）便不能得到天下。伊尹幫助湯統一了天下，湯死了，太丁未立就死了，外丙在位二年，仲壬在位四年，（太丁的兒子太甲又繼承王位。）太甲破壞了湯的法度，伊尹便流放他到桐邑，三年之後，太甲悔過，自己怨恨，自己改悔，就在桐邑，便能夠以仁居心，唯義是從，三年之後，完全聽從伊尹對自己的教訓了，然後又回到亳都做天子。周公的不能得到天下，正好像益的在夏朝、伊尹的在殷朝一樣。孔子說過：

『唐堯虞舜以天下讓賢，夏商周三代卻世世代代傳於子孫，道理是一樣的。』」

【注釋】

1 人有言：傳於子——翟灝〈四書考異〉云：「〈新序・節士篇〉：『禹問伯成子高曰：「昔者堯治天下，吾子立為諸侯；堯授舜，吾子猶存焉；及吾在位，子辭諸侯而耕，何故？」子高曰：「昔堯之治天下，舉天下而傳之他人，至無欲也；擇賢而與之，至公也。舜亦猶然。今君之所懷者私也，百姓知之，貪爭之端自此始矣；德自此衰，刑自此繁矣。吾不忍見，以是野處也。」』〈韓非子・外儲說〉：『潘壽對燕王曰，禹愛益而任天下於益，已而以啓入為吏。及老，而以啓為不足任天下，故傳天下於益，而勢重盡在啓也，已而啓以友黨攻益而奪天下。是禹名傳天下於益，而實令啓自取之也。此禹之不及堯舜明矣。』萬章萬章所謂人言，等言也。」按〈晉書・東晳傳〉引〈竹書紀年〉云：「益干啓位，啓殺之。」此又一異說。

2 陽城——山名，在今河南登封縣北三十八里，閻若璩〈四書釋地〉以為禹避於此。又邑名，在今河南登封縣東南三十五里，今為告成鎮，〈清一統志〉以為禹避於此。

3 箕山之陰——〈史記・夏本紀〉作「箕山之陽」。山北曰陰。箕山在今河南登封縣東南。

4 啓——禹之子，古書亦作「開」。啓之為人，孟子以為賢，但考之〈楚辭〉、〈墨子〉、〈竹書紀年〉、〈山海經〉諸書，未必為賢主。〈楚辭・離騷〉云：「啓九辯與九歌兮，夏康娛（「康娛」二字連讀，此二字連文，〈楚辭〉屢見，以「夏康」連文者誤。）以自縱。不顧難以圖後兮，五子用失乎家巷。」〈天問〉云：「啓代益作后，卒然離蠥，何啓惟憂？而能拘是達？」又云：「啓棘賓商，九辯九歌，何勤子屠母，而死分竟地？」〔墨子．非樂篇〕引〔武觀〕云：「啓乃淫溢康樂，野於飲食，將將銘莧磬以力（此句有脫誤），湛濁于酒，渝食于野，萬舞翼翼，章聞于大，天用弗式。」〔山海經．大荒西經〕云：「有人珥兩青蛇，乘兩龍，名曰夏后開。開上三嬪於天，得九辯與九歌以下，此大穆之野高二千仞，開焉得始歌〔九招〕？」與儒家所傳者不同。皮錫瑞云：「孟子以爲賢者，爲世立教耳。」（王先謙〔尚書孔傳參正〕卷七）

5 丹朱——本名朱，後封於丹，故稱丹朱。說見閻若璩〔四書釋地續〕。

6 舜禹益相去久遠——意謂三人之相距有久有不久，此「久遠」包括「暫短」而言。原意本謂舜相堯二十八年，禹相舜十七年，皆久遠者；益相禹則只七年而禹死，比之舜、禹，則短暫矣。

7 外丙、仲壬——卜辭作「卜丙」、「中壬」。

8 桐——〔史記．正義〕引〔晉太康地記〕云：「尸鄉南有亳坂，東有城，太甲所放處也。」尸鄉在今河南偃師縣西南五里。閻若璩〔釋地又續〕以山西榮河縣（其百祥村西有湯陵，恐屬附會）爲太甲所放處。恐非。

9 亳——音ㄅㄛˊ，當在今河南偃師縣西，亦曰尸鄉。

九·七

萬章問曰：「人有言：『伊尹以割烹要湯①。』有諸？」

孟子曰：「否，不然；伊尹耕於有莘②之野，而樂堯舜之道焉。非其義也，非其道也，祿之以天下，弗顧也；繫馬千駟，弗視也。非其義也，非其道也，一介③不以與人，一介不以取諸人。湯使人以幣④聘之，囂囂⑤然曰：『我何以湯之聘幣爲哉？我豈若處畎畝之中，由是以樂堯舜之道哉？』湯三使往聘之，既而幡⑥然改曰：『與⑦我處畎畝之中，由是以樂堯舜之道，吾豈若使是君爲堯舜之君哉？吾豈若使是民爲堯舜之民俠？吾豈若於吾身親見之哉？天之生此民也，使先知覺後知，使先覺覺後覺也。予，天民之先覺者也；予將以斯道覺斯民也。非予覺之，而誰也？』思天下之民匹夫匹婦有不被堯舜之澤者，若己推而內⑧之溝中。其自任以天下之重如此，故就湯而說⑨之以伐夏救民。吾未聞枉己而正人者也，況辱己以正天下者乎？聖人之行不同也，或遠，或近；或去，或不去；歸潔其身而已矣。吾聞其以堯舜之道要湯，未聞以割烹也。〈伊訓〉曰：『天誅造攻自牧宮，朕載自亳⑩。』」

【語　譯】

萬章問道：「有人說：『伊尹使自己作了廚子切肉做菜以便向湯有所干求。』有這麼回事嗎？」

孟子答道：「不，不是這樣的；伊尹在莘國的郊野種莊稼，而以堯舜之道爲樂。如果不合道義，縱使以天下的財富作爲他的俸祿，他都不回頭望一下；縱使有四千匹馬繫在那裡，他也都不望一下。如果不合道義，一點也不給與別人，一點也不取於別人。湯曾使人拿禮物去聘請他，他卻安靜地說：『我爲什麼要接受湯的這個聘禮呢？我何不住在田野之中，由此以堯舜之道爲自得之樂呢？』湯幾次使人去聘請他，不久，他便完全改變了態度，說：『我與其住在田野之中，由此以堯舜之道爲個人的快樂，又何不如使現在的君主做堯舜一樣的君主呢？又何不如使現在的百姓做堯舜時代一樣的百姓呢？（堯舜的盛世，）我何不使它在我這時候親自看到呢？上天生育人民，就是要先知先覺者來使後知後覺者有所覺悟。我呢，是百姓中間的先覺者；我就得拿這個堯舜之道使現在的人有所覺悟。不是我去使他們覺悟，又有誰去呢？』伊尹是這樣考慮的：在天下的百姓中，如果有一個男子或一個婦女，沒有沾潤上堯舜之道的惠澤，便好像自己把他推進山溝中一樣。他是像這樣地以天下的重擔挑在自己肩上，所以到了湯那裡，便用討伐夏桀，拯救百姓的道理來說給湯聽。我沒有聽說過，先使自己屈曲，卻能夠匡正別人的；何況先使自己遭受侮辱，卻能夠匡正天下的呢？聖人的行爲，可能各有不同，有的人疏遠當時君主，有的靠攏當時君主，有的離開朝廷，有的留戀朝廷，歸根到底，都得使自己身體乾乾淨淨，不沾骯髒。我只聽說過伊尹用堯舜之道向湯干求，沒有聽說過他切肉做菜的事。〔伊訓〕說過：『上天的討伐，最初是在夏桀宮室裡由他自己造成的，我呢，不過從殷都亳邑開始打算罷了。』」

【注　釋】

1 人有言，伊尹以割烹要湯——〔墨子·尚賢篇〕云：「昔伊尹爲莘氏女師僕，親爲庖人，湯得而舉之。」〔史記·殷本紀〕云：「伊尹名阿衡。阿衡欲干湯而無由，乃爲有莘氏媵臣（商湯后妃的陪嫁奴僕），負鼎俎，以滋味說湯，至於王道。」而〔呂氏春秋·本味篇〕記載此事尤爲詳細。

2 有莘——莘，國名，亦作「㜪」。〔史記・正義〕引〔括地志〕云：「古莘國，在汴州陳留縣東五里故莘城是也。」則在今河南陳留縣東北。「有」爲置於名詞前之詞頭，前文第三章「有庳」之「有」亦如此。

3 一介——王引之〔經義述聞・通說〕以爲「介」即「个」字，趙岐〔注〕則以「一介草」釋「一介」。按〔論衡・知實篇〕云：「天下之人有如伯夷之廉，不取一芥於人。」則「一介」則「一芥」，猶言一點點小東西。

4 幣——〔說文〕云：「幣，帛也。」則幣本意是繒帛（生絲綢），古以束帛爲贈勞賓客及享聘之禮物，故鄭玄〔注・聘禮記〕云：「幣謂束帛也。」其後因爲車馬玉帛同爲聘享之禮物，所以渾言之曰幣（見徐灝〔說文解字注箋〕）。

5 囂囂——閒暇貌。

6 幡——與「翻」同。

7 與——與其。

8 內——同「納」。

9 說——音ㄕㄨㄟˋ，遊說。

10 〔伊訓〕曰，天誅造攻自牧宮，朕載自亳——趙岐〔注〕云：「〔伊訓〕，〔尚書〕逸篇名。」今本〔尚書・伊訓〕爲僞古文。造，始也。牧宮，桀宮。載，亦始也。朕，伊尹自謂。蓋〔伊訓〕乃伊尹訓太甲之文也（此本江聲〔尚書集注音疏〕之說）。任啓運〔四書約旨〕則謂「牧宮，湯祖廟。湯爲牧伯，故祖廟稱牧宮。古者大征伐必告廟而出，反亦必告廟。此『造攻自牧宮』，是告而出。」

九・八

萬章問曰：「或謂孔子於衛主癰疽[1]，於齊主侍人瘠環[2]，有諸乎？」

孟子曰：「否，不然也；好事者爲之也。於衛主顏讎由[3]。彌子[4]之妻與子路之妻，兄弟也。彌子謂子路曰：『孔子主我，衛卿可得也。』子路以告。孔子曰：『有命。』孔子進以禮，退以義，得之[5]不得曰『有命』。而主癰疽與侍人瘠環，是無義無命也。孔子不悅於魯衛[6]，遭宋桓司馬將要而殺之[7]，微服[8]而過宋。是時孔子當阨，主司城貞子[9]，爲陳侯周[10]臣。吾聞觀近臣[11]，以其所爲主；觀遠臣[12]，以其所主。若孔子主癰疽與侍人瘠環，何以爲孔子？」

【語譯】

萬章問道：「有人說，孔子在衛國住在衛靈公所寵幸的宦官癰疽家裡，在齊國，也住在宦官瘠環家裡。眞有這一回事嗎？」

孟子說：「不，不是這樣的；這是好事之徒揑造出來的。孔子在衛國，住在顏讎由家中。彌子瑕的妻子和子路的妻子是姊妹。彌子瑕對子路說：『孔子住在我家中，衛國卿相的位置便可以得到。』子路把這話告訴了孔子。孔子道：『一切由命運決定。』孔子依禮法而進，依道義而退，所以他說得著官位和得不著官位『由命運決定』。如果他住在癰疽和宦官瘠環家中，這種行爲，便是無視禮義和命運了。孔子在魯國和衛國不得意，又碰上了宋國的司馬向魋預備攔截他並將他殺死，只得改變服裝悄悄地走過宋國。這時候，孔子正處在困難的境地，便住在司城貞子家中，做了陳侯周的臣子。我聽說過，觀察在朝的臣子，看他所招待的客人；觀察外來的臣子，看他所寄居的主人。如果孔子眞的以癰疽和宦官瘠環爲主人，還怎麼能算『孔子』呢？」

【注　釋】

1 主癰疽——主，名詞作動詞用。「主癰疽」，以癰疽爲主人也。譯文則用〔史記〕之說法。癰疽，〔史記・孔子世家〕作雍渠，〔韓非子〕作雍鉏，〔說苑・至公篇〕作雍雎。翟灝〔考異〕云：「均以聲同通借耳。」

2 侍人瘠環——侍人，〔說苑・至公篇〕作「寺人」，故朱熹〔集註〕云：「侍人，奄人也。」癰疽也是寺人（宦官），而不言者，大概因爲其人較被人所知的緣故。古代以與宦官付往爲醜事。

3 顏讎由——〔史記・孔子世家〕作「顏濁鄒」。〔左傳〕、〔莊子〕、〔呂氏春秋〕又有一顏涿聚，則爲齊人。夏炘〔景紫堂文集〕伸張守節〔史記正義〕之說以讎由、濁鄒、涿聚爲同一人（〔漢書・古今人表〕亦誤以濁鄒爲涿聚），恐誤。

4 彌子——衞靈公寵臣彌子瑕。〔呂氏春秋・愼大覽〕云：「孔子乃道彌子瑕見釐夫人，因也。」〔淮南子・泰族訓〕亦云：「孔子欲行王道，七十說而無所偶，故因衞夫人、彌子瑕而欲通其道。」可見當時有人曾造作孔子與彌子瑕交遊的蜚語，孟子因連帶及之，更可以表現孔子之未曾主癰疽了。

5 之——此「之」字作「與」字用。

6 不悅於魯衛——「不悅於魯」指「齊人饋女樂，季桓子受之」事；「不悅於衛」指「招搖市過之」事。俱詳〔孔子世家〕。

7 遭宋桓司馬將要而殺之——十字作一句讀。〔史記．孔子世家〕云：「孔子去曹適宋，與弟子習禮大樹下。宋司馬桓魋（ㄊㄨㄟˊ）欲殺孔子，拔其樹。孔子去。」要，平聲，攔截。

8 微服——謂變易平常的服裝以避人耳目。此爲當日常語，不宜拆開。微讀如「微行」之「微」。〔說文〕：「微，隱行也。」

9 司城貞子——〔史記．孔子世家〕云：「孔子遂至陳，主於司城貞子家。」則司城貞子爲陳人。朱亦棟〔孟子札記〕以爲即〔左傳〕哀公十五年「陳侯使公孫貞子弔焉」之公孫貞子。趙岐〔注〕以爲「宋卿」，恐誤。

10 陳侯周——趙岐〔注〕云：「陳懷公子也。爲楚所滅，故無謚，但曰陳侯周。」但據〔史記．陳杞世家〕，陳懷公子爲楚所滅者爲湣公，名越，不名周。〔索隱〕云：「按〔左傳〕，湣公名周，是史官記不同也。」則司馬貞所據〔左傳〕有謂湣公名周者矣（或者司馬貞誤記〔孟子〕爲〔左傳〕）。全祖望〔經史問答〕云：「〔左傳〕、〔史記〕、〔世本〕諸家所載諸侯之名，異同甚多，安在陳侯名周，不又各有所本？」此說得之。明人郝敬不識此理，訓「周」爲「忠」，實謬。

11 近臣——朱熹〔集註〕云：「近臣，在朝之臣。」

12 遠臣——朱熹〔集註〕云：「遠臣，遠方來仕者。」

◈

九．九

萬章問曰：「或曰：『百里奚自鬻於秦養牲者五羊之皮食牛以要秦穆

公①。』信乎？」

孟子曰：「否，不然；好事者爲之也。百里奚，虞人也。晉人以垂棘之璧與屈產之乘假道於虞以伐虢②。宮之奇諫，百里奚不諫。知虞公之不可諫而去之秦，年已七十矣；曾③不知以食牛干秦穆公之爲汙也，可謂智乎？不可諫而不諫，可謂不智乎？知虞公之將亡而先去之，不可謂不智也。時舉於秦，知穆公之可與有行④也而相之，可謂不智乎？相秦而顯其君於天下，可傳於後世，不賢而能之乎？自鬻以成其君，鄉黨自好者不爲，而謂賢者爲之乎？」

【語譯】

萬章問道：「有人說：『百里奚把自己賣給秦國養牲畜的人，得價五張羊皮，替人家飼養牛，以此來干求秦穆公。』這話可以相信嗎？」

孟子答道：「不，不是這樣的；這是好事之徒揑造的。百里奚是虞國人。晉人用垂棘的美玉和屈地所產良馬向虞國借路，來攻打虢國。當時虞國的大臣宮之奇諫阻虞公，勸他不要允許；百里奚卻不去勸阻。他知道虞公是不可以勸阻的，因而離開虞國，搬到秦國，這時已經七十歲了。他竟不知道用飼養牛的方法來干求秦穆公是一種惡濁行爲，可以說是聰明嗎？但是，他預見到虞公不可以勸阻，便不去勸阻，又可以說不聰明嗎？他又預見到虞公將要被滅亡，因而早早離開，又不能說不聰明。當他在秦國被推舉出來的時候，便知道秦穆公是位可以幫助而有作爲的君主，因而輔助他，又可以說是不聰明嗎？爲秦國的卿相，使穆公在天下有顯赫的名望，而且足以流傳於後代，不是賢者能夠如此嗎？賣掉自己來成全君主，鄉里中一個潔身自愛的人都不肯做，反說賢者肯做嗎？」

【注　釋】

1 百里奚自鬻於秦養牲者五羊之皮食牛以要秦穆公——關於百里奚的故事，散見於戰國以至西漢書籍中者甚多，但其中頗有同異。〔史記・商君列傳〕載趙良對商鞅之言，曰：「夫五羖大夫（羖音ㄍㄨˇ，夏羊牡曰羖），荊之鄙人也；聞秦繆公之賢，而願望見，行而無資，自粥於秦客，被褐食牛。期年，繆公知之，舉之牛口之下，而加之百姓之上。」但〔秦本紀〕又云：「晉獻公滅虞虢，虜虞君，與其大夫百里傒，以璧馬賂於虞故也。既虜百里傒，以爲秦繆公夫人媵於秦。百里傒亡秦走宛，楚鄙人執之。繆公聞百里傒賢，欲重贖之，恐楚人不與，乃使人謂楚曰：『吾媵臣百里傒在焉，請以五羖羊皮贖之。』楚人遂許與之。當是時，百里傒年已七十餘。繆公釋其囚，與語國事，大說，授之國政，號曰五羖大夫。」同出太史公之筆，即有所不同。但百里奚號爲五羖大夫，其人必與「五羊之皮」有關聯。〔史記・秦本紀〕以「五羖羊皮」爲贖金，〔孟子〕則似以「五羊之皮」爲賣價。考之〔戰國策〕、〔韓詩外傳〕、〔說苑〕諸書，皆以五羊皮爲賣價，與〔孟子〕之傳說同。

2 晉人以垂棘之璧與屈產之乘假道於虞以伐虢——〔左傳〕僖公二年云：「晉荀息請以屈產之乘與垂棘之璧假道於虞以伐虢。公曰：『是吾寶也。』對曰：『若得道於虞，猶外府也。』乃使荀息假道於虞。虞公許之，且請先伐虢。宮之奇諫，不聽。」又僖五年云：「晉侯復假道於虞以伐虢。宮之奇諫，弗聽。許晉使。宮之奇以其族行，曰：『虞不臘矣。』」按此時晉正都於絳（故絳，非新田之絳），絳在今山西翼城縣東南十五里；而虞則在今山西平陸縣東北六十里，虢則在今平陸縣。由絳伐虢，南行必經虞，故假道。垂棘，晉國地名，今未詳所在。屈產，〔左傳〕杜預〔注〕及〔穀梁〕范寧〔注〕均以「屈」爲地名。「產」，生也。「屈產之乘」意即屈地所生足以駕車的良馬。

3 曾——乃也，竟也。

4 有行——與「有爲」同。

卷十

萬章章句下

凡九章

孟子曰：「伯夷，目不視惡色，耳不聽惡聲。非其君，不事；非其民，不使。治則進，亂則退。橫[1]政之所出，橫民之所止，不忍居也。思與鄉人處，如以朝衣朝冠坐於塗炭也。當紂之時，居北海之濱，以待天下之清也。故聞伯夷之風者，頑[2]夫廉，懦夫有立志。

「伊尹曰：『何事非君？何使非民？』治亦進，亂亦進，曰：『天之生斯民也，使先知覺後知，使先覺覺後覺。予，天民之先覺者也。予將以此道覺此民也。』思天下之民匹夫匹婦有不與被堯舜之澤者，若己推而內之溝中——其自任以天下之重也[3]。

「柳下惠不羞汙君，不辭小官。進不隱賢，必以其道。遺佚而不怨，阨窮而不憫。與鄉人處，由由然不忍去也。『爾爲爾，我爲我，雖袒裼裸裎於我側，爾焉能浼我哉？』故聞柳下惠之風者，鄙[4]夫寬，薄夫敦。

「孔子之去齊，接淅[5]而行；去魯，曰：『遲遲吾行也，去父母國之道也。』可以速而[6]速，可以久而[6]久，可以處而[6]處，可以仕而[6]仕，孔子也。」

孟子曰：「伯夷，聖之清者也；伊尹，聖之任者也；柳下惠，聖之和者也；孔子，聖之時者也。孔子之謂集大成。集大成也者，金聲而玉振之[7]也。金聲也者，始條理也；玉振之也者，終條理也。始條理者，智之事也；終條理者，聖之事也。智，譬則巧也；聖，譬則力也。由[8]射於百步之外也，其至，爾力也；其中，非爾力也。」

【語　譯】

孟子說：「伯夷，眼睛不看不好的事物，耳朵不聽不好的聲音。不是他理想的君主，不去侍奉；不是他理想的百姓，不去使喚。天下太平，就出來做事；天下混亂，就退居田野。施行暴政的國家，住有暴民的地方，他都不願意去居住。他以爲同鄉下佬相處，好像穿戴著禮服禮帽坐在泥塗或者炭灰之上。當商紂的時候，住在北海海邊，等待天下的清平。所以聽到伯夷的風節的人，貪得無厭的人都廉潔起來了，懦弱的人也都有獨立不屈的意志了。

「伊尹說：『哪個君主，不可以侍奉？哪個百姓，不可以使喚？』因此天下太平也出來做官，天下混亂也出來做官，並且說：『上天的生育這些百姓，就是要先知先覺的人來開導後知後覺的人。我是這些人之中的先覺者，我將以堯舜之道來開導這些人。』他這樣想：在天下的百姓中，只要有一個男子或一個婦女沒有沾潤堯舜之道的好處，便好像自己把他推進山溝之中——這便是他把天下的重擔自己挑起來的態度。

「柳下惠不以侍奉壞君爲可羞，也不以官小而辭掉。立於朝廷，不隱藏自己的才能，但一定按他的原則辦事。自己被遺棄，也不怨恨；窮困，也不憂愁。同鄉下鄉下佬，高高興興地不忍離開。（他說，）『你是你，我是我，你縱然在我旁邊赤身露體，哪能就沾染著我呢？』所以聽到柳下惠風節的人，胸襟狹小的人也寬大起來了，刻薄的人也厚道起來了。

「孔子離開齊國，不等把米淘完，漉乾就走；離開魯國，卻說：『我們慢慢走吧，這是離開祖國的態度。』應該馬上走就馬上走，應該繼續做就繼續做，應該不做官就不做官，應該做官就做官，這便是孔子。」

孟子又說：「伯夷是聖人之中清高的人，伊尹是聖人之中負責的人，柳下惠是聖人之中的隨和的人，孔子則是聖人之中識時務的人。孔子，可以叫他爲集大成者。『集大成』的意思，（譬如奏樂，）先敲鎛鐘，最後用特磬收束（，有始有終的）一樣。先敲鎛鐘，是節奏條理的開始；用特磬收束，是節奏條理的終結。條理的開始在於智，條理的終結在於聖。智好比技巧，聖好比氣力。猶如在百步以外射箭，射到，是你的力量；射中，卻不是你的力量。」

【注　釋】

1 橫——去聲，與「橫逆」（八．二八）之「橫」同義。

2 頑——毛奇齡〔四書賸言〕云：「〔孟子〕『頑夫廉』，『頑』字古皆是『貪』字。」舉證甚多。臧琳〔經義札記〕亦如此說。

3 其自任以天下之重也——此句本當作「此其自任以天下之重也」，主語「此」字省略。

4 鄙——朱熹〔集註〕云：「鄙，狹陋也。」

5 接淅——〔說文〕：「淅，汏米也。」又云：「滰，浚乾漬米也。從水，竟聲。〔孟子〕曰，夫子去齊，滰淅而行。」是許慎所據〔孟子〕「接」作「滰」。「滰」是漉乾之意。淅米、汏米，今曰淘米。

6 而——用法同「則」，〔公孫丑上〕有此四句，「而」皆作「則」（三．二）。

7 金聲而玉振之——朱熹〔集註〕云：「並奏八音，則於其未作，而先擊鎛鐘（獨立懸掛的較大之鐘）以先其聲；俟其既闋，而後擊特磬（獨立懸掛之磬）以收其韻。」振，猶收也（〔中庸〕「振河海而不洩」鄭玄〔注〕）。

⑧由——同「猶」。

一〇·二

北宮錡①問曰：「周室班②爵祿也，如之何？」

孟子曰：「其詳不可得聞也，諸侯惡其害己也，而皆去其籍；然而軻也嘗聞其略也。天子一位，公一位，侯一位，伯一位，子、男同一位，凡五等也。君一位，卿一位，大夫一位，上士一位，中士一位，下士一位，凡六等。天子之制，地方千里，公侯皆方百里，伯七十里，子、男五十里，凡四等。不能③五十里，不達於天子，附於諸侯，曰附庸④。天子之卿受地視⑤侯，大夫受地視伯，元士受地視子、男。大國地方百里，君十卿祿，卿祿四大夫，大夫倍上士，上士倍中士，中士倍下士，下士與庶人在官者同祿，祿足以代其耕也。次國地方七十里，君十卿祿，卿祿三大夫，大夫倍上士，上士倍中士，中士倍下士，下士與庶人在官者同祿，祿足以代其耕也。小國地方五十里，君十卿祿，卿祿二大夫，大夫倍上士，上士倍中士，中士倍下士，下士與庶人在官者同祿，祿足以代其耕也。耕者之所獲，一夫百畝；百畝之糞⑥，上農夫食九人，上次食八人，中食七人，中次食六人，下食五人。庶人在官者，其祿以是爲差。」

【語譯】

北宮錡問道：「周朝制定的官爵和俸祿的等級制度是怎樣的呢？」

孟子答道：「詳細情況已經不能夠知道了，因爲諸侯厭惡那一種制度的不利於自己，都把那些文獻毀滅了。但是，我也曾經大略聽到些。天子爲一級，公一級，侯一級，伯一級，子和男共爲一級，一共五級。君爲一級，卿一級，大夫一級，上士一級，中士一級，下士一級，一共六級。天子直接管理的土地縱橫各一千里，公和侯各一百里，伯七十里，子、男各五十里，一共四級。土地不夠五十里的國家，不能直接與天子發生關係，而附屬於諸侯，叫做附庸。天子的卿所受的封地同於侯，大夫所受的封地同於伯，元士所受的封地同於子、男。公侯大國土地縱橫各一百里，君主的俸祿爲卿的十倍，卿爲大夫的四倍，大夫爲上士的一倍，上士倍於中士，中士倍於下士，下士的俸祿則和老百姓而在公家當差的相同，所得俸祿也足以抵償他們的耕種的收入了。中等國家土地爲方七十里，君主的俸祿爲卿的十倍，卿爲大夫的三倍，大夫倍於上士，上士倍於中士，中士倍於下士，下士的俸祿則和在公家當差老百姓的相同，所得俸祿也足以抵償他們的耕種的收入了。小國的土地爲方五十里，君主的俸祿爲卿的十倍，卿爲大夫的二倍，大夫倍於上士，上士倍於中士，中士倍於下士，下士的俸祿則和在公家當差的老百姓相同，所得俸祿也足以抵償他們的耕種的收入了。耕種的收入，一夫一婦分田百畝。百畝田地的施肥耕種，上等的農夫可以養活九個人，其次的養活八個人，中等的養活七個人，其次六個人，下等的五個人。老百姓在公家當差的，他們的俸祿也比照這個分等級。」

【注釋】

[1] 北宮錡——錡，音ㄑㄧˊ，趙岐〔注〕云：「衞人。」

[2] 班——趙岐〔注〕云：「列也。」此「列」字爲「等列」之「列」，用爲動詞，則是規定等級之義。

[3] 不能——朱熹〔集註〕云：「不能，猶不足也。」按〔淮南子・脩務訓〕云：「絕國殊俗僻遠幽閒之處不能被德承澤。」高誘亦注云：「能，猶及也。」但〔淮南子〕之「能」仍可如字釋之，不必訓爲「及」。「能」之訓「足」訓「及」，於其他古書似無所徵，則朱熹以及高誘蓋皆望文爲訓，似不足據，故譯文仍舊如字釋之，原文不過「能」下省「有」字，這是古書常有的句法。

[4] 附庸——衞湜〔禮記集說〕云：「王莽封諸侯置附城，則漢人以『城』解『庸』也。古文『庸』即『墉』，後人加土別之。」

[5] 視——趙岐〔注〕云：「比也。」

[6] 糞——段玉裁〔說文解字注〕云：「凡糞田多用所除之穢爲之，故曰糞。」

◈

一〇・三

萬章問曰：「敢問友。」

孟子曰：「不挾長，不挾貴，不挾兄弟[1]而友。友也者，友其德也，不可以有挾也。孟獻子，百乘之家也，有友五人[2]焉：樂正裘，牧仲[3]，其三人，則予忘之矣。獻子之與此五人者友也，無獻子之家者也。此五人者，亦有獻子之家，則不與之友矣。非惟百乘之家為然也，雖小國之君亦有之。費[4]惠公曰：『吾於子思，則師之矣；吾於顏般[5]，則友之矣；王順、長息[6]則事我者也。』非惟小國之君為然也，雖大國之君亦有之。晉平公之於亥唐[7]也，入云[8]則入，坐云[8]則坐，食云[8]則食；雖蔬食[9]菜羹，未嘗不飽，蓋不敢不飽也。然終於此而已矣。弗與共天位也，弗與治天職也，弗與食天祿也，士之尊賢者也，非王公之尊賢也。舜尚[10]見帝，帝館甥[11]于貳室[12]，亦饗舜，迭為賓主，是天子而友匹夫也。用[13]下敬上，謂之貴貴；用上敬下，謂之尊賢。貴貴尊賢，其義一也。」

【語　譯】

萬章問道：「請問交朋友的原則。」

孟子答道：「不倚仗自己年紀大，不倚仗自己地位高，不倚仗自己兄弟的富貴。交朋友，因為朋友的品德而去交他，因此心目中不能存在任何有所倚仗的觀念。孟獻子是位具有一百輛車馬的大夫，他有五位朋友：樂正裘，牧仲，其餘三位，我忘記了。獻子同這五位相交，自己心目中並不存有自己是大夫的觀念。這五位，如果也存在著獻子是位大夫的觀念，也就不會同他交友了。不僅具有一百輛車馬的大夫是如此的，縱使小國的君主也有朋友。費惠公說：『我對於子思，則以為老師；對於顏般，則以為朋友；至於王順和長息，那不過是替我工作的人罷了。』不僅小國的君主是如此，縱使大國之君也有朋友。晉平公的對於亥唐，亥唐叫他進去，便進去；叫他坐，便坐；叫他吃飯，便吃飯。縱使糙米飯小菜湯，不曾不飽，因爲不敢不飽。然而晉平公也只是做到這一點罷了。不同他一起共有官位，不同他一起治理政事，不同他一起享受俸祿，這只是一般士人尊敬賢者的態度，不是王公尊敬賢者所應有的態度。舜謁見堯，堯請他這位女壻住在另一處官邸中，也請他吃飯，（舜有時也作東道，）互爲客人和主人，這是以天子的高位同老百姓交友的範例。以職位卑下的人尊敬高貴的人，叫做尊重貴人；以高貴的人尊敬職位卑下的人，叫做尊敬賢者。尊重貴人和尊敬賢者，道理是相同的。」

【注釋】

1 挾兄弟——江永〔羣經補義〕云：「古人以婚姻爲兄弟，如張子之於二程，程允夫之於朱子，皆有中表之親，既爲友則有師道，不可謂我與彼爲姻親，有疑不肯下問也。『挾兄弟而問』與『挾故而問』相似。俗解謂不挾兄弟多人而友。兄弟多人，有何可挾乎？須辨別之。」趙佑〔四書溫故錄〕云：「兄弟，等夷之稱。必其人之與己等夷而後友之，則不肯與勝己處，不能不恥下問矣。兄弟有富貴者，則仍挾貴意耳。」以上兩說，與趙岐異，錄之以供參考。

2 孟獻子有友五人——孟獻子，魯國大夫仲孫蔑，卒於魯襄公十九年。焦循云：「〔國語・晉語〕：『趙簡子曰，魯孟獻子有鬬臣五人。』〔注〕云：『鬬臣，扞難之士。』未知即此五人否？」

3 樂正裘，牧仲——〔漢書・古今人表〕以此兩人與孟獻子俱列於第四等。

4 費——小國名。

5 顏般——般，音ㄅㄛ，〔漢書・古今人表〕作顏敢，「敢」、「般」以形近而誤。

6 王順、長息——長息，見九・一。王順，〔漢書・古今人表〕作王慎。費惠公、顏敢、王慎、長息同列第四等。

7 亥唐——〔太平御覽〕引皇甫謐〔高士傳〕云：「亥唐者，晉人也。晉平公時，朝多賢臣，祁奚、趙武、師曠、叔向皆爲卿大夫，名顯諸侯。唐獨不官，隱於窮巷。平公聞其賢，致禮與相見而請事焉。平公待於門，唐曰入，公乃入；唐曰坐，公乃坐；唐曰食，公乃食。唐之食公也，雖蔬食菜羹，公不敢不飽。」此蓋本〔孟子〕而演繹爲之，未必另有所據也。

8 入云、坐云、食云——「云入」、「云坐」、「云食」之倒文。

9 蔬食——趙岐〔注〕云：「糲食也。」「蔬」同「疏」。

10 尚——同「上」。以匹夫而晉謁天子，故云「上」。

11 甥——趙岐〔注〕云：「禮，謂妻父曰外舅，謂我舅者，吾謂之甥。」

12 貳室——趙岐〔注〕云：「副宮也。」

13 用——以也。

❖

一〇・四

萬章問曰：「敢問交際[1]何心也？」

孟子曰：「恭也。」

曰：「『卻之卻之爲不恭』，何哉？」

曰：「尊者[2]賜之，曰：『其所取之者義乎？不義乎？』而後受之，以是爲不恭，故弗卻也。」

曰：「請無以辭卻之，以心卻之，曰：『其取諸民之不義也。』而以他辭無受，不可乎？」

曰：「其交也以道，其接也以禮，斯孔子受之矣。」

萬章曰：「今有禦[3]人於國門之外者，其交也以道，其餽也以禮，斯可受禦與？」

曰：「不可；〈康誥〉曰：『殺越人于貨，閔不畏死，凡民罔不譈[4]。』是不待教而誅者也。殷受夏，周受殷，所不辭也；於今爲烈，如之何其受之？」

曰：「今之諸侯取之於民也，猶禦也。苟善其禮際矣，斯君子受之，敢問何說也？」

曰：「子以爲有王者作，將比[5]今之諸侯而誅之乎？其教之不改而後誅之乎？夫謂非其有而取之者盜也，充類至義[6]之盡也。孔子之仕於魯也，魯人獵較[7]，孔子亦獵較。獵較猶可，而況受其賜乎？」

曰：「然則孔子之仕也，非事道[8]與？」

曰：「事道也。」

「事道奚獵較也？」

曰：「孔子先簿正祭器[9]，不以四方之食供簿正。」

曰：「奚不去也？」

曰：「爲之兆[10]也。兆足以行矣，而不行，而後去，是以未嘗有所終三年淹也。孔子有見行可之仕，有際可[11]之仕，有公養[11]之仕。於季桓子，見行可之仕也；於衛靈公，際可之仕也；於衛孝公[12]，公養之仕也。」

【語　譯】

萬章問道：「請問交際的時候，當如何存心？」

孟子答道：「應該存心恭敬。」

萬章說：「（俗話說：）『一再拒絕人家的禮物，這是不恭敬。』爲什麼呢？」

孟子說：「尊貴的人有所賜與，自己先便想想：『他取得這種禮物是合於義的呢？還是不合於義的呢？』想了以後才接受，這是不恭敬的。因此便不拒絕。」

萬章說：「我說，拒絕他的禮物，不明白說出，只是心裡不接受罷了，心裡說：『這是他取自百姓的不義之財呀。』因而用別的藉口來拒絕，難道不可以嗎。」

孟子說：「他依規矩同我交往，依禮節同我接觸，這樣，孔子都會接受禮物的。」

萬章說：「如今有一個在國都郊野攔路搶劫的人，他也依了規矩同我交往，也依禮節向我餽贈，這種贓物，便可以接受了嗎？」

孟子說：「不可以；〈康誥〉說：『殺死別人，搶奪財物，横强不怕死，這種人，是沒有人不痛恨的。』這是不必先去教育他就可以誅殺的。殷商接受了夏朝的這種法律，周朝接受了殷商的這種法律，沒有更改。現在搶殺行爲更爲利害，怎樣能夠接受呢？」

萬章說：「今天這些諸侯，他們的財物取自民間，也和攔路搶劫差不多。假若把交際的禮節做好，君子也就接受了，請問這又是什麼道理呢？」

孟子說：「你以爲若有聖王興起，對於今天的諸侯，還是一例看待全部誅殺呢？還是先行教育，如再不改悔，然後誅殺呢？而且，不是自己所有，而去取得它，把這種行爲說成搶劫，這只是提高到原則性高度的話。孔子在魯國做官的時候，魯國人爭奪獵物，孔子也爭奪獵物。爭奪獵物都可以，何況接受賜與呢？」

萬章說：「那麼，孔子的做官，不是爲著行道嗎？」

孟子說：「爲著行道。」

「既爲著行道，爲什麼又來爭奪獵物呢？」

孟子說：「孔子先用文書規定祭祀所用器物和祭品，不用別處的食物來供祭祀（，所爭奪來的獵物原爲著祭祀，既不能用來供祭祀，便無所用之，爭奪獵物的風氣自然可以逐漸衰滅了）。」

萬章說：「孔子爲什麼不辭官而走呢？」

孟子說：「孔子做官，先得試行一下。試行的結果，他的主張可以行得通，而君主卻不肯行下去，這纔離開，所以孔子不曾在一個朝廷停留整整三年。孔子有因可以行道而做官，也有因爲君主對他的禮遇不錯而做官，也有因國君養賢而做官。對於魯國的季桓子，是因爲可以行道而做官；對於衞靈公，是因爲禮遇不錯而做官；對於衞孝公，是因爲國君養賢而做官。」

【注　釋】

1 交際——朱熹〔集註〕云：「交際，謂人以禮儀幣帛相交接也。」把「交際」的含義，限於禮物的餽贈，大概因爲下文所言都是指禮物的收受與否的緣故。我們以爲下文所以只限於禮物的收拒者，蓋由「卻之卻之爲不恭」一問而引起，不關「交際」的涵義。

2 尊者——與「長者」不同，此以位言，「長者」以齒言。

3 禦——朱熹〔集註〕云：「禦，止也。止人而殺之，且奪其貨也。」

4 〔康誥〕曰殺越人于貨，閔不畏死，凡民罔不譈——今本〔尚書・康誥〕作「殺越人于貨，暋不畏死，罔弗憝」。趙岐〔注〕云：「越，於也。」「越」爲虛詞，無義。「于貨」猶〔詩經・七月〕之「于貉」。〔毛傳〕云：「于貉，謂取狐狸皮也。」則「于貨」，謂取其貨也。「閔」同「暋」，〔說文〕云：「暋，冒也。」〔僞孔傳〕云：「暋，强也。」「譈」「憝」同。〔說文〕云：「憝，怨也。」

5 比——舊讀去聲。〔禮記・樂記〕鄭〔注〕云：「比猶同也。」故譯爲「一例看待」。

6 充類至義——「充類」即「充其類」（六・一〇），「至義」猶言「極其義」，其以「充類至」爲一讀者，誤。

7 獵較——較，舊音ㄐㄧㄠˇ。趙岐〔注〕云：「獵較者，田獵相較奪禽獸，得之以祭，時俗所尚，以爲吉祥。」

8 事道——猶言「爲道而事」，古文常有此語法。

9 簿正祭器——〔集註〕引徐氏云：「先以簿書正其祭器，使有定數，不以四方難繼之物實之。」

本器有常數，實有常品，則其本正矣。彼獵較者，將久而自廢矣。」

⑩ 兆——趙岐〔注〕云：「始也。」

⑪ 際可，公養——兩者似乎相同，但「際可」爲「獨對某一人之禮遇」，「公養」則可能如齊稷下賢者之例，對當時一般人之禮待。

⑫ 衞孝公——〔左傳〕〔史記〕皆無衞孝公，當即出公輒，一人而二謚，本有此例。

一〇·五

孟子曰：「仕非爲貧也，而有時乎爲貧；娶妻非爲養也，而有時乎爲養。爲貧者，辭尊居卑，辭富居貧。辭尊居卑，辭富居貧，惡乎宜乎？抱關擊柝①。孔子嘗爲委吏②矣，曰：『會計當而已矣。』嘗爲乘田③矣，曰：『牛羊茁④壯長而已矣。』位卑而言高，罪也；立乎人之本朝⑤，而道不行，恥也。」

【語譯】

孟子說：「做官不是因爲貧窮，但有時候也因爲貧窮。娶妻不是爲著孝養父母，但有時候也爲著孝養父母。因爲貧窮而做官的，便該拒絕高官，居於卑位；拒絕厚祿，只受薄俸。拒絕高官，居於卑位；拒絕厚祿，只受薄俸，那居於什麼位置才合宜呢？那像守門打更的小吏都行。孔子也曾經做過管理倉庫的小吏，他說：『出入的數字都對了。』也曾經做過管理牲畜的小吏，他說：『牛羊都壯實地長大了。』位置低下，而議論朝廷大事，這是罪行；在那君主的朝廷上做官，而自己正義的主張不能實現，這是恥辱。」

【注釋】

1 抱關擊柝——〈荀子・榮辱篇〉楊倞〈注〉云：「抱關，門卒也。」趙岐〈注〉云：「柝，行夜所擊木也。」

2 委吏——趙岐〈注〉云：「主委積倉廩之吏也。」

3 乘田——乘，去聲。趙岐〈注〉云：「苑囿之吏也，主六畜之芻牧者也。」

4 茁——音ㄓㄨㄛˊ，焦循〈正義〉云：「〈說文〉云：『茁，艸初生出地貌。』茁，草木生出之名，借以形容牛羊。」

5 本朝——即「朝廷」之義。「本朝」一詞又見於〈管子・重令篇〉、〈晏子春秋・諫篇〉、〈荀子・仲尼篇〉、〈儒效篇〉、〈呂氏春秋・音律篇〉、亦猶〈秦策〉：「本國殘社稷壞。」謂國家爲本國也。

❖

一〇・六

萬章曰：「士之不託諸侯1，何也？」

孟子曰：「不敢也。諸侯失國，而後託於諸侯，禮也；士之託於諸侯，非禮也。」

萬章曰：「君餽之粟，則受之乎？」

曰：「受之。」

「受之何義也？」

曰：「君之於氓②也，固周③之。」

曰：「周之則受，賜之則不受，何也？」

曰：「不敢也。」

曰：「敢問其不敢何也？」

曰：「抱關擊柝者皆有常職以食於上。無常職而賜於上者，以爲不恭也。」

曰：「君餽之，則受之，不識可常繼乎？」

曰：「繆公之於子思也，亟問④，亟餽鼎肉⑤。子思不悅。於卒也，摽⑥使者出諸大門之外，北面稽首再拜⑦而不受，曰：『今而後知君之犬馬畜伋。』蓋自是臺⑧無餽也。悅賢不能舉，又不能養也，可謂悅賢乎？」

曰：「敢問國君欲養君子，如何斯可謂養矣？」

曰：「以君命將⑨之，再拜稽首而受。其後廩人繼粟，庖人⑩繼肉，不以君命將之。子思以爲鼎肉使己僕僕爾⑪亟拜也，非養君子之道也。堯之於舜也，使其子九男事之，二女女焉，百官牛羊倉廩備，以養舜於畎畝之中，後舉而加⑫諸上位，故曰，王公之尊賢者也。」

【語　譯】

萬章說：「士不像寓公那樣靠諸侯生活，這是什麼道理呢？」

孟子說：「不敢如此。諸侯喪失了自己的國家，然後在別國作寓公，這是合於禮的；士作寓公，是不合於禮的。」

萬章道：「君主如果給與他以穀米，那接受不呢？」

孟子說：「接受。」

「接受又是什麼道理呢？」

答道：「君主對於由外國來的人士，本來可以周濟他。」

問道：「周濟他，就接受；賜與他，就不接受，又是什麼道理呢？」

答道：「由於不敢接受的緣故。」

問道：「不敢接受，又是什麼道理呢？」

答道：「守門打更的人都有一定的職務，因而接受上面的給養。沒有一定的職務，却接受上面的賜與的，這是被認爲不恭敬的。」

問道：「君王給他餽贈，他也就接受，不知道可以經常如此嗎？」

答道：「魯繆公對於子思，就是屢次問候，屢次送給他肉物，子思很不高興。最後一次，子思便把來人趕出大門，自己朝北面先磕頭後作揖地拒絕了，說道：『今天才知道君主把我當成犬馬一樣地畜養。』大概從此便不給子思送禮了。喜悅賢人，却不能重用，又不能有禮貌地照顧生活，可以說是喜悅賢人嗎？」

問道：「國君要對君子給以生活照顧，要怎樣才叫做有禮貌地照顧呢？」

答道：「先稱述君主的旨意送給他，他便先作揖後磕頭，接受了。然後管理倉廩的人經常送來穀米，掌供膳羞的人經常送來肉食，這些都不用稱述君主的旨意了（，接受者也就可以不再作揖磕頭了）。子思以爲爲著一塊肉便使自己屢次屢次地作揖行禮，這便不是照顧君子的方式了。堯對於舜，使自己的九個兒子向他學習，把自己的兩個女兒嫁給他，而而且各種官吏，以及牛羊倉庫無不具備，來使舜在田野之中得著周到的生活照顧，然後提拔他到很高的職位上，所以說，這是王公尊敬賢者的範例。」

【注釋】

1 士之不託諸侯——周廣業〔孟子出處時地考〕云：「古之上士、中士、下士者，皆有職之人也。其未仕而讀書譚道者，通謂之儒，〔周禮〕『儒以道得民』，〔魯論〕『女爲君子儒』是也。間亦稱士，如〔管子〕士農工商爲四民，曾子『士不可以不弘毅』之類。春秋而後，有游士處士，則皆無位而客游人國者矣。〔孟子〕所言士亦有二，萬章之『不託諸侯』，彭更之『無事而食』及王子墊所問，此無位者也。答北宮錡及『士以旂、大夫以旌』，『前以士、後以大夫』，則並指有位者也。」託諸侯，猶言「託諸侯以生存」，譯文用舊稱「寓公」兩字以表達之。「寓公」近代的意義是客居他鄉不工作的人。在古代則指喪失國家寄居別國的諸侯，如〔禮記・郊特牲〕：「諸侯不臣寓公。」

2 氓——焦循〔正義〕云：「不言『君之於民』而言『氓』者，『氓』是自他國至此國之民，與寄之義合。」

3 周——〔禮記・月令〕：「季春之月，天子布德行惠，開府庫，出幣帛，周天下。」鄭玄〔注〕云：「周謂給不足也。」

4 問——當讀如〔詩・女曰雞鳴〕「雜佩以問之」之「問」，蓋古人於人有所問訊或問候，多以物相贈而表意，此「亟問」與「亟餽鼎肉」，乃一事而分言之。

5 鼎肉——〔禮記・少儀〕鄭玄〔注〕云：「鼎肉，謂牲體已解，可升於鼎。」則以爲生肉。但朱熹〔集註〕則云：「鼎肉，熟肉也。」

6 摽——音ㄅㄧㄠˋ，趙岐注云：「麾也。」

7 稽首再拜——拜頭至地謂之稽首；既跪而拱手，而頭俯至于手，與心平，謂之拜。再拜，拜兩次。「再拜稽首」，謂之吉拜，表示接受禮物；「稽首再拜」，謂之凶拜，此處則表示拒絕禮物。說詳閻若璩〔釋地又續〕及段玉裁〔經韻樓集・釋拜〕。

8 臺——楊樹達〔積微居小學金石論叢・孟子臺無餽解〕云：「臺當讀爲始，『蓋自是臺無餽』，謂魯繆公自是始不餽子思也。〔說文〕云：『始，女之初也。從女，台聲。』台與臺古音同。」

9 將——〔爾雅・釋言〕云：「將，送也。」

10 庖人——官名，〔周禮〕天官之屬，掌供饍羞。詳見〔周禮・天官・冢宰第一〕。

11 僕僕爾——趙岐〔注〕云：「僕僕，煩猥貌。」

12 加——與「夫子加齊之卿相」（三・二）的「加」同義，同「居」。

◈

一〇・七

萬章曰：「敢問不見諸侯，何義也？」

孟子曰：「在國曰市井之臣，在野曰草莽之臣，皆謂庶人。庶人不傳質[1]爲臣，不敢見於諸侯，禮也。」

萬章曰：「庶人，召之役，則往役；君欲見之，召之，則不往見之，何也？」

曰：「往役，義也；往見，不義也。且君之欲見之也，何爲也哉？」

曰：「爲其多聞也，爲其賢也。」

曰：「爲其多聞也，則天子不召師，而況諸侯乎？爲其賢也，則吾未聞欲見賢而召之也。繆公亟見於子思[2]，曰：『古千乘之國以友士，何如？』子思不悅，曰：『古之人有言曰，事之云乎，豈曰友之云乎[3]？』子思之不悅也，豈不曰：『以位，則子，君也；我，臣也；何敢月君友也？以德，則子事我者也，奚可以與我友？』千乘之君求與之友而不可得也，而況可召與？齊景公田[4]，招虞人以旌，不至，將殺之。志士不忘在溝壑，勇士不忘喪其元。孔子奚取焉？取非其招不往也。」

曰：「敢問招虞人何以？」

曰：「以皮冠[5]，庶人以旃[6]，士以旂[7]，大夫以旌。以大夫之招招虞人，虞人死不敢往；以士之招招庶人，庶人豈敢往哉？況乎以不賢人之招招賢人乎？欲見賢人而不以其道，猶欲其入而閉之門也。夫義，路也；禮，門也。惟君子能由是路，出入是門也。〔詩〕云[8]：『周道如底[9]，其直如矢；君子所履，小人所視[10]。』」

萬章曰：「孔子，君命召，不俟駕而行⑪；然而孔子非與？」

曰：「孔子當仕有官職，而以其官召之也。」

【語譯】

萬章問道：「請問士子不去謁見諸侯，這是什麼道理呢？」

孟子答道：「不曾有過職位的人，如果居住於城市，便叫做市井之臣；如果居住於田野，便叫做草莽之臣，這都叫做老百姓。老百姓不致送見面禮物而爲臣屬，不敢去謁見諸侯，這是合於禮的。」

萬章說：「老百姓，召喚他去服役，便去服役；君主若要同他會晤，召喚他，却不去謁見，這又爲什麼呢？」

孟子說：「去服役，是應該的；去謁見，是不應該的。而且君主想去同他會晤，爲的是什麼呢？」

萬章說：「爲的是他見聞廣博，爲的是他品德高潔。」

孟子說：「如果爲的是他見聞廣博，（那便當以他爲師。）天子還不能召喚老師，何況諸侯呢？如果爲的是他品德高潔，那我也不曾聽說過想要同賢人相見却隨便召喚的。魯繆公屢次地去訪晤子思，說道：『古代具有千輛兵車的國君若同士人交友，是怎樣的呢？』子思不高興，說道：『古代人的話，是說國君以士人爲師吧，難道說是同士人交友嗎？』子思的不高興，難道不是這樣的意思嗎：論地位，那你是君主，我是臣下，哪敢同你交朋友呢？論道德，那你是向我學習的人，怎樣可以同我交朋友呢？』具有一千輛兵車的國君求同他交朋友都做不到，何況召喚呢？齊景公田獵，用有羽毛爲裝飾的旌旗召喚獵場管理員，他不來，準備殺他。有志之士不怕（死無葬身之地，）棄屍山溝；勇敢的人（見義勇爲，）不怕喪失腦袋。孔子對這一管理員取他哪一點呢？就是取他不是自己所應該接受的召喚之禮，他硬是不去。」

問道：「召喚獵場管理員該用什麼呢？」

答道：「用皮帽子。召喚老百姓用全幅紅綢做的曲柄旗，召喚士用有鈴鐺的旗，召喚大夫才用有羽毛的旗。用召喚大夫的旗幟去召喚獵場管理員，獵場管理員死也不敢去；用召喚士人的旗幟去召喚老百姓，老百姓難道敢去嗎？何況用召喚不賢之人的禮節去召喚賢人呢？想同賢人會晤，却不依循規矩禮節，這就好像要請人家進來却關著大門。義好比是大路，禮好比是大門。只有君子能從這一條大路行走，由這處大門出進。〔詩經〕說：『大路像磨刀石一樣平，像箭一樣直。這是君子所行走的，小人所效法的。』」

萬章問道：「孔子，聽說有國君之命的召喚，不等車馬駕好自己便先行走去，這樣，孔子錯了嗎？」

答道：「那是因爲孔子正在做官，有職務在身，國君用他擔任的官職去召喚他。」

【注　釋】

1 傳質——質，見六・三注釋。庶人的質用鶩（音ㄇㄨˋ，即今之家鴨）。〔孟子音義〕云：「執贄（同質）請見，必由將命者傳之，故謂之傳贄。」

2 見於子思——以「暴見於王」「他日見於王」（二・一、四・四）諸句語法例之，知此是繆公往見子思，為子思所接見。

3 云乎——〔公羊傳〕莊公二十四年：「然則曷用？棗栗云乎？服修云乎？」何休〔注〕云：「云乎，辭也。」

4 齊景公田等句——參見六・一並注釋。

5 皮冠——周柄中〔孟子辨正〕云：「皮冠蓋加于禮冠之上，田獵則以禦塵，亦以禦雨雪。楚靈狩於州來，去皮冠而與子革語，必非科頭也，可見去皮冠而仍有禮冠矣。」

6 旃——音ㄓㄢ，〔說文〕云：「旗曲柄也，所以表士眾。〔周禮〕曰：『通帛為旃。』」

7 旂——音ㄑㄧ，〔說文〕：「旗有眾鈴以令眾也。」又〔周禮・春官・司常〕云：「交龍為旂。」

8 〔詩〕云——以下四句見〔小雅・大東篇〕。

9 周道如底——「周道」猶如〔卷耳〕之「寘彼周行」之「周行」，謂大道也。「底」當作「厎」、「厎」即「砥」字，〔詩〕文正作「砥」，磨刀石也。

10 視——與「天子之卿受地視侯」（一〇・二）之「視」字意義相近。〔廣雅・釋詁〕云：「視，效也。」

11 孔子君命召不俟駕而行——〔論語・鄉黨篇〕云：「君命召，不俟駕行矣。」

❖

一〇・八

孟子謂萬章曰：「一鄉之善士斯友一鄉之善士，一國之善士斯友一國之善士，天下之善士斯友天下之善士。以友天下之善士為未足，又尚[1]論古之人。頌[2]其詩，讀[3]其書，不知其人，可乎？是以論其世也。是尚友也。」

【語譯】

孟子對萬章說道：「一個鄉村的優秀人物便和那一鄉村的優秀人物交朋友，全國性的優秀人物便和全國性的優秀人物交朋友；天下性的優秀人物便和天下性的優秀人物交朋友。認爲和天下性的優秀人物交朋友還不夠，便又追論古代的人物。吟詠他們的詩歌，研究他們的著作，不了解他的爲人，可以嗎？所以要討論他那一個時代。這就是追溯歷史與古人交朋友。」

【注釋】

[1] 尚——同「上」。

[2] 頌——同「誦」。〔周禮．大司樂〕鄭玄〔注〕云：「倍（同背）文曰諷，以聲節之曰誦。」

[3] 讀——此字有數義：斷其章句曰讀，如〔周禮．注〕：「鄭司農讀火絕之。」諷誦亦爲讀，如〔左傳〕：「公讀其書。」抽繹其義蘊亦曰讀，〔說文〕云：「讀，籀書也。」即此義。此處讀字涵義，既有誦讀之義，亦可有抽繹之義，故譯文用「研究」兩字。

一〇．九

齊宣王問卿。孟子曰：「王何卿之問也？」

王曰：「卿不同乎？」

曰：「不同；有貴戚之卿[1]，有異姓之卿。」

王曰：「請問貴戚之卿。」

曰：「君有大過則諫；反覆之而不聽，則易位。」

王勃然變乎色。

曰：「王勿異也。王問臣，臣不敢不以正[2]對。」

王色定，然後請問異姓之卿。

曰：「君有過則諫，反覆之而不聽，則去。」

【語譯】

齊宣王問關於公卿的事情。孟子說：「王所問的是哪一種類的公卿？」

王說：「公卿難道還不一樣嗎？」

孟子說：「不一樣；有和王室同宗族的公卿，有非王族的公卿。」

王說：「我請問和王室同宗族的公卿。」

孟子說：「君王若有重大錯誤，他便加勸阻；如果反覆勸阻了還不聽從，就把他廢棄，改立別人。」

宣王突然變了臉色。

孟子說：「王不要奇怪。王問我，我不敢不拿老實話答覆。」

宣王臉色正常了，又請問非王族的公卿。

孟子說：「君王若有錯誤，便加以勸阻；如果反覆勸阻了還不聽從，自己就離職。」

【注　釋】

1 貴戚之卿——趙岐〔注〕云：「貴戚之卿謂內外親族也。」此說值得商量。以漢代而言，外戚當權，可以說是「貴戚之卿」，霍光且廢昌邑王而改立宣帝，但不能以之解釋〔孟子〕。〔孟子〕此文以「貴戚之卿」與「異姓之卿」對文，則「貴戚」同姓可知，覈之儒家所傳宗法制度，亦當如此解釋，「外親」不在「貴戚之卿」數內也。

2 正——〔論語・述而篇〕：「正唯弟子不能學也。」鄭玄〔注〕云：「魯讀『正』爲『誠』。」此處亦當讀爲「誠」。

卷十一

告子章句上

凡二十章

一一・一

告子曰：「性猶杞柳①也，義猶桮棬②也；以人性爲仁義，猶以杞柳爲桮棬。」

孟子曰：「子能順杞柳之性而以爲桮棬乎？將戕賊杞柳而後以爲桮棬也？如將戕賊杞柳而以爲桮棬，則亦將戕賊人以爲仁義與？率天下之人而禍仁義者，必子之言夫！」

【語譯】

告子說：「人的本性好比柜柳樹，義理好比杯盤；把人的本性納於仁義，正好比用柜柳樹來製成杯盤。」

孟子說：「您還是順着柜柳樹的本性來製成杯盤呢？還是毀傷柜柳樹的本性來製成杯盤呢？如果要毀傷柜柳樹的本性然後製成杯盤，那也要毀傷人的本性然後納之於仁義嗎？率領天下的人來損害仁義的，一定是您的這種學說罷！」

【注釋】

① 杞柳——舊說都以爲就是櫸樹，但此物不能爲木材，僅可以取其新枝條之長六七尺者供編物之用。如用作杯盤，恐亦不能盛液體。疑而不能決，姑依舊說譯之。

② 桮棬——「桮」同「杯」（〔說文〕只有「桮」字）。棬，音ㄑㄩㄢ。〔禮記・玉藻〕云：「母沒而

杯圈不能飲焉。」「杯圈」當即「桮棬」。但趙岐注《孟子》則以「桮棬」爲「桮素」（杯盤之胎，未加工者），而鄭玄注《玉藻》則以「杯圈」爲盛羹、注酒及盥洗等器之通名。

一一·二

告子曰：「性猶湍[1]水也，決諸東方則東流，決諸西方則西流。人性之無分於善不善也，猶水之無分於東西也。」

孟子曰：「水信[2]無分於東西，無分於上下乎？人性之善也，猶水之就下也。人無有不善，水無有不下。今夫水，搏而躍之，可使過顙；激而行之，可使在山。是豈水之性哉？其勢則然也。人之可使爲不善，其性亦猶是也。」

【語　譯】

告子說：「人性好比急流水，從東方開了缺口便向東流，從西方開了缺口便向西流。人的沒有善不善的定性，正同水的沒有東流西流的定向相類似。」

孟子說：「水誠然沒有東流西流的定向，難道也沒有向上或者向下的定向嗎？人性的善良，正好像水性的向下流。人沒有不善良的，水沒有不向下流的。當然，拍水使它跳起來，可以高過額角；戽水使它倒流，可以引上高山。這難道是水的本性嗎？形勢使它如此的。人的可以使他做壞事，本性的改變也正像這樣。」

【注釋】

1 湍——音ㄊㄨㄢ，〔說文〕云：「湍，急瀨也。」譯文本此。趙岐〔注〕云：「湍者，圜也；謂湍湍瀠水也。」亦通。

2 信——〔說文〕云：「信，誠也。」

一一·三

告子曰：「生之謂性[1]。」

孟子曰：「生之謂性也，猶白之謂白與？」

曰：「然。」

「白羽之白也，猶白雪之白；白雪之白猶白玉之白與？」

曰：「然。」

「然則犬之性猶牛之性，牛之性猶人之性與？」

【語譯】

告子說：「天生的資質叫做性。」

孟子說：「天生的資質叫做性，好比一切東西的白色叫做白嗎？」

答道：「正是如此。」

「白羽毛的白猶如白雪的白，白雪的白猶如白玉的白嗎？」

答道：「正是如此。」

「那麼，狗性猶如牛性，牛性猶如人性嗎？」

【注釋】

[1] 生之謂性——「性」字從「生」得聲，「生」和「性」古音相同。〔荀子・正名篇〕云：「生之所以然者謂之性。」〔春秋繁露・深察名號篇〕云：「如其生之自然之資謂之性。」〔論衡・初禀篇〕云：「性，生而然者也。」告子的話，意或與此相近，不過告子藉以證明其人性無善惡論罷了。

一一・四

告子曰：「食色，性也[1]。仁，內也，非外也；義，外也，非內也[2]。」

孟子曰：「何以謂仁內義外也？」

曰：「彼長而我長之，非有長於我也；猶彼白而我白之，從其白於外也，故謂之外也。」

曰：「異於[3]白馬之白也，無以異於白人之白也；不識長馬之長也，無以異於長人之長與？且謂長者義乎？長之者義乎？」

曰：「吾弟則愛之，秦人之弟則不愛也，是以我爲悅者也，故謂之內。長楚人之長，亦長吾之長，是以長爲悅者也，故謂之外。」

曰：「耆[4]秦人之炙，無以異於耆吾炙，夫物則亦有然者也，然則耆炙亦有外歟？」

【語　譯】

告子說：「飲食男女，這是本性。仁是內在的東西，不是外在的東西；義是外在的東西，不是內在的東西。」

孟子說：「怎樣叫做仁是內在的東西，義是外在的東西呢？」

答道：「因爲他年紀大，於是我去恭敬他，恭敬之心不是我所預有；正好比外物是白的，我便認它爲白色之物，這是由於外物的白而我加以認識的緣故，所以說是外在的東西。」

孟子說：「白馬的白和白人的白或者無所不同，但是不知道對老馬的憐憫心和對老者的恭敬心，是不是也沒有什麼不同呢？而且，您說，所謂義，在於老者呢？還是在於恭敬老者的人呢？」

答道：「是我的弟弟便愛他，是秦國人的弟弟便不愛他，這是因我自己的關係而高興這樣的，所以說仁是內在的東西。恭敬楚國的老者，也恭敬我自己的老者，這是因爲外在的老者的關係而這樣的，所以說義是外在的東西。」

孟子說：「喜歡吃秦國人的燒肉，和喜歡吃自己的燒肉無所不同，各種事物也有如此的情形，那麼，難道喜歡吃燒肉的心也是外在的東西嗎？（那不和您說的飲食是本性的論點相矛盾了嗎？）」

【注釋】

1 食色性也——〔禮記·禮運篇〕：「飲食男女，人之大欲存焉。」儒家之意與告子同，故下文不相詰難，而最後「然則耆炙亦有外與」一句，且據以駁倒了告子。

2 仁內義外——〔管子·戒篇〕云：「仁從中出，義由外作。」蓋與告子主張相同。是〔墨子·經說下〕云：「仁，愛也；義，利也。愛利，此也；所愛所利，彼也。愛利不相為內外（意云，都是內在的），所愛利亦不相為外內（俱是外在的）。其為『仁內也，義外也』，舉愛與所利也，是狂舉也。」此從告子的立論根據而加以邏輯的駁詰，比孟子所駁更為明顯有力。

3 異於——朱熹〔集註〕引張氏曰：「二字疑衍。」按此說較是。焦循〔正義〕強加解釋，無當於古代語法，故不從。

4 耆——同「嗜」。

一一·五

孟季子[1]問公都子曰：「何以謂義內也？」

曰：「行吾敬，故謂之內也。」

「鄉人長於伯兄一歲，則誰敬？」

曰：「敬兄。」

「酌則誰先？」

曰：「先酌鄉人。」

「所敬在此，所長在彼，果在外，非由內也。」

公都子不能答，以告孟子。

孟子曰：「敬叔父乎，敬弟乎？彼將曰：『敬叔父。』曰：『弟爲尸[2]，則誰敬？』彼將曰：『敬弟。』子曰：『惡在其敬叔父也？』彼將曰：『在位故也。』子亦曰：『在位故也。庸敬在兄，斯須之敬在鄉人。』」

季子聞之，曰：「敬叔父則敬，敬弟則敬，果在外，非由內也。」

公都子曰：「冬日則飲湯，夏日則飲水，然則飲食亦在外也？」

【語　譯】

孟季子問公都子：「怎麼說義是內在的東西呢？」

答道：「恭敬從我的內心發出，所以說是內在的東西。」

「本鄉人比大哥大一歲，那你恭敬誰？」

答道：「恭敬哥哥。」

「如果在一塊兒飲酒，先給誰斟酒？」

答道：「先給本鄉長者斟酒。」

「你心裏恭敬的是大哥，却向本鄉長者敬禮，可見義畢竟是外在的東西，不是由內心發出的。」

公都子不能對答，便來告訴孟子。

孟子說：「（你可以說，）『恭敬叔父呢？還是恭敬弟弟呢？』他會說：『恭敬叔父。』你又說：『弟弟若做了受祭的代理人，那又恭敬誰呢？』他會說：『恭敬弟弟。』你便說：『那爲什麼又說恭敬叔父呢？』他會說：『這是由於弟弟在於當受恭敬之位的緣故。』那你也就說：『那也是由於本鄉長者在於當給首先斟酒之位的緣故。平常的恭敬在於哥哥，暫時的恭敬在於本地長者。』」

季子聽到了這話，又說：「對叔父也是恭敬，對弟弟也是恭敬，畢竟義是外在的，不是由內心出發的。」

公都子說：「冬天喝熱水，夏天喝涼水，那麼，難道飲食（便不是由於本性，）也是外在的了嗎？」

【注釋】

[1] 孟季子——其人不詳。翟灝〔四書考異〕以爲原文本無「孟」字，此季子即是「季任爲任處守」（一二・五）之季任。

[2] 尸——古代祭祀不用牌位或者神主，更無畫像，而用男女兒童爲受祭代理人，便叫之爲「尸」。尸，主也。

❖

一一・六

公都子曰：「告子曰：『性無善無不善也。』或曰：『性可以爲善，可以爲不善[1]；是故文武興，則民好善；幽厲興，則民好暴。』或曰：『有性善，有性不善[2]；是故以堯爲君而有象；以瞽瞍爲父而有舜；以紂爲兄之子，且以爲君，而有微子啓、王子比干。』今曰『性善』，然則彼皆非與？」

孟子曰：「乃若③其情④，則可以爲善矣，乃所謂善也。若夫爲不善，非才④之罪也。惻隱之心，人皆有之；羞惡之心，人皆有之；恭敬之心，人皆有之；是非之心，人皆有之。惻隱之心，仁也；羞惡之心，義也；恭敬之心，禮也；是非之心，智也。仁義禮智，非由外鑠⑤我也，我固有之也，弗思耳矣。故曰：『求則得之，舍則失之。』或相倍蓰而無算者，不能盡其才者也。〔詩〕曰：『天生蒸民，有物有則。民之秉彝，好是懿德⑥。』孔子曰：『爲此詩者，其知道乎！故有物必有則；民之秉彝也，故好是懿德。』」

【語　譯】

公都子說：「告子說：『本性沒有什麼善良，也沒有什麼不善良。』也有人說：『本性可以使它善良，也可以使它不善良；所以周文王武王在上，百姓便趨向善良；周幽王厲王在上，百姓便趨向橫暴。』也有人說：『有些人本性善良，有些人本性不善良；所以以堯這樣的聖人爲君，卻有象這樣不好的百姓；以瞽瞍這樣壞的父親，卻有舜這樣好的兒子；以紂這樣惡的姪兒，而且爲君王，卻有微子啓、王子比干這樣的仁人。』如今老師說本性善良，那麼，他們都錯了嗎？」

孟子說：「從天生的資質看，可以使它善良，這便是我所謂的人性善良。至於有些人不善良，不能歸罪於他的資質。同情心，每個人都有；羞恥心，每個人都有；恭敬心，每個人都有；

是非心，每個人都有。同情心屬於仁，羞恥心屬於義，恭敬心屬於禮，是非心屬於智。這仁義禮智，不是由外人給與我的，是我本來就具有的，不過不曾探索它罷了。所以說：『一經探求，便會得到；一加放棄，便會失掉。』人與人之間有相差一倍、五倍甚至無數倍的，就是不能充分發揮他們的人性本質的緣故。〔詩經〕說：『天生育衆民，每一樣事物，都有它的規律。百姓把握了那些不變的規律，於是乎喜愛優良的品德。』孔子說：『這篇詩的作者眞懂得道呀！有事物，便有它的規律；百姓把握了這些不變的規律，所以喜愛優良的品德。』

【注釋】

1 或曰性可以爲善可以爲不善——王充〔論衡・本性篇〕云：「周人世碩以爲性有善有惡，舉人之善性養而致之，則善長；惡性養而致之，則惡長，故世子作〔養書〕一篇。宓子賤、漆雕開、公孫尼子之徒亦論性情，與世子相出入。」孔廣森〔經學卮言〕云：「公都子此問，即其說也。」〔漢書・藝文志〕有〔世子〕二十一篇。原注云：「名碩，陳人，七十子之弟子。」

2 或曰有性善有性不善——〔漢書・古今人表・序〕云：「孔子曰：『唯上智與下愚不移。』〔傳〕曰：『譬如堯、舜、禹、稷、契與之爲善，則行；鯀、讙兜欲與爲惡，則誅。可與爲善，不可與爲惡，是謂上智。桀、紂，龍逢、比干欲與之爲善，則誅；于莘、崇侯與之爲惡，則行。可與爲惡，不可與爲善，是謂下愚。』」可謂與此說相類似。

3 乃若——程瑤田〔通藝錄・論學小記〕云：「乃若者，轉語也。」按相當於「若夫」「至於」諸詞。

[4] 情、才——皆謂質性。戴震〔孟子字義疏證〕云：「情猶素也，實也。」〔說文〕：「才，草木之初也。」草木之初曰才，人初生之性亦可曰才。

[5] 鑠——朱駿聲〔說文通訓定聲補遺〕云：「鑠又爲效。〔孟子〕『非由外鑠我也』，按授也。」

[6] 〔詩〕曰數句——見〔大雅·烝民篇〕。「蒸民」〔詩〕作「烝民」，〔毛傳〕云：「烝，衆；物，事；則，法；彝，常；懿，美也。」鄭〔箋〕云：「秉，執也。」

◈

一一·七

孟子曰：「富歲，子弟多賴[1]；凶歲，子弟多暴，非天之降才爾殊也，其所以陷溺其心者然也。今夫麰麥[2]，播種而耰[3]之，其地同，樹之時又同，浡然而生，至於日至[4]之時，皆熟矣。雖有不同，則地有肥磽[5]，雨露之養，人事之不齊也。故凡同類者，舉相似也，何獨至於人而疑之？聖人，與我同類者。故龍子曰：『不知足而爲屨，我知其不爲蕢也。』屨之相似，天下之足同也。口之於味，有同耆也；易牙[6]先得我口之所耆者也。如使口之於味也，其性與人殊[7]，若犬馬之與我不同類也，則天下何耆皆從易牙之於味也？至於味，天下期於易牙，是天下之口相似也。惟[8]耳亦然。至於聲，天下期於師曠，是天下之耳相似也。惟[8]目亦然。至於子都[9]，天下莫不知其姣也。不知子都之姣者，無目者也。故曰，口之於味也，有同耆焉；耳之於聲也，有同聽焉；目之於色也，有同美焉。至於心，獨無所同然乎？心之所同然者何也？謂理也，義也。聖人先得我心之所同然耳。故理義之悅我心，猶芻豢[10]之悅我口。」

【語　譯】

孟子說：「豐收年成，少年子弟多半懶惰；災荒年成，少年子弟多半強暴，不是天生的資質這樣不同，是由於環境使他們心情變壞的緣故。把大麥作比喻罷，播了種，耪了地，如果地土一樣，種植的時候一樣，便會蓬勃地生長，遲到夏至，都會成熟了。縱有所不同，那便是由於地土的肥瘠，雨露的多少，人工的勤惰不同的緣故。所以一切同類之物，無不大體相同，為什麼一講到人類便懷疑了呢？聖人也是我們的同類。龍子曾經說過：『不看清脚樣去編草鞋，我準知道不會編成筐子。』草鞋的相近，是因為各人的脚大體相同。口對於味道，有相同的嗜好；易牙早就摸準了這一點嗜好。假使口對於味道，人人不同，而且像狗馬和我們的人類本質上的不相同一樣，那麼，憑什麼天下的人都追隨著易牙的口味呢？一講到口味，天下都期望做到易牙那樣，這就說明了天下人的味覺大體相同。耳朵也如是。一講到聲音，天下都期望做到師曠那樣，這就說明了天下人的聽覺大體相同。眼睛也如此。一講到子都，天下人沒有不知道他美麗。不認為子都美麗的，那是沒有眼睛的人。所以說，口對於味道，有相同的嗜好；耳對於聲音，有相同的聽覺；眼睛對於容色，有相同的美感。談到心，就獨獨沒有相同之處嗎？心的相同之處是什麼呢？是理，是義。聖人早就懂得了我們內心的相同的理義。所以理義之使我心高興，正和猪狗牛羊肉合乎我的口味一般。」

【注釋】

1 賴——阮元云：「『富歲子弟多賴』，『賴』即『嬾』（今作『懶』）。」

2 麰麥——麰，音ㄇㄡˊ，麰麥即大麥。

3 耰——耰，音ㄧㄡ。〔說文〕作「櫌」，云：「摩田器也。」蓋本是器物之名，其後用作動詞，摩田亦曰耰。摩田者，即今之耖（又作抄）田，耮地，耙鬆其土並使土塊細也。以土覆種亦用此器，亦須耙耖，故又訓爲「覆種」（鄭玄〔論語注〕）。

4 日至——此指「夏至」，古或謂之「長至」「日南至」。

5 磽——音ㄑㄧㄠ，土地瘠薄。

6 易牙——〔左傳〕僖公十七年云：「雍巫有寵於衞共姬，因寺人貂以薦羞於公。」杜預〔注〕云：「雍巫，雍人，名巫，即易牙。」其人爲齊桓公寵臣，其故事散見於周秦古籍。

7 與人殊——意蓋謂人人不同。此宜云「人與人殊」，原文蓋省一「人」字。

8 惟——語首詞，無義。

9 子都——〔詩・鄭風・山有扶蘇〕：「不見子都，乃見狂且。」〔毛傳〕云：「子都，世之美好者也。」疑即鄭莊公時之公孫閼，其人字子都，又曾射殺潁考叔，而鄭莊公竟不欲置之典刑，其有寵可見。事詳〔左傳〕隱公十一年。

10 芻豢——草食曰芻，牛羊是也；穀食曰豢，犬豕是也。豢，音ㄏㄨㄢˋ。

◈

一一・八

孟子曰：「牛山[1]之木嘗美矣，以其郊[2]於大國[3]也，斧斤伐之，可

以爲美乎？是其日夜之所息，雨露之所潤，非無萌蘖之生焉，牛羊又從而牧之④，是以若彼濯濯⑤也。人見其濯濯也，以爲未嘗有材焉，此豈山之性也哉？雖存乎人者，豈無仁義之心哉？其所以放其良心者，亦猶斧斤之於木也，旦旦而伐之，可以爲美乎？其日夜之所息，平旦之氣，其好惡與人相近也者幾希⑥，則其旦晝⑦之所爲，有梏⑧亡之矣。梏之反覆，則其夜氣不足以存；夜氣不足以存，則其違禽獸不遠矣。人見其禽獸也，而以爲未嘗有才焉者，是豈人之情也哉？故苟得其養，無物不長；苟失其養，無物不消。孔子曰：『操則存，捨則亡；出入無時，莫知其鄉⑨。』惟心之謂與？」

【語　譯】

孟子說：「牛山的樹木曾經是很茂盛的，因爲它長在大都市的郊外，老用斧子去砍伐，還能夠茂盛嗎？當然，它日日夜夜在生長著，雨水露珠在潤澤著，不是沒有新條嫩芽生長出來，但緊跟著就放羊牧牛，所以變成那樣光禿禿了。大家看見那光禿禿的樣子，便以爲這山不曾有過大樹木，這難道是山的本性嗎？在某些人身上，難道沒有仁義之心嗎？他之所以喪失他的善良之心，也正像斧子之對於樹木一般，每天每天地去砍伐它，能夠茂盛嗎？他在日裏夜裏發出來的善心，他在天剛亮時所接觸到的清明之氣，這些在他心裏所激發出來的好惡跟一般人相近的也有一點點。可是一到第二天白晝，所行所爲又把它消滅了。反覆地消滅，那麼，他夜來心裏所發出的善念自然不能存在；夜來心裏所發出的善念不能存在，便和禽獸相距不遠了。別人看到他簡直是禽獸，因之以爲他不曾有過善良的資質，這難道也是這些人的本性嗎？所以假若得到滋養，沒有東西不生長；失掉滋養，沒有東西不消亡。孔子說過：『抓住它，就存在；放棄它，就亡失；出出進進沒有一定時候，也不知道它何去何從。』這是指人心而言的罷。」

【注釋】

1 牛山——齊國都於臨淄，牛山在今臨淄鎮南十里。

2 郊——此作動詞用，謂「居其郊」也。劉寶楠〔愈愚錄〕謂「郊，猶居也」，蓋不明古人實詞虛用之義例。

3 大國——謂臨淄，不但爲齊之首都，亦爲當時大都市之一。

4 牛羊又從而牧之——此句爲「又從而牧牛羊焉（之）」之變式。

5 濯濯——趙岐〔注〕云：「無草木之貌。」

6 幾希——趙岐〔注〕云：「幾，豈也。豈希，言不遠也。」但古書未見此用法，故不從。

7 旦晝——焦循〔正義〕云：「旦晝，猶云明日。」

8 有梏——有，何焯〔義門讀書記〕云：「當讀去聲。」則與「又」同。梏，同「牿」，音ㄍㄨˋ，圈禁也。

9 鄉——趙岐〔注〕云：「鄉猶里，以喻居也。」焦循〔正義〕云：「近讀鄉爲向。」按兩說皆可通，而後義較勝。

一一・九

孟子曰：「無或[1]乎王之不智也。雖有天下易生之物也，一日暴之，十日寒之，未有能生者也。吾見亦罕矣，吾退而寒之者至矣，吾如有萌焉何哉？今夫弈[2]之爲數[3]，小數也；不專心致志，則不得也。弈秋，通國之善弈者也。使弈秋誨二人弈，其一人專心致志，惟弈秋之爲聽。一人雖聽之，一心以爲有鴻鵠[4]將至，思援弓繳[5]而射之，雖與之俱學，弗若之矣。爲是其智弗若與？曰：非然也。」

【語譯】

孟子說：「王的不聰明，不足奇怪。縱使有一種最容易生長的植物，曬它一天，冷它十天，沒有能夠再長的。我和王相見的次數也太少了，我退居在家，把他冷淡得也到了極點了，他雖有善良之心的萌芽，我對它能有什麼幫助呢？譬如下棋，這只是小技術，如果不一心一意，那就學不好。弈秋是全國的下棋聖手。假使讓他教授兩個人，一個人一心一意，只聽弈秋的話。另一個呢，雖然聽著，而心裏却以爲，有隻天鵝快要飛來，想拿起弓箭去射它。這樣，即使和那人一道學習，他的成績一定不如人家。是因爲他的聰明不如人家嗎？自然不是的。」

【注釋】

[1] 或——同「惑」。〔呂氏春秋・審爲篇〕高誘〔注〕云：「惑，怪也。」

[2] 弈——〔說文〕云：「弈，圍棋也。」

[3] 數——趙岐〔注〕云：「數，技也。」

[4] 鴻鵠——朱駿聲〔說文通訓定聲〕云：「凡鴻鵠連文者，即鵠也。」鵠，今名天鵝。

[5] 繳——音ㄓㄨㄛ。〔說文〕云：「繳，生絲縷也。」繳本是生絲縷，用它來繫在箭上，因稱繫著絲線的箭爲繳。

◈

一一・一〇

孟子曰：「魚，我所欲也，熊掌亦我所欲也；二者不可得兼，捨魚而取熊掌者也。生亦我所欲也，義亦我所欲也；二者不可得兼，捨生而取義者也。生亦我所欲，所欲有甚於生者，故不爲苟得也；死亦我所惡，所惡有甚於死者，故患有所不辟也。如使人之所欲莫甚於生，則凡可以得生者，何不用也？使人之所惡莫甚於死者，則凡可以辟患者，何不爲也？由是則生而有不用也，由是則可以辟患而有不爲也，是故所欲有甚於生者，所惡有甚於死者。非獨賢者有是心也，人皆有之，賢者能勿喪耳。一簞食，一豆[1]羹，得之則生，弗得則死，嘑爾而與之，行道之人弗受[2]；蹴爾而與之，乞人不屑也。萬鍾則不辯禮義而受之。萬鍾於我何加焉？爲宮室之美、妻妾之奉、所識窮乏者得我與？鄉爲身死而不受，今爲宮室之美爲之；鄉爲身死而不受，今爲妻妾之奉爲之；鄉爲身死而不受，今爲所識窮乏者得我而爲之，是亦不可以已乎？此之謂失其本心。」

【語　譯】

孟子說：「魚是我所喜歡的，熊掌也是我所喜歡的；如果兩者不能並有，便犧牲魚，而要熊掌。生命是我所喜歡的，義也是我所喜歡的；如果兩者不能並有，便犧牲生命，而要義。生命本是我所喜歡的，但是還有比生命更為我所喜歡的，所以我不做苟且偷生的事；死亡本是我所厭惡的，但是還有比死亡更為我所厭惡的，所以有的禍害我不躲避。如果人們所喜歡的沒有超過生命的，那麼，一切可以求得生存的方法，哪有不使用的呢？如果人們所厭惡的沒有超過死亡的，那麼，一切可以避免禍害的事情，哪有不做的呢？（然而，有些人）由此而行，便可以得到生存，卻不去做；由此而行，便可以避免禍害，卻不去做，由此可知有比生命值得喜歡的東西，也有比死亡令人厭惡的東西。這種心不僅僅賢人有，人人都有，不過賢人能夠保持它罷了。一筐飯，一碗湯，得著便活下去，得不著便死亡，呼喝著給與他，就是過路的餓人都不會接受；腳踏過再給與他，就是乞丐也不屑於要。（然而竟有人於）萬鍾的俸祿卻不問合於禮義與否，欣然接受了。萬鍾的俸祿對我有什麼好處呢？為著住宅的華麗、妻妾的侍奉和我所認識的貧苦人感激我嗎？過去寧肯死亡而不接受的，今天卻為著住宅的華麗而接受了；過去寧肯死亡而不接受的，今天卻為著妻妾的侍奉而接受了；過去寧肯死亡而不接受的，今天卻為著我所認識的貧苦人的感激而接受了，這些不是可以罷手的麼？這便叫做喪失了他的本性。」

【注　釋】

1 豆——古代盛羹湯之具。

2 嘑爾而與之，行道之人弗受——嘑，同「呼」，舊讀去聲，ㄏㄨˋ。趙岐〔注〕云：「嘑爾，猶呼爾，咄啐之貌也。」〔禮記．檀弓〕有一段故事，情節相類，錄供參考：「齊大饑，黔敖爲食於路以待餓者而食之。有餓者蒙袂輯屨貿貿然來。黔敖左奉食，右執飲，曰：『嗟！來食！』揚其目而視之，曰：『予唯不食嗟來之食以至於斯也。』從而謝焉，終不食而死。」

一一．一一

孟子曰：「仁，人心也；義，人路也。捨其路而弗由，放其心而不知求，哀哉！人有雞犬放，則知求之；有放心而1不知求。學問之道無他，求其放心2而已矣。」

【語　譯】

孟子說：「仁是人的心，義是人的路。放棄了那條正路而不走，喪失了那善良之心而不曉得去找，可悲得很呀！一個人，有雞和狗走失了，便曉得去尋找，有善良之心喪失了，却不曉得去尋求。學問之道沒有別的，就是把那喪失的善良之心找回來罷了。」

【注　釋】

1 而——用法同「則」，此從俞樾《孟子平義》說。

2 求放心——吳定《柴石山房文集・求放心解》云：「孟子所謂『求放心』者，非納其放心聚之於學之謂，『放心』即孟子所謂『放其良心』、『失其本心』者也。」

❖

一一・一二

孟子曰：「今有無名之指屈而不信1，非疾痛害事也，如有能信之者，則不遠秦楚之路，為指之不若人也。指不若人，則知惡之；心不若人，則不知惡，此之謂不知類2也。」

【語　譯】

孟子說：「現在有人，他無名指彎曲而不能伸直，雖然不痛苦，也不妨礙工作，如果有人能夠使它伸直，就是走向秦國楚國，都不以為遠，（而去醫治，）為的是無名指不及別人。無名指不及別人，就知道厭惡；心性不及別人，竟不知道厭惡，這個叫做不懂得輕重。」

【注　釋】

1 信——同「伸」。

2 不知類——朱熹〔集註〕云：「不知類，言不知輕重之等也。」譯文本此。

一一・一三

孟子曰：「拱把[1]之桐梓，人苟欲生之，皆知所以養之者。至於身，而不知所以養之者，豈愛身不若桐梓哉？弗思甚也。」

【語　譯】

孟子說：「一兩把粗的桐樹梓樹，假若要使它生長起來，都曉得如何去培養。至於本人，卻不曉得如何去培養，難道愛自己還不及愛桐樹梓樹嗎？眞是太不動用腦筋了。」

【注　釋】

1 拱把——趙岐〔注〕云：「拱，合兩手也。把，以一手把之也。」此言樹之尚小。

一一・一四

孟子曰：「人之於身也，兼所愛。兼所愛，則兼所養也。無尺寸之膚不愛焉，則無尺寸之膚不養也。所以考其善不善者，豈有他哉？於己取之而已矣。體有貴賤，有小大。無以小害大，無以賤害貴[1]。養其小者爲小人，養其大者爲大人。今有場師，舍其梧檟[2]，養其樲棘[3]，則爲賤場師焉。養其一指而失其肩背，而不知也，則爲狼疾[4]人也。飲食之人，則人賤之矣，爲其養小以失大也。飲食之人無有失也，則口腹豈適[5]爲尺寸之膚哉？」

【語譯】

孟子說：「人對於身體，哪一部分都愛護。都愛護便都保養。沒有一尺一寸的皮膚肌肉不愛護，便沒有一尺一寸的皮膚肌肉不保養。考察他護養得好或者不好，難道有別的方法嗎？只是看他所注重的是身體的哪一部分罷了。身體有重要部分，也有次要部分；有小的部分，也有大的部分。不要因爲小的部分損害大的部分，不要因爲次要部分損害重要部分。保養小的部分的就是小人，保養大的部分的便是君子。假若有一位園藝家，放棄梧桐梓樹，卻去培養酸棗荊棘，那就是位很壞的園藝家。如果有人只保養他的一個手指，卻喪失了肩頭背脊，自己還不明白，那便是糊塗透頂的人了。只是講究吃喝（而不顧思想意識的培養）的人，人家都輕視他，因爲他保養了小的部分，喪失大的部分。如果講究吃喝的人不影響思想意識的培養，那麼，吃喝的目的難道僅僅爲著口腹的那小部分嗎？」

【注釋】

[1] 貴賤大小——朱熹〔集註〕云：「賤而小者，口腹也；貴而大者，心志也。」

[2] 梧檟——梧，梧桐。陳翥〔桐譜〕云：「古詩書或稱桐，或稱梧，或曰梧桐，其實一也。」

櫃，音ㄐㄧㄚ，即楸樹，木理細密。梧桐、楸樹均為好木料。

[3] 樲棘——樲，音ㄜ，酸棗；棘，荊棘。阮元〔校勘記〕以為「樲棘」本作「樲棗」，但錢大昕〔十駕齋養新錄〕云：「〔爾雅〕：『樲，酸棗。』不聞『樲棘』為小棗。梧檟二物，則樲棘必非一物。樲即酸棗，棘即荊棘之棘也。」今從之。

[4] 狼疾——按趙岐〔注〕讀為「狼藉」。

[5] 適——〔戰國策．秦策〕云：「疑臣者不適三人。」高誘〔注〕云：「適音翅，翅與啻同。」❖

一一．一五

公都子問曰：「鈞[1]是人也，或為大人，或為小人，何也？」

孟子曰：「從其大體為大人，從其小體為小人[2]。」

曰：「鈞是人也，或從其大體，或從其小體，何也？」

曰：「耳目之官不思，而蔽於物。物交物，則引之而已矣。心之官則思，思則得之[3]，不思則不得也。此[4]天之所與我[5]者。先立乎其大者，則其小者不能奪也。此為大人而已矣。」

【語　譯】

公都子問道：「同樣是人，有些是君子，有些是小人，什麼緣故？」

孟子答道：「求滿足身體重要器官的需要的是君子，求滿足身體次要器官的慾望的是小人。」

問道：「同樣是人，有人要求滿足重要器官的需要，有人要求滿足次要器官的慾望，又是什麼緣故？」

答道：「耳朵眼睛這類的器官不會思考，故爲外物所蒙蔽。（因此，耳目不過是一物罷了。）一與外物相接觸，便被引向迷途了。心這個器官職在思考，（人的善性）一思考便得著，不思考便得不著。這個器官是天特意給我們人類的。因此，這是重要器官，要先把它樹立起來，那麼，次要的器官便不能把這善性奪去了。這樣便成了君子了。」

【注釋】

1 鈞——同「均」，同也。

2 從其大體爲大人，從其小體爲小人——這兩句依〔孟子〕上文之義用意譯法，讀者不必拘泥於原文字句。

3 思則得之——此「之」字何所指，古今註釋家都未能明確指出，宋元理學家竟以爲指「理」而言。按之第六章「求則得之，舍則失之」兩句，與此立意相同，彼處是指「我固有之」的「仁義禮智」的「才」而言，則此亦當同。

4 此——朱熹〔集註〕云：「舊本多作『比』，而趙〔注〕亦以『比方』釋之。今本既多作『此』，作『比方』於義爲短，故且從今本云。」又王引之〔經傳釋詞〕訓「比」爲「皆」，謂「耳目心思皆天之所與我者」，亦不可信。今仍作「此」，蓋獨指「心」而言。

5 我——擴充用法，指人類。

一一・一六

孟子曰：「有天爵者，有人爵者。仁義忠信，樂善不倦，此天爵也；公卿大夫，此人爵也。古之人修其天爵，而人爵從之。今之人修其天爵，以要人爵；既得人爵，而棄其天爵，則惑之甚者也，終亦必亡而已矣。」

【語　譯】

孟子說：「有自然爵位，有社會爵位。仁義忠信，不疲倦地好善，這是自然爵位；公卿大夫，這是社會爵位。古代的人修養他的自然爵位，於是社會爵位隨著來了。現在的人修養他的自然爵位，來追求社會爵位；已經得到了社會爵位，便放棄他的自然爵位，那就太糊塗了，結果連社會爵位也會喪失的。」

❖

一一・一七

孟子曰：「欲貴者，人之同心也。人人有貴於己者，弗思耳矣。人之所貴者，非良貴也。趙孟[1]之所貴，趙孟能賤之。〔詩〕云[2]：『既醉以酒，既飽以德。』言飽乎仁義也，所以[3]不願[4]人之膏粱[5]之味也；令聞廣譽施於身，所以不願人之文繡[6]也。」

【語　譯】

孟子說：「希望尊貴，這是人們的共同心理。但每人自己都有可貴的東西，只是不去思考它罷了。別人所給與的尊貴，不是眞正值得尊貴的。趙孟所尊貴的，趙孟同樣可以使他下賤。〔詩經〕說：『酒已經醉了，德已經飽了。』這是說仁義之德很富足了，也就不羨慕別人的肥肉細米了；到處皆知的好名聲在我身上，也就不羨慕別人的繡花衣裳了。」

【注釋】

1 趙孟——晉國正卿趙盾字孟，因而其子孫都稱趙孟。孫奕〔示兒篇〕云：「晉有三趙孟，趙朔之子曰武，謚文子，稱趙孟。趙武之子曰成，趙成之子曰鞅，又名志父，謚簡子，亦稱趙孟。趙鞅之子曰無恤，謚襄子，亦稱趙孟。」

2 〔詩〕云——以下兩句見〔大雅・既醉篇〕。

3 所以——直譯爲「的原因」（譯文用意譯法），與今日的「所以」用法不同，〔馬氏文通〕以下諸語法書都認爲同於今日的「所以」，誤。

4 願——鄭玄〔禮記・祭義・注〕云：「願，羨也。」〔荀子・榮辱篇〕楊倞注云：「願猶慕也。」

5 膏粱——韋昭〔國語・注〕云：「膏，肉之肥者。」粱爲精細而色白的小米，古代以稻粱爲細糧，爲有錢之人所食者，不是今日的高粱。

6 文繡——古代衣服有等，必須有爵命的人才能著文繡之服。

❖

一一・一八

孟子曰：「仁之勝不仁也，猶水勝火。今之爲仁者，猶以一杯水救一車薪之火也；不熄，則謂之水不勝火，此又與[1]於不仁之甚者也，亦終必亡而已矣。」

【語　譯】

孟子說：「仁的勝過不仁正像水可以撲滅火一樣。如今行仁的人，好像用一杯水來救一車柴木的火焰，火焰不熄滅，便說水不能撲滅火，這些人又和很不仁的人相同了，結果連他們已行的這點點仁都會消失的。」

【注　釋】

[1] 與——同也。

❖

一一・一九

孟子曰：「五穀者，種之美者也；苟爲不熟，不如荑稗[1]。夫仁，亦在乎熟之而已矣。」

【語　譯】

孟子說：「五穀是莊稼中的好品種，假若不能成熟，反而不及稊米和稗子。仁，也在於使它成熟罷了。」

【注　釋】

[1] 荑稗——即「稊稗」。荑，音ㄊㄧˊ，稗，音ㄅㄞˋ。稊，稗類，結實甚小，可以作家畜飼料，古人也用以備凶年。

一一・二〇

孟子曰：「羿之教人射，必志於彀[1]；學者亦必志於彀。大匠誨人必以規矩，學者亦必以規矩。」

【語　譯】

孟子說：「羿教人射箭，一定拉滿弓；學習的人也一定要求努力拉滿弓。有名的木工教導人，一定依循規矩，學習的人也一定要依循規矩。」

【注　釋】

[1] 必志於彀——朱熹〔集註〕云：「志猶期也；彀（ㄍㄡˋ），弓滿也。」

卷十二

告子章句下

凡十六章

一二·一

任[1]人有問屋廬子[2]曰：「禮與食孰重？」

曰：「禮重。」

「色與禮孰重？」

曰：「禮重。」

曰：「以禮食，則飢而死；不以禮食，則得食，必以禮乎？親迎[3]，則不得妻；不親迎，則得妻，必親迎乎？」

屋廬子不能對，明日之鄒[4]以告孟子。

孟子曰：「於答是也，何有？不揣[5]其本，而齊其末，方寸之木可使高於岑樓[6]。金重於羽者，豈謂一鉤金[7]與一輿羽之謂哉？取食之重者與禮之輕者而比之，奚翅[8]食重？取色之重者與禮之輕者而比之，奚翅色重？往應之曰：『紾[9]兄之臂而奪之食，則得食；不紾，則不得食，則將紾之乎？踰東家牆而摟[10]其處子[11]，則得妻；不摟，則不得妻；則將摟之乎？』」

【語譯】

有一位任國人問屋廬子道：「禮和食哪樣重要？」

答道：「禮重要。」

「娶妻和禮哪樣重要？」

答道：「禮重要。」

問道：「如果按著禮節去找吃的，便會餓死；不按著禮節去找吃的，便會得到吃的，那一定要按著禮節行事嗎？如果按照親迎禮，便不得到妻子；如果不行親迎禮，便會得著妻子，那一定要行親迎禮嗎？」

屋廬子不能對答，第二天便去鄒國，把這話告訴孟子。

孟子說：「答覆這個有什麼困難呢？如果不揣度基地的高低是否一致，而只比較其頂端，那一寸厚的木塊，（若放在高處，）可以使它比尖角高樓還高。我們說，金子比羽毛重，難道是說三錢多重的金子比一大車的羽毛還重嗎？拿吃的重要方面和禮的細節相比較，何止於吃的重要？拿婚姻的重要方面和禮的細節相比較，何止於娶妻重要？你這樣去答覆他吧：『扭折哥哥的胳膊，搶奪他的食物，便得到吃的；不扭，便得不著吃的，那會去扭嗎？爬過東鄰的牆去摟抱女子，便得到妻室；不去摟抱，便得不著妻室，那會去摟抱嗎？』」

【注釋】

1 任——閻若璩〔釋地〕云：「任，國名，太皞之後，風姓。漢爲任城縣，後漢爲任城國，今濟寧州東任城廢縣是。」按當即今山東濟寧市。

2 屋廬子——孟子弟子，名連，由「屋廬子喜曰：『連得間矣』」（一二·五）知之。

3 親迎——古代婚姻，新郎親迎新婦，自諸侯至於老百姓都如此。至於天子，〔左傳〕以爲天子不親迎，〔公羊傳〕則云天子亦親迎，禮經又無明文，因之未有定論。

4 鄒——在今山東鄒縣東南二十六里，與故任國相距約百里，因之屋廬子可以明日即往。

5 揣——〔方言〕云：「度高爲揣。」〔左傳〕昭公二十三年云「揣高卑」義同。

6 岑樓——趙岐〔注〕云：「岑樓，山之銳嶺者。」則讀「樓」爲「嶁」。朱熹〔集註〕云：「岑樓，樓之高銳似山者。」則於「樓」字如字讀之。按〔說文〕云：「岑，山小而高。」〔楚辭〕王逸〔注〕云：「岑，銳也。」則「岑」有高義，又有銳義，以山之高者其頂必銳也。故高而銳之鼎曰岑鼎（〔呂氏春秋．審忌篇〕，即〔韓非子．說林篇〕之「讒鼎」），高而銳之石曰岑石（〔楚辭．逢紛〕），則樓之高而銳者亦可曰岑樓。朱熹說較可從。

7 一鉤金——孔廣森〔經學卮言〕云：「〔晏子春秋〕曰：『大帶重半鈞，舄屨倍重。』鄭君說：『東萊稱以大半兩爲鈞。』然則帶鉤金半鈞，才重三分兩之一。」

8 翅——同「啻」，止也，但也。

9 紾——趙岐〔注〕云：「戾也。」即今扭轉之意。

10 摟——〔說文〕云：「摟，曳聚也。」趙岐〔注〕云：「摟，牽也。」按〔孟子〕除此章「摟」字外，又有「五霸者摟諸侯以伐諸侯者也」（一二．七）一句。此章「摟」字宜訓「抱持」，「摟諸侯」的「摟」字宜訓「挾持」。

11 處子——猶言「處女」。〔詩．桃夭〕：「之子于歸，宜其室家。」〔論語．公冶長〕：「以其子妻之。」諸「子」字俱指女子而言。

◈

一二·二

曹交[1]問曰：「人皆可以爲堯舜，有諸？」

孟子曰：「然。」

「交聞文王十尺，湯九尺，今交九尺四寸以長，食粟而已，如何則可？」

曰：「奚有於是？亦爲之而已矣。有人於此，力不能勝一匹雛[2]則爲無力人矣；今曰舉百鈞，則爲有力人矣。然則舉烏獲[3]之任，是亦爲烏獲而已矣。夫人豈以不勝爲患哉？弗爲耳。徐行後長者謂之弟，疾行先長者謂之不弟。夫徐行者，豈人所不能哉？所不爲也。堯舜之道，孝弟而已矣。子服堯之服，誦堯之言，行堯之行，是堯而已矣。子服桀之服，誦桀之言，行桀之行，是桀而已矣。」

曰：「交得見於鄒君，可以假館，願留而受業於門。」

曰：「夫道若大路然，豈難知哉？人病不求耳。子歸而求之，有餘師。」

【語　譯】

曹交問道：「人人都可以做堯舜，有這話嗎？」

孟子答道：「有的。」

曹交問：「我聽說文王身高一丈，湯身高九尺，如今我有九尺四寸多高，只會吃飯罷了，要怎樣才成呢？」

孟子說：「這有什麼關係呢？只要去做就行了。要是有人，自己以爲一隻小雞都提不起來，便是毫無力氣的人了；如果說能夠舉重三千斤，便是很有力氣的人了。那麼，舉得起烏獲所能舉的重量的，也就是烏獲了。人難道以不能勝任為憂嗎？只是不去做罷了。慢點兒走，走在長者之後，便叫悌；走得很快，搶在長者之前，便叫不悌。慢點兒走，難道是人所不能的嗎？只是不那樣做罷了。堯舜之道，也不過就是孝和悌而已。你穿堯的衣服，說堯的話，作堯的所作所為，便是堯了。你穿桀的衣服，說桀的話，作桀的所作所為，便是桀了。」

曹交說：「我準備去謁見鄒君，向他借個住的地方，情願留在您門下學習。」

孟子說：「道就像大路一樣，難道難於瞭解嗎？只怕人不去尋求罷了。你回去自己尋求罷，老師多得很呢。」

【注釋】

1 曹交——趙岐〈注〉云：「曹交，曹君之弟，交，名也。」但曹國為宋所滅，明載於〈左傳〉哀公八年，故王應麟〈困學紀聞〉云：「至孟子時，曹亡久矣。」復安得有曹君暨其弟？趙岐此注不知何據。

2 一匹雛——「一匹雛」之語例與「一鈞金」「一輿羽」同，「鈞」與「輿」皆作量詞，則「匹」亦為量詞。「匹」本為計馬數之量詞，毛公鼎、曶鼎以及其他金文習見之，〈尚書・文侯之命〉亦云「馬四匹」。而「匹夫匹婦」則又用以計人，此則借以計雛。「一匹雛」猶今言一隻小雞。

3 烏獲——〈史記・秦本紀〉言秦武王時有力士烏獲，但此時孟子年已踰七十，而烏獲遠在西方之秦，未必能舉肯舉以爲例證，此烏獲或者是古之有力人，秦之力士又襲用其名耳。

一二·三

公孫丑問曰：「高子[1]曰：〈小弁〉[2]，小人之詩也。」

孟子曰：「何以言之？」

曰：「怨。」

曰：「固哉，高叟之爲詩也！有人於此，越人關弓而射之，則己談笑而道之；無他，疏之也。其兄關弓而射之，則己垂涕泣而道之；無他，戚[3]之也。〈小弁〉之怨，親親也。親親，仁也。固矣夫，高叟之爲詩也！」

曰：「〈凱風〉[4]何以不怨？」

曰：「〈凱風〉，親之過小者也；〈小弁〉，親之過大者也。親之過大而不怨，是愈疏也；親之過小而怨，是不可磯[5]也。愈疏，不孝也；不可磯，亦不孝也。孔子曰：『舜其至孝矣，五十而慕[6]。』」

【語　譯】

公孫丑問道：「高子說，〈小弁〉這篇詩章是小人所作的，是嗎？」

孟子說：「爲什麼這麼說呢？」

答道：「因爲詩章有怨恨之情。」

孟子說：「高老先生的講詩眞是太機械了！這裏有個人，若是越國人張開弓去射他，他可以有說有笑地講述著這事；這沒有別的原因，因爲越國人和他關係疏遠。若是他哥哥張開弓去射他，那他會哭哭啼啼地講述著這事；這沒有別的原因，因爲哥哥是親人。〈小弁〉的怨恨，正是熱愛親人的緣故。熱愛親人，是合乎仁的。高老先生的講詩實在是太機械了！」

公孫丑說：「〈凱風〉這篇詩又爲什麼沒有怨恨之情呢？」

答道：「〈凱風〉這篇詩，是由於母親的過錯小；〈小弁〉這一篇詩，卻是由於父親的過錯大。父母的過錯大，卻不抱怨，是更疏遠父母的表現；父母的過錯小，卻去抱怨，是反而激怒自己。更把父母疏遠是不孝，反而使自己激怒也是不孝。孔子說：『舜是最孝順的人吧，五十歲還依戀父母。』」

【注釋】

1 高子——〈孟子〉中「高子」凡數見，趙岐〈注〉以爲「孟子弟子」。此處治詩之高子，以孟子稱之爲「高叟」論之，似年長於孟子，不當爲孟子弟子，故梁玉繩〈古今人表考〉以爲是二人，然亦有以爲一人者。至陸德明〈經典釋文・序錄〉述〈詩〉之傳授，「子夏授高行子」之高行子，與孟子年代難於相接，疑別是一人，陳奐〈毛詩傳疏〉以爲即是此高子，恐誤。

2 〈小弁〉——弁，音ㄆㄢˊ。〈小弁〉在〈小雅〉，〈毛詩〉以爲刺幽王，太子宜臼之傅作。（周幽王先娶申國之女，生宜臼，立爲太子；其後又得褒姒，極爲寵愛，生子伯服，便廢申后及太子宜臼，而立伯服爲太子，宜臼且將被殺。）三家詩則以爲周宣王時名臣尹吉甫之子伯奇所作。（據云吉甫娶後妻，生子伯邦，乃譖伯奇於吉甫，放之於野。）

[3] 戚——趙岐〔注〕云：「戚，親也。」

[4] 〔凱風〕——詩在〔國風・邶風〕，凡四章，通篇都是自責而慰母之辭。一則曰：「母氏聖善，我無令人。」再則曰：「有子七人，莫慰母心。」〔詩・序〕云：「〔凱風〕，美孝子也。衞之淫風流行，雖有七子之母，猶不能安其室，故美七子能盡其孝道，以慰母心，而成其志爾。」

[5] 磯——音ㄐㄧ。趙岐〔注〕云：「磯，激也。」朱熹〔集註〕云：「不可磯，言微激之而遽怒也。」

[6] 慕——〔萬章上〕第一章云：「萬章問曰：『舜往于田，號泣於旻天，何爲其號泣也？』孟子曰：『怨慕也。』」下文又云：「五十而慕者，予於大舜見之矣。」舜於父母，因慕而怨，「慕」字雖無怨義，但在此實包涵有怨恨之意，以與上文諸「怨」字相照應。

❖

一二・四

宋牼[1]將之楚，孟子遇於石丘[2]，曰：「先生[3]將何之？」

曰：「吾聞秦楚構兵[4]，我將見楚王說而罷之。楚王不悅，我將見秦王說而罷之。二王我將有所遇焉。」

曰：「軻也請無問其詳，願聞其指。說之將何如？」

曰：「我將言其不利也。」

曰：「先生之志則大[5]矣，先生之號[6]則不可。先生以利說秦楚之王，秦楚之王悅於利，以罷三軍之師，是三軍之士樂罷而悅於利也。爲人臣者懷利以事其君，為人子者懷利以事其父，為人弟者懷利以事其兄，是君臣、父子、兄弟終[7]去仁義，懷利以相接，然而不亡者，未之有也。先生以仁義說秦楚之王，秦楚之王悅於仁義，而罷三軍之師，是三軍之士樂罷而悅於仁義也。為人臣者懷仁義以事其君，為人子者懷仁義以事其父，為人弟者懷仁義以事其兄，是君臣、父子、兄弟去利，懷仁義以相接也，然而不王者，未之有也。何必曰利？」

【語　譯】

宋牼到楚國去，孟子在石丘地方碰到了他，孟子問道：「先生準備往哪裏去？」

答道：「我聽說秦楚兩國交兵，我打算去謁見楚王，向他進言，勸他罷兵。如果楚王不聽，我又打算去謁見秦王，向他進言，勸他罷兵。在兩個國王中，我總會有所遇合。」

孟子說：「我不想問得太詳細，只想知道你的大意，你將怎樣去進言呢？」

答道：「我打算說，交兵是不利的。」

孟子說：「先生的志向是很好的了，可是先生的提法却不行。先生用利來向秦王楚王進言，秦王楚王因為有利而高興，於是停止軍事行動，這就將使軍隊的官兵樂於罷兵，因之喜悅利。做臣屬的懷抱著利的觀念來服事君主，做兒子的懷抱著利的觀念來服事父親，做弟弟的懷抱著利的觀念來服事哥哥，這就會使君臣之間、父子之間、兄弟之間都完全去掉仁義，懷抱著利的觀念來互相對待，如此而國家不滅亡的，是沒有的事情。若是先生用仁義來向秦王楚王進言，秦王楚王因仁義而高興，於是停止軍事行動，這就會使軍隊的官兵樂於罷兵，因而喜悅仁義。做臣屬的懷抱著仁義來服事君主，做兒子的懷抱著仁義來服事父親，做弟弟的懷抱著仁義來服事哥哥，這就會使君臣之間、父子之間、兄弟之間都去掉利的觀念，懷抱著仁義來互相對待港如此而國家不以德政統一天下的，也是沒有的事。爲什麼一定要說到『利』呢？」

【注釋】

1 宋牼——宋人，〔莊子・天下篇〕、〔荀子・非十二子篇〕作宋鈃，〔韓非子・顯學篇〕作宋榮（〔莊子・逍遙遊篇〕亦作宋榮），爲戰國一有名學者。其主張大致爲寡欲，見侮不以爲辱，以救民之互鬥；禁攻寢兵，以救當時之攻戰；破除主觀成見（別囿），以識萬物之真相。

2 石丘——僞孫奭〔疏〕以爲宋國地名，〔一統志〕以爲在今河南舊衛輝府，未必有據。

3 先生——焦循〔正義〕云：「〔禮記・曲禮〕云：『從於先生。』〔注〕云：『先生，老人教學者。』〔國策・衛策〕云：『乃見梧下先生。』〔注〕云：『先生，長者有德者稱。』〔齊策〕云：『孟嘗君讌坐，謂三先生。』〔注〕云：『長老先己以生者也。』牼蓋年長於孟子，故孟子以先生稱之而自稱名。」但某氏云：「今按其時孟子年已踰七十（說詳下條），而牼欲歷說秦楚，意氣猶健，年未能長於孟子。先生自是稷下學士先輩之通稱，孟子亦深敬其人，故遂自稱名爲謙耳。」

4 秦楚構兵——張宗泰〔孟子諸國年表說〕云：「當孟子時，齊秦所共爭者惟魏，若楚雖近秦，時方强盛，秦尚未敢與爭。惟梁襄王元年癸卯，有楚與五國共擊秦不勝之事，而獨與秦戰，則在懷王十七年。孟子是年因燕人畔去齊，疑孟子或有事於宋，而自宋之薛，因與宋牼遇於石丘。」若孟子生於周安王之十三年與二十年間（約當公元前三八九年稍後），則至楚懷王十七年（當公元前三一二年），年已踰七十了。

[5] 大——〔易・繫辭〕云：「莫大乎著龜。」〔漢書・藝文志〕引作：「莫善乎著龜。」可見「大」有「善」義，此「大」字也當作「善」字解。

[6] 號——意謂所用的提法。

[7] 終——〔呂氏春秋・音律篇〕：「數將幾終。」高誘〔注〕云：「終，盡也。」

◈

一二・五

孟子居鄒，季任[1]爲任處守，以幣交，受之而不報。處於平陸[2]，儲子爲相，以幣交，受之而不報。他日，由鄒之任，見季子；由平陸之齊，不見儲子。屋廬子喜曰：「連得間矣。」問曰：「夫子之任，見季子；之齊，不見儲子，爲其爲相與？」曰：「非也；〔書〕曰[3]：『享多儀[4]，儀不及物曰不享，惟不役志於享。』爲其不成享也。」

屋廬子悅。或問之。屋廬子曰：「季子不得之鄒，儲子得之平陸。」

【語譯】

當孟子住在鄒國的時候，季任留守任國，代理國政，送禮物來和孟子交友，孟子接受了禮物，並不回報。又當孟子住在平陸的時候，儲子做齊國的卿相，也送禮物來和孟子交友，孟子接受了，並不回報。過一段時間，孟子從鄒國到任國，拜訪了季子；從平陸到齊都，却不去拜訪儲子。屋廬子高興地說：「我找到了老師的岔子了。」便問道：「老師到任國，拜訪季子；到齊都，不拜訪儲子，是因爲儲子只是卿相嗎？」

答道：「不是；〈尚書〉說過：『享獻之禮可貴的是儀節，如果儀節不夠，禮物雖多，只能叫做沒有享獻，因爲享獻人的心意並沒有用在這上面。』這是因爲他沒有完成那享獻的緣故。」

屋廬子高興得很。有人問他。他說：「季子不能夠親身去鄒國，儲子張能夠親身去平陸。（他爲什麼只送禮而不自己去呢？）」

【注釋】

1 季任——趙岐〈注〉云：「季任，任君弟也。」任，風姓，見〈左傳〉僖廿一年。任國在今山東濟寧市。

2 平陸——閻若璩〈釋地續〉云：「平陸爲今汶上縣，去齊都臨淄凡六百里，而儲子既相，必朝夕左右爲王辦政事，非奉王命，似亦未易出郊外，何必孟子望其身親至六百里外之下邑方爲禮稱其幣？既思〈范雎列傳〉云：『秦相穰侯東行縣邑東騎至湖關。』湖今閿鄉縣，去秦都咸亦幾六百里，是當日國相皆得周行其境之內，非令所禁，故曰：『儲子得之平陸』。」

3 〈書〉曰等句——見今〈尚書．洛誥篇〉。

4 享多儀——周用錫〈尚書證義〉云：「多如〈漢書．袁盎傳〉『皆多盎』之『多』，『享多儀』，享以儀爲多也。」

一二·六

淳于髡曰：「先名實者，爲人也；後名實者，自爲也①。夫子在三卿②之中，名實未加於上下而去之，仁者固如此乎？」

孟子曰：「居下位，不以賢事不肖者，伯夷也；五就湯，五就桀者，伊尹也；不惡汙君，不辭小官者，柳下惠也。三子者不同道，其趨一也。一者何也？曰，仁也。君子亦仁而已矣，何必同？」

曰：「魯繆公之時，公儀子③爲政，子柳④子思爲臣，魯之削也滋甚⑤；若是乎，賢者之無益於國也！」

曰：「虞不用百里奚而亡，秦穆公用之而霸。不用賢則亡，削何可得與？」

曰：「昔者王豹⑥處於淇，而河西⑦善謳；緜駒處於高唐⑧，而齊右⑨善歌；華周杞梁之妻善哭其夫⑩而變國俗。有諸內，必形諸外。爲其事而無其功者，髡未嘗覩之也。是故無賢者也；有則髡必識之。」

曰：「孔子爲魯司寇，不用，從而祭，燔肉不至⑪，不稅冕而行⑫。不知者以爲爲肉也，其知者以爲爲無禮也。乃孔子則欲以微罪行⑬，不欲爲苟去。君子之所爲，衆人固不識也。」

【語　譯】

淳于髡說：「重視名譽功業是爲著濟世救民，輕視名譽功業是爲著獨善其身。您爲齊國三卿之一，對於上輔君王下濟臣民的名譽和功業都沒有建立，您就離開，仁人原來是這樣的嗎？」

孟子說：「處在卑賤的職位，不拿自己賢人的身分去服事不肖的人的，這是伯夷；五次往湯那裏去，又五次往桀那裏去的，這是伊尹；不討厭惡濁的君主，不拒絕微賤的職位的，這是柳下惠。三個人的行爲不相同，但總方向是一樣的。這一樣的是什麼呢？應該說，就是仁。君子只要仁就行了，爲什麼一定要相同呢？」

淳于髡說：「當魯繆公的時候，公儀子主持國政，泄柳和子思也都立於朝廷，魯國的削弱却更厲害，賢人對國家的毫無好處竟像這樣的呀！」

孟子說：「虞國不用百里奚，因而滅亡；秦穆公用了百里奚，因而稱霸。不用賢人就會招致滅亡，即使要求勉强存在，都是辦不到的。」

淳于髡說：「從前王豹住在淇水旁邊，河西的人都會唱歌；緜駒住在高唐，齊國西部地方都會唱歌；華周杞梁的妻子痛哭她們的丈夫，因而改變了國家風尚。裏面存在了什麼，一定會表現在外面。如果從事某種工作，却見不到功績的，我不曾看過這樣的事。所以今天是沒有賢人；如果有賢人，我一定會知道他。」

孟子說：「孔子做魯國司寇的官，不被信任，跟隨著去祭祀，祭肉也不見送來，於是匆忙地離開。不知道孔子的人以爲他是爲爭祭肉而去，知道孔子的人以爲他是爲魯國失禮而去。至於孔子，却是要自己背一點小罪名而走，不想隨便離開。君子的作爲，一般人本來是不知道的。」

【注釋】

1 先名實爲人，後名實自爲——朱熹〔集註〕云：「名，聲譽也；實，事功也。言以名實爲先而爲之者，是有志於救民也；以名實爲後而不爲者，是欲獨善其身者也。」

2 三卿——全祖望〔經史問答〕云：「孟子之世，七國官制尤草草。大抵三卿者，指上卿、亞卿、下卿而言。樂毅初入燕乃亞卿，是其證也。或曰，一卿是相，一卿是將，其一爲客卿，而上下本無定員，亦通。」

3 公儀子——當是公儀休。〔史記・循吏傳〕云：「公儀休者，魯博士也，以高第爲魯相。奉法循禮，無所變更」云云。

4 子柳——趙岐〔注〕云：「子柳，泄柳也。」

5 魯之削也滋甚——按之〔史記・六國年表〕：「齊宣公四十四年，伐魯莒及安陽；四十五年，伐魯，取都；四十八年，取魯郕；齊康公十一年，伐魯，取最；十五年，魯敗我（齊）平陸；二十年，伐魯，破之。」諸事都當魯繆公之世，除僅一度於平陸打敗齊國以外，其餘都是兵敗地削，可以爲此語佐證。

6 王豹——趙岐〔注〕云：「王豹，衛之善謳者。」但鄭珍〔巢經巢文集〕據〔左傳〕哀六年文，以爲是齊人，可從。

7 河西——〔詩經・衛風・碩人〕云：「河水洋洋，北流活活。」而〔左傳〕僖公四年載齊管仲對楚人之言曰：「賜我先君履，東至于海，西至于河。」則是齊在當日黃河之東，衛在其西。此「河西」實指衛境而言。

8 緜駒處於高唐——〔韓詩外傳〕云：「淳于髡曰：昔者揖封生高商，齊人好歌。」高商蓋即高唐，揖封蓋即緜駒。高唐，按〔戰國策〕云：「齊威王曰，吾臣有盼子者，使守高唐，則趙人不敢東漁於河。」當即此，故城在今山東禹城縣西南。

9 齊右——高唐在齊之西部，西在右（以朝南論），故曰齊右。

10 華周杞梁之妻善哭其夫——趙岐〔注〕云：「華周，華旋也；杞梁，杞殖也。」按〔左傳〕襄公二十三年云：「齊襲莒，杞殖華還（同旋）載甲，夜入且于之隧，宿於莒郊。明日，先遇莒子於蒲侯氏。莒子重賂之，使無死。華周對曰：『貪貨棄命，亦君所惡也。昏而受命，日中而棄之，何以事君？』莒子親鼓之，從而伐之，獲杞梁。齊侯歸，遇杞梁之妻於郊，使弔之。辭曰：『殖之有罪，何用命焉？若免於罪，猶有先人之敝廬在，下妾不得與郊弔。』齊侯弔諸其室。」但〔説苑．善説篇〕云：「昔華舟杞梁戰而死，其妻悲之，向城而哭，隅爲之崩，城爲之阤（音ㄕ，小崩也）。」〔列女傳．貞順篇〕所載略同。

11 燔肉不至——燔，亦作「膰」，即祭肉，又曰胙，又曰脤，又曰福肉，又曰釐肉。古禮，宗廟社稷諸祭，必分賜祭肉與同姓之國以及有關諸人，表示「同福祿」。〔史記．孔子世家〕云：「齊陳女樂，季桓子微服往觀，怠於政事。子路曰：『夫子可以行矣。』孔子曰：『魯今且郊，如致膰乎大夫，則吾猶可以止。』桓子卒受齊女樂，三日不聽政，郊又不致膰俎於大夫，孔子遂行。」

12 不稅冕而行——稅，音ㄊㄨㄛ。「不稅冕」言其匆忙，未必爲真的如趙岐〔注〕所言「反歸其舍，未及稅解祭之冕而行」。因爲冕只是用於祭祀，平常不戴。而致送祭肉必在已祭之後，甚或在祭畢後之第二、三日，孔子祭畢剛反歸其舍，不能知道是不是會致送膰肉，怎麼會貿然離開呢？

[13] 欲以微罪行——閻若璩〔四書釋地續〕云：「蓋孔子爲魯司寇，既不用其道，宜去一；燔俎又不去，宜去二。其去之之故，天下自知之，但孔子不欲其失純在君相，己亦帶有罪焉。樂毅報燕王尚云：『忠臣去國，不潔其名。』況孔子乎？又禮：『大夫士去國，不說人以無罪。』〔注〕云：『己雖遭放逐，不自以爲無罪解說於人，過則稱己也。』以膰肉不至遂行，無乃太甚，此之謂以微罪行。魯人爲肉、爲無禮之議，正惬孔子微罪之心。」

一二·七

孟子曰：「五霸[1]者，三王[2]之罪人也；今之諸侯，五霸之罪人也；今之大夫，今之諸侯之罪人也。天子適諸侯曰巡狩，諸侯朝於天子曰述職。春省耕而補不足，秋省斂而助不給。入其疆，土地辟，田野治，養老尊賢，俊傑在位，則有慶[3]；慶以地。入其疆，土地荒蕪，遺老失賢，掊克[4]在位，則有讓[5]。一不朝，則貶其爵；再不朝，則削其地；三不朝，則六師移之[6]。是故天子討而不伐，諸侯伐而不討。五霸者，摟諸侯以伐諸侯者也，故曰，五霸者，三王之罪人也。五霸，桓公爲盛。葵丘[7]之會，諸侯束牲[8]載書[9]而不歃血[10]。初命曰，誅不孝，無易樹子，無以妾爲妻。再命曰，尊賢育才，以彰有德。三命曰，敬老慈幼，無忘賓旅。四命曰，士無世官，官事無攝，取士必得[11]，無專殺大夫。五命曰，無曲防[12]，無遏糴，無有封而不告[13]。曰，凡我同盟之人，既盟之後，言歸于好。今之諸侯皆犯此五禁，故曰，今之諸侯，五霸之罪人也。長[14]君之惡其罪小，逢君之惡其罪大。今之大夫皆逢君之惡，故曰，今之大夫，今之諸侯之罪人也。」

【語　譯】

孟子說：「五霸，對三王來說，是有罪之人；現在的諸侯，對五霸來說，已是有罪的人；現在的大夫，對現在的諸侯來說，又是有罪的人。天子巡行諸侯的國家叫做巡狩，諸侯朝見天子叫做述職。（天子的巡狩，）春天考察耕種情況，補助不足的人；秋天考察收穫情況，賙濟不夠的人。一進到某國的疆界，如果土地已經開闢，田裏工作也做得很好，老人被贍養港賢者被尊貴，出色的人才立於朝廷，那麼就有賞賜；賞賜用土地。如果一進到某國的疆界，土地荒廢，老人被遺棄，賢者不被任用，搜括錢財的人立於朝廷，那麼就有責罰。（諸侯的述職，）一次不朝，就降低爵位；兩次不朝，就削減土地；三次不朝，就把軍隊開去。所以天子的用武力是『討』，不是『伐』；諸侯則是『伐』，不是『討』。五霸呢，是挾持一部分諸侯來攻伐另一部分諸侯的人，所以我說，五霸，對三王說來，是有罪的人。五霸，齊桓公最了不得。在葵丘的一次盟會，綑綁了犧牲，把盟約放在它身上，（因爲相信諸侯不敢負約，）便沒有歃血。第一條盟約說：誅責不孝之人，不要廢立太子，不要立妾爲妻。第二條盟約說：尊貴賢人，養育人才，來表彰有德者。第三條盟約說：恭敬老人，慈愛幼小，不要怠慢貴賓和旅客。第四條盟約說：士人的官職不要世代相傳，公家職務不要兼攝，錄用士子一定要得當，不要獨斷獨行地殺戮大夫。第五條盟約說：不要到處築堤，不要禁止鄰國來採購糧食，不要有所封賞而不報告（盟主）。最後說，所有我們參與盟會的人從訂立盟約以後，完全恢復舊日的友好。今日的諸侯都違犯了這五條禁令，所以說，今天的諸侯，對五霸說來是有罪之人。君主有惡行，臣下加以助長，這罪行還小；君主有惡行，臣下加以逢迎，（給他找出理論根據，使他無所忌憚，）這罪行可大了。而今天的大夫，都逢迎君主的惡行，所以說，今天的大夫，對諸侯說來又是有罪之人。」

【注　釋】

1 五霸——五霸之說有四：㈠夏代之昆吾氏，殷商之大彭氏、韋豕氏，周之齊桓公、晉文公（〔白虎通．號篇〕）。但以〔孟子〕「五霸，桓公為盛」之語觀之，顯然此說不是孟子之意。㈡齊桓公、晉文公、秦穆公、楚莊王、吳王闔閭（〔白虎通．號篇〕）。㈢齊桓公、晉文公、秦穆公、宋襄公、楚莊王（〔白虎通．號篇〕、趙岐〔注〕同）。以〔孟子〕「秦穆公用之而霸」（一二．六）觀之，孟子所謂五霸，必是此兩說中之一。㈣齊桓公、晉文公、楚莊王、吳王闔閭、越王勾踐（〔荀子．王霸篇〕）。此說無秦穆公，當不合孟子之意。

2 三王——夏禹、商湯、周文王武王。

3 慶——趙岐〔注〕云：「慶，賞也。」

4 掊克——〔詩經．大雅．蕩〕：「曾是掊克。」〔釋文〕云：「掊克，聚斂也。」

5 則有讓——朱熹〔集註〕云：「自『入其疆』至『則有讓』，言巡狩之事。」

6 六師移之——朱熹〔集註〕又云：「自『一不朝』至『六師移之』，言述職之事。」

7 葵丘——地名，春秋時屬宋，今河南考城縣東三十里。〔考城縣志〕云：「葵丘東南有盟臺，其地名盟臺鄉。」

8 束牲——古代定盟多用犧牲，或殺，或不殺。〔穀梁傳〕僖公九年云：「葵丘之盟，陳牲而不殺，故此云「束牲」，趙岐〔注〕云：「束縛其牲。」又〔穀梁傳〕范寧〔集解〕引鄭君曰：「盟牲，諸侯用牛，大夫用豭。」則此牲當是牛。

9 載書——古代盟約謂之載書，但此「載書」不是一個詞。「載」是動詞，加也。「書」即指盟辭。即〔穀梁傳〕僖公九年所云：「葵丘之盟，陳牲而不殺，讀書，加于牲上」者也。

10 歃血——字書：「唼，喋也。書亦作『歃』，所洽反（ㄕㄚˋ），謂以口微吸之也。」

11 取士必得——趙岐〔注〕云：「取士必得賢，立之無方也。」則此「得」字，實「得賢」、「得人」之意。

12 無曲防——〔管子・大匡篇〕及〔霸形篇〕皆作「無曲隄」，可見「防」即「隄」，亦即〔穀梁〕僖公九年〔傳〕之「毋雍泉」。蓋當時諸侯各築隄防，大水則以鄰國爲壑，旱則專擅水利，使鄰國受災。（至於〔漢書・溝洫志〕引賈讓奏言謂「蓋隄防之作，近起戰國」，本是不肯定之詞，不足爲據。）「曲」是副詞，與〔易・繫詞〕「曲成萬物而不遺」、〔荀子・非相篇〕「曲得所謂焉」、禮論篇「曲容備物之謂道矣」諸「曲」字同義，有「無不」「遍」之義。前人多不得其解，惟劉念親〔荀子・正名篇〕詁釋曾略及之。

13 無有封而不告——趙岐〔注〕云：「無以私恩擅有所封賞而不告盟主也。」明人郝敬謂「封」當讀「窆」，葬下棺也，「有封」指哀禮而言，恐非。〔孟子〕原文「告」下無賓語，或以爲告盟主，或以爲告天子。但齊桓公自是盟主，且僖公二年城楚邱而封衞，亦未嘗告天子，此豈不自己掌嘴？因取趙〔注〕之說。

[14] 長——依趙岐〔注〕似讀為「張」，聲張之意。稽之古訓既不合，亦未見同樣句例，故不取。

❖

一二・八

魯欲使慎子[1]為將軍。孟子曰：「不教民而用之，謂之殃民[2]。殃民者，不容於堯舜之世。一戰勝齊，遂有南陽[3]，然且不可[4]——」

慎子勃然不悅曰：「此則滑釐所不識也。」

曰：「吾明告子。天子之地[5]方千里；不千里，不足以待諸侯。諸侯之地[5]方百里；不百里，不足以守宗廟之典籍[6]。周公之封於魯，為方百里也；地非不足，而儉[7]於百里。太公之封於齊也，亦為方百里也；地非不足也，而儉於百里。今魯方百里者五[8]，子以為有王者作，則魯在所損乎，在所益乎？徒取諸彼以與此，然且仁者不為，況於殺人以求之乎？君子之事君也，務引其君以當道，志於仁而已。」

【語譯】

魯國打算叫慎子做將軍。孟子說：「不先教導百姓便用他們打仗，這叫做加害於百姓。加害於百姓的人，如果在堯舜的時代，是不被容納的。即使只作戰一次便打敗了齊國，因而得到了南陽，這樣尚且不可以——」

慎子勃然不高興地說：「這是我所不了解的了。」

孟子說：「我明白地告訴你吧。天子的土地縱橫一千里；如果不到一千里，便不夠接待諸侯。諸侯的土地縱橫一百里；如果不到一百里，便不夠來奉守歷代相傳的禮法制度。周公被封於魯，是應該縱橫一百里的；土地並不是不夠，但實際上少於一百里。太公被封於齊，也應該是縱橫一百里的；土地並不是不夠，但實際少於一百里。如今魯國有五個一百里的長度和寬度，你以爲假如有聖主明王興起，魯國的土地是在減少之列呢？還是在被增加之列呢？不用兵力，白白地取自那國來給與這國，仁人尚且不做，何況殺人來求得土地呢？君子的服事君王，只是專心一意地引導他趨向正路，有志於仁罷了。」

【注釋】

1 慎子——趙岐〔注〕云：「慎子，善用兵者。」焦循〔正義〕疑即慎到。按慎到之學說尚殘存於〔莊子・天下篇〕、〔荀子・解蔽、天論、非十二子〕諸篇。大概其學近於黃老而主張法治。〔荀子〕說他「有見於後，無見於先」，〔莊子〕說他「棄知去己」，如此之人港何能做將軍？焦說不可信。有人又疑心慎滑釐即禽滑釐。按禽滑釐的年代當在紀元前四七〇—四〇〇年間，這時孟子尚未出生，所以也不可信。

2 不教民而用之謂之殃民——〔論語・子路篇〕：「以不教民戰，是謂棄之。」與此同意。

3 南陽——即汶陽，在泰山之西南，汶水之北。春秋之世爲齊魯所爭之地，本屬魯，其後逐漸爲齊所侵奪。說詳全祖望〔經史問答〕。

4 然且不可——此句未完，因慎子勃然不悅，搶著說去。所以知之者，凡用「尚且」「猶且」

「然且」諸副詞之句，多是主從複合句，從句用「且」，主句用反問句，如下文「然且仁者不爲，況於殺人以求之乎？」即是。此處下文無主句，且有「慎子勃然不悅」諸敍述語，所以知之。

5 天子之地——毛奇齡〔四書賸言〕云：「〔孟子〕：『天子之地方千里，諸侯皆方百里。』其『地』字，〔王制〕改作『田』字。田即地也。但地有山林川澤城郭宮室陂池涂港種種，而田則無有，故田較之地，則每里減三分之一，是地有千里者，田未必有千里矣。既云『班祿』，祿出於田，當紀實數焉。得以三分減一之地而强名千里，漢後儒者所以不能無紛紛也。不知孟子所云『地』字亦只是『田』字。魯欲使慎子爲將軍章：『周公之封於魯，爲方百里也，地非不足也，而儉於百里。』又曰：『不百里，不足以守宗廟之典籍。』則較量千百惟恐不足，當必是實數可知。而按其上文仍是『地』字，固知地即田耳。」按毛說失之拘。孟子所言古制古史未必全可憑信，即如謂「太公之封於齊儉於百里」，便與〔左傳〕管仲所言「賜我先君履，東至於海，西至於河，南至於穆陵，北至於無棣」不合。若看得太死，便上當了。

6 典籍——重要文册。

7 儉——焦循〔正義〕云：「〔說文〕：『儉，約也。』〔淮南子·主術訓〕：『所守甚約。』高誘〔注〕云：『約，少也。』」

8 今魯方百里者五——顧棟高〔春秋大事表〕云：「伯禽初封曲阜，〔漢書·地理志〕云，『成王以少皞之墟曲阜封周公子伯禽爲魯侯。』今爲山東曲阜縣。後益封奄；隱二年入極；十年敗宋師於菅，辛未取郜，辛巳取防；僖十七年滅項；三十三年伐邾，取訾婁；文十年伐邾，取須句；宣四年伐莒，取向；宣九年取根牟；十年伐邾，取繹；成六年取鄟；襄十三年取邿；

二十一年邾庶以其漆閭邱來奔；昭元年伐莒，取鄆；四年取鄫；五年，莒牟夷以牟婁及防茲來奔；十年伐莒，取郠；三十一年邾黑肱以濫來奔；哀二年伐邾，取漷東田及沂西田；三年城啓陽；哀十七年越使后庸來言邾田，二月盟於平陽。平陽在鄒縣西南，本邾邑，爲魯所取。魯在春秋，實兼九國之地。」

❖

一二·九

孟子曰：「今之事君者皆曰：『我能爲君辟土地，充府庫。』今之所謂良臣，古之所謂民賊也。君不鄉道[1]，不志於仁，而求富之，是富桀也。『我能爲君約與國，戰必克。』今之所謂良臣，古之所謂民賊也。君不鄉道，不志於仁，而求爲之强戰，是輔桀也。由今之道[2]，無變今之俗，雖與之天下，不能一朝居也。」

【語 譯】

孟子說：「今天服事君主的人都說：『我能夠替君主開拓土地，充實府庫。』今天的所謂好臣子正是古代的所謂百姓的賊害者。君主不嚮往道德，無意於仁，却想使他錢財富足，這等於使夏桀錢財富足。（又說：）『我能夠替君主邀結盟國，每戰一定勝利。』今天的所謂好臣子正是古代所謂百姓的賊害者。君主不嚮往道德，無意於仁，却想替他勉强作戰，這等於幫助夏桀。從目前這樣的道路走去，也不改變今天這樣的風俗習氣，縱使把整個天下給他，他是一天也坐不穩的。」

【注釋】

[1] 君不鄉道——焦循〔正義〕云：「道爲道德之道，上云『君不鄉道』是也。」鄉，去聲，同「嚮」。

[2] 由今之道——焦循〔正義〕又云：「道之訓亦爲行，今之道猶云今之行。」「道」「行」都是道路之意。

❖

一二・一〇

白圭[1]曰：「吾欲二十而取一，何如？」

孟子曰：「子之道，貉[2]道也。萬室之國，一人陶，則可乎？」

曰：「不可，器不足用也。」

曰：「夫貉，五穀不生，惟黍[3]生之；無城郭、宮室、宗廟、祭祀之禮，無諸侯幣帛饔飧[4]，無百官有司，故二十取一而足也。今居中國，去人倫，無君子[5]，如之何其可也？陶以寡，且不可以爲國，況無君子乎？欲輕之於堯舜之道者，大貉小貉[6]也；欲重之於堯舜之道者，大桀小桀[6]也。」

【語譯】

白圭說：「我想定稅率爲二十抽一，怎麼樣？」

孟子說：「你的方針是貉國的方針。假若有一萬戶的國家，一個人製作瓦器，那可以嗎？」

答道：「不可以，因爲瓦器會不夠用。」

孟子說：「貉國，各種穀類都不生長，只生長糜子；又沒有城牆、房屋、祖廟和祭祀的禮節，也沒有各國間的互相往來，致送禮物和饗宴，也沒有各種衙署和官吏，所以二十抽一便夠了。如今在中國，不要社會間的一切倫常，不要各種官吏，那怎麼能行呢？做瓦器的太少，尚且不能夠使一個國家搞好，何況沒有官吏呢？想要比堯舜的十分抽一的稅率還輕的，是大貉小貉；想要比堯舜的十分抽一的稅率還重的，是大桀小桀。」

【注釋】

1 白圭——人名，其事蹟散見於〔呂氏春秋・聽言、先識、不屈、應言、舉難、知分〕等篇，〔韓非・內儲說下、喻老〕諸篇，〔戰國策・魏策〕以及〔史記・鄒陽傳〕和〔貨殖傳〕。曾相魏，曾築堤治水，善生產，年代與孟子相值而略少於孟子。

2 貉——同「貊」（ㄇㄛˋ），北方的一個國名。

3 黍——黍，今稱黃米，黏性。但此處可能指「黍之不黏者」（詳程瑤田〔通藝錄・九穀考〕），即古之所謂稷。今日之糜子，北方有些地區叫爲糜子的，實包含黍稷兩物而言。稷實似小米（粟）而略大。

4 饔飧——朱熹〔集註〕云：「以飲食饋客之禮也。」

5 去人倫無君子——朱熹〔集註〕云：「無君臣祭祀交際之禮，是去人倫；無百官有司，是無君子。」

6 大貉小貉、大桀小桀——〔公羊傳〕宣公十五年云：「古者什一而籍。古者曷爲什一而籍？什一者，天下之中正也。多乎什一，大桀、小桀；寡乎什一，大貉小貉。」當本於孟子。

❖

一二・一一

白圭曰：「丹之治水1也愈於禹。」

孟子曰：「子過矣。禹之治水，水之道也，是故禹以四海爲壑2。今吾子以鄰國爲壑。水逆行謂之洚水——洚水者，洪水也——仁人之所惡也。吾子過矣。」

【語譯】

白圭說：「我治理水患比大禹還强。」

孟子說：「你錯了。禹的治理水患，是順乎水的本性而行的，所以禹使水流注於四海。如今你使水流到鄰近的國家去。水逆流而行叫做洚水——洚水就是洪水——是有仁愛之心的人所最厭惡的。你錯了。」

【注釋】

1 丹之治水——〔韓非子・喻老篇〕云：「白圭之行隄也，塞其穴，是以無水難。」可見白圭的治水在乎謹築隄防，所以孟子責他「以鄰國為壑」。

②壑——本為「溝壑」之「壑」，此則擴大其義，故朱熹〈集註〉云：「壑，受水處也。」

一二·一二

孟子曰：「君子不亮①，惡乎執？」

【語譯】

孟子說：「君子不講誠信，如何能有操守？」

【注釋】

①亮——同「諒」，信也。〈論語〉：「豈若匹夫匹婦之為諒也」，「君子貞而不諒」，皆謂小信，孟子此「亮」字則指一般的誠信。兩人所指實有不同，不可混而為一。

一二·一三

魯欲使樂正子①為政。孟子曰：「吾聞之，喜而不寐。」

公孫丑曰：「樂正子強乎？」

曰：「否。」

「有知慮乎？」

曰：「否。」

「多聞識乎？」

曰：「否。」

「然則奚爲喜而不寐？」

曰：「其爲人也好善[2]。」

「好善足乎？」

曰：「好善優於天下[3]，而況魯國乎？夫苟好善，則四海之內皆將輕[4]千里而來告之以善；夫苟不好善，則人將曰：『訑訑[5]，予既[6]已知之矣。』訑訑之聲音顏色距[7]人於千里之外。士止於千里之外，則讒諂面諛之人[8]至矣。與讒諂面諛之人居，國欲治，可得乎？」

【語譯】

魯國打算叫樂正子治理國政。孟子說：「我聽到這一消息，高興得睡不著。」

公孫丑說：「樂正子很堅强嗎？」

答道：「不。」

「有聰明有主意嗎？」

答道：「不。」

「見多識廣嗎？」

答道：「不。」

「那你爲什麼高興得睡不著呢？」

答道：「他的爲人喜歡聽取善言。」

「喜歡聽取善言就夠了嗎？」

答道：「喜歡聽取善言，用這個來治理天下都是能夠應付裕餘的，何況僅僅治理魯國呢？假如喜歡聽取善言，那四處的人都會從千里之外趕來把善言告訴他；假如不喜歡聽取善言，那別人會（模仿他的話）說：『呵呵！我早已都曉得了！』呵呵的聲音面色就會把別人拒絕於千里之外了。士人在千里之外停止不來，那進讒言而當面奉承的人就會來了。同進讒言而當面奉承的人住在一起，要把國家治理好，做得到嗎？」

【注釋】

1 樂正子——趙岐〔注〕云：「樂正克也。」

2 好善——趙岐〔注〕云：「樂聞善言，是采用之也。」

3 優於天下——「優於治天下」之意。

4 輕——朱熹〔集註〕云：「輕，易也；言不以千里爲難也。」

5 訑訑——趙岐〔注〕云：「自足其智不嗜善言之貌。」

6 既——盡也。

7 距——同「拒」。

8 讒諂面諛之人——說小話是讒，諂是揣度別人心意而說逢迎之言。譯文把「諂」包括在「說奉承話」之中。

一二・一四

陳子[1]曰：「古之君子何如則仕？」

孟子曰：「所就三，所去三。迎之致敬以有禮；言，將行其言也，則就之。禮貌[2]未衰，言弗行也，則去之。其次，雖未行其言也，迎之致敬以有禮，則就之。禮貌衰，則去之。其下，朝不食，夕不食，飢餓不能出門戶，君聞之，曰：『吾大者不能行其道，又不能從其言也，使飢餓於我土地，吾恥之。』周之，亦可受也，免死而已矣。」

【語　譯】

陳子說：「古代的君子要怎樣才出來做官？」

孟子說：「就職的情況有三種，離職的情況也有三種。有禮貌恭敬地來迎接，對他的言論，又打算實行，便就職。禮貌雖未衰減，但言論已不實行了，便離開。其次，雖然沒有實行他的言論，還是很有禮貌很恭敬地來迎接，也便就職。禮貌衰減，便離開。最下的，早晨沒有吃，黃昏也沒有吃，餓得不能夠走出住屋，君主知道了，便說：『我上者不能實行他的學說，又不聽從他的言論，使他在我國土上餓着肚皮，我引爲恥辱。』於是賙濟他，這也可以接受，免於死亡罷了。」

【注釋】

1 陳子——趙岐〔注〕以爲即陳臻。

2 禮貌——看爲一詞，正和「笑貌」（七·一七）相似。又可以作動詞用，如「又從而禮貌之」（八·三〇）。趙岐〔注〕謂：「禮衰，不敬也；貌衰，不悅也。」分「禮」與「貌」爲二，實誤。

❖

一二·一五

孟子曰：「舜發於畎畝之中1，傅說舉於版築之間2，膠鬲舉於魚鹽之中3，管夷吾舉於士4，孫叔敖舉於海5，百里奚舉於市。故天將降大任於是人也，必先苦其心志，勞其筋骨，餓其體膚，空乏其身，行拂亂其所爲，所以動心忍性6，曾7益其所不能。人恆過，然後能改；困於心，衡於慮8，而後作；徵於色，發於聲，而後喻。入則無法家拂士，出則無敵國外患者9，國恆亡。然後知生於憂患而死於安樂也。」

【語譯】

孟子說：「舜從田野之中興起來，傅說從築牆的工作中被提舉出來，膠鬲從魚鹽的工作中被提舉出來，管夷吾從獄官的手裏被釋放而提舉出來，孫叔敖從海邊被提舉出來，百里奚從買賣場所被提舉出來。所以天將要把重大任務落到某人身上，一定先要苦惱他的心意，勞動他的筋骨，飢餓他的腸胃，窮困他的身子，他的每一行爲總是不能如意，這樣，便可以震動他的心意，堅韌他的性情，增加他的能力。一個人，錯誤常常發生，才能改正；心意困苦，思慮阻塞，才能有所憤發而創造；表現在面色上，吐發在言語中，才能被人了解。一個國家，國內沒有有法度的大臣和足爲輔弼的士子，國外沒有相與抗衡的鄰國和外患的憂懼，經常容易被滅亡。這樣，就可以知道憂愁患害足以使人生存，安逸快樂足以使人死亡的道理了。」

【注釋】

1 舜發於畎畝之中——舜曾耕於歷山，又見九・一。

2 傅說舉於版築之間——〔史記・殷本紀〕云：「武丁夜夢得聖人，名曰說。以夢所見，視羣臣百吏皆非也，於是乃使百工營求之野，得說於傅險中。是時說爲胥靡（輕刑之名），築於傅險，見於武丁。武丁曰：『是也。』得而與之語，果聖人，舉以爲相。殷國大治。故遂以傅險姓之，號曰傅說。」版築，古人築牆，用兩版相夾，實土於其中，以杵築之。

3 膠鬲舉於魚鹽之中——膠鬲，見三・一，但他「舉於魚鹽之中」的故事已不見於他書；所謂「魚鹽之中」是指「魚鹽販子之中」呢，還是指「魚鹽生產者之中」呢，亦不得而知。故譯文不增字。且膠鬲是商紂之臣，殷商亡後，他是否又在周朝做事，亦不得而知。孟子以「降大任」稱之，亦不可解。

4 管夷吾舉於士——管夷吾即管仲。「士」爲獄官之長。〔左傳〕莊公九年云：「鮑叔率師來言曰：『子糾，親也，請君討之；管召，讎也，請受而甘心焉。』乃殺子糾於生竇。召忽死之。

管仲請囚，鮑叔受之，及堂阜而稅（脫）之。歸而以告曰：『管夷吾治於高傒，使相可也。』公從之。」

5 孫叔敖舉於海——楚國令尹（宰相），〔荀子〕和〔呂氏春秋〕都曾說他本是「期思之鄙人」，楚之期思疑即今河南固始縣東北蔣家集之地，在淮河支流之濱，這可能就是孟子所謂「舉於海」的根據。

6 忍性——趙岐〔注〕云：「堅忍其性。」

7 曾——同「增」。

8 衡於慮——趙岐〔注〕云：「衡，橫也。橫塞其慮於胸臆之中。」焦循〔正義〕云：「〔大戴記·曾子大孝篇〕云：『夫孝，置之則塞於天地，衡之而衡於四海。』〔注〕云：『衡，猶橫也。』是『橫』與『塞』義相近。」

9 入則無法家拂士，出則無敵國外患者——趙岐〔注〕云：「入，謂國內也；出，謂國外也。」拂，假借爲「弼」，趙岐〔注〕云：「法度大臣之家，輔拂之士。」

一二·一六

孟子曰：「教亦多術矣，予不屑之教誨也者，是亦教誨之而已矣。」

【語 譯】

孟子說：「教育也有很多方式，我不屑於去教誨他，這也是一種教誨呢。」

卷十三

盡心章句上

凡四十六章

趙岐〔章句〕作四十七章，今依朱熹〔集註〕把原〔孟子自范之齊章〕及〔王子宮室車馬章〕合併爲一章。又僞孫奭〔疏〕把第一第二兩章合併爲一章，作四十五章。

一三·一

孟子曰：「盡其心者，知其性也。知其性，則知天矣。存其心，養其性，所以事天也。殀壽不貳，修身以俟之，所以立命也。」

【語　譯】

孟子說：「充分擴張善良的本心，這就是懂得了人的本性。懂得了人的本性，就懂得了天命。保持人的本心，培養人的本性，這就是對待天命的方法。短命也好，長壽也好，我都不三心兩意，只是培養身心，等待天命，這就是安身立命的方法。」

一三·二

孟子曰：「莫非命也，順受其正；是故知命者不立乎巖牆之下。盡其道而死者，正命也；桎梏死者，非正命也。」

【語　譯】

孟子說：「無一不是命運，但順理而行，所接受的便是正命；所以懂得命運的人不站在有傾倒危險的牆壁之下。盡力行道而死的人所受的是正命，犯罪而死的人所受的不是正命。」

一三·三

孟子曰：「求則得之，舍則失之，是求有益於得也，求在我者也。求之有道，得之有命，是求無益於得也，求在外者也。」

【語譯】

孟子說：「（有些東西）探求，便會得到；放棄，便會失掉，這是有益於收穫的探求，因爲所探求的對象存在於我本身之內。探求有一定的方式，得到與否卻聽從命運，這是無益於收穫的探求，因爲所探求的對象存在於我本身之外。」

一三·四

孟子曰：「萬物皆備於我矣。反身而誠，樂莫大焉。强恕而行，求仁莫近焉。」

【語譯】

孟子說：「一切我都具備了。反躬自問，自己是忠誠踏實的，便是最大的快樂。不懈地以推己及人的恕道做去，達到仁德的道路沒有比這更直接的了。」

一三·五

孟子曰：「行之而不著焉，習矣而不察焉，終身由之而不知其道者，衆[1]也。」

【語　譯】

孟子說：「如此做去，却不明白其當然；習慣了却不深知其所以然，一生都從這條大路走去，却不了解這是什麼道路的，這是一般的人。」

【注　釋】

1 衆——即「衆庶」之意。〔文選．幽通賦〕：「斯衆兆之所惑。」曹大家〔注〕云：「衆，庶也。」

❖

一三．六

孟子曰：「人不可以無恥，無恥之1恥，無恥矣。」

【語　譯】

孟子說：「人不可以沒有羞恥，不知羞恥的那種羞恥，眞是不知羞恥呀！」

【注　釋】

1 之——有人把這個「之」字看爲動詞，適也。那麼，「無恥之恥，無恥矣」便當如此翻譯：

由沒有羞恥之心到有羞恥之心，便沒有羞恥之事了。但我們認爲「之」字用作動詞，有一定範圍，一般「之」下的賓語多是地方、地位之詞語，除了如在「遇觀之否」等卜筮術語中「之」字後可不用地方、地位詞語之外，極少見其他用法，因此不取。

一三·七

孟子曰：「恥之於人大矣，爲機變①之巧者，無所用恥焉。不恥不若人，何若人有？」

【語譯】

孟子說：「羞恥對於人關係重大，做機謀巧詐事情的人是沒有地方用得著羞恥的。不以趕不上別人爲羞恥，怎樣能趕上別人呢？」

【注釋】

①機變——猶言機械變詐。〔淮南子·原道訓〕云：「故機械之心藏於胸中。」高誘〔注〕云：「機械，巧詐也。」正可解釋此「機變」一詞。

一三·八

孟子曰：「古之賢王好善而忘勢；古之賢士何獨不然？樂其道而忘人之勢，故王公不致敬盡禮，則不得亟見之。見且由不得亟，而況得而臣之乎？」

【語譯】

孟子說：「古代的賢君樂於善言善行，因而忘記自己的富貴權勢；古代的賢士何嘗不是這樣？樂於走他自己的道路，因而也忘記了別人的富貴權勢，所以王公不對他恭敬盡禮，就不能夠多次地和他相見。相見的次數尚且不能夠多，何況要他作爲臣下呢？」

❖

一三・九

孟子謂宋勾踐[1]曰：「子好遊[2]乎？吾語子遊。人知之，亦囂囂[3]；人不知，亦囂囂。」

曰：「何如斯可以囂囂矣？」

曰：「尊德樂義，則可以囂囂矣。故士窮不失義，達不離道。窮不失義，故士得己[4]焉；達不離道，故民不失望焉。古之人，得志，澤加於民；不得志，修身見於世。窮則獨善其身，達則兼善天下。」

【語譯】

孟子對宋勾踐說：「你喜歡遊說各國的君主嗎？我告訴你遊說的態度。別人理解我，我也自得其樂；別人不理解我，我也自得其樂。」

宋勾踐說：「要怎樣才能夠自得其樂呢？」

答道：「崇尚德，喜愛義，就可以自得其樂了。所以，士人窮困時，不失掉義；得意時，不離開道。窮困時不失掉義，所以自得其樂；得意時不離開道，所以百姓不致失望。古代的人，得意，惠澤普施於百姓；不得意，修養個人品德，以此表現於世人。窮困便獨善其身，得意便兼善天下。」

【注釋】

1 宋勾踐——其人姓名不見於其他古籍，已不可知。

2 遊——朱熹〔集註〕云：「遊，遊說也。」

3 囂囂——趙岐〔注〕云：「自得無欲之貌。」

4 得己——猶言「自得」。趙岐〔注〕解爲「得己之本性」，增字爲訓，恐誤。朱熹〔集註〕謂「言不失己也」，雖可通，但與「囂囂」之義關聯不密，恐亦不確。

❖

一三・一〇

孟子曰：「待文王而後興1者，凡民也。若夫豪傑之士，雖無文王猶興。」

【語　譯】

孟子說：「一定要等待文王出來而後奮發的，是一般百姓。至於出色的人才，縱使沒有文王，也能奮發起來。」

【注　釋】

1 興——朱熹〔集註〕云：「興者，感動奮發之意。」

❖

一三・一一

孟子曰：「附[1]之以韓魏之家[2]，如其自視欿然[3]，則過人遠矣。」

【語　譯】

孟子說：「用春秋時晉國六卿中的韓、魏兩家大臣的財富來增強他，如果他並不自滿，這樣的人就遠遠超出一般人。」

【注　釋】

1 附——即〔論語・先進〕：「季氏富於周公而求也爲之聚斂而附益之」的「附益」，故以「增强」譯之。

2 韓、魏之家——大夫曰家，所以知道這不是指戰國時的韓、魏兩國，而是指春秋時晉國的韓氏、魏氏兩家大臣。

3 欿然——欿，音ㄎㄢˇ。段玉裁〔說文解字注〕云：「孟子假欿爲坎，謂視盈若虛也。」

一三・一二 孟子曰：「以佚道使民，雖勞不怨。以生道殺民1，雖死不怨殺者。」

【語譯】

孟子說：「在求老百姓安逸的原則下來役使百姓，百姓雖然勞苦，也不怨恨。在求老百姓生存的原則下來殺人，那人雖然被殺死，也不會怨恨那殺他的人。」

【注釋】

1 以生道殺民——此句可以有兩種解釋：一種是「刑期無刑，殺以止殺」之意；另一種是正如歐陽修〔瀧岡阡表〕所云：「此死獄也，我求其生不得。求其生而不得，則死者與我皆無恨也。」譯文取前義。

一三·一三

孟子曰：「霸者之民驩虞[1]如也，王者之民皞皞[2]如也。殺之而不怨，利之而不庸[3]，民日遷善而不知爲之者。夫君子[4]所過者化，所存者神，上下與天地同流，豈曰小補之哉？」

【語譯】

孟子說：「霸主的（功業顯著，）百姓歡喜快樂，聖王的（功德浩蕩，）百姓心情舒暢。百姓被殺了，也不怨恨；得到好處，也不認爲應該酬謝，每日裏向好的方向發展，也不知道誰使他如此。聖人經過之處，人們受到感化，停留之處，所起的作用，更神秘莫測；上與天，下與地同時運轉，難道只是小小的補益嗎？」

【注釋】

[1] 驩虞——即「歡娛」。

[2] 皞皞——朱熹〔集註〕云：「廣大自得之貌。」

[3] 庸——當讀爲「車服以庸」（〔尚書・舜典〕、〔左傳〕僖公二十七年）之「庸」，酬功之意。

[4] 君子——這一「君子」的意義和一般有德者謂之君子以及有位者謂之君子的意義不同，故朱熹〔集註〕云：「君子，聖人之通稱也。」不但指「王者」，可能也指非王者之「聖人」，如孔子等，所以此處不用「王者」字樣而改用「君子」兩字。

一三・一四

孟子曰：「仁言不如仁聲①之入人深也，善政不如善教之得民也。善政，民畏之；善教，民愛之②。善政得民財，善教得民心。」

【語　譯】

孟子說：「仁德的言語趕不上仁德的音樂入人心之深，良好的政治趕不上良好的教育的獲得民心。良好的政治，百姓怕它；良好的教育，百姓愛它。良好的政治得到百姓的財富，良好的教育得到百姓的心。」

【注　釋】

① 仁聲——在〔孟子〕書中「聲」有二義：一為「禹之聲」「文王之聲」（一四・二二）的「聲」，指音樂而言，趙岐取此義，〔注〕云：「仁聲，樂聲雅頌也。」一為「聲聞過情」（八・一八）之「聲」，名譽之意，朱熹取此義，〔集註〕云：「仁聲謂仁聞，謂有仁之實而為衆所稱道者也。尤見仁德之昭著，故其感人尤深也。」譯文取前義。

② 善政，民畏之；善教，民愛之——趙岐〔注〕云：「畏之，不逋怠，故賦役舉而財聚於一家也；愛之，樂風化而上下親，故歡心可得也。」

一三・一五

孟子曰：「人之所不學而能者，其良能①也；所不慮而知者，其良知①也。孩提之童②無不知愛其親者，及其長也，無不知敬其兄也。親親，仁也；敬長，義也；無他，達之天下也。」

【語　譯】

孟子說：「人不待學習便能做到的，這是良能；不待思考便會知道的，這是良知。兩三歲的小孩兒沒有不愛他父母的，等到他長大，沒有不知道尊敬兄長的。親愛父母是仁，尊敬兄長是義，這沒有其他的原因，因爲這兩種品德可以通行於天下。」

【注　釋】

① 良能、良知——趙岐〔注〕云：「良，甚也。」則「良能」「良知」當譯爲「所最能的、所最知的」。朱熹〔集註〕云：「良者，本然之善也。」則「良能」可譯爲「本能」。此孟子哲學術語，不譯爲妥。

② 孩提之童——孩，小兒笑也。趙岐〔注〕云：「孩提，二、三歲之間在襁褓知孩笑可提抱者也。」

◈

一三・一六

孟子曰：「舜之居深山之中，與木石居，與鹿豕遊，其所以異於深山之野人者幾希；及其聞一善言，見一善行，若決江河，沛然莫之能禦也。」

【語　譯】

孟子說：「舜住在深山的時候，在家只有樹和石，出外只見鹿和豬，跟深山中的一般人不同的地方極少；等到他聽到一句好的言語，看到一樁好的行爲，（便採用推行，）這種力量，好像江河的決了口，嘩啦嘩啦地沒有人能阻止得住了。」

❖

一三・一七

孟子曰：「無爲其所不爲，無欲其所不欲[1]，如此而已矣。」

【語　譯】

孟子說：「不做那我所不做的事，不要那我所不要之物，這樣就行了。」

【注　釋】

[1] 無爲其所不爲，無欲其所不欲——趙岐〔注〕云：「無使人爲己所不欲爲者，無使人欲己之所不欲者。」增字爲釋，恐非孟子本意。

❖

一三・一八

孟子曰：「人之有德慧術知[1]者，恆存乎疢疾[2]。獨孤臣孽子[3]，其操心也危[4]，其慮患也深，故達[5]。」

【語譯】

孟子說：「人之所以有道德、智慧、本領、知識，經常是由於他有災患。只有那孤立之臣、庶孽之子，他們時常提高警惕，考慮患害也深，所以才通達事理。」

【注釋】

[1] 德慧術知——趙岐〔注〕云：「德行、知慧、道術、才智。」朱熹〔集註〕云：「德之慧，術之知。」今從趙〔注〕。

[2] 疢疾——疢，音ㄔㄣˋ。朱熹〔集註〕云：「疢疾，猶災患也。」

[3] 孽子——古代男子常一夫多妻，非嫡妻之子叫做庶子，也叫孽子，地位卑賤。

[4] 危——不安也。〔論語・憲問篇〕「危言危行」的「危」亦此義。

[5] 達——朱熹〔集註〕云：「達，謂達於事理。」按即〔論語・雍也篇〕「賜也達，於從政乎何有」之「達」。

◆

一三・一九

孟子曰：「有事君人者，事是君則為容悅者也；有安社稷臣者，以安

社稷為悅者也；有天民者，達可行於天下而後行之者也；有大人[1]者，正己而物正者也。」

【語　譯】

孟子說：「有侍奉君主的人，那是侍奉某一君主，就一味討他喜歡的人；有安定國家之臣，那是以安定國家為高興的人；有天民，那是他的道能行於天下時，然後去實行的人；有大人，那是端正了自己，外物便隨著端正了的人。」

【注　釋】

[1] 大人——〔孟子〕數言「大人」，涵義不一。〔史記・索隱〕引向秀〔易・乾卦・注〕云：「聖人在位，謂之大人。」或者是此「大人」之義。

❖

一三・二〇

孟子曰：「君子有三樂，而王天下不與存焉。父母俱存，兄弟無故[1]，一樂也；仰不愧於天，俯不怍於人，二樂也；得天下英才而教育之，三樂也。君子有三樂，而王天下不與存焉。」

【語　譯】

孟子說：「君子有三種樂趣，但是以德服天下並不在其中。父母都健康，兄弟沒災患，是第一種樂趣；抬頭無愧於天，低頭無愧於人，是第二種樂趣；得天下優秀人才而對他們進行教育，是第三種樂趣。君子有三種樂趣，但是以德服天下並不在其中。」

【注　釋】

1 故——〈禮記．曲禮〉云：「君無故，玉不去身。」鄭玄〈注〉云：「故，災患喪病也。」今日之言「事故」即此「故」字。

一三．二一

孟子曰：「廣土衆民，君子欲之，所樂不存焉；中天下而立，定四海之民，君子樂之，所性不存焉。君子所性，雖大行1不加焉，雖窮居不損焉，分定故也。君子所性，仁義禮智根於心，其生色也睟然2，見於面，盎3於背，施4於四體，四體不言而喻。」

【語　譯】

孟子說：「擁有廣大的土地、衆多的人民，是君子所希望的，但是樂趣不在這兒；居於天下的中央，安定天下的百姓，君子以此爲樂，但是本性不在這兒。君子的本性，縱使他的理想通行於天下並不因此而增，縱使窮困隱居並不因此而減，因爲本分已經固定了的緣故港君子的本性，仁義禮智之根植在他心中，而發出來的神色是純和溫潤，它表現於顏面，反映於肩背，以至於手足四肢，在手足四肢的動作上，不必言語，別人一目了然。」

【注釋】

1 大行——與「武王周公繼之，然後大行」（三·一）的「大行」同義。

2 睟然——睟，音ㄘㄨㄟˋ，朱熹〔集註〕云：「清和潤澤之貌。」這兩字舊屬下讀，以「睟然見於面」爲句，今從周廣業〔孟子逸文考〕的讀法。

3 盎——音ㄤˋ，顯見。

4 施——延及也。

一三·二二

孟子曰：「伯夷辟紂，居北海之濱，聞文王作，興曰：『盍歸乎來，吾聞西伯善養老者。』太公辟紂，居東海之濱，聞文王作，興曰：『盍歸乎來，吾聞西伯善養老者。』天下有善養老，則仁人以爲己歸矣。五畝之宅，樹牆下以桑，匹婦蠶之，則老者足以衣帛矣。五母雞，二母彘，無失其時，老者足以無失肉矣。百畝之田，匹夫耕之，八口之家足以無飢矣。所謂西伯善養老者，制其田里，教之樹畜，導其妻子使養其老。五十非帛不煖，七十非肉不飽。不煖不飽，謂之凍餒。文王之民無凍餒之老者，此之謂也。」

【語　譯】

孟子說：「伯夷避開紂王，住在北海海邊，聽說文王興起來了，便說：『何不歸到西伯那裏去呢！我聽說他是善於養老的人。』姜太公避開紂王，住在東海海邊，聽說文王興起來了。便說：『何不歸到西伯那裏去呢！我聽說他是善於養老的人。』天下有善於養老的人，那仁人便把他作自己的依靠了。五畝地的房屋，在牆下栽培桑樹，婦女養蠶繅絲，老年人足以有絲棉穿了。五隻母雞，二隻母豬，加以飼養，使它們繁殖，老年人足以有肉吃了。百畝的土地，男子去耕種，八口人的家庭足以吃飽了。所謂西伯善於養老，就在於他制定土地制度，教育人民栽種畜牧，引導百姓奉養他們的老人。五十歲，沒有絲棉便穿不煖；七十歲，沒有肉便吃不飽。穿不煖、吃不飽，叫做挨凍受餓。文王的百姓沒有挨凍受餓的老人，就是這個意思。」

❖

一三・二三

孟子曰：「易[1]其田疇[2]，薄其稅斂，民可使富也。食之以時，用之以禮，財不可勝用也。民非水火不生活，昏暮叩人之門戶求水火，無弗與者，至足矣[3]。聖人治天下，使有菽粟如水火。菽粟如水火，而民焉有不仁者乎？」

【語譯】

孟子說：「做好耕種，減輕稅收，可以使百姓富足。按時食用，依禮消費，財物是用不盡的。百姓沒有水和火便不能生存，黃昏夜晚敲別人的門戶來求水火，沒有不給與的，爲什麼呢？因爲水火極多的緣故。聖人治理天下，要使糧食好比同水火那樣多。糧食同水火那麼多了，百姓哪有不仁愛的呢？」

【注釋】

1 易——趙岐〈注〉云：「易，治也。」

2 田疇——〈一切經音義〉引〈國語〉賈氏〈注〉云：「一井爲疇，九夫爲一井。」〈史記・天官書〉如淳引蔡邕云：「麻田爲疇。」按「田疇」無妨作一詞看，猶言「田地」。

3 矣——此「矣」字用法同「也」，「至足矣」爲解釋句，說明上句的原因。「矣」字這種用法很少見（一般古書，「也」與「矣」用法分別很清，故〈淮南子・說林訓〉云：「『也』之與『矣』，相去千里。」），前代傳鈔是否有誤，不得而知。

一三・二四

孟子曰：「孔子登東山1而小魯，登泰山而小天下，故觀於海者難爲水，遊於聖人之門者難爲言。觀水有術，必觀其瀾。日月有明，容光2必照焉。流水之爲物也，不盈科不行；君子之志於道也，不成章3不達。」

【語　譯】

孟子說：「孔子上了東山，便覺得魯國小了；上了泰山，便覺得天下也不大了；所以對於看過海洋的人，別的水便難於吸引他了；對於曾在聖人之門學習過的人，別的議論也就難於吸引他了。看水有方法，一定要看它的壯闊的波瀾。太陽月亮都有光輝，一點兒縫隙都一定照到。流水這個東西不把窪地流滿，不再向前流；君子有志於道，沒有一定的成就，也就不能通達。」

【注　釋】

1 東山——當即蒙山，在今山東蒙陰縣南。

2 容光——趙岐〈注〉云：「容光，小郤也。」焦循〈正義〉云：「苟有絲髮之隙可以容納，則光必入而照焉。容光非小隙之名，至於小隙，極言其容之微者，以見其照之大也，故以小郤明容光。」

3 成章——〈說文〉：「樂竟爲一章。」按由此引伸，事物達到一定階段，具一定規模，則可曰成章，〈國語・周語〉：「得以講事成章。」〈呂氏春秋・大樂篇〉：「陰陽變化，一上一下，合而成章。」都是此義。

一三・二五

孟子曰：「雞鳴而起，孳孳爲善者，舜之徒也；雞鳴而起，孳孳爲利者，蹠[1]之徒也。欲知舜與蹠之分，無他，利與善之間[2]也。」

【語譯】

孟子說：「雞叫便起來，努力行善的人，是舜一類人物；雞叫便起來，努力求利的人，是蹠一類人物。要曉得舜和蹠的分別，沒有別的，利和善的不同罷了。」

【注釋】

1 蹠——亦作「跖」，音ㄓˊ。相傳爲柳下惠的弟弟，春秋時大盜，〔莊子〕有〔盜跖篇〕，說他「從卒九千人，橫行天下，侵暴諸侯，穴室樞戶，驅人牛馬，取人婦女」等等。

2 間——音ㄐㄧㄢˋ。〔論語．先進篇〕云：「人不間於其父母昆弟之言。」朱熹〔集註〕以「異」字解之；異，不同也。

❖

一三・二六

孟子曰：「楊子取1爲我，拔一毛而利天下，不爲也。墨子兼愛，摩頂放踵2利天下，爲之。子莫3執中。執中爲近之。執中無權，猶執一也。所惡執一者，爲其賊道也，舉一而廢百也。」

【語譯】

孟子說：「楊子主張爲我，拔一根汗毛而有利於天下，都不肯做。墨子主張兼愛，摩禿頭頂，走破脚跟，只要對天下有利，一切都做。子莫就主張中道。主張中道便差不多了。但是主張中道如果沒有靈活性，不懂得變通的辦法，便是執著一點。爲什麼厭惡執著一點呢？因爲它有損害於仁義之道，只是拿起一點而廢棄了其餘的緣故。」

【注釋】

1 取——動詞。〔老子〕云：「取天下常以無事；及其有事，不足以取天下。」又云：「以正治國，以奇用兵，以無事取天下。」諸「取」字當作「治」字解。〔孟子〕此「取」字亦當訓「治」，故譯爲「主張」。

2 摩頂放踵——趙岐〔注〕云：「摩禿其頂，下至於踵。」此處以「至」訓「放」，恐不確。或以爲「放者猶謂放縱」，是不著屨（屨有繫偪束之）而著跂蹻（跂，木屐，雨天所穿；蹻，不另有底之鞋，晴天步行所穿，取其輕便。）之意，恐亦不確。此蓋當日成語，已難以求其確詁，譯文只取其大意而已。

3 子莫——趙岐〔注〕云：「魯之賢人也。」孫詒讓〔籀高述林〕、俞樾〔茶香室經說〕以爲即魏中山公子牟，近人羅根澤已駁之。黃鶴〔四書異同商〕疑即〔說苑・修文篇〕（黃氏原書誤作〔荀子〕）之顓孫子莫，羅根澤尤主此說，近之。詳羅氏〔諸子考索・子莫考〕。

◆

一三・二七

孟子曰：「飢者甘食，渴者甘飲，是未得飲食之正也，飢渴害之也。豈惟口腹有飢渴之害？人心亦皆有害。人能無以飢渴之害爲心害，則不及人不為憂矣。」

【語譯】

孟子說：「飢餓的人覺得任何食物都是美的，乾渴的人覺得任何飲料都是甜的。他不能知道飲料食品的正常滋味，是由於受了飢餓乾渴的損害的緣故。難道僅僅口舌肚皮有飢餓乾渴的損害嗎？人心也有這種損害。如果人們（能夠經常培養心志，）不使它遭受口舌肚皮那樣的飢餓乾渴，那（自然容易進入聖賢的境界，）不會以趕不上別人為憂慮了。」

一三・二八

孟子曰：「柳下惠不以三公易其介[1]。」

【語譯】

孟子說：「柳下惠不因為有大官做便來改變他的操守。」

【注釋】

[1] 介——〔文選・注〕引劉熙云：「介，操也。」

一三・二九　孟子曰：「有爲者辟若掘井，掘井九軔[1]而不及泉，猶爲棄井也。」

【語譯】

孟子說：「做一件事譬如掏井，掏到六、七丈深還不見泉水，仍然是一個廢井。」

【注釋】

[1] 軔——同「仞」，七尺曰仞（趙岐〔注〕云：「軔，八尺也。」此從程瑤田〔通藝錄〕說）。

一三・三〇　孟子曰：「堯舜，性之也；湯武，身之也；五霸，假之也。久假而不歸，惡知其非有也。」

【語譯】

孟子說：「堯舜的實行仁義，是習於本性，因其自然；商湯和周武王便是親身體驗，努力推行；五霸便是借來運用，以此謀利。但是，借得長久了，總不歸還，你又怎能知道他不（弄假成眞）終於變成他自己的呢？」

一三・三一

公孫丑曰：「伊尹曰：『予不狎于不順，放太甲于桐[1]，民大悅。太甲賢，又反之，民大悅。』賢者之爲人臣也，其君不賢，則固可放與？」

孟子曰：「有伊尹之志，則可；無伊尹之志，則篡也。」

【語譯】

公孫丑說：「伊尹說過：『我不願親近違背義禮的人，因此把太甲放逐到桐邑，百姓大爲高興。太甲變好了，又恢復他的王位，百姓大爲高興。』賢人作爲臣屬，君王不好，就可以放逐嗎？」

孟子說：「有伊尹那樣的心跡，未嘗不可；如果沒有伊尹那樣的心跡，便是篡奪了。」

【注釋】

[1] 放太甲于桐——事見〔萬章上〕第六章。本章所引伊尹的話，當是舊日〔尚書〕之文，今日的〔太甲〕三篇是僞古文。

一三・三二

公孫丑曰：「〔詩〕曰：『不素餐兮[1]。』君子之不耕而食，何也？」

孟子曰：「君子居是國也，其君用之，則安富尊榮；其子弟從之，則孝悌忠信。『不素餐兮』，孰大於是？」

【語　譯】

公孫丑說：「〈詩經〉說：『不白吃飯呀。』可是君子不種莊稼，也來吃飯，爲什麼呢？」

孟子說：「君子居住在一個國家，君王用他，就會平安、富足、尊貴而有名譽；少年子弟信從他，就會孝父母、敬兄長、忠心而守信實。『不白吃飯』，還有比這更好的嗎？」

【注　釋】

1 不素餐兮——見〈詩經・魏風・伐檀篇〉。

❖

一三・三三

王子墊[1]問曰：「士何事？」

孟子曰：「尚志。」

曰：「何謂尚志？」

曰：「仁義而已矣。殺一無罪非仁也，非其有而取之非義也。居惡在？仁是也；路惡在？義是也。居仁由義，大人之事備矣。」

【語　譯】

王子墊問道：「士做甚麼事？」

孟子答道：「士要使自己的志行高尚。」

問道：「怎樣才算使自己的志行高尚？」

答道：「行仁和義罷了。殺一個無罪的人，是不仁；不是自己所有，却去取了過去，是不義。所居住之處在哪裏呢？仁便是；所行走之路在哪裏呢？義便是。居住於仁，行走由義，大人的工作便齊全了。」

【注釋】

[1] 王子墊——趙岐〔注〕云：「齊王子，名墊也。」

❖

一三・三四

孟子曰：「仲子，不義與之齊國而弗受[1]，人皆信之，是舍簞食豆羹之義也。人莫大焉亡親戚君臣上下[2]。以其小者信其大者，奚可哉？」

【語譯】

孟子說：「陳仲子，假定不合理地把齊國交給他，他都不會接受，別人都相信他。（但是，）他那種義也只是拋棄一筐飯一碗湯的義。人的罪過沒有比不要父兄君臣尊卑還大的，（而仲子便是這種人。）因爲他有小節操，便相信他的大節操，怎麼可以呢？」

【注　釋】

1 仲子，不義與之齊國而弗受——仲子即陳仲子，詳〔滕文公下〕第十章。「與之齊國而不受」乃是設想之辭，不是真有這事。

2 人莫大焉亡親戚君臣上下——王引之〔經傳釋詞〕云：「焉，猶於也。」亡，同「無」。仲子避兄離母，恥其兄為齊卿，故孟子大不以為然，說他無親戚君臣上下。

❖

一三·三五

桃應[1]問曰：「舜為天子，臯陶為士，瞽瞍殺人，則如之何？」

孟子曰：「執之而已矣。」

「然則舜不禁與？」

曰：「夫舜惡得而禁之？夫有所受之也。」

「然則舜如之何？」

曰：「舜視棄天下猶棄敝蹝[2]也。竊負而逃，遵海濱而處，終身訢[3]然，樂而忘天下。」

【語　譯】

桃應問道：「舜做天子，臯陶做法官，假如瞽瞍殺了人，那怎麼辦？」

孟子答道：「把他逮捕起來罷了。」

「那麼舜不阻止嗎？」

答道：「舜怎麼能阻止呢？他去逮捕是有根據的。」

「那麼，舜又怎麼辦呢？」

答道：「舜把拋棄天子之位看成拋棄破鞋一樣。偷偷地背負了父親而逃走，沿著海邊住下來，一輩子快樂得很，把曾經做過天子的事情忘記掉。」

【注釋】

[1] 桃應——趙岐〔注〕云：「孟子弟子。」

[2] 蹝——音ㄒㄧˇ，亦作「屣」，沒有腳跟的鞋子；一曰，草鞋。

[3] 訢——同「欣」。

❖

一三·三六

孟子自范之齊[1]，望見齊王之子，喟然嘆曰：「居移氣，養移體，大哉居乎！夫非盡人之子與？」

孟子曰：「王子宮室、車馬、衣服多與人同，而王子若彼者，其居使之然也；況居天下之廣居[2]者乎？魯君之宋，呼於垤澤之門[3]。守者曰：『此非吾君也，何其聲之似我君也？』此無他，居相似也。」

【語　譯】

孟子從范邑到齊都，遠遠地望見了齊王的兒子，長嘆地說：「環境改變氣度，奉養改變體質，環境眞是重要呀！他難道不也是人的兒子嗎？（爲什麼就顯得特別不同了呢？）」又說：「王子的住所、車馬和衣服多半和別人相同，爲什麼王子却像那樣呢？就因爲他所居住的環境使他這樣的；何況以『仁』爲自己住所的人呢？魯君到宋國去，在宋國的東南城門下呼喊，守門的說：『這不是我的君主啦，爲什麼他的聲音同我們的君主這樣相像呢？』這沒有別的緣故，因爲環境相像罷了。」

【注　釋】

1 自范之齊——范，地名，故城在今山東范縣東南二十里，爲從梁（魏）到齊的要道。魏源〔古微堂外集．孟子年表考〕云：「梁襄嗣位之後，值齊宣新政之初，孟子聞其足用爲善，故自范之齊。」

2 廣居——「廣居」指仁。（見六．二）

3 垤澤之門——垤，音ㄉㄧㄝˊ，即〔左傳〕襄公十七年之「澤門」，杜預〔注〕云：「宋東城南門也。」

❖

一三．三七　孟子曰：「食而弗愛，豕交之也；愛而不敬，獸畜之也。恭敬者，幣

之未將[1]者也。恭敬而無實，君子不可虛拘。」

【語　譯】

孟子說：「（對於人）養活而不愛，等於養豬；愛而不恭敬，等於畜養狗馬。恭敬之心是在致送禮物以前就具備了的。徒有恭敬的形式，沒有恭敬的實質，君子便不可以被這種虛假的禮文所拘留住。」

【注　釋】

[1] 將——〔爾雅・釋言〕云：「將，送也。」〔儀禮・少儀〕鄭〔注〕云：「將，猶奉也。」

❖

一三・三八

孟子曰：「形色，天性也；惟聖人然後可以踐形。」

【語　譯】

孟子說：「人的身體容貌是天生的，（這種外表的美要靠內在的美來充實它，）只有聖人才能做到（不愧於這一天賦）。」

❖

一三・三九

齊宣王欲短喪。公孫丑曰：「爲朞之喪，猶愈於已乎？」

孟子曰：「是猶或紾其兄之臂，子謂之姑徐徐云爾，亦[1]教之孝悌而已矣。」

王子有其母死者，其傅爲之請數月之喪[2]。公孫丑曰：「若此者何如也？」

曰：「是欲終之而不可得也。雖加一日愈於已，謂夫莫之禁而弗爲者也。」

【語譯】

齊宣王想要縮短守喪的時間。公孫丑說：「（父母死了，）守孝一年，不是還比完全不守孝强些嗎？」

孟子說：「這好比有一個人在扭他哥哥的胳臂，你却對他說，暫且慢慢地扭吧。（這算什麼呢？）只是教導他以孝父母敬兄長便行了。」

王子有死了母親的，王子的師傅替他請求守孝幾個月。公孫丑問道：「像這樣的事，怎麼辦？」

孟子答道：「這個是由於王子想要把三年的喪期守完，而辦不到，那麼（我上次所講，）縱使多守一天也比不守孝好。是對那些沒有人禁止他守孝自己却不去守孝的人說的。」

【注釋】

1 亦——但也，衹也。

2 王子母死數月之喪——按照〈儀禮・喪服記〉的說法，王子的母親死了，因爲父親還在的緣故，不但不爲母親服喪三年，甚至無服，只是穿穿麻衣，埋葬以後仍然脫掉。那麼，「其傅爲之請數月之喪」，便不是「短喪」了。孟子說：「是欲終之而不可得。」是不是如〈喪服記〉之所說呢？我們已經無法知道了。

◈

一三・四〇

孟子曰：「君子之所以教者五：有如時雨化之者，有成德者，有達財1者，有答問者，有私淑艾2者。此五者，君子之所以教也。」

【語譯】

孟子說：「君子教育的方式有五種：有像及時的雨水那樣沾溉萬物的，有成全品德的，有培養才能的，有解答疑問的，還有以流風餘韻爲後人所私自學習的。這五種便是君子教育的方法。」

【注　釋】

1 財——朱熹〔集註〕云：「財與材同。」

2 私淑艾——焦循〔正義〕云：「〔毛詩・豳風・七月〕：『九月叔苴。』〔傳〕云：『叔，拾也。』『淑』與『叔』通。〔詩・周南・葛覃〕：『是刈是濩。』釋文云：『刈，本又作艾。』〔韓詩〕云：『刈，取也。』蓋『私淑諸人』（八・二二）即『私拾諸人』也。『淑艾』二字義相疊，『私淑艾』者，即『私拾取』也。其實『私淑艾』猶『私淑』也。」

❖

一三・四一

公孫丑曰：「道則高矣，美矣，宜若登天然，似不可及也；何不使彼爲可幾及而日孳孳也？」

孟子曰：「大匠不爲拙工改廢繩墨，羿不爲拙射變其彀率。君子引而不發，躍如也。中道而立，能者從之。」

【語　譯】

公孫丑說：「道是很高很好，幾乎像登天一般，似乎不可攀，爲什麼不使它變成可以有希望攀求的因而叫別人每天去努力呢？」

孟子說：「高明的工匠不因爲拙劣工人改變或者廢棄規矩，羿也不因爲拙劣射手變更拉開弓的標準。君子（教導別人正如射手，）張滿了弓，却不發箭，作出躍躍欲試的樣子。他在正確道路之中站住，有能力的便跟隨著來。」

一三・四二

孟子曰：「天下有道，以道殉身①；天下無道，以身殉道②；未聞以道殉乎人③者也。」

【語譯】

孟子說：「天下清明，（君子得志，）『道』因之得到施行；天下黑暗，（君子守道，）不惜為『道』而死；沒有聽說過犧牲『道』來遷就王侯的。」

【注釋】

①以道殉身——意思是『道』為己所運用，故朱熹〔集註〕云：「身出則道在必行。」

②以身殉道——朱熹〔集註〕云：「道屈則身在必退，以死相從而不離也。」

③以道殉乎人——朱熹〔集註〕云：「以道從人，妾婦之道。」意思是不惜把『道』歪曲破壞以逢迎當世王侯。

一三・四三

公都子曰：「滕更①之在門也，若在所禮，而不答，何也？」

孟子曰：「挾貴而問，挾賢而問，挾長而問，挾有勳勞而問，挾故而問，皆所不答也。滕更有二焉。」

【語　譯】

公都子說：「滕更在您門下的時候，似乎該在以禮相待之列，可是您却不回答他，為什麼呢？」

孟子說：「倚仗著自己的勢位而來發問，倚仗著自己賢能而來發問，倚仗著自己年紀大而來發問，倚仗著自己有功勞而來發問，倚仗著自己是老交情而來發問，都是我所不回答的。（在這五條裏面）滕更佔了兩條。」

【注　釋】

1 滕更——趙岐〔注〕云：「滕君之弟，來學於孟子者也。」

❖

一三·四四

孟子曰：「於不可已[1]而已者，無所不已。於所厚者薄，無所不薄也。其進銳者，其退速。」

【語譯】

孟子說：「對於不可以停止的工作卻停止了，那沒有什麼不可以停止的了。對於所厚待的人卻去薄待他，那沒有誰不可以薄待的了。前進太猛的人，後退也會快。」

【注釋】

1 已——朱熹〔集註〕云：「已，止也。」趙岐〔注〕云：「已，棄也。」今從朱注。

◈

一三·四五

孟子曰：「君子之於物也，愛之而弗仁；於民也，仁之而弗親。親親而仁民，仁民而愛物。」

【語譯】

孟子說：「君子對於萬物，愛惜它，却不用仁德對待它；對於百姓，用仁德對待他，却不親愛他。君子親愛親人，因而仁愛百姓；仁愛百姓，因而愛惜萬物。」

◈

一三·四六

孟子曰：「知者無不知也，當務之爲急；仁者無不愛也，急親賢之爲務。堯舜之知而不徧物，急先務也；堯舜之仁不徧愛人，急親賢也。不能三年之喪，而緦①、小功②之察；放飯③流歠④，而問無齒決⑤，是之謂不知務。」

【語譯】

孟子說：「智者沒有不該知道的，但是急於當前重要工作；仁者沒有不愛的，但是務必先愛親人和賢者。堯舜的智慧不能完全知道一切事物，因爲他急於知道首要任務；堯舜的仁德不能普遍愛一切的人，因爲他急於愛親人和賢者。如果不能夠實行三年的喪禮，卻對於緦麻三月、小功五月的喪禮仔細講求；在尊長之前用餐，大口吃飯，大口喝湯，（沒有禮貌，）卻講求不要用牙齒啃斷乾肉，這個叫做不識大體。」

【注釋】

①緦——音ㄙ，指緦麻三月的孝服。緦麻三月是五種孝服（斬衰、齊衰、大功、小功、緦麻）中的最輕者，用熟布爲孝服，服喪三個月，如女婿爲岳父母戴孝，古人便用此服。

②小功——五月的孝服，如外孫爲外祖父母戴孝，古人用此種孝服。

③放飯——趙岐〔注〕云：「放飯，大飯也（放，副詞；飯，動詞）。」但〔曲禮〕鄭玄〔注〕以爲把吃剩下的飯退還於飯器中爲「放飯」（「放」，動詞，「飯」，名詞），這是人家以爲骯髒的。此說似不可信。

4 流歠——歠，音ㄔㄨㄛˋ，飲也。趙岐〔注〕云：「流歠，長歠也。」〔曲禮〕云：「毋放飯，毋流歠。」趙岐此〔注〕云：「於尊者前賜飯，大飯長歠，不敬之大者。」

5 齒決——〔曲禮〕又云：「濡肉齒決，乾肉不齒決。」就是濕肉能用牙齒啃斷，乾肉只能用手折斷。在長者前乾肉齒決，這是不大禮貌的。

卷十四

盡心章句下

凡三十八章

一四·一

孟子曰：「不仁哉梁惠王也！仁者以其所愛及其所不愛，不仁者以其所不愛及其所愛。」

公孫丑問曰：「何謂也？」

「梁惠王以土地之故，糜爛其民而戰之，大敗，將復之，恐不能勝，故驅其所愛子弟以殉之，是之謂以其所不愛及其所愛也。」

【語譯】

孟子說：「梁惠王眞是不仁呀！仁人把他對待所喜愛者的恩德推而及於他所不愛的人，不仁者卻把他加給所不喜愛者的禍害推而及於他所喜愛的人。」

公孫丑問道：「這話是什麼意思呢？」

答道：「梁惠王因爲爭奪土地的緣故，驅使他所不喜愛的百姓去作戰，使他們（暴屍郊野，）骨肉糜爛。被打得大敗了，預備再戰，怕不能得勝，又驅使他所喜愛的子弟去死戰，這個便叫做把他加給所不喜愛者的禍害推而及於他所喜愛的人。」

❖

一四·二

孟子曰：「春秋無義戰。彼善於此，則有之矣。征者，上伐下也，敵國不相征也。」

【語　譯】

孟子說：「春秋時代沒有正義戰爭。那一國的君主比這一國的君主好一點，那是有的。但是征討的意思是上級討伐下級，同等級的國家是不能互相征討的。」

❖

一四・三

孟子曰：「盡信〔書〕，則不如無〔書〕。吾於〔武成〕①，取二三策②而已矣。仁人無敵於天下，以至仁伐至不仁，而何其血之流杵也？」

【語　譯】

孟子說：「完全相信〔書〕，那不如沒有〔書〕。我對於〔武成〕一篇，所取的不過兩三頁罷了。仁人在天下沒有敵手，憑周武王這極爲仁道的人來討伐商紂這極爲不仁的人，怎麼會使血流得（那麼多，甚至）把搗米用的長木槌都漂流起來了呢？」

【注　釋】

① 盡信〔書〕，則不如無〔書〕。吾於〔武成〕——〔書〕，〔尚書〕。〔武成〕，〔尚書〕篇名，所敘大概是周武王伐紂時的事。依〔尚書・正義〕引鄭氏說，〔武成〕到建武（東漢光武帝年號）之際已亡失。今日的〔尚書・武成篇〕是僞古文，敘「血流漂杵」爲商紂士兵倒戈自相殘殺所致，與孟

子原意不合，自不可信。

[2] 策——竹簡。古代用竹簡書寫。

◈

一四・四

孟子曰：「有人曰：『我善爲陳[1]，我善爲戰。』大罪也。國君好仁，天下無敵焉。南面而征，北狄[2]怨；東面而征，西夷怨，曰：『奚爲後我？』武王之伐殷也，革車三百兩，虎賁三千人。王曰：『無畏！寧爾也，非敵百姓也。』若崩厥角[3]稽首。征之爲言正也，各欲正己也，焉用戰？」

【語譯】

孟子說：「有人說：『我善於擺作戰的陣勢，我善於作戰。』其實這是大罪惡。一國的君主如果喜愛仁德，整個天下便不會有敵手。（商湯）征討南方，北方便怨恨；征討東方，西方便怨恨，說：『爲什麼不先到我這裏來？』周武王的討伐殷商，兵車三百輛，勇士三千人。武王（對殷商的百姓）說：『不要害怕！我是來安定你們的，不是同你們爲敵的。』百姓便都把額角觸地叩起頭來，聲響好像山陵倒塌一般。征的意思是正，各人都希望端正自己，那又何必要戰爭呢？」

【注釋】

[1] 陳——今作「陣」。

②北狄——一本作「北夷」。

③厥角——厥，同「蹶」，頓也。〔說文〕云：「頓，下首也。」角，額角。「厥角」之意即「頓首」。

一四·五

孟子曰：「梓匠輪輿能與人規矩，不能使人巧。」

【語譯】

孟子說：「木工以及專做車輪或者車箱的人能夠把製作的規矩準則傳授給別人，卻不能夠使別人一定具有高明的技巧（，那是要自己去尋求的）。」

一四·六

孟子曰：「舜之飯糗①茹草②也，若將終身焉；及其爲天子也，被袗衣③，鼓琴，二女果④，若固有之。」

【語譯】

孟子說：「舜吃乾糧啃野菜的時候，似乎準備終身如此；等到他做了天子，穿著麻葛單衣，彈著琴，堯的兩個女兒侍候著，又好像這些都是早已具有了的。」

【注釋】

1 飯糗——飯，動詞，舊讀上聲。糗，音ㄑㄧㄡˇ，乾飯。

2 茹草——茹，音ㄖㄨˋ，〈方言〉：「茹，食也。」

3 袗衣——趙岐〈注〉云：「袗，畫也。」按趙氏此訓於經傳缺乏例證，恐不可信。孔廣森〈經學卮言〉云：「袗非畫也，義如〈論語〉『袗絺綌』之『袗』。〈史記・本紀〉『堯賜舜絺衣與琴』是也。」又按〈曲禮・注〉云：「袗，單也。」故譯文以「麻葛單衣」譯之。

4 果——趙岐〈注〉云：「果，侍也。」〈說文〉作「婐」，云：「女侍曰婐。」

❖

一四・七

孟子曰：「吾今而後知殺人親之重也：殺人之父，人亦殺其父；殺人之兄，人亦殺其兄。然則非自殺之也，一間1耳。」

【語譯】

孟子說：「我今天才知道殺戮別人的親人報復之重：殺了別人的父親，別人也就會殺他的父親；殺了別人的哥哥，別人也就會殺他的哥哥。那麼，（雖然父親和哥哥）不是被自己殺掉的，但相差也不遠了。」

【注釋】

1 一間——間，去聲，隔也，離也。一間言相距甚近。

一四・八

孟子曰：「古之為關也，將以禦暴；今之為關也，將以為暴。」

【語譯】

孟子說：「古代的設立關卡是打算抵禦殘暴，今天的設立關卡卻是打算實行殘暴。」

一四・九

孟子曰：「身不行道，不行於妻子；使人不以道，不能行於妻子。」

【語譯】

孟子說：「本人不依道而行，道在妻子身上都行不通（，更不要說對別人了）。使喚別人不合於道，要去使喚妻子都不可能（，更不要說使喚別人了）。」

一四・一〇

孟子曰：「周1于利者凶年不能殺2，周于德者邪世不能亂。」

【語譯】

孟子說：「財利富足的人荒年都不受窘困，道德高尚的人亂世都不會迷惑。」

【注釋】

1 周——朱熹〔集註〕云：「足也。」

2 殺——缺乏，有窘困意。

一四・一一

孟子曰：「好名之人能讓千乘之國，苟非其人，簞食豆羹見於色。」

【語譯】

孟子說：「好名的人可以把有千輛兵車國家的君位讓給別人，但是，若不是那受讓的對象，就是要他讓一筐飯，一碗湯，他那不高興神色都會在臉上表現出來。」

一四・一二

孟子曰：「不信仁賢，則國空虛[1]；無禮義，則上下亂；無政事，則財用不足。」

【語　譯】

孟子說：「不信任仁德賢能的人，那國家就會空虛；沒有禮義，上下的關係就會混亂；沒有好的政治，國家的用度就會不夠。」

【注　釋】

1 空虛——其實際意義是什麼，很難揣測。朱熹〔集註〕云：「空虛言若無人然。」姑錄之供參考。

一四・一三

孟子曰：「不仁而得國者，有之矣；不仁而得天下者，未之有也。」

【語　譯】

孟子說：「不仁道卻能得著一個國家的，有這樣的事；不仁道卻能得到天下的，這樣的事就不曾有過。」

一四・一四

孟子曰：「民為貴，社稷次之，君為輕。是故得乎丘民1而為天子，得乎天子為諸侯，得乎諸侯為大夫。諸侯危社稷，則變置。犧牲既成，粢盛既絜，祭祀以時，然而旱乾水溢，則變置社稷。」

【語　譯】

孟子說：「百姓最爲重要，土穀之神爲次，君主爲輕。所以得著百姓的歡心便做天子，得著天子的歡心便做諸侯，得著諸侯的歡心便做大夫。諸侯危害國家，那就改立。犧牲既已肥壯，祭品又已潔淨，也依一定時候致祭，但是還遭受旱災水災，那就改立土穀之神。」

【注　釋】

1 丘民——丘，衆也。或云：「丘」借爲「區」，小也。

一四・一五

孟子曰：「聖人，百世之師也，伯夷、柳下惠是也。故聞伯夷之風者，頑夫廉，懦夫有立志；聞柳下惠之風者，薄夫敦，鄙夫寬。奮乎百世之上，百世之下，聞者莫不興起也。非聖人而能若是乎？——而況於親炙之者乎？」

【語譯】

孟子說：「聖人是百代的老師，伯夷和柳下惠便是這樣的人。所以聽到伯夷的風操的人，貪得無厭的人清廉起來了，懦弱的人也有獨立不屈的意志了；聽到柳下惠的風操的人，刻薄的人也厚道起來了，胸襟狹小的人也寬大起來了。他們在百代以前發奮而爲，在百代而後，聽到的人沒有不爲之感動奮發的。不是聖人，能夠像這樣嗎？（百代以後還如此，）何況親自接受薰陶的人呢？」

一四・一六

孟子曰：「仁也者，人也[1]。合而言之，道也。」

【語譯】

孟子說：「『仁』的意思就是『人』，『仁』和『人』合併起來說，便是『道』。」

【注釋】

[1] 仁者人也——古音「仁」與「人」相同。〔說文〕云：「仁，親也。從人二。」意思是只要兩個人在一起，便不能不有仁的道德，而仁的道德也只能在人與人間產生。〔中庸〕也說：「仁者，人也。」

一四·一七

孟子曰：「孔子之去魯，曰：『遲遲吾行也，去父母國之道也。』去齊，接淅而行——去他國之道也。」

【語譯】

孟子說：「孔子離開魯國，說：『我們慢慢走罷，這是離開祖國的態度。』離開齊國，便不等把米淘完，漉乾就走——這是離開別國的態度。」

❖

一四·一八

孟子曰：「君子之戹於陳蔡之間[1]，無上下之交也。」

【語譯】

孟子說：「孔子被困在陳國蔡國之間，是由於對兩國的君臣都沒有交往的緣故。」

【注釋】

[1] 君子之戹於陳蔡之間——君子指孔子。〔論語·衛靈公篇〕：「在陳絕糧，從者病，莫能興。」即是此事。〔史記·孔子世家〕載此事則說是楚使人聘孔子，孔子將往，陳蔡兩國的大

夫怕孔子誅責他們的罪惡，因而圍困孔子。

❖

一四・一九

貉稽[1]曰：「稽大不理[2]於口。」

孟子曰：「無傷也。士憎茲多口。〈詩〉云：『憂心悄悄，慍于羣小[3]。』孔子也。『肆不殄厥慍，亦不殞厥問[4]。』文王也。」

【語譯】

貉稽說：「我被人家說得很壞。」

孟子說：「沒有關係。士人便厭惡這種七嘴八舌。〈詩經〉說過：『煩惱沉沉壓在心，小人當我眼中釘。』孔子可以說是這樣的人。又說：『不消滅別人的怨恨，也不失去自己的名聲。』這說的是文王。」

【注釋】

[1] 貉稽——趙岐〈注〉云：「貉，姓；稽，名；仕者也。」

[2] 理——〈廣雅・釋詁〉云：「理，順也。」王念孫〈疏證〉曾引〈易經・說卦傳〉「和順於道德而理於義」及〈周禮・考工記・匠人〉「水屬不理孫謂之不行」以相印證，此「理」字亦可訓「順」，則「不理於口」猶言「不順於人口」。

③憂心兩句——見〔詩・邶風・柏舟〕。

④肆不殄兩句——見〔詩・大雅・緜〕。肆，故也；殄，絕也。鄭玄〔箋〕以「問」爲「聘問」之義，孟子則以「問」爲「聲聞」。

❖

一四・二〇

孟子曰：「賢者以其昭昭使人昭昭，今以其昏昏使人昭昭。」

【語　譯】

孟子說：「賢人（教導別人，）必先使自己徹底明白了，然後才去使別人明白；今天的人（教導別人，）自己還模模糊糊，却用這些模模糊糊的東西去使別人明白。」

❖

一四・二一

孟子謂高子曰：「山徑①之蹊②，間介然③用之而成路；爲間④不用，則茅塞之矣。今茅塞子之心矣。」

【語　譯】

孟子對高子說道：「山坡的小路只有一點點寬，經常去走它便變成一條路；只要有一個時候不去走它，又會被茅草堵塞了。現在的茅草也把你的心堵塞了。」

【注釋】

[1] 山徑——「徑」同「陘」，《廣雅・釋丘》：「陘，阪（山坡）也。」

[2] 蹊——音ㄒㄧ，同「徯」，段玉裁《說文》「徯」字下注云：「《孟子》：『山徑之蹊』，《月令》：『塞徯徑』，凡始行之以待後行之徑曰『蹊』。」

[3] 間介然——《荀子・修身篇》云：「善在身，介然必以自好也。」此「間介然」當與《荀子》之「介然」同義，都是意志專一而不旁騖之貌。趙岐《注》似以「介然」屬上讀，今不從。

[4] 爲間——即「有間」，爲時不久之意。

❖

一四・二二

高子曰：「禹之聲尚文王之聲。」

孟子曰：「何以言之？」

曰：「以追蠡[1]。」

曰：「是奚足哉？城門之軌，兩馬[2]之力與？」

【語譯】

高子說：「禹的音樂高於文王的音樂。」

孟子說：「這樣說有什麼根據呢？」

答道：「因爲禹傳下來的鐘鈕都快斷了。」

孟子說：「這個何足以證明呢？城門下車跡那樣深，難道只是幾匹馬的力量嗎？（是由於日子長久車馬經過多的緣故。禹的鐘鈕要斷絕了，也是由於日子長久了的關係呢。）」

【注釋】

1 追蠡——追，舊讀ㄉㄨㄟ，蠡，音ㄌㄧˇ。趙岐〔注〕云：「追，鐘鈕也。」又云：「蠡蠡，欲絕之貌也。」鐘紐（鈕）是古鐘懸掛之處，其上有眼，把它安放在鐘架上橫梁的槽眼中，再用穿釘套過去，可能有一個橫銷把穿釘管住，這樣懸掛，鐘身既不會因敲打而轉動（程瑤田〔通藝錄．考工創物小記〕說鐘紐取其「宛轉流動不爲聲病」，實誤），且四壁懸空，也不會妨害鐘聲。詳〔文物參考資料〕一九五八年第一期〔信陽戰國楚墓出土樂器初步調查記〕。

2 兩馬——「兩」字不可拘泥，趙岐〔注〕把「兩馬」解爲「國馬」「公馬」兩種馬，曹之升〔四書摭餘說〕謂「夏駕二馬」，有人又謂大夫之車駕二馬，都失之拘。這章真義如何，朱熹〔集註〕云：「此章文義本不可曉，舊說相承如此。」譯文只依舊說解之。關於「追蠡」之義，古今尚有幾種不同解釋，都不可信，故略之。

◈

一四・二三

齊饑。陳臻曰：「國人皆以夫子將復爲發棠1，殆不可復。」

孟子曰：「是爲馮婦2也。晉人有馮婦者，善搏虎，卒爲善士。則之野3，有衆逐虎。虎負嵎，莫之敢攖。望見馮婦，趨而迎之。馮婦攘臂下車。衆皆悅之，其爲士者笑之。」

【語譯】

齊國遭了饑荒，陳臻對孟子說：「國內的人都以爲老師會再度勸請齊王打開棠地的倉廩來賑濟人民，大概不可以再這樣做吧。」

孟子說：「再這樣做便成了馮婦了，晉國有個人叫馮婦的，善於和老虎搏鬭，後來變成善人（，不再打老虎了）。有次他到野外，有許多人正追逐老虎。老虎背靠著山角，沒有人敢於去迫近它。他們看到了馮婦，便快步向前去迎接。馮婦也就捋起袖子，伸出胳臂，走下車來。大家都高興他，可是作爲士的那些人却在譏笑他。」

【注釋】

1 發棠——「發」即「塗有餓莩而不知發」（一‧三）的「發」，發倉廩以賑貸也。棠，地名，今山東即墨縣南八十里有甘棠社，當即此。顧炎武〔山東考古錄〕云：「當時即墨爲齊之大都，倉廩在焉。」

2 馮婦——趙岐〔注〕云：「馮，姓；婦，名也。」

3 卒爲善士則之野——周密〔志雅堂雜抄〕云：「一本以『善』字『之』字點句（劉昌詩〔蘆浦筆記〕亦云：「恐合以『卒爲善』爲一句，『士則之』爲一句，『野有衆逐虎』爲一句」。），前云『士則之』，後云『其爲士者笑之』，文義相屬。」閻若璩〔四書釋地又續〕則云：「古人文字敘事未有無根者，惟馮婦之野，然後衆得望見馮婦。若如宋周密斷『士則之』爲句，『野』字遂屬下，『野』但『有衆』

耳，何由有馮婦來？此爲無根。」案兩讀皆可通，說見楊樹達〈古書句讀釋例〉例一百六十四。

一四・二四

孟子曰：「口之於味也，目之於色也，耳之於聲也，鼻之於臭[1]也，四肢之於安佚也，性也，有命焉，君子不謂性也。仁之於父子也，義之於君臣也，禮之於賓主也，知之於賢者也，聖人之於天道也，命也，有性焉，君子不謂命也。」

【語譯】

孟子說：「口的對於美味，眼的對於美色，耳的對於好聽的聲音，鼻的對於芬芳的氣味，手足四肢的喜歡舒服，這些愛好，都是天性，但是得到與否，却屬於命運，所以君子不把它們認爲是天性的必然（，因此不去强求）。仁在父子之間，義在君臣之間，禮在賓主之間，智慧的對於賢者，聖人的對於天道，能夠實現與否，屬於命運，但也是天性的必然，所以君子不把它們認爲是該屬於命運的（，因而努力去順從天性，求其實現）。」

【注釋】

[1] 臭——音ㄒㄧㄡˋ，上句「味」「色」「聲」都是中性詞（不含美惡之義），但用在此處，則指

「美味」「美色」「樂聲」，此種用法，以前諸章不乏其例。「臭」字亦如此。「臭」的本義是「氣味」，不論香臭都叫「臭」，此則專指芬香之氣。正如〔左傳〕僖公四年的「一薰一蕕，十年尚有臭」的「臭」專指惡臭一般。

❖

一四・二五

浩生不害[1]問曰：「樂正子何人也？」

孟子曰：「善人也，信人也。」

「何謂善？何謂信？」

曰：「可欲之謂善，有諸己之謂信，充實之謂美，充實而有光輝之謂大，大而化之之謂聖，聖而不可知之之謂神。樂正子，二之中、四之下也。」

【語譯】

浩生不害問道：「樂正子是怎樣的人？」

孟子答道：「好人，實在人。」

「怎麼叫好？怎麼叫實在？」

答道：「那人值得喜歡便叫做好；那些好處實際存在於他本身便叫做實在；那些好處充滿於他本身便叫做『美』；不但充滿，而且光輝地表現出來便叫做『大』；既光輝地表現出來了，已能融化貫通，便叫做『聖』；聖德到了神妙不可測度的境界便叫做『神』。樂正子是介於好和實在兩者之中，『美』、『大』、『聖』、『神』四者之下的人物。」

【注釋】

1 浩生不害——趙岐〔注〕云：「浩生，姓；不害，名；齊人也。」

❖

一四・二六

孟子曰：「逃墨必歸於楊，逃楊必歸於儒。歸，斯受之而已矣。今之與楊、墨辯者，如追放豚，既入[1]其苙[2]，又從而招[3]之。」

【語譯】

孟子說：「逃離墨子一派的，一定歸入楊朱這一派來；離開楊朱一派的，一定回到儒家來。回來，這就接受他算了。今天同楊、墨兩家相辯論的人，好像追逐已走失的豬一般，已經送回豬圈裏了，還要把它的脚絆住（，生怕它再走掉）。」

【注釋】

1 入——同「納」。

2 苙——音ㄌㄧˋ，畜養牲畜的欄。

③ 招——趙岐〔注〕云：「招，罥（羈其足）也。」孟子對於學生，「往者不追」（一四·三〇），便與這一態度相反。大概當時儒家中有如此的，所以孟子加以批評。

一四·二七

孟子曰：「有布縷之征，粟米之征，力役之征。君子用其一，緩其二。用其二而民有殍，用其三而父子離。」

【語　譯】

孟子說：「有徵收布帛的賦稅，有徵收穀米的賦稅，還有徵發人力的賦稅。君子於三者之中，採用一種，那兩種便暫時不用。如果同時用兩種，百姓便會有餓死的；如果同時用三種，那父親便顧不得兒子，兒子也顧不得父親了。」

一四·二八

孟子曰：「諸侯之寶三：土地、人民、政事。寶珠玉者，殃必及身。」

【語　譯】

孟子說：「諸侯的寶貝有三樣：土地、百姓和政治，以珍珠美玉為寶貝的，禍害一定會到他身上來。」

一四・二九

盆成括[1]仕於齊，孟子曰：「死矣盆成括！」盆成括見殺，門人問曰：「夫子何以知其將見殺？」曰：「其為人也小有才，未聞君子之大道也，則足以殺其軀而已矣。」

【語譯】

盆成括在齊國做官，孟子說：「盆成括要死了！」盆成括被殺，學生問道：「老師怎麼知道他會被殺？」答道：「他這個人有點小聰明，但是不曾知道君子的大道，那只足以殺害自己的身體罷了。」

【注釋】

[1] 盆成括——趙岐〔注〕云：「盆成，姓；括，名也。」〔晏子春秋・外篇・第七〕有一盆成适，另是一人。

一四・三〇

孟子之滕，館於上宮[1]。有業屨[2]於牖上，館人求之弗得。或問之曰：「若是乎從者之廋也？」

曰：「子以是爲竊屨來與？」

曰：「殆非也。夫子③之設科也，往者不追，來者不拒。苟以是心至，斯受之而已矣。」

【語譯】

孟子到了滕國，住在上宮，有一雙沒有織成的草鞋在窗上不見了，旅館中人尋找不著。有人便問孟子說：「像這樣，是跟隨您的人把它藏起來了吧？」

孟子說：「你以爲他們是爲著偷草鞋而來的嗎？」

答道：「大概不是的。（不過，）你老人家開設課程，（對學生的態度是）去的不追問，來的不拒絕。只要他們懷著學習的心來，便也接受了（，那難免良莠不齊呢）。」

【注釋】

①上宮——朱熹〔集註〕云：「上宮，別宮名。」趙岐〔注〕云：「上宮，樓也。」焦循〔正義〕云：「此『上宮』當如『上舍』，謂上等之館舍也。」譯文於三說不作可否。

②業屨——趙岐〔注〕云：「織之有次業而未成也。」

③夫子——據趙岐〔注〕，他的本子作「夫予」，則「夫」爲提挈之詞，「予」，孟子自稱。那「夫予之設科也」以下爲孟子之言，而不是館人的話了。譯文未採此說。

一四・三一

孟子曰：「人皆有所不忍，達之於其所忍，仁也；人皆有所不爲，達之於其所爲，義也。人能充無欲害人之心，而仁不可勝用也；人能充無穿踰之心，而義不可勝用也；人能充無受爾汝之實[1]，無所往而不爲義也。士未可以言而言，是以言餂[2]之也；可以言而不言，是以不言餂之也，是皆穿踰之類也。」

【語　譯】

孟子說：「每個人都有不忍心做的事，把它擴充到所忍心做的事上，便是仁；每個人都有不肯做的事，把它擴充到所肯做的事上，便是義。（換句話說，）人能夠把不想害人的心擴而充之，仁便用不盡了；人能夠把不挖洞跳牆的心擴而充之，義便用不盡了；人能夠把不受輕賤的實際言行擴而充之，（以至所言所行都不會招致輕賤，）那無論到哪裏都合於義了。（怎樣叫做挖洞跳牆呢？譬如，）一個士人，不可以同他談論却去同他談論，這是用言語來誘他以便自己取利；可以同他談論却不去同他談論，這是用沉默來誘他以便自己取利，這些都是屬於挖洞跳牆這一類型的。」

【注　釋】

[1] 無受爾汝之實——「爾」「汝」爲古代尊長對卑幼的對稱代詞，如果平輩用之，便表示對他

的輕視賤視。孟子之意，若要不受別人的輕賤，自己便先應有不受輕賤的言語行爲，這便是「無受爾汝之實」。

②餂——音ㄊㄧㄢˇ，〔方言〕作「銛」，云：「取也。」郭璞〔注〕云：「謂挑取物也。」今天伸舌觸物叫做「舔」或者由此而來。

一四・三二

孟子曰：「言近而指遠者，善言也；守約而施①博者，善道也。君子之言也，不下帶②而道存焉；君子之守，修其身而天下平。人病舍其田而芸人之田——所求於人者重，而所以自任者輕。」

【語譯】

孟子說：「言語淺近，意義却深遠的，這是『善言』；所操持的簡單，效果却廣大的，這是『善道』。君子的言語，講的雖是常見的事情，可是『道』就在其中；君子的操守，從修養自己開始，（然後去影響別人，）從而使天下太平。有些人的毛病就在於放棄自己的田地，却去替別人芸田——要求別人的很重，自己負擔的却很輕。」

【注釋】

①施——〔易・乾〕：「見龍在田，德施普也。」〔疏〕云：「道德恩施能普遍也。」〔左傳〕僖公

二十四年云：「報者倦矣，施者未厭。」杜〔注〕云：「施，功勞也。有勞則望報過甚。」此「施」字之義與上兩「施」字同，「恩惠」之意。

2 不下帶——束腰之帶。朱熹〔集註〕云：「古人視不下於帶，則帶之上乃目前常見至近之處也。舉目前之近事，而至理存焉。」

一四・三三

孟子曰：「堯舜，性者也；湯武，反之也。動容周旋中禮者，盛德之至也。哭死而哀，非為生者也。經德不回1，非以干祿也。言語必信，非以正行2也。君子行法，以俟命而已矣。」

【語譯】

孟子說：「堯舜的行仁德是出於本性，湯武經過修身來回復本性然後力行。動作容貌無不合於禮的，是美德中極高的了。哭死者而悲哀，不是做給生者看的。依據道德而行，不致違禮，不是為著謀求官職。言語一定信實，不是為著要使人知道我的行為端正。君子依法度而行，（結果如何，）等待命運罷了。」

【注釋】

1 經德不回——趙岐〔注〕云：「經，行也。」回，同「違」，違是違背禮節的意思，說見楊伯峻〔論語譯注〕二・五。

②非以正行——趙岐〔注〕謂「非以正行爲名」，雖增字爲釋，然無他善解，姑從之。

一四・三四

孟子曰：「說大人，則藐之，勿視其巍巍然。堂高①數仞，榱題②數尺，我得志，弗爲也。食前方丈，侍妾數百人，我得志，弗爲也。般樂飲酒，驅騁田獵，後車千乘，我得志，弗爲也。在彼者，皆我所不爲也；在我者，皆古之制也，吾何畏彼哉？」

【語譯】

孟子說：「向諸侯進言，就得輕視他，不要把他高高在上的地位放在眼裏。殿堂的基礎兩三丈高，屋檐幾尺寬，我如果得志，不這樣做。菜餚滿桌，姬妾幾百，我如果得志，不這樣做。飲酒作樂，馳驅田獵，跟隨的車子千把輛，我如果得志，不這樣做。他所做的，都是我所不做的；我所做的，都符合古代制度，那我爲什麼要怕他呢？」

【注釋】

①堂高——焦循〔正義〕云：「經傳稱堂高者，皆指堂階而言。」故譯文加「基礎」兩字。

②榱題——榱，音ㄘㄨㄟ，本義是房椽子（支持房頂承托灰瓦的細長條木材），此處可能指屋檐而

言，詳焦循〔正義〕。

一四・三五

孟子曰：「養心莫善於寡欲。其爲人也寡欲，雖有不存[1]焉者，寡矣；其爲人也多欲，雖有存[1]焉者，寡矣。」

【語譯】

孟子說：「修養心性的方法最好是減少物質慾望。他的爲人，慾望不多，那善性縱使有所喪失，也不會多；他的爲人，慾望很多，那善性縱使有所保存，也是極少的了。」

【注釋】

[1] 不存，存——此指孟子所謂「善性」「夜氣」而言，〔離婁下〕云：「人之所以異於禽獸者幾希，庶民去之，君子存之。」（八・一九）〔告子上〕亦云：「雖存乎人者，豈無仁義之心哉？」（一一・八）諸「存」字即此「存」字。趙岐〔注〕以人的生死釋之，大誤。

一四・三六

曾晳嗜羊棗[1]。而曾子不忍食羊棗。公孫丑問曰：「膾炙[2]與羊棗孰美？」

孟子曰：「膾炙哉！」

公孫丑曰：「然則曾子何爲食膾炙而不食羊棗？」曰：「膾炙所同也，羊棗所獨也。諱名③不諱姓，姓所同也，名所獨也。」

【語譯】

曾晳喜歡吃羊棗，曾子因而不忍吃羊棗。公孫丑問道：「炒肉末同羊棗哪一種好吃？」

孟子答道：「炒肉末呀！」

公孫丑又問：「那麼，曾子爲什麼吃炒肉末却不吃羊棗？」

答道：「炒肉末是大家都喜歡吃的，羊棗只是個別人喜歡吃的。猶之如父母之名應該避諱，姓却不避諱，因爲姓是大家相同的，名却是他獨自一個人的。」

【注釋】

1 羊棗——何焯〔義門讀書記〕云：「羊棗非棗也，乃柹之小者。初生色黃，熟則黑，似羊矢，其樹再接則成柹。今俗呼牛奶柹，一名梗棗。」

2 膾炙——肉之細切剁碎的叫膾，即今之肉燥子。炙，燒肉也。因古代烹調之法已不得知，姑以「炒肉末」譯之。

3 諱名——古代於父母君上的名字，講不得，寫不得，叫做避諱。

一四·三七

萬章問曰：「孔子在陳曰：『盍歸乎來！吾黨之小子[1]狂簡，進取，不忘其初[2]。』孔子在陳，何思魯之狂士？」

孟子曰：「孔子『不得中道而與之[3]，必也狂獧[4]乎！狂者進取，獧者有所不爲也』。孔子豈不欲中道哉？不可必得，故思其次也。」

「敢問何如斯可謂狂矣？」

曰：「如琴張[5]、曾皙、牧皮[6]者，孔子之謂狂矣。」

「何以謂之狂也？」

曰：「其志嘐嘐[7]然，曰：『古之人，古之人。』夷[8]考其行，而不掩焉者也。狂者又不可得，欲得不屑不絜之士而與之，是獧也，是又其次也。孔子曰：『過我門而不入我室，我不憾焉者，其惟鄉原[9]乎！鄉原，德之賊也。』」

曰：「何如斯可謂之鄉原矣？」

曰：「『何以是嘐嘐也？言不顧行，行不顧言，則曰，古之人，古之人[10]。行何爲踽踽涼涼[11]？生斯世也，爲斯世也，善斯可矣。』閹然媚於世也者，是鄉原也。」

萬子曰：「一鄉皆稱原人焉，無所往而不爲原人，孔子以爲德之賊，何哉？」

曰：「非之無舉也，刺之無刺也，同乎流俗，合乎汙世，居之似忠信，行之似廉絜，衆皆悅之，自以爲是，而不可與入堯舜之道，故曰『德之賊』也。孔子曰：惡似而非者：惡莠，恐其亂苗也；惡佞，恐其亂義也；惡利口，恐其亂信也；惡鄭聲，恐其亂樂也；惡紫，恐其亂朱也；惡鄉原，恐其亂德也。君子反經⑫而已矣。經正，則庶民興；庶民興，斯無邪慝矣。」

【語　譯】

萬章問道：「孔子在陳國，說道：『何不回去呢！我那些學生們志大而狂放，進取而不忘本。』孔子在陳國，爲什麼思念魯國這些放狂之人？」

孟子答道：「孔子說過：『得不著中行之士同他相交，那一定只能結識狂放之人和狷介之士吧。狂放之人向前進取，狷介之士有所不爲。』孔子難道不想中行之士嗎？不能一定得到，所以只想次一等的了。」

「請問，怎麼樣的人才能叫做狂放的人？」

答道：「像琴張、曾晰、牧皮這類人就是孔子所說的狂放的人。」

「爲什麼說他們是狂放的人？」

答道：「他們志大而言誇，嘴巴總是說：『古人呀，古人呀！』可是一考察他們的行爲，却不和言語相吻合。這種狂放的人如果又不可以得到，便想和不屑於做壞事的却來交友，這便是狷介之士，這又是次一等的。孔子說：『從我家大門經過，却不進到我家屋裏來，我不覺得不滿意的，那只有好好先生吧。好好先生，是賊害道德的人呢。』」

問道：「怎樣的人就可以叫他做好好先生呢？」

答道：「（好好先生批評狂放之人說：）『爲什麼這樣志氣高大呢？實在言語不能和行爲相照應，就只說古人呀，古人啊。』（又批評狷介之士說：）『又爲什麼這樣落落寡合呢？』（又說：）『生在這個世界上，爲這個世界做事，只要過得去便行了。』八面玲瓏，四方討好的人就是好好先生。」

萬章說：「全鄉的人都說他是老好人，他也到處表現出是一個老好人，孔子竟看他爲賊害道德的人，爲什麼呢？」

答道：「這種人，要指摘他，却又舉不出什麼大錯誤來；要責罵他，却也無可責罵的，他只是同流合汚，爲人好像忠誠老實，行爲好像方正清潔，大家也都喜歡他，他自己也以爲正確，但是與堯舜之道完全違背，所以說他是賊害道德的人。孔子說過，厭惡那種外貌相似內容全非的東西：厭惡狗尾草，因爲怕它把禾苗搞亂了；厭惡不正當的才智，因爲怕它把義搞亂了；厭惡誇誇其談，因爲怕它把信實搞亂了；厭惡鄭國的樂曲，因爲怕它把雅樂搞亂了；厭惡紫色，因爲怕它把大紅色搞亂了；厭惡好好先生，因爲怕它把道德搞亂了。君子使一切事物回到經常正道便行了。經常正道不被歪曲，老百姓就會興奮積極；老百姓興奮積極，就沒有邪惡了。」

【注釋】

1 小子——朱熹〔集註〕本作「士」，今從監本、汲古閣本。

2 盍歸乎來等句——〔論語・公冶長篇〕：「子在陳曰：『歸與歸與！吾黨之小子狂簡，斐然成章，不知所以裁之。』」和萬章所說略有不同。

3 孔子不得中道而與之——〔論語·子路篇〕：「子曰：『不得中行而與之，必也狂狷乎！狂者進取，狷者有所不爲也。』」據孟子所言亦似引孔子之語，故朱熹〔集註〕云：「『孔子』下當有『曰』字。」譯文從朱說，作孟子引孔子之言。「中行」即不左不右，不偏不倚，一切都恰合於仁義道德的。

4 狷——朱熹〔集註〕本、焦循〔正義〕本都作「獧」，「獧」同「狷」。

5 琴張——此人古書凡兩見，〔左傳〕昭公二十年云：「琴張聞宗魯死，將往弔之。」〔莊子·大宗師篇〕云：「子桑戶、孟子反、子琴張三人相與友。」賈逵、鄭衆以及趙岐都以爲即是顓孫師（字子張），恐不可信。至王肅僞造〔孔子家語〕以爲即琴牢，〔讀書雜志〕已引王引之之說辨駁之矣。此人因未見於仲尼弟子列傳，已不能詳知。

6 牧皮——無考。馬敘倫〔莊子義證〕疑心牧皮就是〔論語·雍也篇〕的孟子反，亦欠確證。

7 嘐嘐——嘐，音ㄒㄧㄠ，趙岐〔注〕云：「嘐嘐，志大言大者也。」

8 夷——此字不可解，前人有疑其爲語首助詞而無義者。

9 鄉原——原，同「愿」，〔說文〕云：「愿，謹也。」〔左傳〕襄公三十一年云：「子皮曰：『愿，吾愛之，不吾叛也。』」杜〔注〕云：「愿，謹善也。」

10 何以是嘐嘐也等句——朱熹〔集註〕云：「鄉原譏狂者曰，何用如此嘐嘐然，行不掩其言，而徒每事必稱古人耶？」此說甚是，焦循〔正義〕以爲鄉原亦稱古之人，恐非。

11 行何爲踽踽涼涼——踽，音ㄐㄩˇ。朱熹〔集註〕云：「踽踽，獨行不進之貌。」

12 反經——這種結構猶如〔論語·顏淵篇〕的「復禮」，「歸於禮法」便叫「復禮」、「歸於經常」便叫「反經」，「反」同「返」。

一四・三八

孟子曰：「由堯舜至於湯，五百有餘歲；若禹、皋陶，則見而知之；若湯，則聞而知之。由湯至於文王，五百有餘歲，若伊尹、萊朱[1]，則見而知之；若文王，則聞而知之。由文王至於孔子，五百有餘歲，若太公望、散宜生[2]，則見而知之；若孔子，則聞而知之。由孔子而來至於今，百有餘歲，去聖人之世若此其未遠也，近聖人之居若此其甚也，然而無有乎爾，則亦無有乎爾。」

【語譯】

孟子說：「從堯舜到湯，經歷了五百多年，像禹、皋陶那些人，便是親身看見堯舜之道而知道的；像湯，便是只聽到堯舜之道而知道的。從湯到文王，又有五百多年，像伊尹、萊朱那些人，便是親自看見而知道的；像文王，便只是聽到而知道的。從文王到孔子，又有五百多年，像太公望、散宜生那些人，便是親自看見而知道的；像孔子，便只是聽到而知道的。從孔子一直到今天，一百多年了，離開聖人的年代像這樣的不遠，距離聖人的家鄉像這樣的近，但是沒有承繼的人，也竟然沒有承繼的人了。」

【注釋】

①萊朱——趙岐〔注〕云：「萊朱，亦湯賢臣也。一曰仲虺是也。」焦循〔正義〕云：「在湯時，舉一伊尹、萊朱，則當時賢臣如女鳩、女房、義伯、仲伯、咎單等括之矣。在文王時，舉一太公望、散宜生，則虢叔、泰顛、閎夭、召公、畢公、榮公等括之矣。非謂見知者，僅此一、二人也。」譯文從此說，故加「那些人」三個字。

②散宜生——散宜生，〔尚書．君奭篇〕有其名。〔僞孔傳〕以爲姓散名宜生，江聲〔尚書集註音疏〕云：「〔大戴禮．帝繫〕云：『堯取于散宜氏之子。』則散宜爲氏，自古有之，〔僞孔〕非是。」

孟子詞典

例言

一、本詞典論「詞」不論「字」，偶亦收近於「詞」的「詞組」。

二、排列依筆畫爲次，同筆畫者依所屬部首爲先後。多音詞先依第一字的筆畫，次依第二字的筆畫。

三、筆畫、部首以及其先後次序一依〔康熙字典〕，如「爲」列十二畫爪部，「者」列九畫老部，「罕」列七畫网部。

四、凡見於〔孟子〕本文之詞，不論基本詞或者派生詞，習見義或者罕見義，一律載入。

五、每詞每義都標注出現次數。對於實詞，分別詞義，而不一定分別詞性；對於虛詞，則分別詞性。

六、基本詞之習見義，一般不加解釋。

七、詞典與注釋交相爲用。注釋有較詳解説者，多在詞典中加以注明，以便參閱。

八、每義僅舉一例。間有舉三數例句者，則因其用法微有不同，並舉之以示區別。

九、例句後括弧中的數字就是篇章的數字，和本文每章之首的數字相同，檢查甚便。

十、舊日的訓詁，我們嫌其粗疏，未必便於今日的讀者；本詞典的釋義，雖然大多承襲了前人的研究成果，但解說方式則出自心裁。錯誤自難避免，歡迎讀者指教。

一畫

一（一一九次）

1 數詞（一〇九次）：吾何愛一牛（一．七）以一服八（一．七）耕者九一（二．五）

2 副詞，表示兩件相爲因果的事情時間上的緊接（六次）：文王一怒而安天下之民（二．三）

3 一統，統一（三次）：定于一（一．六）孰能一之（一．六）

4 開始（一次）：見「湯一征自葛始」（二．一一）注。

一介（二次）

猶言「一點點」：見「一介不以與人，一介不以取諸人」（九．七）注。

一夫（二次）

即「獨夫」：見「殘賊之人謂之一夫」（二．八）注。

一間（一次）

極言其相距不遠：然則非自殺之也，一間耳（一四．七）

二畫

七（二八次）

數詞：七十者可以食肉矣（一．三）七八月之間旱（一．六）

乃（一一次）

1 連繫性動詞，與現代語「便是」「就是」相當（二次）：是乃仁術也（一．七）

2 順承連詞，和現代語「就」、「便」、「於是」相當（六次）：民乃作慝（二．四）

3 副詞，如此、這樣（一次）：夫我乃行之（一．七）

4 轉折連詞的他轉，和「至於」相當（二次）：乃所願則學孔子也（三．二）

乃若（二次）

表示他轉的轉折連詞，與「乃」的4用法

同：乃若所憂則有之（八・二八）

九（一一次）

數詞：海內之地方千里者九（一・七）

二（三九次）

數詞：君請擇於斯二者（二・一五）

二三子（一次）

尊長對卑幼表多數的對稱詞：二三子何患乎無君（二・一五）

人（四六九次）

1 名詞，一般意義（四二六次）：狗彘食人食（一・三）

2 名詞，指特定的某種人或某個人（二次）：人不足與適也（七・二〇）予私淑諸人也（八・二二）

3 名詞，人才（五次）：爲天下得人者謂之仁（五・四）

4 量詞（七次）：吾有司死者三十三人（二・一二）

5 代詞，別人，人家（二九次）：老吾老以及人之老（一・七）

——另見「野人」。

人人（三次）

每個人：人人親其親長其長而天下平（七・一一）

人倫（六次）

古人以爲父子、君臣、夫婦、長幼、朋友五種關係是人類社會中不可變革的，而處理這五種關係又必須依循一定的準則，因而便把它們叫「人倫」或「倫常」；使契爲司徒，教以人倫——父子有親，君臣有義，夫婦有別，長幼有序，朋友有信（五・四）

入（二七次）

1 「出入」之「入」（二三次）：數罟不入洿池（一・三）

2 意義同「內外」之「內」（三次）：入以事其父兄（一・五）入則無法家拂士（一二・一五）

3 意義同「納」（一次）：既入其笠（一四・二六）

八（一〇次）

數詞：八口之家可以無飢矣（一・七）

八音（一次）

指八種不同質料所製的樂器，見「四海遏密八音」（九．四）注。

几（一次）

古代老年人坐時所用以倚靠的矮櫈，見「隱几而臥」（四．一一）注。

力（二三次）

1 名詞（二二次）：文王以民力爲臺爲沼（一．二）

2 副詞，努力地（一次）：子力行之（五．三）

力役（一次）

力役之征（一四．二七）

十（五五次）

數詞：或五十步而後止（一．三）君十卿祿（一〇．二）

又（三四次）

副詞：今又倍地而不行仁政（二．一一）

三畫

丈（一次）

食前方丈（一四．三四）

丈夫（六次）

年滿二十歲的男子，見「有賤丈夫焉」（四．一〇）注。

三（五〇次）

數詞，如用作副詞，有時只是虛數，言其多而已：前以三鼎而後以五鼎與（二．一六）三過其門而不入（八．二九）卿祿三大夫（一〇．二）

三公（一次）

公卿的總稱：柳下惠不以三公易其介（一三．二八）

三王（二次）

夏禹、商湯以及周代之文王武王這三代之王的總稱：周公思兼三王以施四事（八．二〇）

三代（三次）

夏、商、周三個朝代的總稱：三代共之（五．二）

三危（一次）

古代西方邊疆地名，見「殺三苗于三危」（九．三）注。

三苗（一次）

古代國名，見「殺三苗于三危（九．三）注。

三軍（五次）

軍隊之意：是畏三軍者也（三．二）

上（二九次）

1 方位名詞（九次）：王立於沼上（一．二）

2 方位詞用如形容詞，表示等第（三次）：上農夫食九人（一〇．二）後舉而加諸上位（一〇．六）

3 方位詞用如副詞（一次）：夫蚓上食槁壤（六．一〇）

4 動詞，同「尚」，加也（一次）：草上之風必偃（五．二）

5 名詞，在上位之人（一五次）：人不得則非其上矣（二．四）

上下（七次）

1 上面和下面（三次）：無分於上下乎（一一．二）上下與天地同流（一三．一三）

2 在上者和在下者（四次）：上下交征利（一．一）

上士（七次）

古代官階：上士一位（一〇．二）

上世（一次）

上古：蓋上世嘗有不葬其親者（五．五）

上刑（一次）

最重的刑罰：故善戰者服上刑（七．一四）

上帝（三次）

天帝：惟曰其助上帝寵之（二．三）

上宮（一次）

高等賓館，見「館於上宮」（一四．三〇）注。

下（三九次）

1 方位詞（一八次）：民歸之由水之就下（一．六）

2 表等第（五次）：下食五人（八．二）其下（一二．一四）

3 在下位之人（八次）：是上慢而殘下也（二．一二）

4 動詞（七次）：沛然下雨（一．六）

5 副詞（一次）：下飲黃泉（六．一〇）

下士（七次）

古代的官階：下士一位（一〇・二）

久（一四次）　**久遠**（一次）

行乎國政如彼其久也（三・一）舜禹益相去久遠（九・六）

乞（二次）

乞求：乞其餘（八・三三）

也（一二一四次）

語氣詞：

1 表停頓：寡人之於國也，盡心焉耳矣（一・三）

2 表終結和肯定：未有仁而遺其親者也（一・一）

3 表疑問，句中一定有疑問代詞或者形容詞或者副詞：何也（一・三）

4 表必然之境界，用法同「矣」：無是餒也（三・二）

5 表限止，用法同「耳」：利與善之間也（一三・二五）

于（三四次）

1 國名，同「邘」（二次）：見「侵于之疆」（六・五）注。

2 動詞，取也（一次）：見「殺越人于貨」（一〇・四）注。

3 動詞，往也（一次）：見「晝爾于茅」（五・三）注。

4 介詞（三〇次）

①在、至、對諸義：定于一（一・六）

②表比較：于湯有光（六・五）

③爲也，助也：汝其于予治（九・二）

④被動句中介出主動者：慍于羣小（一四・一九）

于時（一次）

於是：畏天之威，于時保之（二・三）

亡（二七次）

1 死亡（四次）：民欲與之偕亡（一・二）

2 喪失（六次）：舍則亡（一一・三）

3 滅亡（八次）：暴其民甚則身弒國亡（七・二）

4 出外，或者去位，或者去國（三次）：今日不知其亡也（二・七）陽貨矙孔子之亡也而饋孔子蒸豚（六・七）

5 樂酒無厭（三次）：流連荒亡（二・四）

6 同「無」（三次）：若夫君子所患則亡矣（八・二八）

凡（一〇次）

1 形容詞，平常的，普通的（二次）：待文王而後興者凡民也（一三・一〇）

2 形容詞，表數，一切，所有（五次）：故凡同類者舉相似也（一三・七）

3 副詞，總共（三次）：凡五等也（九・二）

刄（三次）

刀鋒：兵刃既接（一・三）

千（二九次）

數詞：不遠千里而來（一・一）

口（一七次）

1 「口舌」、「口腹」之口（一四次）：爲肥甘不足於口與（一・七）士憎兹多口（一三・一九）

2 量詞，用以計算人數（三次）：數口之家可以無飢矣（一・三）

土（七次）

1 土地，泥土（六次）：且比化者無使土親膚（四・七）

2 同「杜」，樹根：見「徹彼桑土」（三・四）注。

土地（一〇次）

欲辟土地（一・七）

士（六四次）

1 古代社會階層之一（五六次）：見「則天下之士皆悅而願立於其朝矣」（三・五）及「士之不託諸侯何也」（九・六）注。

2 古代官階之一（五次）：士師不能治士（二・六）

3 古代司法官（一次）：皐陶爲士（一三・三五）

4 人名（二次）：見「尹士語人曰」（四・一二）注。

——另見「上士」、「下士」、「中士」、「元士」。

士師（三次）

古代司法官，同「士」的3：爲士師則可以殺之（四・八）

夕（一次）

黃昏：夕不食（一一．一四）

大（一〇三次）

1 名詞，大的東西，大國（八次）：以小易大（一．七）

2 形容詞（七八次）：若是其大乎（二．二）

3 副詞（一二次）：弔者大悅（五．二）

4 動詞（二次）：王請大之（二．三）

5 善，好（二次）：見「先生之志則大矣」（一一．四）注。

6 哲學術語（一次）：充實而有光輝之謂大（一四．二五）

大人（一二次）

有時指在高位之人，有時指有德之人，偶爾以之指「聖人」之在位者：說大人則藐之（一四．三四）從其大體爲大人（一一．一五）有大人者（一三．一九）

大丈夫（三次）

此之謂大丈夫（六．二）

大夫（三〇次）

古代官階：大夫一位（一〇．二）

大王（二次）

即「太王」：見「故大王事薰鬻」（二．三）注。

大邑（一次）

殷周兩代自稱之詞：惟臣附於大邑周（六．五）

大事（三次）

指喪禮而言：恐其不能盡於大事（五．二）

大故（一次）

重大事故，此指父喪：見「今也不幸至於大故」（五．二）注。

大師（一次）

即「太師」，古代樂官之長：召大師曰（二．四）

大略（一次）

此其大略也（五．三）

大舜（二次）

對舜的尊稱：大舜有大焉（三．八）

女（一八次）

1 「男女」之「女」（一一次）：爰及姜女（二．五）

2 去聲，動詞，嫁也（二次）：涕出而女

於吳（七・七）

③同「汝」，對稱代詞（五次）：予及女偕亡（一・二）

女子（二次）

女子之嫁也，母命之（六・二）

子（一三四次）

①男子之通稱（三次）：夫二子之勇未知其孰賢（三・二）

②名詞，兒女（五五次）：老而無子曰獨（二・五）

③動詞，以爲兒女（二次）：父不得而子（九・四）

④副詞，像兒女似地（一次）：庶民子來（一・二）

⑤古代爵位之一（三次）：子男同一位（一〇・二）

⑥代詞，表對稱（七〇次）：而子爲我願之乎（三・一）

——另見「樹子」。

子之（一次）

人名：子之不得受燕於子噲（四・八）參「齊人伐燕，勝之」（二・一〇）注。

子弟（七次）

年輩較低之人：係累其弟子（二・一一）

子叔疑（一次）

人名：見「異哉子叔疑」（四・一〇）注。

子思（一六次）

孔子之孫：見「昔者魯繆公無人乎子思之側」（四・一一）注。

子柳（一次）

即泄柳：見「泄柳申詳無人乎繆公之側」（四・一一）注。

子孫（一次）

後世子孫必有王者矣（二・一四）

子夏（三次）

孔子學生卜商之字：北宮黝似子夏（三・三）

子產（五次）

公孫僑之字：見「子產聽鄭國之政」（八・二）注。

子貢（七次）

孔子學生端木賜之字：宰我子貢爲善說辭（三・二）

子張（二次）

孔子學生顓孫師之字：子夏、子游、子張皆有聖人之一體（三·二）

子敖（三次）

齊國右師王驩之字：樂正子從於子敖之齊（七·二四）

子游（二次）

孔子學生言偃之字：子夏、子游、子張皆有聖人之一體（三·二）

子莫（一次）

人名：見「子莫執中」（一三·二六）注。

子都（二次）

人名：見「至於子都」（一一·七）注。

子路（六次）

孔子學生仲由之字：吾子與子路孰賢（三·一）

子噲（二次）

燕王之名：見「齊人伐燕勝之」（二·一〇）注。

子襄（一次）

人名：昔者曾子謂子襄曰（三·二）

子濯孺子（二次）

人名：見「鄭人使子濯孺子侵衛」（八·二四）注。

子遺（一次）

賸餘：靡有子遺（九·四）

寸（四次）

中古棺七寸（四·七）

——另見「尺寸」。

小（五三次）

[1] 形容詞（三六次）：民猶以爲小也（二·二）王請無好小勇（二·三）

[2] 形容詞作名詞用，小的事物，小國，小人（一〇次）：以小易大（一·七）然則小固不可以敵大（一·七）慍于羣小（一四·一九）

[3] 副詞（三次）：今病小愈（四·二）

[4] 動詞（三次）：

①使動用法：匠人斲而小之（二·九）

②意動用法：孔子登東山而小魯，登泰山而小天下（一三·二四）

[5] 精細細緻（粗大之反）（一次）：巨屨

小屨同賈，人豈爲之哉（五·四）——另見「褊小」。

小人（一六次）

1 指老百姓，小民（九次）：小人之德草也（五·二）

2 品德惡劣的人（六次）：士誠小人也（四·一二）

3 自稱的謙辭（一次）：小人學射於尹公之他（八·二四）

小丈夫（一次）

意同「小人」：予豈若是小丈夫然哉（四·一二）

小子（三次）

學生們：小子聽之（七·八）

小功（一次）

古代喪服的一種：見「而緦小功之察」（一三·四六）注。

小弁（三次）

〔詩〕篇名：小弁，小人之詩也（一二·三）

尸（一次）

古代祭祀，以童年男女代表受祭主，便叫「尸」：弟爲尸，則誰敬（一一·五）

山（八次）

斧斤以時入山林（一·三）

川（一次）

爲下必因川澤（七·一）

工（七次）

1 手工藝者（五次）：何爲紛紛然與百工交易（五·四）

2 對駕車的人偶亦稱「工」（二次）：天下之賤工也（六·一）

工師（二次）

建築師：則必使工師求大木（二·九）

已（三三次）

1 動詞，罷休，休止（二一次）：如不得已（二·七），又參「毀諸已乎」（二·五）注。

2 動詞，罷免（一次）：已之（二·六）

3 副詞，已經（三次）：今乘輿已駕矣（二·一六）

4 副詞，太（二次）：是皆已甚（六·七）

5 語氣詞，同「矣」，相當今日的「了」

（六次）：然則王之所大欲可知已（一．七）

——另見「而已」「而已矣」。

已矣（三次）

語氣詞的連用：

1 同「矣」或「已」（二次）：則君子之所養可知已矣（六．七）

2 同「也」（一次）：是則章子已矣（八．三〇）

己（三五次）

自己：

1 主位：己頻顣曰（六．一〇）

2 賓位：民以爲將拯己於水火之中也（二．一一）

3 領位：堯以不得舜爲己憂（五．四）

干（五次）

1 古代武器（二次）：見「干戈戚揚」（二．五）注。

2 動詞，干求（三次）：則是干澤也（四．一二）

弓（八次）

弓矢斯張（二．五）

弓人（一次）

作弓的人：由弓人而恥爲弓（三．七）

才（一一次）

1 才能（三次）：其爲人也小有才（一四．二九）

2 有才能之人（五次）：才也養不才（八．七）

3 孟子哲學術語，意指本性（三次）：見「非才之罪也」（一一．六）注。

——又見「英才」。

四畫

不（一〇六六次）

1 否定副詞，一般的否定（一〇六五次）：不遠千里而來（一．一）

2 否定副詞，表示禁止，「不必」、「不要」的意思（一次）：夷子不來（五．五）

不曰（一次）

猶言「不終日」，可譯爲「没有一天」或者「不到幾天」：不日成之（一・二）

不肖（六次）

不賢：前日不知虞之不肖（四・七）

丑（一次）

景丑自稱其名：丑見王之敬子也（四・二）

中（四二次）

1 方位詞（二六次）：則是方四十里爲阱於國中（二・二）

2 表等第（二次）：中等九人（九・二）

3 作動詞用，「在中間」之意（三次）：中天下而立（一四・二一）

4 哲學術語，「中庸」無過無不及（四次）：湯執中（八・二〇）

5 有「中庸」道德的人（四次）：中也養不中（八・七）

6 去聲，射箭中靶，與相合（三次）：發而不中（三・七）動容周旋中禮者盛德之至也（一四・三三）

中士（七次）

古代官階之一：中士倍下士（一〇・二）

中心（二次）

以德服人者中心悅而誠服也（三・三）

中古（一次）

表時代之詞：見「中古棺七寸」（四・七）注。

中國（八次）

1 指漢民族所居的全部土地（七次）：莅中國（一・七）

2 指首都（一次）：見「夫然後之中國踐天子位焉」（九・五）注。

中道（二次）

即孔子的「中行」，遇事合於他們所謂中庸之德的人：孔子不得中道而與之（一四・三七）

丹（一次）

白圭自稱其名：丹之治水也愈於禹（一二・一一）

丹朱（一次）

堯的兒子：見「丹朱之不肖」（九・六）注。

之（一九〇二次）

1 代詞，作賓語用（八四四次）：而民歡樂

之（一．二）

② 形似賓語而實非賓語（三次）：則苗浡然興之矣（一．六）

③ 小品詞（一〇〇七次）：萬乘之國（一．一）寡人之於國也（一．三）子是之學亦爲不善變矣（五．四）

④ 代詞，用法同「其」（四次）：作之君，作之師（二．六）

⑤ 動詞，適，往（四二次）：牛何之（一．七）

⑥ 連詞，用法同「與」（一次）：見「得之不得」（九．八）注。

⑦ 人名，夷之自稱（一次）：之則以爲愛無差等（五．五）

之爲（三次）

用於倒裝句，幫助倒裝，無義：當務之爲急（一三．四六）

予（四五次）

自稱代詞，用作主語和賓語，不用於領位：予及女偕亡（一．二）

云（三一次）

動詞，說：〔詩〕云（一．二）

云乎（二次）

表疑問語氣詞：見「事之云乎」（一〇．七）注。

云爾（四次）

語氣詞，罷了：是何足與言仁義也云爾（四．二）

五（四七次）

① 表計數之詞（四四次）：或五十步而後止（一．三）

② 表序數之詞（一次）：五命曰（一二．七）

③ 副詞，五次（二次）：五就湯五就桀者，伊尹也（一二．六）

五音（二次）

音階之名：見「不以六律不能正五音」（七．一）注。

五穀（六次）

各種穀物的總稱：五穀不登（五．四）

五霸（七次）

五個霸主：見「五霸者三王之罪人也」（一

二．七）注。

井（一〇次）

1 井水的「井」（七次）：今人乍見孺子將入於井（三．六）

2 井田的「井」（三次）：方里而井（五．三）

——另見「市井」。

井地（二次）

古人理想的一種土地制度：使畢戰問井地（五．三）

什（四次）

意義同「十」，不過特用以表分數或倍數：其實皆什一也（五．三）或相什百（五．四）

仁（一五七次）

亦有仁義而已矣（一．一）仁者無敵（一．五）仁則榮（三．四）

仇（一次）

仇視，以爲仇敵：葛伯仇餉（六．五）

今（九五次）

當今之時（三．一）今夫天下之人牧未有不嗜殺人者也（一．六）

今日（九次）

今日病矣（三．二）

介（一次）

操守：見「柳下惠不以三公易其介」（一三．二八）注。

——另見「一介」。

允（一次）

真誠，確實：瞽瞍亦允若（九．四）

元（二次）

腦袋：勇士不忘喪其元（六．一）

元士（一次）

古代官階：元士受地視子男（一〇．二）

內（二一次）

1 內外之「內」（一八次）：海內之地（一．七）

2 同「納」，交結也（一次）：見「非所以內交於孺子之父母也」（三．六）注。

3 同「納」，送進去（二次）：若己推而內之溝中（九．七）

——另見「河內」。

公（一四次）

1 「私」之反（六次）：雨我公田（五．三）

2 古代爵位或者官階（六次）：公侯皆方百里（一〇．二）公卿大夫（一一．一六）

3 指魯平公（二次）：公曰（二．一六）

——另見「三公」。

公行子（一次）

人名：公行子有子之喪（八．二七）

公明高（三次）

人名：見「長息問於公明高曰」（九．一）注。

公明儀（四次）

人名：見「公明儀曰」（五．一）注。

公孫丑（一七次）

孟子弟子：公孫丑問曰（三．一）

公孫衍（一次）

人名：見「公孫衍張儀豈不誠大丈夫哉」（六．二）注。

公都子（九次）

孟子弟子：公都子以告（四．五）

公儀子（一次）

人名：見「公儀子爲政」（一二．六）注。

公劉（一次）

人名：見「昔者公劉好貨」（二．五）注。

公輸子（一次）

人名：見「公輸子之巧」（七．一）注。

六（三次）

數詞：賢聖之君六七作（三．一）

六律（二次）

古代樂音標準之名：見「不以六律不能正五音」（七．一）注。

六師（一次）

古代天子六師，因以爲天子的軍隊的總稱：三不朝則六師移之（一二．七）

兮（四次）

語氣詞，僅用於詩歌中：滄浪之水清兮（七．八）

凶（九次）

災荒，收成壞：河內凶則移其民於河東（一．三）

分（八次）

1 分別（五次）：人性之無分於善不善

也，猶水之無分於東西也（一一．二）

② 分開來，分給（二次）：分田制祿可坐而定也（五．三）

③ 去聲，分際，界限（一次）：分定故也（一三．二一）

勾踐（一次）

越王之名：勾踐事吳（二．三）

勿（二四次）

不要：百畝之田勿奪其時（一．三）

化（五次）

① 化育（四次）：夫君子所過者化（一三．一三）

② 死亡（一次）：見「且比化者無使土親膚」（四．七）注。

匹（一次）

量詞：見「力不能勝一匹雛」（一二．二）注。

匹夫（九次）

一個男人，指老百姓中的男子：此匹夫之勇（二．三）

匹婦（四次）

一個女人，指老百姓中的女子：匹婦蠶之（一三．二二）

及（三三次）

① 動詞，到，至於（一七次）：老吾老以及人之老（一．七）

② 動詞，趕上（五次）：晉楚之富不可及也（四．二）

③ 介詞，等到（八次）：及寡人之身，東敗於齊（一．五）

④ 介詞，趁（二次）：及是時，明其政刑（三．四）

⑤ 連詞，與，同（一次）：予及女偕亡（一．二）

及至（一次）

介詞，和「及」的③同：及至葬，四方來觀之（五．二）

友（二七次）

① 名詞（八次）：王之臣有託其妻子於其友而之楚遊者（二．六）

② 動詞（一九次）：出入相友（五．三）

——另見「朋友」。

反（五三次）

[1] 回（五次）：蓋亦反其本矣（一．七）

[2] 使回，回報（有報仇的意思）（四次）：夫民今而後得反之也（二．一二）

[3] 同「返」，回家（一三次）：比其反也（二．六）

[4] 使回家（三次）：反其旄倪（二．一一）

[5] 翻過來（五次）：以齊王由反手也（三．一）

[6] 回報使命（五次）：然友反命（五．二）

[7] 往還（二次）：反齊滕之路未嘗與之言行事也（四．六）

[8] 反躬，反省（一六次）：反而求之（一．七）

反覆（三次）

反覆之而不聽則易位（一〇．九）

天（八一次）

[1] 自然之天：天油然作雲（一．六）

[2] 命運之天：若夫成功則天也（二．一四）

[3] 略有主宰的涵義：無敵於天下者天吏也（三．五）

天下（一七二次）

斯天下之民至焉（一．三）

天子（三五次）

天子適諸侯曰巡狩（二．四）

天道（一次）

指自然和人的關係而言：聖人之於天道也（一四．二四）

太丁（一次）

人名：太丁未立（九．六）

太山（四次）

即「泰山」：挾太山以超北海（一．七）

太公（三次）　**太公望**（一次）

人名，見「太公辟紂」（七．一三）及「若太公望散宜生則見而知之」（一四．三八）注。

太王（二次）

亦作「大王」，人名：見「故太王事薰鬻」（二．三）注。

太甲（六次）

[1] 人名（四次）：太甲顛覆湯之典刑（九．六）

[2] 〔尚書〕篇名（二次）：〔太甲〕曰（三．

四）

太誓（一次）

即「泰誓」，〔尚書〕篇名：見「〔太誓〕曰」（六·五）注。

夫（六八次）

1 名詞，男子（九次）：頑夫廉（一〇·一）

2 名詞，丈夫（四次）：老而無夫曰寡（二·五）

3 代詞，他（三次）：夫既或治之（四·六）

4 指示形容詞，那（四次）：王知夫苗乎（二·六）

5 提挈之詞（四五次）：夫誰與王敵（一·五）

6 語氣詞，相當今日的「罷」（三次）：吾死矣夫（八·二四）

——另見「大丈夫」、「大夫」、「小丈夫」、「丈夫」、「匹夫」、「今夫」、「若夫」、「農夫」、「褐夫」、「餘夫」。

夫人（一次）

諸侯之妻：夫人蠶繅以爲衣服（六·六）

夫子（三四次）

1 名詞，丈夫（一次）：無違夫子（六·二）

2 代詞，對稱，您（三一次）：夫子之謂也（一·七）

3 代詞，他稱，他老人家（二次）：以予觀於夫子賢於堯舜遠矣（三·二）

夫里之布（一次）

古代稅收制度之一：見「廛無夫里之布」（三·五）注。

孔子（八一次）

孔子兼之（三·二）

孔距心（一次）

人名：知其罪者惟孔距心（四·四）

少（五次）

1 「多」之反（二次）：鄰國之民不加少（一·三）

2 少數的人（一次）：與少樂樂，與衆樂樂，孰樂（二·一）

3 時間副詞，少頃（一次）：少則洋洋焉

（九．二）

4 去聲，年輕（一次）：人少則慕父母（九．一）

少艾（一次）

年輕貌美的女子：見「知好色則慕少艾」（九．一）注。

尤（三次）

罪過，歸罪：畜君何尤（二．四）君無尤焉（二．一二）

尹士（三次）

人名：尹士語人曰（四．一二）

尹公之他（五次）

人名：庾公之斯學射於尹公之他（八．二四）

尺（九次）

尺地莫非其有也（三．一）

尺寸（三次）

言其不大：無尺寸之膚不愛焉（一一．一四）

弔（一一次）

別人有災難或者凶喪之事，去表示同情：誅其君而弔其民（二．一一）公行子有子之喪，右師往弔（八．二七）

引（五次）

1 引弓（一次）：君子引而不發（一三．四一）

2 延伸，伸長（一次）：則天下之民皆引領而望之矣（一．六）

3 引導，領著，帶著（三次）：引而置之莊嶽之間數年（六．六）

心（一一七次）

盡心焉耳矣（一．三）

——另見「中心」。

心志（一次）

必先苦其心志（一二．一五）

心思（一次）

既竭心思焉（七．一）

戈（二次）

古代的兵器：干戈戚揚（二．五）

戶（二次）

單扇的門，室門：綢繆牖戶（三．四）

——又見「門戶」。

手（七次）

以齊王由反手也（三．一）

二四）日亦不足矣（八・二）

③ 副詞，每天地（四次）：雖日撻而求其齊也，不可得矣（六・六）

④ 白天（三次）：夜以繼日（八・二〇）

日至（二次）

① 冬至：千歲之日至可坐而致也（八・二六）

② 夏至：至於日至之時皆熟矣（一一・七）

曰（九六二次）

① 説（九四七次）：王曰（一・一）

② 叫做（一五次）：謂其臺曰靈臺（一・二）

月（一三次）

① 月亮（二次）：其過也如日月之食（四・九）

② 月份（八次）：七八月之間旱（一・六）

③ 時間的計算單位（三次）：今既數月矣（四・五）月攘一雞（六・八）

木（一一次）

① 樹木（七次）：猶緣木而求魚也（一・七）

② 木材（三次）：爲巨室則必使工師求大木（二・九）

③ 棺木（一次）：木若以美然（四・七）

——另見「材木」、「喬木」。

止（一六次）

① 休止，停留（一四次）：或百步而後止（一・三）

② 退處，不做官（二次）：可以止則止（三・二）

比（一二次）

① 動詞，相比，看做（四次）：爾何曾比予於管仲（三・一）

② 動詞，舊讀去聲，比次，比近，一例看待（五次）：見「子比而同之」（五・四）及「將比今之諸候而誅之」（一〇・四）注。

③ 介詞，去聲，等到（一次）：比其反也（二・六）

④ 介詞，去聲，爲也（二次）：願比死者一灑之（一・五）

毛（一次）

汗毛：拔一毛而利天下不爲也（一三・二六）

水（四四次）

1 一般意義，有時亦指河流（四三次）：民歸之由水之就下（一・六）丹之治水也愈於禹（一二・一一）

2 與「湯」對言，則意義爲冷水（一次）：夏日則飲水（一一・五）

火（一三次）

避水火也（二・一〇）

父（七八次）

爲民父母（一・四）

牛（一六次）

有牽牛而過堂下者（一・七）

牛山（一次）

齊國都城南郊的山名：牛山之木嘗美矣（一一・八）

犬（六次）

事之以犬馬（二・一五）

王（三二四次）

1 古天子稱王，戰國時大國諸侯亦稱王（二一次）：吾王之好古[illegible]使我至於此極也（二・一[illegible]

2 特指聖明天子而言，如言「先王」（一〇次）、「王者」（九次）、「王政」（五次）、「聖王」（一次）。

3 動詞，去聲，以德統一天下（三〇次）：然而不王者，未之有也（一・三）

4 承上文或者用於對稱，指特定之王，計指周文王者二次，指周武王者一次，指梁惠王者一二次，指梁襄王者一次，指宋王者六次，指齊宣王者一二六次。

——另見「三王」。

王子（三次）

當時大國諸侯之子：王子宮室車馬衣服多與人同（一三・三六）

王子比干（二次）

人名：又有微子、微仲、王子比干（三・一）

王子墊（一次）

人名：王子墊問曰（一三・三三）

王良（三次）

人名：昔者趙簡子使王良與嬖奚乘（六・一）

王豹（一次）

人名：見「昔者王豹處於淇而河西善謳」

（一二·六）注。

王順（一次）

人名：王順長息則事我者也（一〇·三）

王道（一次）

以德統一天下之道：王道之始也（一·三）

王驩（二次）

人名：王使蓋大夫王驩爲輔行（四·六）

五畫

且（三〇次）

1 表態副詞，姑且（一次）：我且直之（五·五）

2 表態副詞，尚且（八次）：獸相食且人惡之（一·四）

3 表時副詞，將（一次）：病愈，我且往見（五·五）

4 連詞，而且（一八次）：且以文王之德，百年而後崩（三·一）

5 連詞，表示同時如此又如彼，古人所說「兩務之詞」（二次）：百工之事固不可耕且爲也（五·四）

且由（一次）　**且猶**（一次）

表態副詞，和單獨用「且」或「猶」相同，尚且：見且由不得亟（一三·八）管仲且猶不可召（四·二）

丕（二次）

語首詞，無義：丕顯哉文王謨（六·九）

世（三六次）

1 時代，子孫的一代，古人說，三十年爲一世（三一次）：是以後世無傳焉（一·七）

2 代代相傳的（五次）：仕者世祿（二·五）

世俗（二次）

直好世俗之樂耳（二·一）

丘（一次）

孔子自稱其名：其義則丘竊取之矣（八·二一）

丘民（一次）

老百姓，見「是故得乎丘民而爲天子」（一四·一四）注。

丘垤（一次）

小山丘：泰山之於丘垤（三．二）

丘陵（二次）

山丘：雖若丘陵（六．一）

主（一五次）

1 名詞，主人（二次）：迭爲賓主（一〇．三）

2 動詞，以爲主人（九次）：或謂孔子於衞主癰疽（九．八）

3 動詞，以爲主（二次）：父子主恩，君臣主敬（四．二）

4 動詞，主持（二次）：使之主祭而百神享之（九．五）

乍（一次）

時間副詞，突然：今人乍見孺子將入於井（三．六）

乎（二〇〇次）

1 介詞，同「於」（四四次）：天下惡乎定（一．六）

2 語氣詞，表感歎（一五次）：宜乎百姓之謂我愛也（一．七）王之好樂甚，則齊國其庶幾乎（二．一）

3 語氣詞，表疑問或者反詰（一三五次）：亦將有以利吾國乎（一．一）

4 語氣詞，爲形容詞或者副詞的語尾（六次）：蕩蕩乎民無能名焉（五．四）而有時乎爲貧（一〇．五）

——另見「云乎」

乎哉（三次）

語氣詞的連用，兼有疑問與感歎兩種語氣：若寡人者可以保民乎哉（一．七）

乎爾（二次）

語氣詞的連用：然而無有乎爾，則亦無有乎爾（一四．三八）

仕（二九次）

1 做官（二八次）：使天下仕者皆欲立於王之朝（一．七）

2 同「士」（一次）：見「有仕於此」注。

他（三一次）

1 他稱代詞，別的（一五次）：古之人所以大過人者無他焉（一．七）

2 他稱指示形容詞，計「他人」二次，「他日」一二次，「他辭」一次，「他國」一次。

仞（一次）

七尺曰仞：堂高數仞（一四．三四）

代（四次）

1 世代，一代代地（一次）：暴君代作（六．九）

2 代替（三次）：祿足以代其耕也（一〇．二）

——另見「三代」。

令（三次）

1 名詞，命令（一次）：王速出令（二．一一）

2 動詞，命令（一次）：既不能令（七．七）

3 形容詞，善，好的（一次）：令聞廣譽施於身（一一．一七）

——另見「使令」。

以（四一一次）

1 介詞，「因」，「用」，「拿」，「把」，「依」諸義（二八一次）：文王以民力爲臺爲沼（一．二）

2 動詞，以爲（一七次）：百姓皆以王爲愛也（一．七）

3 副詞，太（四次）：三月無君則弔，不以急乎（六．三）

4 動詞，同「已」，止也（一次）：無以，則王乎（一．七）

5 連詞，連接兩事，前一事爲後一事所用的方法手段，後一事爲前一事的目的，譯爲現代漢語可用「來」字（八六次）：使不得耕耨以養其父母（一．五）

6 連詞，表原因（二次）：以其外之也（三．二）

7 連詞，其下多用「來」「後」諸字（六次）：自生民以來（三．五）

8 常置於副詞或者助動詞之下，其已經成爲習慣常用詞者如「可以」、「足以」等另見者外，尚有「能以」，如「皆能以朝諸侯」（三．二），「徒法不能以自行」（七．一）；「明以」，如「明以教我」（一·七）。有時亦置於「有」「無」之下，如「有以異乎」，「無以異也」（一·四）。
——另見「可以」、「何以」、「足以」、「所以」、「是以」。

以至（一次）
自耕稼陶漁以至爲帝（三·八）

以爲（二九次）
以爲能勝其任也（二·九）

兄（三九次）
哥哥：入以事其父兄（一·五）

充（一三次）
1 充實，充滿（四次）：府庫充（二·一二）充府庫（一二·九）
2 擴充（九次）：苟能充之，足以保四海（三·六）

充虞（二次）
人名：充虞請曰（四·七）

充塞（二次）
因充滿而阻塞：是邪說誣民充塞仁義也（六·九）

充實（二次）
充實之謂美（一四·二五）

冉牛（二次）
孔子弟子：冉牛閔子顏淵善言德行（三·二）

冬（一次）
冬日則飲湯（一一·五）

出（四〇次）
1 出來，離開（三〇次）：出以事其長上（一·五）三宿而後出晝（四·一二）
2 發出（七次）：王速出令（二·一一）
3 超出（一次）：出於其類（三·二）
4 逐出（二次）：出妻屏子（八·三〇）

功（九次）
功效：今恩足以及禽獸而功不至於百姓者（一·七）
——另見「小功」、「成功」。

功烈（一次）
功績，烈績：功烈如彼其卑也（三·一）

加（一〇次）
1 增加（六次）：寡人之民不多（一·三）
2 被也（二次）：古之人得志澤加於民（一

三・九）

3 同「居」（二次）：見「夫子加齊之卿相」（三・二）注。

北（九次）

南面而征北狄怨（二・一一）北學於中國（五・四）

北宮錡（一次）

人名：北宮錡問曰（一〇・二）

北宮黝（二次）

人名：北宮黝之養勇也（三・二）

北海（五次）

地名，即今渤海：挾太山以超北海（一・七）

半（二次）

螬食實者過半矣（六・一〇）故事半古之人（三・一）

去（六四次）

1 離開（五二次）：謀於燕衆，置君而後去之（二・一一）

2 拋棄，除去（六次）：去關市之征（六・八）

3 距離（四次）：紂之去武丁未久也（三・一）

4 罷免，辭去（二次）：見「見不可焉，然後去之」（二・七）注。

古（三五次）

古之人與民偕樂（一・二）——另見「中古」。

古公亶父（一次）

人名：古公亶父來朝走馬（二・五），見「太王事薰鬻」（二・三）注。

叩（二次）

敲打：抽矢叩輪去其金（八・二四）

召（一三次）

召喚：召大師曰（二・四）

可（一六四次）

穀不可勝食也（一・三）

可以（七四次）

1 意義同「可」：五十者可以衣帛矣（一・三）

2 有時有應該之義：可以仕則仕（三・二）

可得（一五次）

可能：可得聞乎（一・七）

史（一次）

歷史，史書：其文則史（八·二一）

右（五次）

1 右方（四次）：王顧左右而言他（二·六）

2 西方也叫「右」（一次）：見「緜駒處於高唐而齊右善歌」（一二·六）注。

——另見「左右」。

右師（六次）

本官名，此指王驩：右師往弔（八·二七）

司城貞子（一次）

人名：主司城貞子（九·八）

司徒（一次）

官名：使契爲司徒（五·四）

司寇（一次）

官名：孔子爲魯司寇（一二·六）

四（二五次）

1 數詞（一七次）：卿祿四大夫（一〇·二）四命曰（一二·七）

2 包括東西南北四面而言，如言「四方」（五次）、「四境」（二次）、「四夷」（一次）。

四支（一次） **四肢**（一次） **四體**（四次）

指兩手兩足而言：惰其四支（八·三〇）四肢之於安佚也（一四·二四）人之有是四端也猶其有四體也（三·六）

四海（一一次）

1 實是「天下」之意（九次）：故推恩足以保四海（一·七）

2 各方的海洋（二次）：是故禹以四海爲壑（一二·一一）

外（二六次）

1 一般用法（二五次）：外無曠夫（二·五）外人皆稱夫子好辯（六·九）

2 動詞意動用法，以爲外（一次）：以其外之也（三·二）

外丙（一次）

人名：外丙二年（九·六）

失（三三次）

拋失，亡失：不可失也（二·一五）

尼（一次）

曳止：見「止或尼之」（二·一六）注。

左（三次）

王顧左右而言他（二・六）

左右（四次）

親近之人：左右皆曰賢（二・七）

巧（四次）

公輸子之巧（七・一）不能使人巧（一四・五）

巨（二次）

[1] 巨大（一次）：爲巨室則必使工師求大木（二・九）

[2] 粗（一次）：見「巨屨小屨同賈」（五・四）注。

巨室（二次）

指賢明的卿大夫：見「不得罪於巨室」（七・六）注。

巨擘（一次）

大拇指：見「吾必以仲子爲巨擘焉」（六・一〇）注。

市（一一次）

[1] 買賣場所（八次）：商賈皆欲藏於王之市（一・七）

[2] 買賣，買賣的（三次）：古之爲市也（四・一〇）而罔市利（四・一〇）

——另見「關市」。

市井（一次）

在國曰市井之臣（一〇・七）

市朝（一次）

偏義複詞，只有「市」義，猶言「稠人廣衆」：見「若撻之於市朝」（三・二）注。

布（四次）

[1] 布帛的「布」（三次）：許子必織布然後衣乎（五・四）

[2] 古代的貨幣（一次）：廛無夫里之布（三・五）

布帛（一次）

布與絲綢：布帛長短同（五・四）

平（九次）

[1] 均平，公平（一次）：穀祿不平（五・三）

[2] 無高低之差（一次）：以爲方員平直（七・一）

[3] 太平（六次）：天下猶未平（五・四）

[4] 治理（一次）：君子平其政（八・二）

平旦（一次）
清晨：平旦之氣（一一・八）

平治（三次）
治理，和「平」的④相同：夫天未欲平治天下也（四・一三）

平陸（三次）
地名：見「孟子之平陸」（四・四）注。

幼（九次）
①幼小，幼小的人（八次）：夫人幼而學之（二・九）敬老慈幼（一二・七）
②動詞，慈愛之意（一次）：幼吾幼以及人之幼（一・七）

弗（三八次）
否定副詞，不；常用於及物動詞而賓語省略的情況下：飢者弗食（二・四）

必（一〇〇次）
副詞，一定：王何必曰利（一・一）

戹（一次）
處於困境：君子之戹於陳蔡之間（一四・一八）

旦（一次）
天亮：坐以待旦（八・二〇）——另見「平旦」。

旦旦（一次）
天天地：旦旦而伐之（一一・八）

旦晝（一次）
明日：見「則其旦晝之所爲」（一一・八）注。

未（九〇次）
①不曾，還沒有（八七次）：未有仁而遺其親者也（一・一）
②同「不」（三次）：是未可知也（六・一〇）

末（二次）
末尾：明足以察秋毫之末（一・七）

本（一四次）
根本，原本：蓋亦反其本矣（一・七）

本朝（一次）
朝廷：見「立乎人之本朝」（一〇・五）注。

正（三六次）
①形容詞，不及物動詞，不歪邪，不錯亂（二四次）：其冠不正（三・九）經界不正

（五・三）

2. 及物動詞，使正（一〇次）：射者正己而後發（三・七）

3. 爲特定目的而工作（一次）：見「必有事焉而勿正」（三・二）注。

4. 誠（一次）：見「臣不敢不以正對」（一〇・九）注。

母（四七次）

1. 父母之母（三五次）：爲民父母（一・四）

2. 陰性的（二次）：五母雞，二母彘（一三・二二）

民（一九九次）

民人（一次）：文王以民力爲臺爲沼（一・二）五穀熟而民人育（五・四）

——另見「丘民」。

永（三次）

長也：永言配命（三・四）

氾濫（二次）

氾濫於天下（五・四）

犯（三次）

違犯：君子犯義（七・一）

玄黃（二次）

黑色黃色的幣帛：見「篚厥玄黃」（六・五）注。

玉（七次）

1. 「玉石」（五次）：今有璞玉於此（二・九）

2. 指「磬」而言（二次）：金聲而玉振之也（一〇・一）

玉人（一次）

治玉石的手工藝者：必使玉人雕琢之（二・九）

瓦（一次）

毀瓦畫墁（六・四）

甘（三次）

1. 甜的東西（一次）：爲肥甘不足於口與（一・七）

2. 以爲甘甜（二次）：飢者甘食，渴者甘飲（一三・二七）

生（四八次）

1. 生存、產生、出生諸義（四六次）：是使民養生喪死無憾也（一・三）舜生於諸馮

(八・一)

2 活的(二次)：則有饋其兄生鵝者(六・一〇)

生活(一次)

民非水火不生活(一三・二三)

用(四五次)

1 動詞(四〇次)：無如寡人之用心者(一・三)

2 介詞，因也(二次)：思戢用光(二・五)

3 介詞，同「以」(三次)：吾聞用夏變夷者(五・四)

——另見「足用」、「財用」。

田(一九次)

1 田土(一八次)：百畝之田(一・三)

2 動詞，打獵(一次)：齊景公田(一〇・七)

田里(三次)

土地房屋：然後收其田里(八・三)

田野(二次)

田野不辟(七・一)

田獵(五次)

今王田獵於此(二・一)

田疇(一次)

田地：見「易其田疇」(一三・二三)注。

由(四八次)

1 動詞，由此而行之意(一一次)：隘與不恭，君子不由也(三・九)

2 介詞，從，自(二五次)：禮義由賢者出(二・一六)

3 介詞，因也(一次)：何由知吾可也(一・七)

4 動詞，同「猶」(六次)：民歸之由水之就下(一・六)

5 副詞，同「猶」，尚且，還(四次)：王由足用爲善(四・一二)

6 子路自稱其名(一次)：非由之所知也(六・七)

由由(二次)

高興的樣子：見「故由由然與之偕」(三・九)注。

甲(四次)

古代作戰時所穿的防禦敵人兵器的衣服，用銅片或皮革製成的：棄甲曳兵而走（一．三）

申（二次）

反覆地說或做：見「申之以孝悌之義」（一．七）注。

申詳（一次）

人名：見「泄柳申詳無人乎繆公之側」（四．一一）注。

白（一八次）

猶彼白而我白之（一一．四）

——另見「頒白」。

白圭（二次）

人名：見「白圭曰」（一二．一〇）注。

皮（二次）

作裘的皮毛：事之以皮幣（二．一五）

皮冠（一次）

古代打獵時所戴的帽子：見「以皮冠」（一〇．七）注。

目（一二次）

抑為采色不足視於目與（一．七）

——另見「面目」。

矢（六次）

箭：弓矢斯張（二．五）

矢人（三次）

製造箭的工匠：矢人豈不仁於函人哉（三．七）

石（一次）

與木石居（一三．一六）

石丘（一次）

地名：孟子遇於石丘（一二．四）

示（三次）

表示：以行與事示之而已矣（九．五）

穴（二次）

洞，孔：鑽穴隙相窺（六．三）

立（二三次）

1 站立（一九次）：王立於沼上（一．二）

2 樹立，立之於位（三次）：立賢無方（八．二〇）

六畫

交（一四次）

交

1 動詞，相交，交叉（二次）：獸蹄鳥跡之道交於中國（五·四）

2 動詞或名詞，交友，交結（八次）：交鄰國有道乎（二·三）

3 副詞，互相（一次）：上下交征利（一·一）

4 曹交自稱其名（三次）：交聞文王十尺（一二·二）

交易（一次）

何爲紛紛然與百工交易（五·四）

交際（一次）

敢問交際何心也（一〇·四）

亥唐（一次）

人名：晉平公於亥唐也（一〇·三）

亦（一二一次）

1 副詞，與現代語「也」字用法全同（一〇六次）：亦將有以利吾國乎（一·一）河東凶亦然（一·三）

2 副詞，祇，但，特（五次）：亦有仁義而已矣（一·一）

仰（七次）

1 抬頭（五次）：必使仰足以事父母（一·七）

2 仰望（二次）：見「則鄰國之民仰之若父母矣」（三·五）注。

仲子（七次）

即陳仲子：見「陳仲子豈不誠廉士哉」（六·一〇）注。

仲壬（一次）

人名：仲壬四年（九·六）

仲尼（六次）

孔子之字：仲尼曰（一·四）

任（一四次）

1 名詞，責任（五次）：以爲能勝其任也（二·九）

2 動詞，擔負責任（三次）：其自任以天下之重如此（九·七）

3 上義的使動用法，使負責任（一次）：見「辟草萊任土地者次之」（七·一四）注。

4 名詞，行李（一次）：見「門人治任將歸」（五·四）注。

5 平聲，國名（四次）：見「任人有問屋廬子曰」（一二・一）注。

伊尹（一九次）

人名：伯夷伊尹何如（三・二）

伊訓（一次）

〔尚書〕篇名：見「〔伊訓〕曰」（九・七）注。

伋（二次）

孔子之孫子思自稱其名：如伋去（八・三一）

伍（二次）

行伍，隊列，班次：子之持戟之士一日而三失伍（四・四）

伏（一次）

偃臥在地上：麀鹿攸伏（一・二）

伐（二八次）

1 征伐（二六次）：武王伐紂（二・八）

2 砍伐（二次）：斧斤伐之（一一・八）

休（三次）

1 休息：吾何以休（二・四）

2 美：紹我周王見休（六・五）

3 地名：見「居休」（四・一四）注。

兆（二次）

始，開始：爲之兆也（一〇・四）

先（一九次）

1 副詞（八次）：孔子先簿正祭器（一〇・四）

2 動詞，在先之意（三次）：告子先我不動心（三・二）

3 上義的使動用法，使之在先（三次）：苟爲後義而先利（一・一）

4 動詞，帶頭之意（一次）：先之也（五・二）

5 動詞，先施禮貌，先去拜訪（二次）：君所爲輕身以先於匹夫者以爲賢乎（二・一六）

6 動詞，先作佈置之意（一次）：見「又先於其所往」（八・三）注。

7 形容詞，緊要的，在先的：如「先務」（一三・四六）

先子（一次）

已逝世的長輩：見「吾先子之所畏也」（三・一）注。

先王（一〇次）

古代聖明天子：吾何脩而可以比於先王觀也（二·四）

先生（八次）

對稱敬詞：先生何爲出此言也（七·二四）

先君（二次）

已逝世的君主：吾宗國魯先君莫之行（五·二）

先知（二次）

早於一般人有所認識的人：使先知覺後知（一〇·一）

先祖（一次）

祖先：喪祭從先祖（五·二）

先師（一次）

老師：是猶弟子而恥受命於先師也（七·七）

先覺（三次）

早於一般人覺悟的人：使先覺覺後覺（一〇·一）

光（二次）

光輝：思戢用光（二·五）

——另見「容光」。

光輝（一次）

充實而有光輝之謂大（一四·二五）

全（一次）

完全：有求全之毀（七·二一）

共（四次）

1 動詞（三次）：三代共之（五·二）

2 平聲，同「恭」（一次）：共爲子職而已矣（九·一）

共工（一次）

人名：見「舜流共工于幽州」（九·三）注。

再（四次）

副詞，兩次，第二次：北面稽首再拜而不受（一〇·六）

刑（五次）

1 名詞，規章，法則（一次）：小人犯刑（七·一）

2 名詞，刑罰（一次）：善戰者服上刑（七·一四）

3 動詞，處罰（二次）：然後從而刑之（一·七）

4 同「型」，示範：刑之寡妻（一·七）

——另見「典刑」、「政刑」。

刑罰（一次）

省刑罰（一．五）

匠（八次）　匠人（一次）

木工：巫匠亦然（三．七）匠人而斲而小之（二．九）

匡（一次）

匡正：匡之直之（五．四）

匡章（二次）

人名：見「匡章曰」（六．一〇）注。

危（七次）

1 名詞（一次）：安其危而利其菑（七．八）

2 不及物動詞（二次）：而國危矣（一．一）

3 及物動詞，使危險（三次）：危士臣（一．七）

4 不安也（一次）：見「其操心也危」（一三．一八）注。

各（一次）

副詞：各欲正己也（一四．四）

合（五次）

符合：此心之所以合於王者何也（一．七）

同（五六次）

與民同之（二．二）同養公田（五．三）

名（一〇次）

1 名字（三次）：諱名不諱姓（一四．三六）

2 給以名目（二次）：蕩蕩乎民無能名焉（五．四）

3 名譽（四次）：先名實者爲人也（一二．六）

4 同「命」（一次）：見「其間必有名世者」（四．一三）注。

后（四次）

王也：后來其蘇（二．一一）

后稷（一次）

人名：見「后稷教民稼穡」（五．四）注。

吏（四次）

官吏：無敵於天下者天吏也（三．五）——另見「委吏」。

回（一次）

同「違」：經德不回（一四．三三）

因（六次）

[1] 動詞，憑藉也（五次）：時子因陳子而以告孟子（四·一〇）

[2] 連詞，因而（一次）：因無恆心（一·七）

在（六五次）

[1] 動詞（六三次）：王在靈囿（一·二）

[2] 介詞用法同「於」（二次）：在他人則誅之，在弟則封之（九·三）

圭田（二次）

見「卿以下必有圭田」（五·三）注。

地（四一次）

西喪地於秦七百里（一·五）若無罪而就死地（一·七）則塞于天地之間（三·二）

——另見「土地」「井地」「壤地」。

多（二六次）

[1] 一般用法（二五次）：不爲不多矣（一·一）諸侯多謀伐寡人者（二·一一）得道者多助（四·一）多取之而不爲虐（五·三）

[2] 意動用法，以爲貴（一次）：享多儀（一二·五）

夷（一四次）

[1] 古人對文化較落後的部族的稱呼（一〇次）：而撫四夷也（一·七）

[2] 傷也（三次）：見「則反夷矣」（七·一八）注。

[3] 語詞（一次）：見「夷考其行而不掩焉者也」（一四·三七）注。

夷子（一〇次）　**夷之**（一次）

人名：墨者夷之因徐辟而求見孟子（五·五）

好（五七次）

[1] 上聲，美好（二次）：好色人之所欲（九·一）

[2] 去聲，喜好（五四次）：王好戰（一·三）

[3] 和好（一次）：言歸于好（一二·七）

如（一一三次）

[1] 像，似（四九次）：其如是孰能禦之（一·六）

[2] 及，但一定和否定詞連用，「不如」等於「不及」（二〇次）：雖有智慧不如乘勢（三·一）

[3] 用法同「奈」，一般和「何」字連用

（四次）：君如彼何哉（二．一四）

4 助動詞，當也（一次）：寡人如就見者也（四．二）

5 用法同「而」（一次）：舍矢如破（六．一）

6 連詞，假如（三四次）：王如知此（一．三）

7 小品詞，常用在區別詞之後作語尾（四次）：則皇皇如也（六．三）

——另見「何如」。

如何（四次） **如之何**（一六次）

怎麼樣：憂之如何（八．二八）如之何其使斯民飢而死也（一．四）

如使（三次）

假設連詞：如使予欲富（四．一〇）

妃（一次）

配偶（女方）：愛厥妃（二．五）

妄（一次）

狂也：此亦妄人也已矣（八．二八）

存（二四次）

1 存在（二二次）：猶有存者（三．一）

2 使存在，保存（一次）：君子存之（八．一九）

3 察也（一次）：見「存乎人者莫良於眸子」（七．一五）注。

宅（六次）

住宅：五畝之宅（一．三）

宇（一次）

屋宇：聿來胥宇（二．五）

守（一八次）

與民守之（二．一三）守約而施博者善道也（一四．三二）

——另見「巡守」、「官守」、「法守」。

安（二〇次）

1 安靜（一次）：寡人願安承教（一．四）

2 心之所安（三次）：敢問所安（三．二）

3 平安（七次）：人之安宅也（三．七）則豈徒齊民安（四．一二）

4 使平安（七次）：文王一怒而安天下之民（二．三）

5 以為安（二次）：安其危而利其菑（七．八）

安佚（一次）
即「安逸」：四肢之於安佚也（一四·二四）

安息（一次）
民無所安息（六·九）

安樂（一次）
然後知生於憂患而死於安樂也（一二·一五）

年（四〇次）
兇年免於死亡（一·七）百年而後崩（三·一）

忖度（一次）
揣想：他人有心，予忖度之（一·七）

戎狄（一次）
「戎」和「狄」都是古代人對當時較落後的部族的稱呼：戎狄是膺（五·四）

收（二次）
收回，沒收：去三年不反，然後收其田里（八·三）

旨（一次）
甘甜：禹惡旨酒而好善言（八·二〇）

旬（一次）
十日：五旬而舉之（二·一〇）

曲（一次）
普遍之意，見「無曲防」（一二·七）注。

曳（一次）
拖著：棄甲曳兵而走（一·三）

有（四四四次）
1 「有無」之「有」（四二〇次）：亦將有以利吾國乎（一·一），又見「故君子有不戰」（四·一）注。
2 同「又」（一五次）：殆有甚焉（一·七）
3 爲也（一次）：見「人之有道也」（五·四）注。
4 置于名詞之前的小品詞（六次）：有攸不惟臣（六·五）
5 置于區別詞之前的小品詞（二次）：其顙有泚（五·五）
——另見「何有」。

有司（七次）
有關官吏：吾有司死者三十三人（二·一二）

有若（三次）
孔子學生：見「宰我子貢有若智足以知聖人」（三·二）注。

有時乎（二次）

偶然：而有時乎爲貧（一〇・五）

朱（一次）

大紅色：惡紫恐其亂朱也（一四・三七）

次（一一次）

[1] 較下一等（九次）：連諸侯者次之（七・一四）

[2] 較長久地停留（二次）：見「氣次焉」（三・二）注。

此（一一二次）

這，這個，這地方，這樣：賢者亦樂此乎（一・二）此心之所以合於王者何也（一・七）

死（四八次）

是使民養生喪死無憾也（一・三）

死亡（四次）

名詞：凶年免於死亡（一・七）

汙（九次）

[1] 汙穢（七次）：柳下惠不羞汙君（三・九）

[2] 大，深（二次）：壞宮室以爲汙池（六・九）

汝（四次）

[1] 同「女」，對稱代詞（三次）：是非汝所知也（八・三一）

[2] 水名：決汝漢排淮泗而注之江（五・四）

江（四次）

長江：江淮河漢是也（六・九）

池（七次）

池塘：雖有臺池鳥獸（一・二）

百（六四次）

數詞，有時用以表虛數，狀其全；有時亦用以表倍數：弒其君者必百乘之家（一・一）百官有司莫敢不哀（五・二）或相什百（五・四）

百里奚（五次）

人名：見「百里奚自鬻於秦養牲者」（九・九）注。

百姓（一九次）

[1] 老百姓（一八次）：百姓皆以王爲愛也（一・七）

[2] 百官（一次）：見「百姓如喪考妣」（九・四）注。

米粟（一次）

用爲糧食之總稱：米粟非不多也（四・一）

羊（一三次）

以羊易之（一·七）

羊棗（五次）

一種植物名：見「曾皙嗜羊棗」（一四·三六）注。

羽（四次）

羽毛：吾力足以舉百鈞而不足以舉一羽旄（一·七）

羽山（一次）

地名：見「殛鯀于羽山」（九·三）注。

羽旄（二次）

古代旄旗的裝飾物：見「羽旄之美」（二·一）注。

老（二六次）

1 用爲形容詞（一三次）：老而無妻曰鰥（二·五）

2 名詞，老人（一二次）：老弱轉乎溝壑（二·一二）

3 動詞，以老人應受之禮待之（一次）：老吾老以及人之老（一·七）

考（四次）

1 動詞，考查（三次）：以其時考之則可矣（四·一三）

2 名詞，死亡了的父親：百姓如喪考妣（九·四）

而（六五五次）

1 連詞（六五二次）

①一般用法：不遠千里而來（一·一）

②用法同「則」：可以久而久（一〇·一）

2 用法同「爲」（一次）：奚而不知也（九·二）

3 假借爲「如」，似也（一次）：望道而未之見（八·二〇）

4 假借爲「如」，假如（一次）：而主癰疽與侍人瘠環（九·八）

——另見「然而」、「既而」。

而已（三次）　**而已矣**（四九次）

罷了：言舉斯心加諸彼而已（一·七）亦有仁義而已矣（一·一）

而況（六次）　**而況於**（二次）

而況不爲管仲者乎（四·二）而況於王乎（四·九）

而後（三八次）

或百步而後止（一・三）

耒耜（二次）

耒是犁上的柄，耜是鏵，此用以總稱農具：農夫豈爲出疆舍其耒耜哉（六・三）

耳（二二次）

1 耳朵（一一次）：聲音不足聽於耳與（一・七）

2 語氣詞，等於「而已」「罷了」（一一次）：直不百步耳（一・三）

耳矣（四次）

罷了：無責耳矣（七・二二）

聿（一次）

語首詞：聿來胥宇（二・五）

肉（二〇次）

七十者可以食肉矣（一・三）

——另見「燔肉」。

臣（六八次）

1 名詞，臣下（五一次）：危士臣（一・七）

2 代詞，對方爲君王的自稱（九次）：臣未之聞也（一・七）

3 動詞，以爲臣，使之爲臣（七次）：學焉而後臣之（四・二）

4 副詞（一次）：惟臣附於大邑周（六・五）

自（七六次）

1 代名副詞，自己（四九次）：自反而不縮（三・二）

2 介詞，從（二七次）：湯一征自葛始（二・一一）

至（五三次）

1 動詞，到（三三次）：斯天下之民至焉（一・三）

2 副詞，極（一九次）：其爲氣也至大至剛（三・二）

3 介詞，到（一次）：自耕稼陶漁以至爲帝無非取於人者（三・八）

——另見「及至」。

至於（一四次）

1 介詞（九次）：至於子之身而反之（五・二）

2 他轉連詞（五次）：至於治國家（二・

九）

舌（一次）

今也南蠻鴃舌之人非先王之道（五．四）

色（二五次）

1 顏色（二次）：目之於色也有同美焉（一一．七）

2 面色，容色（一三次）：民有飢色（一．四）

3 女色（一〇次）：寡人好色（二．五）

——另見「采色」「顏色」。

艾（三次）

1 艾葉（一次）：猶七年之病求三年之艾也（七．九）

2 改悔（一次）：自怨自艾（九．六）

3 取也（一次）：見「有私淑艾者」（一三．四〇）注。

——另見「少艾」。

血（二次）

諸侯束牲載書而不歃血（一二．七）

行（一二二次）

1 做，實行（六七次）：夫我乃行之（一．七）

2 名詞，去聲，行爲（二二次）：荒亡之行（二．四）

3 行走（二三次）：師行而糧食（二．四）

4 使行走（三次）：如智者若禹之行水也（八．二六）

5 通行，行得通（七次）：然後大行（三．一）

——另見「流行」「德行」「輔行」。

行旅（一次）

旅客：行旅皆欲出於王之塗（一．七）

行潦（一次）

流水之淺而小者：見「河海之於行潦」（三．二）注。

衣（一三次）

1 名詞（四次）：如以朝衣朝冠坐於塗炭（三．九）

2 不及物動詞，穿（一次）：飽食煖衣逸居而無教（五．四）

3 去聲，及物動詞，穿（八次）：五十者可以衣帛矣（一．三）

衣服（四次）

夫人蠶繅以爲衣服（六．三）

衣衾（一次）

衣服和大被，代表裝殮死者的服飾：謂棺槨衣衾之美也（二．一六）

西（一一次）

西喪地於秦七百里（一．五）

西子（一次）

人名：見「西子蒙不潔」（八．二五）注。

西伯（五次）

即周文王：吾聞西伯善養老者（七．一三）

七畫

伯（四次）

1 「伯仲叔季」的「伯」，兄弟輩排行最大的（一次）：鄉人長於伯兄一歲（一一．五）

2 「公侯伯子男」的「伯」，古代爵位之一（三次）：伯一位（一〇．二）

伯夷（一五次）

人名：見「伯夷伊尹何如」（三．二）注。

似（一六次）

1 動詞，似乎（有道理）（一五次）：望之不似人君（一．六）

2 副詞，像（一次）：子之辭靈丘而請士師似也（四．五）

佑（一次）

幫助：佑啓我後人（六．九）

位（三五次）

位置，有時指官位，有時又指官階，有時指所站所坐之處：賢者在位（三．四）天子一位（一〇．二）禮，朝廷不歷位而相與言（八．二七）

何（一三七次）

疑問詞：王何必曰利（一．一）何也（一．三）是誠何心哉（一．七）

——另見「如之何」「如何」。

何以（二二次）

疑問副詞語：何以利吾國（一．一）

何如（一七次）

疑問詞：以五十步笑百步則何如（一．三）

余（一次）

古代自稱代詞：洚水警余（六·九）

佚（一次）

同「逸」：以佚道使民（一三·一二）——另見「安佚」「遺佚」。

作（三〇次）

1 動詞，興起（一五次）：且王者之不作（三·一）

2 量詞，起（一次）：見「賢聖之君六七作」（三·一）注。

3 動詞，做爲（七次）：作之君，作之師（二·三）

4 動詞，製作（五次）：始作俑者，其無後乎（一·四）

5 動作，發作（二次）：今日我疾作（八·二四）

佞（一次）

口才：惡佞恐其亂義也（一四·三七）

克（三次）

1 戰勝：戰必克（一二·九）

2 樂正克自稱其名（二次）：克告於君（二·一六）

——另見「掊克」。

免（九次）

「避免」之意：行政不免於率獸而食人（一·四）

兵（一一次）

兵器：兵刃既接（一·三）

冶（三次）

冶煉製作金鐵器械之人：以粟易械器者不爲厲陶冶（五·四）

初（二次）

1 原本（一次）：進取不忘其初（一四·三七）

2 第一次（一次）：初命曰（一二·七）

別（二次）

區別：所以別野人也（五·三）

利（三九次）

1 利益（二六次）：王何必曰利（一·一）

2 使有利（六次）：亦將有以利吾國乎（一·一）

3 以爲利（二次）：安其危而利其菑（七·

八）

4 銳利（四次）：兵革非不堅利也（四．一）

5 順也（一次）：見「故者以利爲本」（八．二六）注。

助（二一次）

1 幫助（一三次）：其助上帝寵之（二．三）

2 古代的一種田賦制度（七次）：耕者助而不稅（三．五）

3 同「藉」（一次）：見「諸侯耕助以供粢盛」（六．三）注。

底（三次）

致也：舜盡事親之道而瞽瞍底豫（七．二八）

君（一六五次）

1 國君（一五二次）：弒其君者必千乘之家（一．一）君哉舜也（五．四）

2 對鄒魯諸國之君的對稱詞（一二次）：君之民老弱轉乎溝壑（二．一二）

3 動詞，作爲君（一次）：得百里之地而君之（三．二）

君子（八二次）

在位之人或者有德之人：君子之於禽獸也（一．七）隘與不恭，君子不由也（三．九）

吠（一次）

狗叫：雞鳴狗吠相聞（三．一）

否（二五次）

1 否定副詞（三次）：如此則動心否乎（三．二）

2 否定的應對之詞，不然（二二次）：曰否（一．七）

吳（二次）

春秋時國名：勾踐事吳（二．三）

吾（一一二次）

自稱代詞，只用於主位和領位：吾對曰（一．六）何以利吾國（一．一）

吾子（四次）

表親切的對稱代詞：吾子與子路孰賢（三．一）

告（四一次）

告訴：舉疾首蹙頞而相告曰（二．一）

告子（九次）

人名：見「告子先我不動心」（三．二）注。

困（一次）

困苦：困於心衡於慮而後作（一二．一五）

坐（一〇次）

王坐於堂上（一．七）

壯（五次）

1 壯年（四次）：壯者以暇日修其孝悌忠信（一．五）

2 壯健（一次）：牛羊茁壯長而已矣（一〇．五）

妣（一次）

已經逝世的母親：百姓如喪考妣（九．四）

孝（二八次）

封建時代對父母的道德：申之以孝悌之義（一．三）

宋（一一次）

周初以迄戰國的國名：無若宋人然（三．二）

宋王（一次）

一薛居州獨如宋王何（六．六）

宋句踐（一次）

人名：孟子謂宋句踐曰（一三．九）

宋牼（一次）

人名：見「宋牼將之楚」（一二．四）注。

完（二次）

1 堅固（一次）：見「城廓不完」（七．一）注。

2 弄完全，使之完全（一次）：父母使舜完廩（九．二）

岌岌（一次）

危險的樣子：見「天下殆哉岌岌乎」（九．四）注。

岐（二次）

地名：昔者文王之治岐也（二．五）

岐山（二次）

山名：去之岐山之下居焉（二．一四）

岐周（一次）

即岐：文王生於岐周（八．一）

岑（一次）

高而尖的：見「方寸之木可使高於岑樓」（一二．一）注。

巡（一次）

巡行考察：巡守者巡所守也（二．四）

巡守（一次）

巡狩（二次）：巡守者巡所守也（二·四）天子適諸侯曰巡狩（二·四）

巫（一次）

古代以法術給人治病的人：巫匠亦然（三·七）

序（五次）

地方學校：謹庠序之教（一·三）

弟（三二次）

1 「兄弟」、「子弟」之「弟」（三〇次）：兄弟妻子離散（一·五）

2 同「悌」，封建社會弟對兄、年幼者對年長者的道德：徐行後長者謂之弟（一二·二）

弟子（四次）

1 學生，門徒（二次）：養弟子以萬鍾（四·一〇）

2 學生以及後輩自稱之詞（二次）：若是則弟子之惑滋甚（三·一）

形（四次）

1 形狀（一次）：不爲者與不能者之形何以異（一·七）

2 形體（二次）：形色天性也（一三·三八）

3 動詞，表現（一次）：有諸內必形諸外（一二·六）

役（一一次）

1 名詞，奴役（三次）：人役也（三·七）

2 動詞，役使（四次）：小德役大德（七·七）

3 動詞，服役（四次）：庶人召之役則往役（一〇·七）

忍（一九次）

1 忍心（一八次）：吾不忍其觳觫（一·七）

2 使堅忍（一次）：所以動心忍性（一二·一五）

志（五〇次）

1 心願，意志（四二次）：願夫子輔吾志（一·七）

2 動詞，有志於（四次）：苟不志於仁（七·九）

3 以爲目的（二次）：見「必志於彀」（一一·二〇）注。

4 書名（二次）：且〔志〕曰（五·二）

——另見「心志」。

志士（二次）

有志之人或者能守志之人：志士不忘在溝壑（六・一）

忘（一七次）

忘記：從流下而忘反謂之流（二・四）

快（二次）

快心，快意，痛快：然後快於心與（一・七）

忸怩（一次）

慚愧的樣子：忸怩（九・二）

成（一四次）

1 完成，成功（一二次）：不日成之（一・二）

2 肥壯（二次）：見「犧牲不成」（六・三）注。

成功（一次）

若夫成功則天也（二・一四）

成覸（一次）

人名：見「成覸謂齊景公曰」（五・一）注。

我（一五六次）

自稱代詞：非我也（一・三）

戒（八次）

1 警戒（七次）：戒之戒之（二・一二）

2 準備（一次）：見「大戒於國」（二・四）注。

扶持（一次）

疾病相扶持（五・三）

把（一次）

量詞，半圍：拱把之桐梓（一一・一三）

抑（六次）

1 動詞，壓抑（一次）：昔者禹抑洪水而天下平（六・九）

2 選擇連詞，還是（四次）：抑爲采色不足視於目與（一・七）

3 轉接連詞（一次）：抑王興甲兵危士臣構怨於諸侯，然後快於心與（一・七）

折枝（二次）

攀折樹枝：見「爲長者折枝」（一・七）注。

攸（三次）

1 所也（一次）：麀鹿攸伏（一・二）

2 攸然，迅走貌（一次）：攸然而逝（九・二）

③ 國名（一次）：見「有攸不惟臣」（六．五）注。

改（一三次）

① 改變，更改（一一次）：且古之君子過則改之（四．九）

② 再，更（二次）：地不改辟矣，民不改聚矣（三．一）

攻（七次）

① 攻擊（六次）：率其子弟攻其父母（三．五）

② 治也（一次）：庶民攻之（一．二）

旱（四次）

七八月之間旱（一．六）

更（一次）

更改，變更：及其更也，民皆仰之（四．九）

李（一次）

果木名：井上有李（六．一〇）

材（一次）　**材木**（二次）

樹木可以做木材的：以爲未嘗有材焉（一一．八）材木不可勝用也（一．三）

杞柳（五次）

樹名：見「性猶杞柳也」（一一．一）注。

杞梁（一次）

人名：見「華周杞梁之妻善哭其夫」（一二．六）注。

束（一次）

細綁：諸侯束牲載書而不歃血（一二．七）

杠（一次）

橋梁：歲十一月徒杠成（八．二）

步（五次）

或百步而後止（一．三）

每（一次）

每人而悅之（八．二）

求（五八次）

① 尋求，乞求（五六次）：反而求之（一．七）

② 孔子學生冉有之名（二次）：求也爲季氏宰（七．一四）

決（五次）

① 挖決（四次）：決汝漢排淮泗而注之江（五．四）

② 折斷（一次）：放飯流歠而問無齒決（一

其私問曰（四・八）

③ 形容詞，個人的（一次）：公事畢然後敢治私事（五・三）

④ 動詞，偏愛（一次）：私妻子（八・三〇）

⑤ 副詞，個人與個人間地，爲個人地，非公式或者公開地（六次）：而私與之吾子之祿爵（四・八）

罕（一次）

次數少：吾見亦罕矣（一一・九）

良（八七次）

① 善，好（四次）：天下之良工也（六・一）

② 真，誠（一次）：非良貴也（一一・一七）

③ 王良之名（二次）：良曰（六・一）

良人（七次）

丈夫：其良人出則必饜酒肉而後反（八・三三）

良心（一次）

天賦之善心，本來的善性：其所以放其良心者（一一・八）

良知（一次）

天賦之知：其良知也（一三・一五）

良能（一次）

天賦之能：其良能也（一三・一五）

芒芒（一次）

疲倦的樣子：芒芒然歸（三・二）

見（一一四次）

① 看見（八五次）：就之而不見所畏焉（一・六）

② 往見（二二次）：孟子見梁惠王（一・一）

③ 使往見（一次）：陽貨欲見孔子（六・七）

④ 同「現」（四次）：悻悻然見於其面（四・一二）

⑤ 助動詞，表被動（三次）：百姓之不見保（一・七）

角（一次）

額角：若崩厥角稽首（一四・四）

角招（一次）

樂章名：蓋〔徵招〕〔角招〕是也（二・四）

言（一一二一次）

① 名詞，動詞，言語，講（一〇三次）：夫

子言之（一・七）言舉斯心加諸彼而已（一・七）大哉言矣（二・三）

[2] 學說，主張（四次）：天下之言不歸楊則歸墨（六・九）

[3] 語首詞，無義（一次）：言歸于好（一二・七）

[4] 語中詞，無義（三次）：永言配命（三・四）

言語（一次）

言語必信，非以正行也（一四・三三）

谷（二次）

山谷：吾聞出於幽谷遷于喬木者（五・四）

豆（三次）

古代食器，用以盛有羹汁之物的：一豆羹（一一・一〇）

豕（二次）

豬：與鹿豕遊（一三・一六）

赤子（五次）

小孩，嬰兒：儒者之道，古之人若保赤子（五・五）

走（五次）

跑：棄甲曳兵而走（一・三）

足（三六次）

[1] 腳（六次）：可以濯我足（七・八）

[2] 動詞，足夠，滿足（二三次）：春省耕而補不足（二・四）今也父兄百官不我足也（五・二）

[3] 助動詞（七次）：管仲晏子猶不足爲與（三・一）

足以（三三次）　**足用**（一次）

助動詞：是心足以王矣（一・七）王由足用爲善（四・一二）

身（五三次）

[1] 本身，親身（五二次）：見「非身之所能爲也」（二・一五）注。彼身織屨妻辟纑以易之也（六・一〇）

[2] 動詞，親身體驗與實踐（一次）：湯武身之也（一三・三〇）

車（八次）

百姓聞王車馬之音（二・一）

辛（一次）

人名：陳良之徒陳相與其弟辛負來耜而自宋

之滕（五．四）

邑（一次）

動詞，以爲都邑：邑于岐山之下居焉（二．一五）

——另見「大邑」。

邠（四次）

地名：見「昔者大王居邠」（二．一四）注。

邦（二次）

國：以御于家邦（一．七）

邪（八次）

不正：邪辭知其所離（三．二）

邪侈（二次）

違法亂紀的行爲：放僻邪侈無不爲已（一．七）

邪慝（一次）

不正不善：斯無邪慝矣（一四．三七）

里（四四次）

1 長度單位（四三次）：不遠千里而來（一．一）

2 居位，定居（一次）：里仁爲美（三．七）

——另見「夫里之布」「田里」。

阸（一次）

窮困，不順：是時孔子當阸（九．八）

阸窮（二次）

窮困：阸窮而不憫（三．九）

阱（一次）

陷阱：則是方四十里爲阱於國中（二．二）

防（一次）

築堤：無曲防（一二．七）

八畫

並（一次）

副詞，一同：賢者與民並耕而食（五．四）

事（一〇六次）

1 名詞（四八次）：齊桓晉文之事（一．七）

2 動詞，服事（五六次）：入以事其父兄（一．五）

3 動詞，工作（二次）：非事道與（一〇．四）

——另見「大事」「政事」。

亟（九次）

[1][2]急也（二次）：經始勿亟（一．二）

去聲，屢也（七次）：仲尼亟稱於水曰（八．一八）

亨（五次）

[1]享受（一次）：使之主祭而百神享之（九．五）

[2]享獻（四次）：享多儀（一二．五）

京（一次）

鎬京：祼將于京（七．七）

使（九九次）

[1]使令（九八次）：是使民養生喪死無憾也（一．三）

[2]假設連詞，假使（一次）：使弈秋誨二人弈（一一．九）

——另見「如使」。

使令（一次）

使喚：便嬖不足使令於前與（一．七）

使者（一次）

代表，來人：摽使者出諸大門之外（一〇．六）

來（三五次）

[1]動詞（二二次）：不遠千里而來（一．一）

[2]表示由古迄今的詞（六次）：自有生民以來（三．二）

[3]去聲，勸也（一次）：見「勞之來之」（五．四）注。

[4]語氣詞（五次）：盍歸乎來（七．一三）

[5]語首詞，無義（一次）：來朝走馬（二．五）

來年（三次）

明年：以待來年（六．八）

侍（二次）

侍候：得侍同朝甚喜（四．一〇）

侍人（三次）

宦官，古代被閹割而在王宮服役的人：於齊主侍人瘠環（一〇．八）

供（五次）

供給：王之諸臣皆足以供之（一．七）

兔（一次）

用爲動詞，捕捉兔子：雉兔者往焉（二．二）

兩（二次）

1 數詞，二：兩馬之力與（一四・二二）
2 量詞，即今之「輛」字：革車三百兩（一四・四）

其（五七一次）

1 代詞，他，它，作爲主語，但只用於子句中（六四次）：吾不忍其觳觫（一・七）

2 代詞，他，它，作爲主語，偶亦用於分句中（一次）：其有功於子，可食而食之矣（六・四）

3 代詞，領位，他的，它的（四一二次）：未有仁而遺其親者也（一・一）

4 指示詞，那（六一次）：①作形容詞用：謂其臺曰靈臺（一・二）②作代詞用：其何能淑（七・九）

5 副詞，殆也，用於不肯定語句中（七次）：始作俑者，其無後乎（一・四）

6 語氣副詞，用於疑問句（四次）：如之何其使斯民飢而死也（一・四）

7 語氣副詞，用於命令句（二次）：其助上帝寵之（二・三）

8 語氣副詞，用於感歎句（一次）：舜其至孝矣（一二・三）

9 副詞，將也（二次）：后來其無罰（六・五）

10 選擇連詞，還是（一次）：將比今之諸侯而誅之乎？其教之不改而後誅之乎（一〇・四）

11 假設連詞，假如（三次）：其如是孰能禦之（一・六）

12 小品詞，用法同「之」，用於「若是」「如彼」一類詞語之後（一一次）：若是其甚與（一・七）

13 無義（二次）：亟其乘屋（五・三）

具（一次）

具備：冉牛閔子顏淵則具體而微（三・二）

典刑（一次）

法則：太甲顛覆湯之典刑（九・六）

典籍（一次）

國家重要文獻：不百里不足以守宗廟之典籍（一二・八）

函人（二次）

製造甲冑之人：矢人豈不仁於函人哉（三・

七）

制（八次）

1 動詞，製作（一次）：見「可使制梃以撻秦楚之堅甲利兵矣」（一・五）注。

2 動詞，制定制度（四次）：是故明君制民之產（一・七）

3 名詞，制度（三次）：取於民有制（五・三）

刺（五次）

1 刺殺（三次）：是何異於刺人而殺之（一・三）

2 諷刺，譏評（二次）：刺之無刺也（一四・三七）

卑（八次）

1 卑下（二次）：功烈如彼其卑也（三・一）

2 卑下的官職（二次）：爲貧者辭尊居卑（一〇・五）

3 官職卑下的人（三次）：將使卑踰尊（二・七）

4 動詞，以爲卑下（一次）：不卑小官

（三・九）

卒（六次）

1 死亡（二次）：卒於鳴條（八・一）

2 結果，末尾（三次）：卒之東郭墦間（八・三三）

3 同「猝」（一次）：卒然問曰（一・六）

叔父（四次）

敬叔父乎（一一・五）

取（五八次）

1 拿過來，擇取（五七次）：萬取千焉（一・一）其取友必端矣（八・二四）

2 治也（一次）：見「楊子取爲我」（一三・二六）注。

受（七二次）

接受：不受於褐寬博（三・二）

周（二一次）

1 富足（二次）：見「周於利者」（一四・一〇）注。

2 同「賙」，周濟（三次）：君之於氓也固周之（一〇・六）

3 朝代名（一六次）：以篤周祜（二・三）

周公（一八次）

人名：見「武王周公繼之」（三・一）注。

周王（一次）

紹我周王見休（六・五）

周旋（一次）

旋轉：動容周旋中禮（一四・三三）

周霄（一次）

人名：周霄問曰（六・三）

味（七次）

滋味：口之於味有同耆也（一一・七）

呼（一次）

呼喊：呼於垤澤之門（一三・三六）

命（五三次）

1 動詞，命令，指示，教誨（一二次）：則必命有司所之（二・一六）

2 名詞，命令，教誨（一七次）：昔者有王命（四・二）則吾既得聞命矣（九・一）

3 名詞，政令（一次）：見「速於置郵而傳命」（三・一）注。

4 名詞，天命（一八次）：方命虐民（二・四）

5 名詞，使命（五次）：然友反命（五・二）

——另見「辭命」。

和（三次）

和睦，團結：地利不如人和（四・一）

固（二一次）

1 頑固，固執（二次）：固哉高叟之爲詩也（一二・三）

2 使堅固（一次）：固國不以山谿之險（四・一）

3 副詞，本來（一八次）：臣固知王之不忍也（一・七）

垂（二次）

垂下：君子創業垂統爲可繼也（二・一四）

垂棘（一次）

地名：見「垂棘之璧」（九・九）注。

夜（四次）

不舍晝夜（八・一八）

夜氣（二次）

孟子的哲學名詞：則其夜氣不足以存（一一・八）

奄（一次）

國名：誅紂伐奄三年（六・九）

奉（二次）

侍奉：妻妾之奉（一一・一〇）

妻（三六次）

1 名詞（三三次）：兄弟妻子離散（一・五）

2 去聲，動詞，與之妻（二次）：帝之妻舜而不告（九・二）

3 去聲，動詞，得妻（一次）：妻帝之二女（九・一）

妻子（四次）

有妻子則慕妻子（九・一）

妾（一一次）

以順爲正者妾婦之道也（六・二）

始（一七次）

開始：經始靈臺（一・二）

姑（五次）

1 姑且（四次）：姑舍女所學而從我（二・九）

2 咀也（一次）：見「蠅蚋姑嘬之」（五・五）注。

姓（四次）

有異姓之卿（一〇・九）

——另見「百姓」。

委（二次）

委棄：見「委而去之」（四・一）注。

委吏（一次）

倉庫管理者：孔子嘗爲委吏矣（一〇・五）

孟子（二九五次）　**孟軻**（一次）

孟子見梁惠王（一・一）君奚爲不見孟軻也（二・一六）

孟仲子（一次）

人名：孟仲子對曰（四・二）

孟季子（一次）

人名：孟季子問公都子曰（一一・五）

孟施舍（四次）

人名：孟施舍之所養勇也（三・二）

孟賁（一次）

人名：則夫子過孟賁遠矣（三・二）

孟獻子（一次）

人名：孟獻子百乘之家也（一〇・三）

季子（四次）

人名：

① 即孟季子（一次）：季子聞之曰（一一．五）

② 即季任（三次）：他日由鄒之任見季子（一二．五）

季氏（一次）

人名：求也爲季氏宰（七．一四）

季任（一次）

人名：季任爲任處守（一二．五）

季桓子（一次）

人名：於季桓子見行可之仕也（一〇．四）

季孫（一次）

人名：季孫曰（四．一〇）

孤（二次）

① 孤單的（一次）：獨孤臣孽子（一三．一八）

② 幼而無父曰孤（二．五）

孥（一次）

罪及妻子：罪人不孥（二．五）

宗國（一次）

同姓而爲長之國：吾宗國魯先君莫之行（五．二）

宗廟（四次）

祖宗的廟宇：毀其宗廟（二．一一）

官（二二次）

① 官位，官職（二〇次）：不卑小官（三．九）

② 器官（二次）：耳目之官不思（一一．一五）

定（一二次）

① 安定（九次）：天下惡乎定（一．六）

② 使安定（一次）：定四海之民（一三．二一）

③ 制定（二次）：定爲三年之喪（五．二）

宜（一四次）

① 副詞，殆也，表示不肯定（五次）：宜與夫禮若不相似然（四．二）

② 助動詞，應該（九次）：宜乎百姓之謂我愛也（一．七）

尚（一〇次）

① 動詞，同「上」，加也（三次）：莫能相尚（四．二）

2 副詞，同「上」（三次）：舜尚見帝（一〇・三）

3 動詞，以爲上（二次）：尚志（一三・三三）

4 副詞，還（二次）：含吾尚病（五・五）

居（六三次）

1 居住，停留（五二次）：昔者大王居邠（二・一四）

2 由上義的引申義，處於某種名義或地位（四次）：夫聖孔子不居（三・二）

3 名詞，住所，所住的環境（七次）：居移氣（一三・三六）

屈（三次）

1 屈折，屈伏（二次）：威武不能屈（六・二）

2 地名（一次）：見「屈產之乘」（九・九）注。

帛（六次）

綢料的總稱：五十者可以衣帛矣（一・三）

幸（四次）

幸運，僥倖：國之所存者幸也（七・一）

底（一次）

同「砥」，磨刀石：見「周道如底」（一〇・七）注。

庖（二次）　**庖廚**（一次）

廚房：庖有肥肉（一・四），是以君子遠庖廚也（一・七）

庖人（一次）

官名，掌供饍羞：庖人繼肉（一〇・六）

府庫（三次）

儲積布帛財物的倉庫：府庫充（二・一二）

弤（一次）

舜弓之名：見「弤朕」（九・二）注。

彼（三八次）

1 第三稱人稱代詞，他（二六次）：彼奪其民時（一・五）

2 指示代詞，那（一〇次）：彼一時也此一時也（四・一三）

3 指示形容詞，那（二次）：徹彼桑土（三・四）

往（三七次）

去：王往而征之（一・五）

征（二六次）

1 征伐（一六次）：征者上伐下也（一四・二）

2 征取（一次）：上下交征利（一・一）

3 征稅（九次）：關市譏而不征（二・五）

徂（一次）

往也：以遏徂莒（二・三）

徂落（一次）

死：見「放勳乃徂落」（九・四）注。

忠（八次）

壯者以暇日修其孝悌忠信（一・五）

怍（一次）

愧：俯不怍於人（一三・二〇）

性（三七次）

本性：孟子道性善（五・一）

怵惕（一次）

恐懼：皆有怵惕惻隱之心（三・六）

戕賊（三次）

破壞：將戕賊杞柳而後以爲桮棬也（一一・一）

或（四四次）

1 分稱代詞，有些，有的，某人（三九次）：或百步而後止（一・三）

2 動詞，有也（一次）：夫既或治之（四・六）

3 副詞，表示不肯定（三次）：是或一道也（四・二）

4 同「惑」（一次）：無或乎王之不智也（一一・九）

或者（一次）

副詞，用法與「或」的3同，表示不肯定：或者不可乎（四・二）

所（二三三次）

1 名詞，處所（四次）：使之居於王所（六・九）

2 小品詞，置於動詞或介詞之前變成詞組（二二八次）：叟之所知也（一・五）所食之粟（六・一〇）此心之所以合於王者何也（一・七）

承（五次）

1 繼承（三次）：丕承哉武王烈（六・九）

2 接受（一次）：寡人願安承教（一・四）

③ 抵禦，抗拒（一次）：則莫我敢承（六·九）

抱（二次）

守：抱關擊柝（一〇·五）

抽（一次）

抽出來：抽矢扣輪（八·二四）

拂（二次）

① 違反，破壞（一次）：行拂亂其所爲（一二·一五）

② 同「弼」，輔弼：入則無法家拂士（一二·一五）

拒（一次）

拒絕：來者不拒（一四·三〇）

拔（二次）

① 拔下來：拔一毛而利天下（一三·二六）

② 超出：拔乎其萃（三·二）

拘（一次）

拘束：君子不可虛拘（一三·三七）

拙（二次）

笨拙：大匠不爲拙工改廢繩墨（一三·四一）

招（一三次）

① 動詞，徵召（七次）：招虞人以旌（六·一）

② 名詞，用以徵召的信物（六次）：取非其招不往也（六·一）

放（二一次）

① 至也（二次）：放於琅邪（二·四）

② 放縱（一次）：葛伯放而不祀（六·五）

③ 放逐（一二次）：湯放桀（二·八）

④ 棄也，失也（六次）：其所以放其良心者亦猶斧斤之於木也（一一·八）

放恣（一次）　**放辟**（二次）

放縱，胡作非爲：諸侯放恣（一·七）放辟邪侈無不爲已（一·七）

放飯（一次）

大口吃飯：見「放飯流歠」（一三·四六）注。

放踵（一次）

走破腳跟：見「摩頂放踵」（一三·二六）注。

放勳（二次）

即帝堯：放勳曰（五·四）

政（五二次）　**政事**（二次）

察鄰國之政（一・三）無政事則財用不足（一四・一二）

斧（三次）

斧頭：斧斤以時入山林（一・三）

於（四九七次）

[1] 介詞（四九六次）：王立於沼上（一・二）則無望民之多於鄰國也（一・三）王如施仁政於民（一・五）民之憔悴於虐政（三・一）

[2] 音ㄨ，無義，語首詞（一次）：於牣魚躍（一・二）

於是（二次）

於是始興發補不足（二・四）

於陵（三次）

於音ㄨ，地名：居於陵（六・一〇）

旻天（二次）

秋天：號泣於旻天（九・一）

昆夷（一次）

周朝初年的西戎國名：文王事昆夷（二・三）

明（一五次）

[1] 名詞，目光，目力（二次）：明足以察秋毫之末（一・七）

[2] 光亮（一次）：日月有明（一三・二四）

[3] 很好的目力（一次）：離婁之明（七・一）

[4] 形容詞，明白，聖明（二次）：是故明君制民之產（一・七）

[5] 動詞，明白（三次）：人倫明於上（五・三）

[6] 動詞使動用法，使明白，搞明白（二次）：明其政刑（三・四）

[7] 副詞，明白地（四次）：明以教我（一・七）

明日（二次）

第二天：明日出弔於東郭氏（四・二）

明堂（二次）

見「人皆謂我毀明堂」（二・五）注。

昏昏（一次）

糊塗：今以其昏昏使人昭昭（一四・二〇）

昏暮（一次）

黃昏：昏暮叩人之門戶（一三・二三）

易（三〇次）

1 交易，交換（一四次）：以羊易之（一·七）禹稷顏子易地則皆然（八·二九）

2 改變（六次）：夷子思以易天下（五·五）

3 治也（二次）：夫以百畝之不易爲己憂者農夫也（五·四）

4 疾，速（一次）：見「深耕易耨」（一·五）注。

5 去聲，容易（六次）：飢者易爲食（三·一）

6 去聲，輕易（一次）：人之易其言也（七·二二）

——另見「交易」。

易牙（三次）

人名：見「易牙先得我口之所耆者也」（一三·七）注。

昔（二次） **昔者**（二四次）

從前：昔齊景公田（六·一）昔者齊景公問於晏子曰（二·四）

朋友（三次）

非所以要譽於鄉黨朋友也（三·六）

服（二五次）

1 服裝，衣服（三次）：子服堯之服（一二·二）

2 穿著（二次）：子服桀之服（一二·二）

3 孝服（二次）：禮爲舊君有服（八·三）

4 動詞，服孝（三次）：何如斯可爲服矣（八·三）

5 動詞，歸服，使心服（一四次）：以一服八（一·七）

6 動詞，受也（一次）：故善戰者服上刑（七·一四）

杯（一次）

今之爲仁者猶以一杯水救一車薪之火也（一一·一八）

東（一六次）

河內凶則移其民於河東（一·三）

東山（一次）

山名：見「孔子登東山而小魯」（一三·二四）

東海（二次）

太公辟紂居東海之濱（七．一三）

東郭氏（一次）

人名：明日出弔於東郭氏（四．二）

杵（一次）

舊日舂米的木棒：而何其血之流杵也（一四．三）

枉（六次）

屈曲：枉尺而直尋宜若可爲也（六．一）

林（一次）

樹林：斧斤以時入山林（一．三）

果（七次）

[1] 副詞，凡事和預料的相合便用「果」字，不相合便用「不果」字（六次）：君是以不果來也（二．一六）

[2] 侍也（一次）：見「二女果」（一四．六）注。

欣欣（二次）

高高興興的樣子：舉欣欣然有喜色而相告曰（二．一）

武（六次）

[1] 威武（一次）：我武惟揚（六．五）

[2] 周武王（五次）：不識王之不可以爲湯武（四．一二）

武丁（三次）

人名：由湯至於武丁（三．一）

武王（一〇次）

周武王：武王恥之（二．三）

武成（一次）

〔尚書〕篇名：見「吾於〔武成〕取二三策而已矣」（一四．三）注。

武城（一次）

地名：曾子居武城（八．三一）

殀（一次）

短命而死：殀壽不貳（一三．一）

氓（四次）

僑居之民：見「願受一廛而爲氓」（五．四）注。

沮（一次）

阻止：嬖人有臧倉者沮君（二．一六）

河（九次）

[1] 黃河（八次）：河內凶則移其民於河東（一．三）

2 普通名詞（一次）：河海之於行潦（三・二）

油然（一次）

雲濃厚地起來的樣子：天油然作雲（一・六）

治（四四次）

1 及物動詞，平聲，此字作爲及物動詞，意義頗爲廣泛，和現代漢語「搞」「弄」諸字相似，必須依其賓語（所「治」的對象）而作不同翻譯，如「治國家」「治天下」可譯爲「治理」、「管理」，「治禮義」（一・七）、「治朕棲」（九・二）便不能這樣譯。（三一次）

2 不及物動詞，去聲，太平，搞得好（一三次）：四境之內不治（二・六）

——另見「平治」。

沼（三次）

池沼：王立於沼上（一・二）

況（三次） **況乎**（一次） **況於**（二次）

進層的轉接連詞：況辱己以正天下者乎（九・七）況乎以不賢人之招招賢人乎（一〇・七）況於爲之强戰（七・一四）

——另見「而況」「而況於」

泄（一次）

輕侮：武王不泄邇（八・二〇）

泄泄（二次）

言語很多的樣子：無然泄泄（七・一）

泄柳（二次）

人名：見「泄柳申詳無人乎繆公之側」（四・一一）注。

法（八次）

1 名詞，法度，法則（四次）：徒法不能以自行（七・一）

2 動詞，模範，取法（三次）：則文王不足法與（三・一）

3 依法收購（一次）：見「法而不廛」（三・五）注。

法守（一次）

長久保持的法則：下無法守也（七・一）

法家（一次）

有法度的大臣：入則無法家拂士（一二・一五）

泗（一次）

水名：見「決汝漢排淮泗而注之江」（五．四）注。

泚（三次）

流汗的樣子：其顙有泚（五．五）

泣（七次）

哭泣：哭泣之哀（五．二）

注（三次）

注入，灌注：禹疏九河瀹濟漯而注諸海（五．四）

沓沓（二次）

言則非先王之道者猶沓沓也（七．一）

炙（八次）

1 燒肉（七次）：耆秦人之炙無以異於耆吾炙（一一．四）

2 薰陶，受教育（一次）：而況於親炙之者乎（一四．一五）

爭（二次）

爭地以戰（七．一四）

床（一次）

舜在床琴（九．二）

版（一次）

木版：傅說舉於版築之間（一二．一五）

牧（五次）

1 動詞，畜牧（一次）：今有受人之牛羊而爲之牧之者（四．四）

2 名詞，管理者，統治者（一次）：今夫天下之人牧未有不嗜殺人者也（一．六）

3 名詞，牧地（三次）：則必爲之求牧與芻矣（四．四）

牧皮（一次）

人名：如琴張曾晳牧皮者（一四．三七）

牧仲（一次）

人名：樂正裘牧仲（一〇．三）

牧宮（一次）

宮名：天誅造攻自牧宮（九．七）

物（二二次）

1 物件，萬物（二〇次）：物皆然（一．七）

2 事情，事物（二次）：此物奚宜至哉（八．二八）

狎（一次）

習慣：予不狎於不順（一三．三一）

狐狸（一次）

狐狸食之（五·五）

狗（四次）

雞豚狗彘之畜無失其時（一·三）

直（一三次）

1 「曲」之反（三次）：以爲方員平直（七·一）

2 動詞，使之直（六次）：匡之直之（五·四）

3 動詞，直言（一次）：不直則道不見（五·五）

4 副詞，僅僅，但（三次）：直不百步耳（一·三）

知（一一二次）

1 知道（一〇九次）：王如知此（一·三）

2 同「智」（三次）：知者無不知也（一三·四六）

社稷（六次）

國家：諸侯不仁不保社稷（七·三）

祀（五次）

祭祀：葛伯放而不祀（六·五）

——另見「祭祀」。

秉（二次）

掌握：民之秉彝（一一·六）

空乏（一次）

窮困：空乏其身（一二·一五）

空虛（一次）

不信仁賢則國空虛（一四·一二）

罔（七次）

1 陷害（五次）：是罔民也（一·七）

2 同「網」，網羅（一次）：而罔市利（四·一〇）

3 無也（一次）：凡民罔不譈（一〇·四）

肢（一次）

肢體：四肢之於安佚也（一四·二四）

肥（六次）

1 多脂肪的（五次）：庖有肥肉（一·四）

2 肥沃（一次）：則地有肥磽（一一·七）

肩（二次）

脅肩諂笑病于夏畦（六·七）

育（二次）

1 教育（一次）：尊賢育才（一二·七）

2 養育（一次）：五穀熟而民人育（五．四）
——另見「教育」。

臥（二次）

睡覺：隱几而臥（四．一一）

舍（二六次）

1 居住（一次）：出舍於郊（二．四）

2 即今之「啥」字，什麼（一次）：見「舍取諸宮中而用之」（五．四）注。

3 同「捨」，捨棄，拋出（二三次）：舍之（一．七）舍矢如破（六．一）

4 孟施舍之台（一次）：舍豈能爲必勝哉（三．二）

舍館（二次）

住處：舍館未定（七．二四）

芥（二次）

芥草：視天下悅而歸己猶草芥也（七．二八）

芸（二次）

耕芸：芸者不變（六．五）又見「不耘苗者也」（三．二）注。

虎（四次）

驅虎豹犀象而遠之（六．九）

虎賁（一次）

勇士：虎賁三千人（一四．四）

迎（七次）

迎接：簞食壺漿以迎王師（二．一〇）

近（一〇次）

齊滕之路不爲近矣（四．六）

采（一次）

同「採」：有采薪之憂（四．二）

采色（一次）

同「彩色」：抑爲采色不足視於目與（一．七）

金（六次）

1 銅屬器物（五次）：抽矢叩輪去其金（八．二四）金聲而玉振之也（一〇．一）

2 銅屬貨幣（一次）：王餽兼金一百（四．三）

長（四一次）

1 「長短」之「長」（三次）：今滕絕長補短將五十里也（五．一）

2 長處，擅長（一次）：敢問夫子惡乎長

（三・二）

3 多（一次）：今交九尺四寸以長（一二・二）

4 上聲，年紀大（一五次）：爲長者折枝（一・七）不挾長（一〇・三）

5 上聲，年紀大的人（五次）：在王所者長幼卑尊皆薛居州也（六・六）

6 上聲，上級，長官（一次）：斯民親其上死其長矣（二・一二）

7 上聲，生長（七次）：勿助長也（三・二）

8 上聲，使其生長（一次）：長君之惡其罪小（一二・七）

9 上聲，恭敬，事以長者之禮（五次）：長之者義乎（一一・四）

10 上聲，作爲統治者，爲其長上（一次）：輔世長民莫如德（四・二）

11 上聲，大，第一（一次）：長子死焉（一・五）

長上（二次）

上級，統治者：出以事其長上（一・五）

長息（二次）

人名：長息問於公明高曰（九・一）

門（一八次）

踵門而告文公曰（五・四）

門人（二次）

學生：門人治任將歸（五・四）

門戶（二次）

飢餓不能出門戶（一二・一四）

阿（一次）

阿諛：不至阿其所好（三・二）

附（三次）

1 附屬（二次）：惟臣附於大邑周（六・五）

2 增加（一次）：見「附之以韓魏之家」（一三・一一）注。

雨（八次）

1 名詞（七次）：沛然下雨（一・六）

2 動詞，去聲（一次）：雨我公田（五・三）

雨露（二次）

雨露之養（一一・七）

非（一四五次）

1 連繫性動詞，不是（一一九次）：非我也（一．三）

2 不對，不正確（一四次）：前日之不受是則今日之受非也（四．三）

3 否定副詞，不（六次）：非徒無益而又害之（三．二）

4 及物動詞，詆毀（六次）：人不得則非其上矣（二．四）

九畫

亮（一次）

誠信：見「君子不亮惡乎執」（一二．一二）注。

侮（六次）

侮辱：或敢侮予（三．四）

侯（五次）

1 古代爵位之一（三次）：公侯皆方百里（一〇．二）

2 語首語，無義（二次）：侯于周服（七．七）

侵（四次）

侵犯：狄人侵之（二．一四）

便嬖（一次）

常在左右的伺候之人：便嬖不足使令於前與（一．七）

係累（一次）

綑綁，囚禁：係累其子弟（二．一一）

俊傑（二次）

出色人才：俊傑在位（三．五）

俑（一次）

土木製成的偶像：始作俑者（一．四）

俗（三次）

風俗：其故家遺俗（三．一）

——另見「世俗」「流俗」。

保（一四次）

保護，安定，保持：保民而王（一．七）

俟（四次）

等待：君命召，不俟駕（四．二）

信（三〇次）

1 名詞，道德觀念之一（八次）：壯者以

暇日修其孝悌忠信（一·五）有諸己之謂信（一四·二五）

[2] 不及物動詞，守信（三次）：大人者言不必信（八·一一）

[3] 及物動詞，相信（一三次）：朝不信度（七·一）

[4] 副詞，真，誠（四次）：信能行此五者（三·五）。

[5] 同「伸」（二次）：屈而不信（一一·一二）

冠（一一次）

[1] 帽子（六次）：如以朝衣朝冠坐於塗炭（三·九）

[2] 去聲，戴帽子（四次）：許子冠乎（五·四）

[3] 去聲，古代男子年至二十，行第一次戴帽禮（一次）：丈夫之冠也父命之（六·二）

則（四〇〇次）

[1] 名詞，法則（二次）：有物有則（一一·六）

[2] 動詞，模倣，效法（一次）：惟堯則之（五·四）

[3] 副詞用如連繫性動詞，乃是，就是（一四次）：若夫成功則天也（二·一四）

[4] 承接連詞（三八三次）：

①表文中之對待關係：誅之則不可勝誅；不誅則疾視其長上之死而不救（二·一二）。

②於初發現一事之已處於無可奈何之狀態時用之：其子趨而往視之，苗則槁矣（三·二）

③於是，就：河內凶則移其民於河東（一·三）

——另見「然則」。

前（七次）

[1] 指方位（三次）：便嬖不足使令於前與（一·七）

[2] 指時間（四次）：而孟子之後喪踰前喪（二·一六）前以士後以大夫（二·一六）

前日（六次）

過去：前日於齊，王餽兼金一百而不受（四·三）

削（四次）

1 不及物動詞，削弱（三次）：不甚則身危國削（七・二）

2 及物動詞，削減（一次）：再不朝則削其地（一二・七）

勃然（二次）

突然：王勃然變乎色（一〇・九）

勇（一五次）

勇敢：寡人好勇（二・三）

勉（一次）

勉勵，努力：子必勉之（五・三）

匍匐（二次）

爬行：赤子匍匐將入井（五・五）

南（九次）

南辱於楚（一・五）

南河（一次）

地名：舜避堯之子於南河之南（九・五）

南陽（一次）

地名：見「遂有南陽」（一二・八）注。

卻（五次）

拒絕：卻之卻之爲不恭（一〇・四）

即（二次）

1 動詞，就：即位而哭（五・二）

2 副詞作連繫性動詞，就是：即不忍其觳觫，若無罪而就死地（一・七）

厚（二次）

然而夷子葬其親厚（五・五）

敘（一次）

次序：長幼有敘（五・四）

咸（三次）

副詞，都：咸以正無缺（六・九）

咸丘蒙（二次）

人名：咸丘蒙問曰（九・四）

咻（一次）

喧鬧：衆楚人咻之（六・六）

咽（一次）

吞下：三咽然後耳有聞目有見（六・一〇）

哀（五次）

1 悲哀，哀痛（四次）：百官有司莫敢不哀（五・二）

2 憐憫，同情（一次）：哀此煢獨（二・五）

哇（一次）
嘔出：出而哇之（六・一〇）

哉（九八次）
語氣詞：
1 表反詰：豈能獨樂哉（一・二）
2 表疑問：是誠何心哉（一・七）
3 表感歎：大哉言矣（二・三）
——另見「乎哉」。

囿（六次）
畜養禽獸以供狩獵的園場：文王之囿方七十里（二・二）

垣（一次）
圍牆：段干木踰垣而辟之（六・七）

垤澤（一次）
宋國城門之名：呼於垤澤之門（一三・三六）

契（一次）
音ㄒㄧㄝˋ，人名：見「使契爲司徒」（五・四）注。

姜（一次）
姓：爰及姜女（二・五）

姣（二次）
美貌：天下莫不知其姣也（一一・七）

威（二次）
1 名詞，威武，威風：畏天之威（二・三）
2 動詞，以威示人：威天下不以兵革之利（四・一）

威武（一次）
威武不能屈（六・二）

孩（一次）
兒童笑貌：見「孩提之童無不知愛其親者」（一三・一五）注。

客（一次）
客人：客不悅曰（四・一一）

宣王（二次）
即齊宣王：宣王問曰（二・一〇）

室（一五次）
1 房屋（一一次）：爲巨室則必使工師求大木（二・九）
2 戶宅，家戶（一次）：萬室之國（一二・一〇）
3 妻室，家庭（二次）：丈夫生而願爲之有室（六・三）

4 王室，王家，天子之朝廷（一次）：周室班爵祿也如之何（一〇・二）

——另見「巨室」。

封（七次）

封建社會給某人以土地人民與政權叫封：封之也（九・三）

封疆（一次）

疆域，國土：域民不以封疆之界（四・一）

屋（二次）

亟其乘屋（五・三）

屋廬子（五次）

人名：見「任人有問屋廬子曰」（一二・一）注。

巷（一次）

里弄，胡同：居於陋巷（八・二九）

帝（八次）

1 皇帝，天子（一次）：自耕稼陶漁以至為帝，無非取於人者（三・八）

2 專指帝堯（七次）：帝使其子九男二女百官牛羊倉廩備，以事舜於畎畝之中（九・一）

——另見「上帝」。

帥（三次）

1 名詞，元帥，統帥（一次）：夫志，氣之帥也（三・二）

2 動詞，率領（二次）：堯帥諸侯北面而朝之（九・四）

幽（二次）

古代天子的惡謚，如周幽王：名之曰幽厲（七・二）

幽州（一次）

地名：見「舜流共工于幽州」（九・三）注。

幽谷（二次）

黑暗的山谷：吾聞出於幽谷遷于喬木者（五・四）

庠（五次）

古代由地方興辦的學校：謹庠序之教（一・三）

度（五次）

1 名詞，法度（二次）：一遊一豫，為諸侯度（二・四）

2 尺碼（一次）：見「工不信度」（七・

一）注。

3 舊讀入聲，度量，忖度（二次）：度然後知長短（一・七）

——另見「忖度」。

弈（四次）

下碁：博弈好飲酒（八・三〇）

弈秋（三次）

人名：弈秋，通國之善弈者也（一一・九）

待（一八次）

1 等待（一三次）：雖有鎡基，不如待時（三・一）

2 對待（四次）：何以待之（二・一一）

3 培養：見「以待後之學者」（六・四）注。

很（一次）

即今之「狠」字：好勇鬭很以危父母（八・三〇）

後（二九次）

1 名詞，後代，後人，子孫（三次）：其無後乎（一・四）

2 方位詞（二次）：後車數十乘（六・四）

3 時間詞（一六次）：無後災（一・七）後必有災（一・七）

4 動詞，放在後（七次）：苟爲後利而先利（一・一八）

5 動詞，在以後（一次）：世之相後也千有餘歲（八・一）

——另見「而後」「然後」。

怒（一〇次）

王赫斯怒（二・三）

思（二七次）

1 思考，想（二五次）：思以一毫挫於人，若撻之於市朝（三・二）

2 語詞，無義（二次）：見「無思不服」（三・三）注。

怠（一次）

懈怠：及是時般樂怠敖（三・四）

急（八次）

1 急迫，緊要（五次）：三月無君則弔，不以急乎（六・三）

2 動詞，以爲急迫，緊要（三次），急先務也（一三・四六）

怨（二五次）

怨恨：搆怨於諸侯（一．七）內無怨女（二．五）南面而征北狄怨（二．一一）

恆（一四次）

恆常，經常：無恆產而有恆心者（一．七）

恔（一次）

快也：見「於人心獨無恔乎」（四．七）注。

拜（六次）

1 作揖（四次）：禹聞善言則拜（三．八）

2 拜訪，拜謝（二次）：則往拜其門（六．七）

拯（一次）

拯救：民以爲將拯己於水火之中也（二．一一）

拱（一次）

兩手合圍爲拱：拱把之桐梓（一一．一三）

持（三次）

1 保持（二次）：持其志無暴其氣（三．二）

2 手拿著：子之持戟之士一日而三失伍（四．四）

——另見「扶持」。

指（六次）

1 手旨（四次）：今有無名之指（一一．一二）

2 大旨，旨要（一次）：願聞其指（一二．四）

3 旨意，意義（一次）：言近而指遠者善言也（一四．三二）

挍（一次）

比較：貢者挍數歲之中以爲常（五．三）

故（一〇〇次）

1 名詞，事故（一次）：兄弟無故（一一．二〇）

2 名詞，故舊（一次）：挾故而問（一一．四三）

3 形容詞，老，舊（二次）：所謂故國者（二．七）

4 名詞，道理，原因，所以然（九次）：而夷子二本故也（五．五）苟求其故（八．二六）

5 連詞，所以（八七次）：故能樂也（一．

二）

——另見「大故」「是故」。

施（一二次）

1 施行（九次）：王如施仁政於民（一・五）

2 恩惠（一次）：守約而施博者善道也（一四・三二）

3 去聲，延及也（一次）：見「施於四體」（一一・二一）注。

4 去聲，邪也（一次）：見「施從良人之所之」（八・三三）注。

施施（一次）

喜悅貌：施施從外來（八・三三）

星辰（一次）

星辰之遠也（八・二六）

春（二次）

春季：春省耕而補不足（二・四）

春秋（八次）

1 魯國史書之名（一次）：魯之〔春秋〕（八・二一）

2 孔子所作史書之名（七次）：作〔春秋〕

（六・九）

昭昭（三次）

明白：賢者以其昭昭使人昭昭（一四・二〇）

是（二〇九次）

1 代詞，此，這（八六次）：是亦走也（一・三）

2 形容詞，此，這（二六次）：是心足以王矣（一・七）

3 連繫性動詞（八四次）：王之不王是折枝之類也（一・七）蓋〔徵招〕〔角招〕是也（二・四）

4 對，正確（九次）：自以爲是（一四・三七）

5 小品詞，置於倒裝句賓語與動詞之間（四次）：戎狄是膺（五・四）

——另見「於是」。

是以（一二次）

所以：是以後世無傳焉（一・七）

是故（一五次）

所以：是故湯事葛（二・一二）

曷（一次）

何時也：天下曷敢有越厥志（二・三）

柝（二次）

古代巡夜之人所用以敲打的木頭：抱關擊柝（一〇・五）

柳下惠（九次）

人名：見「柳下惠不羞汙君」（三・九）注。

殃（四次）

1 名詞，禍害，災難（二次）：不取必有天殃（二・一〇）

2 動詞，禍害（二次）：不教民而用之謂之殃民（一二・八）

殄（一次）

絕滅：肆不殄厥慍（一四・一九）

殆（五次）

1 危險（一次）：天下殆哉岌岌乎（九・四）

2 形容詞，近也（一次）：殆於不可（八・三一）

3 副詞，表示不肯定（三次）：殆有甚焉（一・七）

段干木（一次）

人名：見「段干木踰垣而辟之」（六・七）注。

泉（二次）

水源：泉之始達（三・六）

——另見「黃泉」「源泉」。

洋洋（一次）

舒緩搖尾之貌：少則洋洋焉（九・二）

洒（一次）

洗刷，雪恥：願比死者一洒之（一・五）

洚（四次）

洪，大：洚水者洪水也（六・九）

洧（一次）

水名：以其乘輿濟人於溱洧（八・二）

洪（四次）

大：洪水橫流（五・四）

活（二次）

同「逭」，逃也：見「自作孽不可活」（三・四）注。

——另見「生活」。

洽（一次）

遍，周：猶未洽於天下（三・一）

洿（一次）

大：數罟不入洿池（一・三）

流（一五次）

1 水行曰流（八次）：飲食若流（二・四）

2 漂流（一次）：而何其血之流杵也（一四・三）

3 放逐（一次）：舜流共工于幽州（九・三）

4 樂而忘返（三次）：從流下而忘反謂之流（二・四）

5 流傳的（二次）：流風善政猶有存者（三・一）

流行（一次）

德之流行速於置郵而傳命（三・一）

流歠（一次）

飲食時大口喝湯：放飯流歠（一三・四六）

炭（二次）

如以朝衣朝冠坐於塗炭（三・九）

爰（四次）

語首詞，無義：爰整其旅（二・三）

牲（二次）

牛羊之類的牲畜：百里奚自鬻於秦養牲者（九・九）

牲殺（一次）

畜牧和田獵得來的犧牲：牲殺器皿衣服不備（六・三）

甚（二六次）

很，更厲害：心爲甚（一・七）吾甚恐（二・一四）

界（一次）

界限：域民不以封疆之界（四・一）

——另見「經界」。

畎畝（五次）

田地：以事舜於畎畝之中（九・一）

畏（一五次）

懼怕：就之而不見所畏焉（一・六）

疢疾（一次）

猶言「災患」：恆存乎疢疾（一三・一八）

皆（九八次）

副詞，都：則天下之民皆引領而望之矣（一・六）

皇皇（一次）

不安貌：孔子三月無君則皇皇如也（六．三）

盆成括（三次）

人名：盆成括仕於齊（一四．二九）

盈（七次）

滿：則必取盈焉（五．三）

相（五七次）

1 去聲，名詞，卿相（三次）：夫子加齊之卿相（三．二）

2 去聲，動詞，輔相（八次）：周公相武王（六．九）

3 副詞，交相，互相（四四次）：獸相食且人惡之（一．四）

4 副詞，與「相與」同，共同（二次）：與其妾訕其良人而相泣於中庭（八．三三）

——另見「輔相」。

相與（一次）

共同：相與輔相之（三．一）

盻盻（一次）

勤苦而不休息的樣子：使民盻盻然（五．三）

省（五次）

1 減免（一次）：省刑罰（一．五）

2 省察（四次）：春省耕而補不足（二．四）

眊（一次）

不明白：則眸子眊焉（七．一五）

矜式（一次）

取法：使諸大夫國人皆有所矜式（四．一〇）

祇（一次）

敬也：祇載見瞽瞍（九．四）

禹（三〇次）

人名：見「禹聞善言則拜」（三．八）注。

秋（三次）

秋季：秋省斂而助不給（二．四）

秋毫（一次）

極細微之物：見「明足以察秋毫之末」（一．七）注。

科（三次）

1 空穴（二次）：盈科而後進（八．一八）

2 科目，課程（一次）：夫子之設科也（一四．三〇）

穿（二次）

打牆洞：人能充無穿踰之心（一四・三一）

紂（一四次）

人名：武王伐紂（二・八）

約（五次）

1 簡單（四次）：然而孟施舍守約也（三・二）

2 動詞，邀約（一次）：我能爲君約與國（一二・九）

罟（一次）

魚網：數罟不入洿池（一・三）

美（一七次）

1 美好，美麗（一六次）：見羽旄之美（二・一）

2 孟子所用術語（一次）：充實之謂美（一四・二五）

羿（七次）

人名：見「逢蒙學射於羿」（八・二四）注。

者（六二六次）

1 小品詞（五四三次）：弒其君者必百乘之家（一・一），昔者齊景公問於晏子曰（二・四）

2 語氣詞，表提示（八二次）：巡守者巡所守也（二・四）

3 語氣詞，無義，僅表停頓（一次）：見「則人之所以求富貴利達者，其妻妾不羞而不相泣者幾希矣」（八・三三）注。

背（二次）

養其一指而失其肩背而不知也（一一・一四）

胡齕（一次）

人名：臣聞之胡齕曰（一・七）

胥（四次）

1 動詞，視，察看（一次）：聿來胥宇（二・五）

2 副詞，相（一次）：睊睊胥讒（二・四）

3 盡也（二次）：載胥及溺（七・九）帝將胥天下而遷之焉（九・一）

致（九次）

1 送還（二次）：致爲臣而去（四・五）

2 招來，得到（二次）：千歲之日至，可坐而致也（八・二六）

3 極也（五次）：不專心致志則不得也（一一・九）

苗（一〇次）

禾苗：王知夫苗乎（一·六）

苙（一次）

飼養牲畜之欄：既入其苙（一四·二六）

苟（二二次）

1 副詞，苟且（二次）：故不爲苟得也（一一·一〇）

2 連詞，假如（二〇次）：苟爲後義而先利，不奪不饜（一·一）

若（九六次）

1 像，似，如（六七次）：若寡人者可以保民乎哉（一·七）

2 同，一致（四次）：則賈相若（五·四）

3 及也，多用於否定句或反詰句（一四次）：不若與衆（二·一）吾豈若使是君爲堯舜之君哉（九·七）

4 順也（一次）：瞽瞍亦允若（九·四）

5 代詞，如此（四次）：以若所爲，求若所欲（一·七）

6 連詞，假若，如果（四次）：王若隱其無罪而就死地（一·七）

7 他轉連詞，至于（二次）：若民則無恆產因無恆心（一·七）

——另見「乃若」「辟若」。

若夫（五次）

他轉連詞，與「若」的7的用法同，至于：若夫成功則天也（二·一四）

苦（二次）

1 形容詞：樂歲終身苦（一·七）

2 動詞：必先苦其心志（一二·一五）

英才（一次）

得天下英才而教育之（一三·二〇）

茁壯（一次）

壯實：牛羊茁壯長而已矣（一〇·五）

范（一次）

地名：孟子自范之齊（一一·三六）

茅（三次）

1 茅草（二次）：爲間不用則茅塞之矣（一四·二一）

2 取茅草（一次）：晝爾于茅（五·三）

虐（四次）

1 及物動詞（二次）：方命虐民（二·四）

② 形容詞（二次）：民之憔悴於虐政，未有甚於此時者也（三．一）

要（八次）

① 平聲，干求（五次）：非所以要譽於鄉黨朋友也（三．六）

② 平聲，攔截（三次）：使數人要於路曰（四．二）

負（五次）

背負：頒白者不負戴於道路矣（一．三二）

負夏（一次）

地名：遷於負夏（八．一）

負芻（一次）

人名：見「昔沈猶有負芻之禍」（八．三一）注。

赴（一次）

奔往：天下之欲疾其君者皆欲赴愬於王（一．七）

軌（一次）

車轍：城門之軌（一四．二二）

迨（一次）

及也：迨天之未陰雨（三．四）

迫（一次）

逼迫，迫近：迫斯可以見矣（六．七）

迭（一次）

更代，更番，交遞：迭爲賓主（一〇．三）

述（一次）

敍述，報告：述職者述所職也（二．四）

述職（三次）

諸侯朝於天子曰述職（二．四）

郊（三次）

① 郊野（二次）：臣聞郊關之內有囿方四十里（二．二）

② 動詞，在郊野：以其郊於大國也（一一．八）

重（一八次）

權然後知輕重（一．七）

陋（一次）

不好的：居於陋巷（八．二九）

降（一次）

降生，下降：天降下民（二．三）

面（一六次）

① 臉面（四次）：悻悻然見於其面（四．一

二）

2 當面（二次）：則讒諂面諛之人至矣（一二．一三）

3 朝向（一〇次）：東面而征西夷怨（二．一一）

革（二次）

用皮革製成的甲冑：兵革非不堅利也（四．一）

革車（一次）

兵車：革車三百兩（一四．四）

音（四次）

聲音：管籥之音（二．一）

——另見「八音」「五音」「聲音」。

風（八次）

1 名詞（二次）：君子之德，風也（五．二）

2 動詞，吹風，受風（一次）：有寒疾不可以風（四．二）

3 風俗（一次）：流風善政（三．一）

4 風操（四次）：故聞伯夷之風者（一〇．一）

飛（一次）

鳳凰之於飛鳥（三．二）

飛廉（一次）

人名：驅飛廉於海隅而戮之（六．九）

食（一〇六次）

1 吃食（七六次）：穀不可勝食也（一．三）

2 去聲，食物（一五次）：簞食壺漿以迎王師（二．一〇）

3 去聲，給以食物，餵養（一四次）：且子食志乎（六．四）

4 同「蝕」：其過也如日月之食（四．九）

首（三次）

腦袋：舉疾首蹙頞而相告曰（二．一）

——另見「稽首」。

十畫

亳（四次）

地名：見「湯居亳與葛爲鄰」（六．五）注。

俯（三次）

低頭，下：俯足以畜妻子（一．七）

俱（二次）

共，偕：雖與之俱學（一一·九）

倉（二次）

1 糧倉：故居者有積倉（二·五）

2 動詞，入於倉庫：乃積乃倉（二·五）

倉廩（五次）

糧庫：而君之倉廩實（二·一二）

倍（一六次）

1 加一倍（一四次）：今又倍地而不行仁政（二·一一）

2 同「背」，違背，背叛（二次）：師死而遂倍之（五·四）

倒（一次）

「順」之反：民之悅之猶解倒懸也（三·一）

倦（三次）

厭倦，疲倦：我學不厭而教不倦也（三·二）

倪（一次）

幼兒：反其旄倪（二·一一）

倫（三次）

倫常，古代封建社會人與人間的必然關係：人之大倫也（四·二）

——另見「人倫」。

兼（九次）

1 同時並有，並（八次）：孔子兼之（三·二）

2 吞滅（一次）：周公兼夷狄驅猛獸而百姓寧（六·九）

兼金（一次）

美金：王餽兼金一百（四·三）

兼愛（二次）

墨子重要學說之一，於人一視同仁而無不愛：墨氏兼愛是無父也（六·九）

冢宰（一次）

古代官名，大約相當後代的首相：聽於冢宰（五·二）

凍（四次）

寒冷而無衣：父母凍餓（一·五）

剛（一次）

堅强：其爲氣也至大至剛（三·二）

乘（二八次）

1 乘坐的（二次）：今乘輿已駕矣（二·一六）

2 動詞，趁（一次）：雖有智慧不如乘勢（三・一）

3 動詞，治理，修整（一次）：亟其乘屋（五・三）

4 去聲，馬（一次）：晉人以垂棘之璧與屈產之乘假道於虞以伐虢（九・九）

5 去聲，量詞，用以計算車輛（一八次）：萬乘之國（一・一）

6 去聲，動詞，駕車（三次）：昔者趙簡子使王良與嬖奚乘（六・一）

7 去聲，數詞，四（一次）：發乘矢而後反（八・二四）

8 去聲，晉國史書之名（一次）：晉之〔乘〕（八・二一）

乘田（一次）

主畜牧的小吏：嘗爲乘田矣（一〇・五）

原（三次）

1 「源」本字，泉源（一次）：則取之左右逢其原（八・一四）

2 去聲，同「愿」，謹慎小心（二次）：一鄉皆稱原人焉（一四・三七）

——另見「鄉原」。

叟（二次）

梁惠王用以稱孟子：叟之所知也（一・五）

員（三次）

同「圓」：不以規矩不能成方員（七・一）

哭（五次）

即位而哭（五・二）

哿（一次）

可也：哿矣富人（二・五）

唐（一次）

朝代名：唐虞禪（九・六）

城（八次）

築斯城也（二・一三）

夏（八次）

1 夏季（二次）：病於夏畦（六・七）

2 當時中原諸國自稱爲夏（一次）：吾聞用夏變夷者（五・四）

3 朝代名（五次）：夏諺曰（二・四）

夏后（三次）　**夏后氏**（一次）

夏后殷周之盛，地未有過千里者也（三・一）

夏后氏五十而貢（五・三）

奚（二三次）

何也：奚暇治禮義哉（一·七）

孫（一次）

雖孝子慈孫，百世不能改也（七·二）

——另見「子孫」。

孫子（一次）

即「子孫」：商之孫子（七·七）

孫叔敖（一次）

人名：見「孫叔敖舉於海」（一二·一五）注。

宮（三次）　**宮室**（五次）

房屋：舍皆取諸宮中而用之（五·四）壞宮室以爲汙池（六·九）

宮之奇（一次）

人名：宮之奇諫（九·九）

宰（一次）

總管：求也爲季氏宰（七·一四）

——另見「冢宰」。

宰我（三次）

人名：宰我子貢善爲說辭（三·二）

害（二四次）

1 禍害（二三次）：君子不以其所以養人者害人（二·一五）

2 同「曷」，何時（一次）：時日曷喪（一·二）

宴（一次）

宴會：則不敢以宴（六·三）

宵（一次）

夜晚：宵爾索綯（五·三）

家（二四次）

1 家庭（一〇次）：數口之家可以無飢矣（一·三）

2 大夫曰家（一三次）：大夫曰，何以利吾家（一·一）

3 夫家，丈夫（一次）：女子生而願爲之有家（六·三）

容（五次）

1 容顏（三次）：其容有蹙（九·四）

2 容納（二次）：罪不容於死（七·一四）

容光（一次）

小隙：容光必照焉（一三·二四）

射（一六次）

①射箭（一四次）：仁者如射（五·七）

②射箭的人（一次）：羿不爲拙射變其彀率（一三·四一）

③陳列（一次）：序者射也（五·三）

屑（五次）

助動詞，多與「不」字合用，「不屑」表示以爲羞恥而不願之意：不受也者是亦不屑就已（三·九）

差（一次）　**差等**（一次）

等級的差別：庶人在官者其祿以是爲差（一〇·二）之則以爲愛無差等（五·五）

師（二〇次）

①先生，老師（一一次）：作之師（二·三）

②以爲老師，學習（四次）：今也小國師大國而恥受命焉（七·七）

③軍旅（五次）：師行而糧食（二·四）

——另見「工師」「六師」「先師」。

席（一次）

皆衣褐捆屨織席以爲食（五·四）

庭（一次）

庭院：與其妾訕其良人而相泣於中庭（八·三三）

弱（四次）

弱者：弱固不可以敵强（一·七）

徐（二次）　**徐徐**（一次）

慢慢地：徐行後長者謂之弟（一二·二），子謂之姑徐徐云爾（一三·三九）

徐子（四次）　**徐辟**（一次）

人名：徐子以告夷子（五·五）墨者夷之因徐辟而求見孟子（五·五）

徑（一次）

小路：山徑之蹊間介然（一四·二一）

徒（一五次）

①名詞，門徒，黨徒（八次）：仲尼之徒無道桓文之事者（一·七）

②形容詞，空，僅僅（二次）：徒善不足以爲政（七·一）

③副詞，但，僅僅（五次）：非徒無益而又害之（三·二）

徒杠（一次）

渡人之橋：歲十一月徒杠成（八·二）

恐（一四次）

恐怕：此惟救死而恐不贍（一・七）

恕（一次）

恕道，「己所不欲勿施於人」之道：強恕而行，求仁莫近焉（一三・四）

恝（一次）

忽略，不在乎：見「夫公明高以孝子之心爲不若是恝」（九・一）注。

恥（一七次）

1 恥辱（七次）：立乎人之本朝而道不行，恥也（一〇・五）

2 及物動詞，以爲恥辱（一〇次）：寡人恥之（一・五）

恩（七次）

恩惠：今恩足以及禽獸（一・七）

恭（一一次） **恭敬**（四次）

柳下惠不恭（三・九）恭敬之心，人皆有之（一一・六）

息（五次）

1 休息（一次）：勞者弗息（二・四）

2 熄滅（二次）：楊墨之道不息（六・九）

3 生長（二次）：是其日夜之所息（一一・八）

悄悄（一次）

憂愁貌：憂心悄悄（一四・一九）

悅（五三次）

高興，滿意，喜悅，使其喜悅：取之而燕民悅（二・一〇）民之悅之猶解倒懸也（三・一）悅親有道（七・一二）

悌（七次）

恭敬兄長曰悌：申之以孝悌之義（一・三）

悔（一次）

太甲悔過（九・六）

挫（一次）

挫折：思以一豪挫於人，若撻之於市朝（三・二）

振（三次）

1 振興（一次）：又從而振德之（五・四）

2 收也（二次）：金聲而玉振之也（一〇・一）

挾（一一次）

1 夾在胳臂底下（二次）：挾太山以超北海（一・七）

[2] 仗恃，挾持（九次）：不挾長（一〇・三）

捆（一次）「打草鞋」「打毛衣」的「打」，織也：皆衣褐捆屨織席以爲食（五・四）

捐（一次）捐棄，抽去：捐階（九・二）

效（二次）獻，致：效死而民弗去（二・一三）

旂（一次）有鈴之旗：士以旂（一〇・七）

旃（一次）曲柄旗：庶人以旃（一〇・七）

旄（一次）去聲，同「耄」，老人：反其旄倪（二・一一）

——另見「羽旄」。

旅（三次）

[1] 軍旅（一次）：爰整其旅（二・三）

[2] 旅客（二次）：則天下之旅皆悅，而願出於其路矣（三・五）

——另見「行旅」。

時（四二次）

[1] 名詞，時間，時候，時世（二四次）：當是時也（二・五）

[2] 名詞，一定的時候，適當的時候（一二次）：不違農時（一・三），食以之時（一三・二三）

[3] 形容詞，合時宜的（四次）：若時雨降（二・一一）孔子聖之時者也（一〇・一）

[4] 副詞，當時（一次）：時舉於秦（九・九）

[5] 代詞，這，此（一次）：時日曷喪（一・二）

——另見「於時」「有時乎」。

時子（四次）人名：他日王謂時子曰（四・一〇）

晉（六次）國名：

[1] 春秋時晉國：晉楚之富，不可及也（四・二）

[2] 戰國時魏國亦稱晉國：見「晉國，天下莫強焉」（一・五）注。

晉文（二次）
春秋時晉國之君：齊桓晉文之事可得聞與（一．七）

晉平公（一次）
春秋時晉國之君：晉平公於亥唐也（一〇．三）

晏子（六次）
春秋時齊相晏嬰：昔者齊景公問於晏子曰（二．四）

書（一四次）
1 書籍，著作（一次）：讀其書（一〇．八）
2 盟約（一次）：諸侯束牲載書而不歃血（一二．七）
3 〔尚書〕（一二次）：盡信〔書〕不如無〔書〕（一四．三）

朕（五次）
我，我的：干戈朕（九．二）

栗（一次）
戰栗恐懼：夔夔齊栗（九．四）

校（三次）
古代初級或中級而設立在地方的學校：夏曰校（五．三）

校人（三次）
主池塘畜魚之吏：子產使校人畜之池（九．二）

根（一次）
動詞，立根基：仁義禮智根於心（一三．二一）

格（一次）
動詞，糾正，匡正：惟大人爲能格君心之非（七．二一）

桀（一三次）
夏朝亡國之君：湯放桀（二．八）

桃應（一次）
人名：桃應問曰（一三．三五）

桎梏（一次）
腳鐐手銬，此處引伸爲被刑戮之義：桎梏死者非正命也（一三．二）

桐（五次）
1 桐樹（二次）：拱把之桐梓（一一．一三）
2 地名（三次）：伊尹放之於桐（九．六）

桑（四次）

桑樹：五畝之宅樹之以桑（一·三）

桓（一次）　**桓公**（三次）

齊桓公：仲尼之徒無道桓文之事者（一·七）

桓公之於管仲（四·二）

桓司馬（一次）

人名，即宋國之桓魋：遭宋桓司馬將要而殺之（九·八）

殉（四次）

爲之死：以道殉身（一三·四二）

殊（二次）

不同：非天之降才爾殊也（一一·七）

殷（一五次）

即商代：天下歸殷久矣（三·一）

氣（一八次）

體氣，精神，神態：孟施舍之守氣又不如曾子之守約也（三·二）

——另見「夜氣」。

泰（三次）

侈泰，過甚：不以泰乎（六·四）

泰誓（一次）

〔尚書〕篇名：〔泰誓〕曰（九·五）

浚（一次）

疏浚：使浚井（九·二）

浡然（二次）

植物生長很快的樣子：則苗然興之矣（一·六）

浩生不害（一次）

人名：浩生不害問曰（一四·二五）

浩然（一次）

無所留戀貌：予然後浩然有歸志（四·一二）

浩然之氣（二次）

我善養吾浩然之氣（三·二）

浴（一次）

洗澡，浴身：齋戒沐浴則可以祀上帝（八·二五）

海（九次）

海內之地方千里者九（一·七）

浼（三次）

弄髒：若將浼焉（三·九）

消（二次）

消除，消滅：鳥獸之害人者消（六·九）

涉（一次）

渡河：民未病涉也（八·二）

涕（二次）

涕淚：涕出而女於吳（七·七）

烈（三次）

1 動詞，放火：益烈山澤而焚之（五·四）

2 形容詞，甚，厲害：於今爲烈（一〇·四）

3 功烈，功績：丕承哉武王烈（六·九）

烏獲（二次）

人名：見「然則舉烏獲之任是亦爲烏獲而已矣」（一二·二）注。

狷（二次）

1 狷介：狷者有所不爲也（一四·三七）

2 狷介的人：必也狂狷乎（一四·三七）

狼（一次）

是豺狼也（七·一七）

狼戾（一次）

猶「狼藉」，縱橫貌：樂歲粒米狼戾（五·三）

狼疾（一次）

頭腦糊塗之意：則爲狼疾人也（一一·一四）

茲（四次）

1 代詞，這（一次）：士則茲不悅（四·一二）

2 形容詞，這（二次）：惟茲臣庶（九·二）

3 名詞，年，載（一次）：今茲未能（六·八）

珠（二次）

珍珠：事之以珠玉（二·一五）

班（二次）

1 等級相同：若是班乎（三·二）

2 制定等級：周室班爵祿也如之何（一〇·二）

畔（六次）

反叛，背叛：寡助之至親戚畔之（四·一）

留（二次）

有欲爲王留行者（四·一一）

畜（一二次）

1 名詞，畜牲，牲口（二次）：雞豚狗彘之畜無失其時（一·三）

2 動詞，畜養（七次）：俯足以畜妻子

（一・七）

3 動詞，喜愛（二次）：畜君者好君也（二・四）

畝（一四次）

計算田地面積的量詞：五畝之宅（一・三）

疾（一四次）

1 名詞或者不及物動詞，疾病，病痛（七次）：不幸而有疾（四・二）昔者疾（四・二）

2 名詞，上義的引伸，不好的習慣，性情，毛病（三次）：寡人有疾，寡人好色（二・三）

3 及物動詞，痛恨（二次）：天下之欲疾其君者皆欲赴愬於王（一・七）

4 副詞，快速（一次）：疾行先長者謂之不弟（一二・二）

5 副詞，强狠地（一次）：夫撫劍疾視曰（二・三）

——另見「疢疾」「狼疾」。

疾病（三次）

名詞：吾王庶幾無疾病與（二・一）

疾痛（一次）

非疾痛害事也（一一・一二）

疾首（二次）

腦袋痛：舉疾首蹙頞而相告曰（二・一）

病（一〇次）

1 名詞，病痛（四次）：昔者辭以病（四・二）

2 不及物動詞，患病（一次）：今吾尚病（五・五）

3 不及物動詞，疲倦（一次）：今日病矣（三・二）

4 形容詞，苦（一次）：脅肩諂笑病于夏畦（六・七）

5 上義，動詞的意動用法，以爲苦（一次）：民未病涉也（八・二）

6 及物動詞，毛病在于（二次）：人病不求耳（一二・二）

益（一九次）

1 名詞，益處（五次）：以爲無益而舍之者，不耘苗者也（三・二）

2 動詞，增加（二次）：又稱貸而益之

（五．三）

3 副詞，更加（二次）：如水益深（二．一〇）

4 人名（一〇次）：舜使益掌火（五．四）

盍（九次）

何不：則盍反其本矣（一．七）

盎（一次）

顯現：盎於背（一三．二一）

破（一次）

打破：舍矢如破（六．一）

祜（一次）

福：以篤周祜（二．三）

神（三次）

1 名詞，天神（一次）：使之主祭而百神享之（九．五）

2 神妙（二次）：聖而不可知之之謂神（一四．二五）

神農（一次）

傳說中的太古帝王名：有爲神農之言者許行（五．四）

秦（一六次）

國名：西喪地於秦七百里（一．五）

秦穆公（三次）

春秋時秦國之君：以要秦穆公（九．九）

笑（七次）

以五十步笑百步則何如（一．七）王笑曰（一．七）

納（二次）

1 收納，允其進入（一次）：泄柳閉門而不納（六．七）

2 繳納（一次）：天子使吏治其國而納其貢稅焉（九．三）

紛紛（一次）

一次一次地：何爲紛紛然與百工交易（五．四）

素（三次）

1 名詞，白色絲綢（一次）：冠素（五．四）

2 副詞，白白地（二次）：不素餐兮（一三．三二）

索（一次）

動詞，絞索：宵爾索綯（五．三）

缺（一次）

缺點：咸以正無缺（六．九）

翅（二次）

僅，但，止：奚翅食重（一二．一）

耆（七次）

同「嗜」，嗜好：耆秦人之炙無以異於耆吾炙（一一．四）

耆老（一次）

老年人：乃屬其耆老而告之曰（二．一五）

耕（二八次）

耕田：深耕易耨（一．五）

耕稼（一次）

種莊稼：自耕稼陶漁以至爲帝例如（三．八）

耘（一次）

亦作「芸」，本義是鋤除田中雜草，引伸則有耕種之義：見「以爲無益而舍之者，不耘苗者也」（三．二）注。

胷（二次）

心胸：胷中正則眸子瞭焉（七．一五）

能（一三三次）

1 助動詞（一三一次）：故能樂也（一．二）

2 有能力的（一次）：能者在職（三．四）

3 名詞，能人（一次）：尊賢使能（三．五）

脅（一次）

聳也：脅肩諂笑，病於夏畦（六．七）

臭（一次）

氣味：鼻之於臭也（一四．二四）

般樂（二次）

快樂：及是時般樂怠敖（三．四）

芻（四次）

1 芻草，飼料（二次）：則必爲之求牧與芻矣（四．四）

2 割草（一次）：芻蕘者往焉（二．二）

3 吃草之獸，如牛羊（一次）：猶芻豢之悅我口（一一．七）

茹（一次）

吃食：舜之飯糗茹草也（一四．六）

荊（二次）

楚國：荊舒是懲（五．四）

草（三次）　**草木**（一次）　**草芥**（一次）　**草莽**（一次）　**草萊**（一次）

小人之德，草也（五・二）草木暢茂（五・四）視天下悅己，猶草芥也（七・二八）在野曰草莽之臣（一〇・七）辟草萊任土地者次之（七・一四）

荑（一次）

稊米：不如荑稗（一一・一九）

荒（三次）

從獸無厭謂之荒（二・四）

荒蕪（一次）

土地荒蕪（一二・七）

蚋（一次）

蚊類昆蟲：見「蠅蚋姑嘬之」（五・五）注。

蚓（三次）

蚯蚓：充仲子之操，則蚓而後可者也（六・一〇）

蚤（一次）

同「早」：蚤起（八・三三）

衰（五次）

衰弱，衰微：聖人之道衰（六・九）

訓（一次）

教訓，訓導：以聽伊尹之訓己也（九・六）

討（三次）

古代天子對不義者的征伐：是故天子討而不伐（一二・七）

訑訑（二次）

自己滿足自己而不虛心的樣子：則人將曰訑訑（一二・一三）

訕（一次）

訕罵，咒罵：與其妾訕其良人（八・三三）

託（四次）

寄託：王之臣有託其妻子於其友而之楚遊者（二・六）

豈（五〇次）

表反詰的副詞，難道：豈能獨樂哉（一・二）

豹（一次）

驅虎豹犀象而遠之（六・九）

豺（一次）

是豺狼也（七・一七）

財（七次）

1 財貨，錢財（六次）：我非愛其財而易之以羊也（一・七）

2 同「材」（一次）：有達財者（一三・四

〇）

——另見「貨財」。

財用（一次）

用度：無政事則財用不足（一四・一二）

貢（三次）

動詞，在下的向上級繳納賦稅，或國家向人民徵收賦稅：夏后氏五十而貢（五・三）

貢稅（一次）

名詞：天子使吏治其國而納其貢稅焉（九・三）

起（七次）

1 起床（三次）：蚤起（八・三三）

2 興起（四次）：然而文王猶方百里起（三・一）

——另見「興起」。

軔（一次）

同「仞」，七尺：掘井九軔而不及泉（一三・二九）

辱（四次）

恥辱，受恥辱，侮辱：南辱於楚（一・五）

——另見「憂辱」。

迹（一次）

遒人採詩：見「王者之迹熄而詩亡」（八・二一）注。

追（六次）

1 追趕（五次）：夫出晝而王不予追也（四・一二）

2 鐘紐（一次）：見「以追蠡」（一四・二二）注。

退（一一次）

1 後退，退回（六次）：退而有去志（四・一四）

2 由上義引伸爲退職，不做官（五次）：亂則退（三・二）

送（二次）

往送之門（六・二）

逃（四次）

不目逃（三・二）

逃匿（一次）

禽獸逃匿（五・四）

逆（四次）

1 「順」之反（三次）：水逆行（六・九）

2 揣測（一次）：以意逆志（九．四）

——另見「橫逆」。

酌（二次）

斟酒：酌則誰先（一一．五）

配（三次）

配合：其爲氣也配義與道（三．二）

酒（一一次）

樂酒無厭謂之亡（二．四）

釜（一次）

金屬炊爨之器，相當今日的鍋：許子以釜甑爨，以鐵耕乎（五．四）

馬（一四次）

廄有肥馬（一．四）

骨（一次）

勞其筋骨（一二．一五）

高（九次）

城非不高也（四．一）

高子（三次）

人名：高子以告（四．一二）

高子（一次）　**高叟**（二次）

人名：高子曰：固矣哉高叟之爲詩也（一二．三）

高唐（一次）

地名：緜駒處於高唐而齊右善歌（一二．六）

十一畫

乾（一次）

「濕」之反：然而旱乾水溢（一四．一四）

偃（一次）

偃伏，倒：草上之風必偃（五．二）

假（五次）

假借：以力假仁者霸（三．二）

偕（四次）

偕同：予及汝偕亡（一．二）

偪（一次）

逼迫：禽獸偪人（五．四）

側（四次）

旁邊：雖袒裼裸裎於我側（三．九）

冕（一次）

禮帽：不稅冕而行（一二．六）

動（一五次）

如此則動心否乎（三．二）是動天下之兵也（二．一一）

務（五次）

1 名詞，應該專心致力的工作（三次）：急先務也（一三．四六）

2 副詞，專心致力地，努力地（二次）：務引其君以當道（一二．八）

商（三次）

1 商人，行商（二次）：則天下之商皆悅而願藏於其市矣（三．五）

2 朝代名，即殷代（一次）：商之孫子（七．七）

問（一〇四次）

1 發問（一〇二次）：卒然問曰（一．六）善哉問也（二．四）

2 存問（一次）：見「亟問亟餽鼎肉」（一〇．六）注。

3 名聲（一次）：亦不殞厥問（一四．一九）

——另見「學問」。

啓（六次）

1 啓發（一次）：佑啓我後人（六．九）

2 開始（二次）：爰方啓行（二．五）

3 人名（三次）：朝覲訟獄者不之益而之啓（九．六）

圉圉（一次）

魚在水中羸弱之貌：始舍之圉圉焉（九．二）

國（一一〇次）

1 國家（一〇五次）：亦將有以利吾國乎（一．一）

2 國都，城市（五次）：中國而授孟子室（四．一〇）

國家（六次）

國家閒暇（三．四）

域（一次）

動詞，限止，圈禁：域民不以封疆之界（四．一）

執（一〇次）

操持，把持：湯執中（八．二〇）

——另見「摶執」。

執熱（二次）

當時成語，苦熱之意：見「誰能執熱」（七．七）注。

堂（四次）

殿堂：王坐於堂上（一·七）

——另見「明堂」。

堅（二次）

堅固：可使制梃以撻秦楚之堅甲利兵矣（一·五）

娶（六次）

娶妻：舜不告而娶爲無後也（七·二六）

婦（二次）

妻子：夫婦有別（五·四）

——另見「匹婦」。

孰（二四次）

疑問代詞：

1 誰：孰能一之（一·六）

2 何，哪一種：孰樂（二·一）

宿（七次）

1 住宿，歇宿（六次）：不得已而之景丑氏宿焉（四·二）

2 存留（一次）：不宿怨焉（九·三）

寇（八次）

盜寇，外國侵略者：有越寇（八·三一）

寇讎（三次）

仇敵：君之視臣如土芥，則臣視君如寇讎（八·三）

將（八一次）

1 動詞，送也，奉也（三次）：以君命將之（一〇·六）

2 動詞，持也，取也（一次）：匍匐往將食之（六·一〇）

3 動詞，助也（一次）：裸將于京（七·七）

4 時間副詞（七四次）：亦將有以利吾國乎（一·一）

5 表數副詞，幾乎，差不多（一次）：將五十里也（五·一）

6 選擇連詞，還是（一次）：子能順杞柳之性而以爲桮棬乎，將戕賊杞柳而後以爲桮棬也（一一·一）

將軍（一次）

魯欲使慎子爲將軍（一二·八）

專（四次）

1 專一（二次）：不專心致志則不得也（一

一・九）

2 專擅，專權（二次）：無專殺大夫（一二・七）

屏（一次）

放逐：出妻屏子（八・三〇）

崇（一次）

地名：於崇吾得見王（四・一四）

崇山（一次）

地名：放驩兜於崇山（九・三）

崩（七次）

1 山陵崩塌（一次）：若崩厥角稽首（一四・四）

2 天子死去（六次）：百年而後崩（三・一）

巢（一次）

下者爲巢（六・九）

帶（一次）

腰帶：不下帶而道存焉（一四・三二）

常（五次）

經常，一定：

1 名詞：貢者校數者之中以爲常（五・三）

2 形容詞：抱關擊柝者皆有常職以食於上（一〇・六）

3 副詞：不識可常繼乎（一〇・六）

常常（一次）

欲常常而見之（九・三）

庳（四次）

地名：封之有庳（九・三）

庶（二次）

1 庶民，衆庶，老百姓：惟茲臣庶（九・二）

2 衆也（一次）：舜明於庶物（八・一九）

庶人（一四次） 庶民（五次）

衆百姓：士庶人曰（一・一）庶民攻之（一・二）

庶幾（六次）

1 差不多，積極之詞，表示好的事情（二次）：則齊國其庶幾乎（二・一）

2 希冀之詞，或者表示幸運之詞（四次）：王庶幾改之（四・一二）吾王庶幾無疾病與（二・一）

康誥（一次）

庸（二次）

〔尚書〕篇名：〔康誥〕曰（一〇·四）

① 經常，庸常：庸敬在兄（一一·五）

② 酬勞，酬庸：利之而不庸（一三·一三）

張（二次）

張開：弓矢斯張（二·五）

張儀（一次）

人名：公孫衍張儀豈不誠大丈夫哉（六·二）

强（一二次）

① 强大，强大者（四次）：晉國天下莫强焉（一·五）弱固不可以敵强（一·七）

② 上聲，勉强（七次）：强爲善而已矣（二·一四）强曾子（五·四）

③ 堅强（一次）：樂正子强乎（一二·一三）

彫琢（二次）

彫琢玉石：雖萬鎰必使玉人彫琢之（二·九）

得（一五五次）

① 動詞，獲得（一〇四次）：雖不得魚（一·七）

② 助動詞，能也，但一般只表示客觀情況的能與不能（四九次）：使不得耕耨以養其父母（一·五）

③ 同「德」（二次）：所識窮乏者得我與（一一·一〇）

——另見「可得」。

徙（二次）

搬移：死徙無出鄉（五·三）

從（四五次）

① 動詞，跟隨，隨從，聽從（四一次）：然後從而刑之（一·七）必從吾言矣（三·二）

② 介詞，由也（三次）：施施從外來（八·三三）

③ 同「縱」（一次）：從耳目之欲（八·三〇）

御（二次）

① 駕御車馬：御者且羞與射者比（六·一）

② 由上義引伸，治理國和家也叫御：以御于家邦（一·七）

患（一四次）

① 名詞，患害（九次）：人之患在好爲人師（七·二三）

2 動詞，憂慮，以爲患害（五次）：二三子何患乎無君（二．一五）

——另見「憂患」。

悻悻（一次）

器量狹小之貌：悻悻然見於其面（四．一二）

情（四次）

1 情實，實際情況（二次）：夫物之不齊，物之情也（五．四）

2 性，本性（二次）：乃若其情則可以爲善矣（一一．六）

惛（一次）

不明白，糊塗：吾惛（一．七）

惟（四四次）

1 動詞，思也（一次）：惟茲臣庶（九．二）

2 連繫性動詞，是，爲（三次）：其命惟新（五．三）

3 副詞，僅，只，獨（三四次）：惟士爲能（一．七）

4 語首詞，無義（五次）：惟曰（二．三）

5 語中詞，無義（一次）：我武惟揚（六．五）

戚（四次）

1 名詞，大斧（一次）：干戈戚揚（二．五）

2 名詞，親戚（一次）：疏踰戚（二．七）

3 動詞，上義的意動用法，以爲親（一次）：戚之也（一二．三）

4 悲戚，悲哀（一次）：顏色之戚（五．二）

——又見「貴戚」「親戚」。

戚戚（一次）

心動貌：於我心有戚戚焉（一．七）

授（四次）

授與，交給：我欲中國而授孟子室（四．一〇）

掊克（一次）

搜括錢財之人：掊克在位（一二．七）

排（一次）

排水：決汝漢排淮泗而注之江（五．四）

掘（三次）

挖掘：禹掘地而注之海（六．九）

接（七次）

1 交接，接觸（四次）：兵刃既接（一·三）

2 接待（一次）：其接也以禮（一〇·四）

3 當作「滰」，漉乾（二次）：見「接淅而行」（一〇·一）注。

推（六次）

1 用手向前推（二次）：若己推而內之溝中（九·七）

2 推廣（四次）：故推恩足以保四海（一·七）

掩（六次）

掩蓋：蓋歸反虆梩而掩之（五·五）

教（三一次） 教育（一次） 教誨（二次）

謹庠序之教（一·三）明以教我（一·七）得天下英才而教育之（一三·二〇）予不屑之教誨也者（一二·一六）

敏（二次）

聰明：我雖不敏（一·七）

救（九次）

此惟救死而恐不贍（一·七）

敖（一次）

遨遊：及是時般樂怠敖（三·四）

敗（三次）

東敗於齊（一·五）

斬（二次）

斷絕，絕滅：君子之澤五世而斬（八·二二）

旌（三次）

有羽毛裝飾的旗幟：招虞人以旌（六·一）

族（一次）

宗族：百官族人（五·二）

既（二九次）

1 時間副詞，已經（二七次）：兵刃既接（一·三）

2 時間副詞，表旋嗣，俄而（一次）：既而幡然改曰（九·七）

3 表數副詞，盡也，完全（一次）：予既已知之矣（一二·一三）

晝（六次）

1 白日（二次）：晝爾于茅（五·三）

2 地名：宿於晝（四·一一）

——另見「旦晝」。

曹交（一次）

人名：曹交問曰（一二・二）

望（一七次）

[1] 向高處遠處看（一二次）：望之不似人君（一・六）

[2] 希望（四次）：則無望民之多於鄰國也（一・三）

[3] 榜樣，先例（一次）：寇至則先去以爲民望（八・三一）

望望（一次）

不高興的樣子：望望然去之（三・九）

桮棬（五次）

杯盤：見「義猶桮棬也」（一一・一）注。

梧（一次）

梧桐：舍其梧檟（一一・一四）

梩（一次）

古代剷土之具，相當今日之鍬或鍤：盍歸反虆梩而掩之（五・五）

梁（二次）

[1] 橋梁（一次）：十二月輿梁成（八・二）

[2] 魚梁，用魚梁以捕魚（一次）：澤梁無禁（二・五）

梁山（一次）

山名：踰梁山（二・一五）

梁惠王（七次）

魏國諸侯：孟子見梁惠王（一・一）

梁襄王（一次）

魏國諸侯：孟子見梁襄王（一・六）

梃（二次）

木棒：殺人以梃與刃有以異乎（一・四）

梓（六次）

[1] 樹木名（二次）：拱把之桐梓（一一・一三）

[2] 即「梓人」，木工（四次）：則梓匠輪輿皆得食於子（六・四）

條理（四次）

金聲也者始條理也（一〇・一）

械器（二次）

各種用具：以粟易械器者不爲厲陶冶（五・四）

欲（九五次）

[1] 動詞，要（九一次）：民欲與之偕亡

（一·二）

[2] 名詞，慾望（四次）：從耳目之欲（八·三〇）

殍（一次）

因餓而死的屍體，本書亦作「莩」：用其二而民有殍（一四·二七）

殺（五一次）

[1] 殺之致死（四九次）：是何以異於刺人而殺之（一·三）

[2] 去聲，減少（一次）：凶年不能殺（一四·一〇）

[3] 同「竄」，充軍（一次）：見「殺三苗於三危」（九·三）注。

——另見「牲殺」。

殺伐（一次）

征伐，討伐：殺伐用張（六·五）

涸（一次）

乾涸：其涸也可立而待也（八·一八）

涼涼（一次）

寂寞之貌：行何爲踽踽涼涼（一四·三七）

淅（二次）

淘米：接淅而行（一〇·一）

淇（一次）

水名：昔者王豹處於淇（一二·六）

淑（三次）

[1] 善也（一次）：其何能淑（七、九）

[2] 取也（二次）：見「予私淑諸人也」（八·二二）注。

淫（三次）

[1] 過度而邪：淫辭知其所陷（三·二）

[2] 亂也（一次）：富貴不能淫（六·二）

淮（二次）

水名：江淮河漢是也（六·九）

深（一一次）

深耕易耨（一·五）

淳于髡（二次）

人名：見「淳于髡曰」（七·一七）注。

淵（一次）

深池：故爲淵敺魚者獺也（七·九）

混混（一次）

水流不絕之貌：源泉混混（八·一八）

清（四次）

① 水清（二次）：滄浪之水清兮（七・八）

② 清平，世界太平（一次）：以待天下之清也（一〇・一）

③ 清潔，清廉（一次）：伯夷聖之清者也（一〇・一）

淹（一次）

淹留：是以未嘗有所終三年淹也（一〇・四）

烹（四次）

烹調：校人烹之（九・二）

焉（一四二次）

① 代詞，之（一二次）：雖褐寬博吾不惴焉（三・二）

② 兼詞，於是（一一次）：芻蕘者往焉（二・二）又見「晉國天下莫强焉」（一・五）注。

③ 兼詞，於他（二次）：學焉而後臣之（四・二）

④ 介詞，於（一次）：人莫大焉亡親戚君臣上下（一三・三四）

⑤ 疑問詞（一二次）：

①代詞，哪裏，何處：其子焉往（七・一三）

②副詞，何：焉有仁人在位罔民而可爲也（一・七）

⑥ 語氣詞（一〇二次）：萬取千焉（一・一）則牛羊何擇焉（一・七）

⑦ 小品詞，置於區別詞之後（二次）：始舍之圉圉焉（九・二）

牽（一次）

有牽牛而過堂下者（一・七）

牿（二次）

圈禁：則其旦晝之所爲有梏亡之矣（一一・八）

犀（一次）

驅虎豹犀象而遠之（六・九）

猛（一次）

周公兼夷狄驅猛獸而百姓寧（六・九）

率（一四次）

① 率領（一〇次）：此率獸而食人也（一・四）

② 沿循（三次）：率西水滸（二・五）

③ 一定的標準或程限（一次）：羿不爲拙射變其彀率（一三・四一）

琅邪（一次）

地名：放於琅邪（二·四）

理（三次）

1 道理（二次）：謂理也義也（一一·七）

2 順也（一次）：見「稽大不理於口」（一四·一九）注。

——另見「條理」。

產（七次）

1 產業（六次）：無恆產而有恆心者（一·七）

2 出生（一次）：陳良，楚產也（五·四）

畢（三次）

完畢：公事畢然後敢治私事（五·三）

畢郢（一次）

地名：卒於畢郢（八·一）

畢戰（一次）

人名：使畢戰問井地（五·三）

略（一次）

概要，大概：然而軻也嘗聞其略也（一〇·二）

——另見「大略」。

畦（一次）

種菜：病于夏畦（六·七）

眸（五次）

瞳孔：存乎人者莫良於眸子（七·一五）

祥（三次）

善也：見「離則不祥莫大焉」（七·一八）注。

祭（九次）　**祭祀**（二次）

祭之以禮（五·二），祭祀以時（一四·一四）

移（六次）

1 遷移（二次）：河內凶則移其民於河東（一·三）

2 改變（三次）：居移氣（一三·三六）

3 加也（一次）：三不朝則六師移之（一二·七）

章（二次）

1 章程，章則：率由舊章（七·一）

2 一定的階段，成章猶言達到一定的階段（一次）：不成章不達（一三·二四）

章子（四次）

即匡章：章子有一於是乎（八·三〇）

符節（一次）

古代表示印信之物：見「若合符節」（八．一）注。

粒米（一次）

穀米：見「樂歲粒米狼戾」（五．三）注。

紫（一次）

惡紫，恐其亂朱也（一四．三七）

紹（一次）

介紹：紹我周王見休（六．五）

紾（四次）

扭捩：紾兄之臂而奪之食則得食（一二．一）

終（二三次）

自始至末的整個階段：樂歲終身飽（一．七）然終於此而已矣（一〇．三）

羞（四次）

羞恥，以爲羞恥：柳下惠不羞汙君（三．九）

羞惡（四次）

無羞惡之心非人也（三．六）

習（一次）

習慣：習矣而不察焉（一三．五）

脩（八次）

脩養，脩整：壯者以暇日脩其孝悌忠信（一．五）脩我牆屋（八．三一）

艴然（一次）

與「勃然」同：曾西艴然不悅曰（三．一）

莅（一次）

「臨民」之「臨」：莅中國（一．七）

莊（一次）

臨淄城內地名：引而置之莊嶽之間數年（六．六）

莊子（一次）　**莊暴**（一次）

人名：王嘗語莊子以好樂（二．一）莊暴見孟子曰（二．一）

莒（一次）

國名：以遏徂莒（二．三）

莘（一次）

國名：見「伊尹耕於有莘之野」（九．七）注。

莠（一次）

狗尾草：惡莠恐其亂苗也（一四．三七）

莩（三次）

同「殍」，餓死的屍體：塗有餓莩而不知發

（一・三）

莫（五七次）

無指代詞，沒有：晉國，天下莫強焉（一・五）

處（一八次）

1 動詞，居住（一三次）：擇不處仁（三・七）

2 名詞，住所（一次）：文公與之處（五・四）

3 動詞，意爲居家不做官（二次）：可以處而處（一〇・一）

4 意爲道理，原因（二次）：若於齊則未有處也（四・三）

處士（一次）

未嘗做官的讀書人：處士橫議（六・九）

處子（一次）

未嫁的女子：踰東家牆而摟其處子（一二・一）

蚳鼃（三次）

人名：孟子謂蚳鼃曰（四・五）

蛇（二次）

蛇龍居之（六・九）

術（五次）

1 方法，方式（四次）：教亦多術矣（一二・一六）

2 職業（一次）：故術不可不慎也（三・七）

袒裼（二次）

不穿衣而肉體外見：雖袒裼裸裎於我側（三・九）

袗（一次）

麻葛單衣：被袗衣（一四・六）

被（五次）

1 受，被加於（三次）：而民不被其澤（七・一）

2 同「披」（二次）：雖被髮纓冠而救之（八・二九）

規矩（六次）

規，畫圓之具；矩，畫方之具。規矩引伸爲一定的程式、法則：不以規矩不能成方圓（七・一）

訟獄（二次）

訴訟，打官司：訟獄者不之堯之子而之舜（九・五）

訢然（一次）

高興的樣子：終身訢然（一三・三五）

設（三次）

立也，置也：設為庠序學校以教之（五・三）

許（二次）

1 許可，同意：則王許之乎（一・七）

2 與也：管仲晏子之功可復許乎（三・一）

許子（十次）　**許行**（三次）

人名：許子必種粟而後食乎（五・四）有為神農之言者許行（五・四）

豚（四次）

小豬：雞豚狗彘之畜無失其時（一・三）

貧（七次）

1 貧窮（五次）：貧富不同也（二・一六）

2 收入很少的職位（二次）：辭富居貧（一〇・五）

貨（六次）

1 財貨（三次）：寡人好貨（二・五）

2 掠奪別人財貨（一次）：殺越人于貨（一〇・四）

3 賄賂（二次）：見「是貨之也」（四・三）注。

貨財（二次）

貨財不聚（七・一）

貫（一次）

習慣：我不貫與小人乘（六・一）

責（八次）

1 動詞，責備（六次）：父子之間不責善（七・一八）

2 名詞，責任，職責（二次）：有言責者不得其言則去（四・五）

責難（一次）

責備：責難於君謂之恭（七・一）

逐（一次）

追逐：有衆逐虎（一四・二三）

通（五次）

1 動詞，交通，溝通（二次）：子不通功易事（六・四）

2 形容詞，整個的（二次）：匡章，通國皆稱不孝焉（八・三〇）

③形容詞，共同的（一次）：天下之通義也（五・四）

逝（二次）

①遠去（一次）：攸然而逝（九・二）

②語首詞，無義（一次）：逝不以濯（七・七）

速（九次）

迅速：王速出令（二・一一）

造（六次）

①詣，赴（四次）：不能造朝（四・二）

②始也（一次）：天誅造攻自牧宮（九・七）

③修養（一次）：君子深造之以道（八・一四）

逢（三次）

①遭遇，碰到（一次）：資之深則取之左右逢其原（八・一四）

②逢迎，逢合（二次）：見「逢君之惡其罪大」（一二・七）注。

逢蒙（一次）

人名：見「逢蒙學射於羿」（八・二四）注。

連（五次）

①連絡（一次）：連諸侯者次之（八・一五）

②流連（三次）：從流上而忘反謂之連（二・四）

③屋廬子自稱其名：連得閒矣（一二・五）

郭（四次）

外城：七里之郭（四・一）

郵（一次）

古代傳遞政令的驛站：速於置郵而傳命（三・一）

野（九次）

郊野：野有餓莩（一・四）——另見「田野」。

野人（六次）

小百姓：將爲野人焉（五・三）

閉（四次）

關閉：泄柳閉門而不納（六・七）

陰（二次）

①「陰晴」之「陰」：迨天之未陰雨（三・四）

②山北曰陰：益避禹之子於箕山之陰

（九・六）

陳（六次）

1 陳述（二次）：我非堯舜之道不敢以陳於王前（四・二）

2 「陣」本字（一次）：我善爲陳（一四・四）

3 國名（三次）：君子之戹於陳蔡之間（一四・一八）

陳子（三次）　**陳臻**（二次）

人名：時子因陳子而以告孟子（四・一〇）陳臻問曰（四・三）

陳代（一次）

人名：陳代曰（六・一）

陳仲子（一次）

人名：見「陳仲子豈不誠廉士哉」（六・一〇）注。

陳良（二次）

人名：陳良之徒陳相與其弟辛負耒耜而自宋之滕（五・四）

陳侯周（一次）

人名：見「爲陳侯周臣」（九・八）注。

陳相（三次）

人名：陳相見許行而大悅。（五・四）

陳賈（一次）

人名：見「陳賈曰」（四・九）注。

陶（六次）

1 製作瓦器（四次）：一人陶則可乎（一二・一〇）

2 製作瓦器的人（二次）：陶冶亦以其械器易粟者（五・四）

——另見「鬱陶」。

陷（四次）

墜入：及陷於罪（一・七）

陷溺（二次）

陷入，沉入：彼陷溺其民（一・五）

雪（二次）

白羽之白猶白雪之白與（一一・三）

雪宮（一次）

宮名：齊宣王見孟子於雪宮（二・四）

飢（一七次）　**飢餓**（二次）

民有飢色（一・四）飢餓不能出門戶（一二・一四）

魚（一二次）

於牣魚躍（一・二）

鳥（五次）

白鳥鶴鶴（一・二）

鹿（六次）

顧鴻雁麋鹿（一・二）

麥（一次）

今夫麰麥（一一・七）

麻（一次）

麻縷絲絮輕重同則賈相若（五・四）

十二畫

傅（五次）

1 名詞，師傅：其傅爲之請數月之喪（一三・三九）

2 幫助，教授（四次）：則使齊人傅諸（六・六）

傅說（一次）

人名：見「傅說舉於版築之間」（一二・一五）注。

備（七次）

完備，具備：且一人之身而百工之所爲備（五・四）

凱風（二次）

〔詩經〕篇名：〔凱風〕何以不怨（一二・三）

割（二次）

宰割：伊尹以割烹要湯（九・七）

創（一次）

創造，開創：君子創業垂統（二・一四）

勝（三〇次）

1 打勝，戰勝（一六次）：則王以爲孰勝（一・七）

2 平聲，盡也（一四次）：穀不可勝食也（一・三）

勞（一二次）

1 勞動，勤勞（九次）：勞者弗息（二・四）或勞心（五・四）

2 使之勤勞（二次）：見「勞之來之」（五・四）注。

3 憂愁（一次）：見「勞而不怨」（九・一）注。

——另見「賢勞」「勳勞」。

博（三次）

1 廣博（二次）：博學而詳說之（八·一五）

2 古代遊戲的一種，擲采然後下棋（一次）：博弈好飲酒（八·三〇）

——另見「褐寬博」。

卿（二三次）

古代爵位和官位：孟子爲卿於齊（四·六）

卿相（一次）

古代官位：夫子加齊之卿相（三·二）

厥（八次）

意義和用法同「其」，他的，唯只用於比〔孟子〕更古的書面語言中：天下曷敢有越厥志（二·三）

善（一一一次）

好：

1 名詞：教人以善謂之忠（五·四）

2 形容詞：善哉問也（二·四）

3 動詞，善於，長於：善推其所爲而已矣（一·七）

4 動詞，以爲好：王如善之（二·五）

5 動詞，使動用法，使之善，搞好：是故諸侯雖有善其辭命而至者不受也（三·九）

喜（一二次）

則王喜（二·九）

喟然（一次）

長歎貌：喟然歎曰（一三·三六）

喻（三次）

1 比喻，譬喻（一次）：請以戰喻（一·三）

2 明白，理會（二次）：徵於色發於聲而後喻（一二·一五）

喪（二六次）

1 平聲，死亡，喪事，喪禮（二二次）：時日曷喪（一·二）定爲三年之喪（五·二）

2 去聲，喪失（四次）：西喪地於秦七百里（一·五）

喬木（三次）

高大樹木：非謂有喬木之謂也（二·七）

堪（一次）

忍受得了：人不堪其憂（八·二九）

堯（五八次）

傳說中的上古帝王：賢於堯舜遠矣（三．二）

堯典（一次）

〔尚書〕篇名：〔堯典〕曰（九．四）

報（二次）

回報，答禮：受之而不報（一二．五）

場（一次）

場地，墓地：築室於場（五．四）

場師（二次）

古代園藝工作者：今有場師（一一．一四）

壹（三次）

1 專一（二次）：見「志壹則動氣」（三．二）注。

2 皆，全（一次）：見「願比死者壹灑之」（一．五）注。

壺（三次）

用以盛酒漿之具：簞食壺漿以迎王師（二．一〇）

媒妁（一次）

男女婚事的介紹者：媒妁之言（六．三）

媚（一次）

獻媚，諂媚：閹然媚於世也者是鄉原也（一四．三七）

富（二五次）

1 錢財很多（二一次）：哿矣富人（二．五）

2 收入很多的職位（二次）：辭富居貧（一〇．五）

3 使他有錢財（二次）：君子不行仁政而富之（七．一四）

富貴（二次）

有錢有勢之人：則盡富貴也（八．三三）

富歲（一次）

豐收年歲：富歲子弟多暴（一一．七）

寐（二次）

睡著，入眠：吾聞之喜而不寐（一二．一三）

寒（四次）

1 受凍，寒冷（二次）：黎民不飢而寒（一．三）

2 使之寒冷（二次）：十日之寒（一一．九）

寒疾（一次）

受風寒之病，感冒：有寒疾（四．二）

寓（一次）

寄居：無寓人於我室（八．三一）

尊（二四次）

1 高貴的（三次）：夫仁，天之尊爵也（三．七）

2 高貴的事物（一次）：天下有達尊三（四．二）

3 高貴的人（三次）：長幼尊卑皆薛居州也（六．六）

4 高貴的職位（二次）：爲貧者辭尊居卑（十．五）

5 動詞，尊敬，使之尊貴（一五次）：莫如貴德而尊士（三．四）

尋（三次）

八尺：枉尺而直尋（六．一）

就（一九次）

動詞，往那裏去，湊近去：就之而不見所畏焉（一．六）

嵎（一次）

山角：虎負嵎（一四．二三）

幾（四次）

1 多少（一次）：子來幾日矣（七．二四）

2 平聲，近也（一次）：幾千人矣（二．一二）

3 同「冀」，希望（一次）：何不使彼爲可幾及而日孳孳也（一三．四一）

—另見「庶幾」。

幾希（四次）

很少，極少：人之所以異於禽獸者幾希（八．一九）

庾公之斯（五次）

人名：衞使庾公之斯追之（八．二四）

弒（七次）

古代年幼或者在下位的人殺掉年長者或在上位的人叫弒：弒其君者必千乘之家（一．一）

彘（四次）

猪：二母彘（一三．二二）

彭更（一次）

人名：彭更問曰（六．四）

徧（三次）

周徧：徧國中無與立談者（八．三三）

復（一四次）

1 動詞，回報，報告（一次）：有復於王

者曰（一．七）

2 動詞，報仇（一次）：爲匹夫匹婦復讎也（六．五）

3 動詞，再來一次的意思（二次）：將復之（六．一）

4 副詞，再（一〇次）：管仲晏子之功可復許乎（三．一）

惑（三次）

1 疑惑（一次）：若是則弟子之惑滋甚（三．一）

2 糊塗（二次）：則惑也（八．二九）

惠（三次）

1 分人以財謂之惠（五．四）（二次）

2 仁慈，給人以好處（一次）：惠而不知爲政（八．二）

惡（七六次）

1 不好，「善」之反（一四次）：惡聲至必反之（三．二）

2 面貌醜陋，「美」之反（一次）：雖有惡人（八．二五）

3 去聲，動詞，厭惡（三五次）：獸相食且人惡之（一．四）

4 平聲，疑問詞（二三次）：

①何處：居惡在（一三．三三）

②何：彼惡知之（一．七）

5 平聲，歎詞（三次）：惡，是何言也（三．二）

惰（一次）

懶惰，不勤：惰其四支（八．三〇）

惴（一次）

使之害怕，恐嚇：雖褐寬博，吾不惴焉（三．二）

惻隱（五次）

哀痛，同情：見「皆有怵惕惻隱之心」（三．六）注。

慍（二次）

怨恨：慍于羣小（一四．一九）

戟（一次）

古代兵器：子之持戟之士一日而三失伍（四．四）

掌（五次）

1 手掌（三次）：天下可運於掌（一．七）

2 掌管，主管（二次）：舜使益掌火（五·四）

——另見「熊掌」。

揆（一次）

法則，法度：先聖後聖其揆一也（八·一）

——另見「道揆」。

提（一次）

提攜抱持：見「孩提之童」（一三·一五）注。

揖（二次）

作揖：入揖於子貢（五·四）

揚（二次）

1 大斧：干戈戚揚（二·五）

2 發揚：我武惟揚（六·五）

揜（一次）

今通作「掩」，掩蓋：從而揜之（九·二）

揠（二次）

拔，拔高些：宋人有閔其苗之不長而揠之者（三·二）

揣（一次）

揣度高矮：不揣其本而齊其末（一二·一）

援（一〇次）

1 援助，救援（七次）：嫂溺則援之以手乎（七·一七）

2 牽住，抓著（三次）：援而止之而止（三·九）

敝（一次）

破爛的：猶棄敝屣也（一三·三五）

敢（四七次）

1 助動詞（二八次）：然後敢入（二·二）

2 表敬副詞（一九次）：敢請（二·一六）

散（二次）

壯者散而之四方者幾千人矣（二·一二）

——另見「離散」。

散宜生（一次）

人名：若太公望散宜生則見而知之（一四·三八）

敦（三次）

1 動詞，管理（一次）：使虞敦匠事（四·七）

2 厚道，「澆薄」之反（二次）：薄夫敦（一〇·一）

普（一次）

周遍：普天之下（九．四）

斯（四四次）

1 指示形容詞，這（一七次）：如之何其使斯民飢而死也（一．四）

2 連詞，這就，於是（二六次）：斯天下之民至焉（一．三）

3 小品詞，爲區別詞詞尾（一次）：王赫斯怒（二．三）

斯須（一次）

暫刻，一時間：斯須之敬在鄉人（一一．五）

景子（二次） **景丑氏**（一次）

人名：不得已而之景丑氏宿焉（四．二）景子曰（四．二）

景公（一次）

即齊景公：景公說（二．四）

景春（一次）

人名：景春曰（六．二）

智（三一次） **智慧**（一次）

惟智者爲能以小事大（二．三）雖有智慧不如乘勢（三．一）

曾（三次）

副詞，竟也：爾何曾比予於管仲（三．一）

曾益（一次）

增加：曾益其所不能（一二．一五）

曾子（二二次）

孔子學生曾參：曾子曰（二．一二）

曾元（一次）

人名：曾元養曾子必有酒肉（七．一九）

曾西（四次）

人名：見「或問乎曾西曰」（三．一）注。

曾晳（四次）

人名：見「曾子養曾晳」（七．一九）注。

朝（三六次）

1 陰平聲，音ㄓㄠ，早晨（八次）：王驩朝暮見（四．六）

2 陽平聲，音ㄔㄠˊ，名詞，朝廷（一〇次）：使天下仕者皆欲立於王之朝（一．七）

3 同上義，朝廷之人（一次）：朝不信道（七．一）

4 陽平聲，動詞，朝見（一〇次）：諸侯朝

於天下曰述職（二．四）
5 上義的使動用法，使其來朝（三次）：朝秦楚（一．七）
6 形容詞，朝見用的（四次）：如以朝衣朝冠坐於塗炭（三．九）
——另見「市朝」。

朝廷（二次）
朝廷莫如爵（四．二）

朝儛（一次）
地名：吾欲觀於轉附朝儛（二．四）

朝覲（二次）
朝見：天下諸侯朝覲者不之堯之子而之舜（九．五）

朞（一次）
一年：爲朞之喪猶愈於已乎（一三．三九）

期（二次）
期望，以爲標準：至於味天下期於易牙（一一．七）

棄（一四次）
1 拋棄（一三次）：棄甲曳兵而走（一．三）
2 被捨棄的，作廢的（一次）：猶爲棄井也（一三．二九）

棘（一次）
荆棘：養其樲棘（一一．一四）

棠（一次）
地名：見「國人皆以夫子將復爲發棠」（一四．二三）注。

棲（一次）
牀：二嫂使治朕棲（九．二）

棺（三次）
棺材：謂棺椁衣衾之美也（二．一六）

椁（三次）
外棺：椁稱之（四．七）

欺（三次）
周公豈欺我哉（五．一）

欿然（一次）
不足之貌：如其自視欿然（一三．一一）

殘（五次）
1 動詞，殘害（一次）：是上慢而殘下也（二．一二）
2 殘害之人（二次）：取其殘而已矣（六．五）

3 孟子獨用之詞（二次）：賊義者謂之殘（二·八）

渴（五次）
口乾，口渴：渴者易爲飲（三·一）

湍（一次）
急流水：性猶湍水也（一一·二）

湯（三五次）
1 開水，熱水（一次）：冬日則飲湯（一一·五）
2 商代第一個天子：是故湯事葛（二·三）

湯誓（一次）
〔尚書〕篇名：〔湯誓〕曰（一·二）

焚（二次）
焚燒：益烈山澤而焚之（五·四）

無（二六八次）
1 沒有（二二二次）：無如寡人之用心者（一·三）
2 否定副詞，不（一七次）：持其志無暴其氣（三·二）
3 否定的命令或願望的副詞，同「毋」，不要（二九次）：則無望民之多於鄰國也（一·三）

無名之指（一次）
第四個手指：今有無名之指（一一·一二）

然（九五次）
1 古「燃」字，燃燒（一次）：若火之始然（三·六）
2 敍述詞，如此（三五次）：河東凶亦然（一·三）
3 代名副詞，如此地（一次）：無然泄泄（七·一）
4 應對副詞（一〇次）：然（一·七）
5 轉折連詞，與「然而」同（一次）：然終於此而已矣（一〇·三）
6 小品詞，與「若」字連用，表擬度（九次）：今言王若易然（三·一）
7 小品詞，作爲區別詞詞尾（三八次）：填然鼓之（一·三）

然友（六次）
人名：世子謂然友曰（五·二）

然而（一四次）
轉折連詞，如此而，但是：然而不王者未之

有也（一．三）

然則（二六次）

順承連詞，如此就，那麼：然則廢釁鍾與（一．七）

然後（三八次）

表示時間先後的順承連詞，這樣纔：權然後知輕重（一．七）

爲（四六九次）

[1] 連繫性動詞，是（七〇次）：不爲不多矣（一．一）

[2] 動詞，古代使用「爲」字作動詞極爲靈活，可以隨文生義，在〔孟子〕中大致有下列諸義（二二八次）：

①作爲，做：爲民父母（一．四）

②治理：王之爲都者（四．四）

③制作：爲此詩者其知道乎（三．四）

④解說：固矣哉高叟之爲詩也（一二．三）

⑤信仰而實踐之：有爲神農之言者許行（五．四）

[3] 動詞，同「謂」（三次）：而子爲我願之乎（三．一）

[4] 動詞，有也（二次）：將爲君子焉，將爲野人焉（五．三）

[5] 去聲，副詞，將也（一次）：若爲來見也（二．一六）

[6] 去聲，介詞（一〇一次）：

①因爲，爲著：爲其象人而用之也（一．四）

②代，替：爲長者折枝（一．七）

③向：臣請爲王言樂（二．一）

[7] 連詞，與，同（一次）：得之爲有財（四．七）

[8] 語氣詞，一定與疑問詞用在一起（三次）：子何以其志爲哉（六．四）

——另見「之爲」「以爲」。

爲臣（二次）

臣位：致爲臣而去（四．五）

爲閒（二次）

即「有間」，一會兒：夷子憮然爲閒曰（五．五）

猶（五七次）

①連繫性動詞，若，似，好像，同於（四一次）：今之樂猶古之樂也（一·七）

②副詞，還，尚，本書亦作「由」（一五次）：民猶以爲小也（二·二）

③副詞，尚且（一次）：獵較猶可而況受其賜乎（一〇·四）

——另見「且猶」。

琴（三次）

①名詞（二次）：琴朕（九·二）

②動詞，鼓琴（一次）：舜在牀琴（一四·六）

琴張（一次）

人名：如琴張曾皙牧皮者（一四·三七）

甥（一次）

女壻：帝館甥於貳室（一〇·三）

畫（一次）

動詞，圖畫：毀瓦畫墁（六·四）

異（二七次）

①不同（二一次）：是何異於刺人而殺之（一·三）

②不同的（二次）：有異姓之卿（一〇·九）

③奇怪，怪異（四次）：王無異於百姓之以王爲愛也（一·七）

疏（七次）

①「密」之反（一次）：且王者之不作未有疏於此時者也（三·一）

②「親」之反，動詞，以爲疏遠（三次）：疏之也（一二·三）

③動詞，疏浚（一次）：禹疏九河（五·四）

④名詞，疏遠之人（一次）：疏踰戚（二·七）

⑤粗也（一次）：見「齊疏之服」（五·二）注。

登（五次）

①登高（四次）：必求龍斷而登之（四·一〇）

②登場，穀物成熟（一次）：五穀不登（五·四）

發（一一次）

①發射（四次）：射者正己而後發（三·七）

盛（五次）

夏后殷周之盛，地未有過千里者也（三．一）

——另見「粢盛」。

盜（一次）

盜竊：夫謂非其有而取之者盜也（一〇．四）

盜跖（二次）

春秋時的大盜：抑亦盜跖之所築與（六．一〇）

睊睊（一次）

側目而視的樣子：睊睊胥讒（二．四）

短（四次）

[1] 「長」之反（三次）：度然後知長短（一．七）

[2] 縮短（一次）：齊宣王欲短喪（一三．三九）

稅（二次）

[1] 徵收賦稅（一次）：耕者助而不稅（三．五）

[2] 同「脫」（一次）：不稅冕而行（一二．六）

——另見「貢稅」。

稅斂（二次）

稅收：薄稅斂（一．五）

童（二次）　**童子**（二次）

雖使五尺之童適市莫之或欺（五．四）有童子以黍肉餉（六．五）

等（四次）

[1] 名詞，等級（三次）：凡五等也（一〇．二）

[2] 動詞，差等（一次）：見「等百世之王」（三．二）注。

——另見「差等」。

筋（一次）

勞其筋骨（一二．一五）

答（六次）

1 答問（五次）：公都子不能答（一一．五）

2 答禮（一次）：禮人不答反其敬（七．四）

策（一次）

竹簡，即古代的書頁：吾於〔武成〕取二三策而已矣（一四．三）

粟（一四次） **粟米**（一次）

粟爲小米，但古人常用以總稱糧食：移其粟於河內（一．三）

——另見「米粟」。

粢盛（四次）

指古代用於祭祀而且盛在祭器內的穀物：見「諸侯耕助以供粢盛」（六．三）注。

粥（二次）

稀飯：見「飦粥之食」（五．二）注。

絕（四次）

斷絕：子絕長者乎（四．一一）

絜（三次）

同「潔」，乾淨，清潔：粢盛不絜（六．三）

——另見「廉絜」

給（二次）

完足，足夠：秋省斂而助不給（二．四）

絮（一次）

絲綿絮：麻縷絲絮輕重同（五．四）

統（一次）

傳統：君子創業垂統爲可繼也（二．一四）

絲（一次）

麻縷絲絮輕重同（五．四）

皐陶（三次）

人名：見「舜以不得禹皐陶爲己憂」（五．四）注。

舒（二次）

國名：荊舒是懲（五．四）

舜（九七次）

傳說中的古代帝王：賢於堯舜遠矣（三．二）

菑（一次）

同「災」，災害：安其危而利其菑（七．八）

菜（一次）

雖疏食菜羹未嘗不飽（一〇．三）

華周（一次）

人名：見「華周杞梁之妻善哭其夫」（一二．六）注。

菽（二次）

豆類之總稱：使有菽粟如水火（一三．二三）

沮（一次）

沼澤：驅蛇龍而放之沮（六．九）

萃（一次）

聚也：見「拔乎其萃」（三．二）注。

萊朱（一次）

人名：若伊尹萊朱則見而知之（一四．三八）

萌（二次）

萌芽：吾於有萌焉何哉（一一．八）

虛（一次）

空虛：君子不可以虛拘（一三．三七）

——另見「空虛」。

衆（一三次）

1 名詞，人很多，衆人（七次）：寡固不可以敵衆（一．七）

2 衆庶，一般人（五次）：終身由之而不知其道者衆也（一三．五）

3 形容詞，很多（一次）：廣土衆民（一三．二一）

衆人（一次）

一般人，普通人：君子之所爲，衆人固不識也（一二．六）

視（二八次）

1 看（一四次）：抑爲采色不足視於目與（一．七）

2 治也，臨也，爲後來「視事」一詞的來源（一次）：朝將視朝（四．二）

3 看待（九次）：君之視臣如手足則臣視君如腹心（八．三）

4 比擬（三次）：天子之卿受地視侯（一〇．二）

5 效法（一次）：小人所視（一〇．七）

詖（二次）

一偏的，片面的：詖辭知其所蔽（三．二）

象（一二次）

1 動物名（一次）：驅虎豹犀象而遠之（六．九）

2 同「像」（一次）：爲其象人而用之也（一．四）

3 人名（一〇次）：象曰（九．二）

貳（二次）

不一致，不一樣：則市賈不貳（五·四）

貳室（一次）

別宮，別墅：帝館甥於貳室（一〇·三）

貴（二五次）

1 有地位，居高位（一四次）：人亦孰不欲富貴（四·一〇）

2 寶貴，可寶貴（三次）：豈以爲非是而不貴也（五·五）

3 可寶貴的（二次）：無以賤害貴（一一·一四）

4 動詞，尊貴（三次）：莫如貴德而尊士（三·四）

5 動詞，使動用法，使之貴（三次）：富貴之也（九·三）

——另見「富貴」。

貴戚（二次）

與天子諸侯親近之人：有貴戚之卿（一〇·九）

貶（一次）

降低爵位：一不朝則貶其爵（一二·七）

貸（一次）

借款：又稱貸而益之（五·三）

費惠公（一次）

人名：見「費惠公曰」（一〇·三）注。

赧赧（一次）

慚愧的樣子：觀其色赧赧然（六·七）

超（二次）

超越，跳過：挾太山以超北海（一·七）

越（四次）

1 踰越（一次）：天下曷敢有越厥志（二·三）

2 語詞，無義（一次）：見「殺越人于貨」（一〇·四）注。

3 國名（二次）：有越寇（八·三一）

跖（二次）

即盜跖：跖之徒也（一三·二五）

距（四次）

同「拒」，抗拒，拒絕：距楊墨（六·九）

距心（二次）

孔距心自稱其名：此非距心之所得爲也（四·四）

軻（二次）

孟子自稱其名：然而軻也嘗聞其略也（一〇・二）

辜（一次）

罪：殺一不辜（三・二）

進（二一次）

1 前進（七次）：不能進於是矣（一・七）

盈科而後進（三・二）

2 進於朝廷（一三次）：昔者所進（二・七）

治則進（三・二）

3 進奉，奉獻（一次）：將以復進也（七・一九）

逸（一次）

安逸：飽食煖衣逸居而無教（五・四）

都（二次）

城市：王之爲都者（四・四）

量（一次）

估量：量敵而後進（三・二）

鈞（五次）

1 三十斤（二次）：吾力足以舉百鈞（一・七）

2 同「均」（一次）：井地不鈞（五・三）

3 副詞，同樣地（二次）：鈞是人也（一一・一五）

間（一四次）

1 中間（一〇次）：七八月之間旱（一・六）

2 去聲，在中間（一次）：間於齊楚（二・一三）

3 去聲，責備，批評（一次）：政不足與間也（七・二〇）

4 去聲，空子，縫隙，差錯（一次）：連得間矣（一二・五）

5 去聲，區別（一次）：見「利與善之間也」（一三・二五）注。

——另見「一間」。

間介（一次）

動作堅持不捨的樣子：見「間介然用之而成路」（一四・二一）注。

閒暇（二次）

國家閒暇（三・四）

閑（一次）

捍衛：見「閑先聖之道」（六・九）注。

閔（二次）

閔

1 同「憫」，憂愁：宋人有閔其苗之不長而揠之者（三·二）

2 强横（一次）：見「閔不畏死」（一〇·四）注。

閔子（二次）

人名：見「冉牛閔子顏淵善言德行」（三·二）注。

陽（一次）

太陽：見「秋陽以暴之」（五·四）注。

陽虎（一次） **陽貨**（三次）

人名：見「陽虎曰」（五·三）注。

陽城（一次）

地名：禹避舜之子於陽城（九·六）

隅（一次）

角落：驅飛廉於海隅而戮之（六·九）

階（二次）

1 階級（一次）：不踰階而相揖也（八·二七）

2 梯子（一次）：捐階（九·二）

集（五次）

聚集：齊集有其一（一·七）

雲（二次）

天油然作雲（一·六）

雲漢（一次）

〔詩經〕篇名：〔雲漢〕之詩曰（九·四）

順（一三次）

1 順從（一二次）：多助之至，天下順之（四·一）

2 順理者（一次）：予不狎于不順（一三·三一）

飦（一次）

同「饘」，比粥濃厚而有膏性的糊：見「飦粥之食」（五·二）注。

馮婦（四次）

人名：是爲馮婦也（一四·二三）

髡（二次）

淳于髡自稱其名：髡未嘗覩之也（一二·六）

黃泉（一次）

地下泉水：下飲黃泉（六·一〇）

黍（三次）

稷之軟而有糯性的，糜，糜子：葛伯率其民，要其有酒食黍稻者奪之（六·五）

十三畫

亂（一八次）

1 「治」之反，不太平，不順當（九次）：亂則退（三・二），無禮義則上下亂（一四・一二）

2 叛亂的，好作亂的（一次）：孔子成《春秋》而亂臣賊子懼（六・九）

3 打亂，弄亂，擾亂（八次）：是亂天下也（五・四）

傳（一一次）

1 流傳，傳遞，傳述，傳授（八次）：是以後世無傳焉（一・七）

2 去聲，傳記，書冊（三次）：於傳有之（二・二）

傷（一〇次）

1 傷害，殘傷（七次）：矢人惟恐不傷人（三・七）

2 妨礙（三次）：無傷也（一・七）

勢（五次）

1 形勢，情勢（三次）：雖有智慧，不如乘勢（三・一）

2 勢力（二次）：古之賢王好善而忘勢（一三・八）

勤（一次）

勤勞：將終歲勤動（五・三）

廐（二次）

馬欄：廐有肥馬（一・四）

嗜（四次）

亦作「耆」，嗜好，喜愛：不嗜殺人者能一之（一・六）

園（二次）

園林：棄田以爲園囿（六・九）

塗（四次）

1 道路，路途（二次）：塗有餓莩（一・三）

2 泥路，泥土（二次）：如以朝衣朝冠坐於塗炭（三・九）

塞（三次）

1 阻塞，塞住（二次）：爲間不用則茅塞之矣（一四・二一）

2 充滿（一次）：則塞于天地之間（三・

二）

——另見「充塞」。

填然（一次）

打鼓聲：填然鼓之（一．三）

嫁（一次）

女子之嫁也母命之（六．二）

嫂（五次）

嫂溺則援之以手乎（七．一七）

孳孳（三次）

努力不休地：孳孳爲善者（一三．二五）

廉（五次）　**廉潔**（一次）

清廉：陳仲子豈不誠廉士哉（六．一〇）行之似廉絜（一四．三七）

瘦（二次）

藏匿：人焉廋哉（七．一五）

彀（三次）

張滿弓：必志於彀（一一．二〇）

微（四次）

1 微小（二次）：冉牛閔子顏淵則具體而微（三．二）

2 微小之人（一次）：子思臣也，微也（八．三一）

3 衰微，衰弱（一次）：世衰道微（六．九）

微子（一次）　**微子啓**（一次）

人名：而有微子啓王子比干（一一．六）

微仲（一次）

人名：又有微子微仲（三．一）

微服（一次）

避人耳目而改變服裝：微服而過宋（九．八）

徯（二次）

等待：徯我后（二．一一）

愆（一次）

偏激，過差，偏差：不愆不忘（七．三）

愈（九次）

1 病好了（三次）：今日愈（四．二）

2 强一些，好一些（四次）：思天下惟羿爲愈己（八．二四）

3 更，越（二次）：親之過大而不怨是愈疏也（一二．三）

意（二次）

1 名詞，意思（一次）：以意逆志，是爲

得之（九·四）

2 動詞，意料，料想（一次）：我不意子學古之道而以餔啜也（七·二五）

愛（四〇次）

1 喜愛（三五次）：愛厥妃（二·五）

2 吝惜（五次）：百姓皆以王爲愛也（一·七）

愧（一次）

慚愧：仰不愧於天（一三·二〇）

愼（二次）

謹愼：可不愼與（二·七）

愼子（二次）

人名：魯欲使愼子爲將軍（一二·八）

慊（二次）

1 快也：見「行有不慊於心」（三·二）注。

2 以爲少（一次）：見「吾何慊乎哉」（四·二）注。

戢（一次）

同「輯」，和睦，安輯：見「思戢用光」（二·五）注。

搆（二次）

1 交也（一次）：吾聞秦楚搆兵（一二·四）

2 構造，造成（一次）：搆怨於諸侯（一·七）

損（三次）

減少：請損之（六·八）

搏（三次）

1 打（二次）：今夫水搏而躍之，可使過顙（一一·二）

2 同「縛」（一次），綑綁（一次）：則君搏執之（八·三）

敬（三九次）

1 恭敬（三八次）：君臣主敬（四·二）

2 陳善閉邪謂之敬（七·一）（一次）

——另見「恭敬」。

新（二次）

其命惟新（五·三）亦以新子之國（五·三）

暇（三次）

閒暇：壯者以暇日修其孝弟忠信（一·五）

——另見「閒暇」。

會（二次）

① 交兵，交鋒（一次）：見「慮勝而後會」（三・二）注。

② 盟會（一次）：葵丘之會（一二・七）

會計（一次）

會計當而已矣（一〇・五）

楊（七次）

指楊朱或者楊朱之學説與學派：楊墨之道不息（六・九）

楊子（一次） **楊氏**（一次） **楊朱**（一次）

人名：見「楊朱墨翟之言盈天下」（六・九）注。

楚（三一次）

國名：南辱於楚（一・五）

業（三次）

① 事業（一次）：君子創業垂統（二・四）

② 學業（一次）：願留而受業於門（一二・二）

③ 開始編織而未成的（一次）：有業屨於牖上（一四・三〇）

極（三次）

① 極點，厲害，甚（二次）：夫何使我至於此極也（二・一）

② 動詞使動用法，使之困窮（一次）：見「又極之於其所往」（八・三）注。

歲（二〇次）

① 年歲（一一次）：由周而來七百有餘歲矣（四・一三）

② 年成（九次）：歲也（一・三）

歃（一次）

古代盟會中的一種儀式，盟約宣讀後，參加盟會之人以口微吸所殺之牲的血：見「諸侯束牲載書而不歃血」（一二・七）注。

殛（一次）

流放：見「殛鯀於羽山」（九・三）注。

毀（九次）

破壞，毀壞：人皆謂我毀明堂（二・五）

源（一次）

泉源，水源：源泉混混（八・一八）

源源（一次）

不絕之貌：故源源而來（九・三）

準（一次）

測水平之器：繼之以規矩準繩（七・一）

溝（八次）

水溝，山溝：君之民老弱轉乎溝壑（二・一二）

溢（二次）

1 水滿而出叫溢（一次）：然而旱乾水溢（一四・一四）

2 滿也，充塞也（一次）：故沛然德教溢乎四海（七・六）

溱（一次）

水名：以其乘輿濟人於溱洧（八・二）

溺（九次）

水淹，沉於水：載胥及溺（七・九）

——另見「陷溺」。

滄浪（二次）

青色：見「滄浪之水清兮」（七・八）注。

滅（一次）

滅國者五十（六・九）

滋（二次）

更，愈：若是則弟子之惑滋甚（三・一）

滑釐（一次）

慎子自稱其名：此則滑釐所不識也（一二・八）

煖（四次）

輕煖不足於體與（一・七）

煢（一次）

孤獨：哀此煢獨（二・五）

照（一次）

容光必照焉（一三・二四）

煩（一次）

麻煩：何許子之不憚煩（五・四）

當（二一次）

1 及物動詞，抵當，敵，匹敵（五次）：彼惡敢當我哉（二・三）

2 介詞，方當（一四次）：當是時也（二・五）

3 助動詞，宜也，該當（一次）：當如後患何（八・九）

4 去聲，恰當，沒有錯誤（一次）：會計當而已矣（一〇・五）

當務（一次）

緊要任務之意：當務之爲急（一三・四六）

當路（一次）

在有權力的位置上，當權：夫子當路於齊（三・一）

當道（一次）
入於正道，在正路上：務引其君以當道（一二・八）

盟（二次）
盟會：凡我同盟之人（一二・七）

睟然（一次）
清和溫潤的樣子：睟然見於面（一三・二一）

睦（一次）
和睦：則百姓親睦（五・三）

睨（一次）
邪視：睨而不視（五・五）

禁（六次）
[1] 禁止（四次）：然則舜不禁與（一三・三五）
[2] 所禁止之事，禁條（二次）：問國之大禁（二・二）

祼（一次）
祭祀時倒酒於地以請神的一種儀節：見「祼將于京」（七・七）注。

禽（一七次）
鳥獸：君子之於禽獸也（一・七）

稗（一次）
稗子：不如荑稗（一一・一九）

稚（一次）
小孩：使老稚轉乎溝壑（五・三）

窟（一次）
山穴，山洞：上者爲營窟（六・九）

粱（一次）
精細的小米：所以不願人之膏粱之味也（一一・一七）

綏（一次）
安定：綏厥士女（六・五）

經（六次）
[1] 正道，經常之理（二次）：君子反經而已矣（一四・三七）
[2] 行也（一次）：見「經德不回」（一四・三三）注。
[3] 經營，營造，建築（三次）：經始靈臺（一・二）

經界（四次）

界線：見「夫仁政必自經界始」（五・三）注。

罪（四〇次）

1 罪過（三七次）：若無罪而就死地（一・七）

2 歸罪於，諉過於（二次）：王無罪歲（一・三）

3 誅罰罪人（一次）：四罪而天下咸服（九・三）

置（四次）

1 置立，建立（三次）：謀於燕衆，置君而後去之（二・一一）

2 放置（一次）：引而置之莊嶽之間數年（六・六）

置郵（一次）

古代傳遞政令的驛站：速於置郵而傳命（三・一）

羣（一次）

一羣，人數不少之意：慍于羣小（一四・一九）

羨（一次）

有剩餘：以羨補不足（六・四）

義（一〇八次）

1 合於某種道和理的叫義（九八次）：亦有仁義而已矣（一・一）

2 道理，正理（一〇次）：天下之通義也（五・四）

聖（四七次）

1 具有最高道德標準的，用孟子的話是「大而化之之謂聖」（一四・二五）（四〇次）：賢聖之君六七作（三・一）

2 聖人（七次）：閑先聖之道（六・九）

聘（三次）

聘請：湯使人以幣聘之（九・七）

肆（一次）

承接連詞，故，所以：肆不殄厥慍（一四・一九）

腹（三次）

肚子：君之視臣如手足，則臣視君如腹心（八・三）

與（二二五次）

1 動詞，給與（三一次）：子噲不得與人燕

（四・八）

②動詞，交與，偕同（二次）：孔子不得中行而與之（一四・三七）

③去聲，動詞，參預（四次）：思天下之民匹夫匹婦有不與被堯舜之澤者（一〇・一），又見「巍巍乎有天下而不與焉」（五・四）注。

④動詞，相同（一次）：見「此又與於不仁之甚者也」（一一・一八）注。

⑤動詞，隨從（二次）：孰能與之（一・六）

⑥介詞（九二次）：

①同，和：古之人與民偕樂（一・二）

②向：齊人無以仁義與王言者（四・二）

③爲：昔者趙簡子使王良與嬖奚乘（六・一）

⑦並列等立連詞，和，同（二八次）：穀與魚鼈不可勝食（一・三）

⑧連詞，與其（一次）：與我處畎畝之中，由是以樂堯舜之道，吾豈若使是君爲堯舜之君哉（九・七）

⑨語氣詞，同「歟」（六四次）：然則廢釁鍾與（一・七）

與國（一次）

同盟國：我能爲君約與國（一二・九）

萬（二〇次）

數詞：萬乘之國（一・一），或相千萬（五・四）

萬子（一次）　**萬章**（二二次）

孟子學生之名：萬章問曰（六・五）

著（二次）

彰明，顯揚：孔子之道不著（六・九）

葛（八次）

國名：是故湯事葛（二・三）

葬（五次）

埋葬：孟子自齊葬於魯（四・七）

葵丘（一次）

地名：葵丘之會（一二・七）

虞（一一次）

①料想，希望（一次）：見「有不虞之譽」（七・二一）注。

②朝代名（一次）：唐虞禪（九・六）

3 國名（五次）：百里奚，虞人也（九．九）

4 充虞自稱其名（四次）：前日不知虞之不肖（四．七）

——另見「驩虞」。

虞人（五次）

管理狩獵場的小吏：招虞人以旌（六．一）

號（一次）

見「先生之號則不可」（一二．四）注。

號泣（三次）

哭泣：號泣于旻天（九．一）

補（六次）

補助，補益：春省耕而補不足（二．四）

解（八次）

1 解開，消散（七次）：民之悅之，猶解倒懸也（三．一）而不足以解憂（九．一）

2 解釋，解說（一次）：賈請見而解之（四．九）

試（一次）

用也：好馳馬試劍（五．二）

——另見「嘗試」。

詩（四三次）

〔詩經〕：〔詩〕云（一．二）

詭遇（一次）

不依正常規矩駕車：爲之詭遇（六．一）

詳（三次）

詳細：博學而詳說之（八．一五）

誅（一四次）

誅殺：聞誅一夫紂矣（二．八）

豢（一次）

吃穀物之獸，如豬：猶芻豢之悅我口（一一．七）

貉（四次）

北方的國名：子之道，貉道也（一二．一〇）

貉稽（一次）

人名：貉稽曰（一四．一九）

資（二次）

積蓄：見「居之安則資之深」（八．一四）注。

賈（八次）

1 商人（一次）：商賈皆欲藏於王之市（一．七）

[2] 同「價」(六次)：則市價不貳(五·四)

[3] 陳賈自稱其名(一次)：賈請見而解之(四·九)

賊(一七次)

[1] 名詞(七次)：賊仁者謂之賊(二·八)，吾君不能謂之賊(七·一)

[2] 形容詞(三次)：孔子成〔春秋〕而亂臣賊子懼(六·九)

[3] 動詞(七次)：有是四端而自謂不能者自賊者也(三·六)

——另見「戕賊」。

跡(一次)

脚跡：獸蹄鳥跡之道交於中國(五·四)

路(一六次)

[1] 道路(一五次)：則天下之旅皆悅而願出於其路矣(三·五)

[2] 借爲「露」，疲敝窮困之意(一次)：見「是率天下而路也」(五·四)注。

——另見「當路」「道路」。

載(九次)

[1] 年歲(二次)：二十有八載，放勳乃徂落(九·四)

[2] 放上(三次)：出疆必載質(六·三)

[3] 開始(二次)：湯始征，自葛載(六·五)

[4] 事也(一次)：見「祗載見瞽瞍」(九·四)注。

[5] 語詞，無義(一次)：載胥及溺(七·九)

辟(一六次)

[1] 同「闢」，開闢(六次)：欲辟土地(一·七)

[2] 音ㄆㄧˋ，闢除，使人避開道路(一次)：行辟人可也(八·二)

[3] 同「避」，逃避(八次)：段干木踰垣而辟之(六·七)

[4] 績麻(一次)：彼身織屨妻辟纑以易之也(六·一〇)

辟若(一次)

譬如：辟若掘井(一三·二九)

農(三次)

① 農事（一次）：不違農時（一・三）

② 農民（二次）：則天下之農皆悅而願耕於其野矣（三・五）

農夫（五次）

豈爲厲農夫哉（五・四）

逼（一次）

逼迫：逼堯之子（九・五）

遁（一次）

逃遁：遁辭知其所窮（三・二）

遂（五次）

連詞，於是，因而：聞王命而遂不果（四・二）

遇（七次）

① 遭逢，碰上（一次）：孟子遇於石丘（一二・四）

② 兩人相處很好叫「遇」（六次）：吾之不遇魯侯，天也（二・一六）

——另見「詭遇」。

遊（八次）

① 遊歷，遊玩（三次）：吾王不遊（二・四）

② 交往，交遊（三次）：夫子與之遊（八・三〇）

③ 遊說，遊行各國向諸侯有所勸說（二次）：子好遊乎（一三・九）

運（四次）

運行，轉運：天下可運於掌（一・七）

過（三五次）

① 超過（八次）：古之人所以大過人者無他焉（一・七）

② 錯誤，過錯（一三次）：子路人告之以有過則喜（三・八）

③ 錯誤（五次）：且子過矣（六・一）

④ 平聲，經過（九次）：有牽牛而過堂下者（一・七）

遏（二次）

遏止，阻止：以遏徂莒（二・三）

遏密（一次）

停止：四海遏密八音（九・四）

道（一四〇次）

① 名詞（一二九次）：

①孟子有特殊含義的哲學術語：其爲氣

也配義與道（三·二）②指一般的學術、主張、技藝而言：從許子之道（五·四）盡羿之道（八·二四）③指方式方術而言：得天下有道（七·九）

2 道路（六次）：行道之人弗受（一一·一〇）

3 動詞，談論，講述（五次）：仲尼之徒無道桓文之事者（一·七）

——另見「中道」「天道」「當道」。

道揆（一次）

法度：上無道揆也（七·一）

道路（二次）

頒白者不負戴於道路矣（一·三）

達（一八次）

1 通達，有了高位能貫徹自己的主張（六次）：達不離道（一三·九）

2 通行的，共同遵行的（一次）：天下有達尊三（四·二）

3 至，通，到（八次）：雞鳴狗吠相聞而達乎四境（三·一）

4 徹底地明白事理（二次）：見「故達」（一三·一八）注。

5 使之通達（一次）：有達財者（一三·四〇）

違（六次）

1 違背，違犯（三次）：不違農時（一·三）

2 逃避（二次）：天作孽猶可違（三·四）

3 離開，距離（一次）：則其違禽獸不遠矣（一一·八）

鄒（一〇次）

國名：鄒人與楚人戰（一·七）

鄉（一一次）

1 鄉里（五次）：死徙無出鄉（五·三）

2 同「嚮」，不久的以前（三次）：鄉爲身死而不受（一一·一〇）

3 同「嚮」，嚮往（二次）：君不鄉道（一二·九）

4 同「向」，方向，朝向（一次）：莫知其鄉（一一·八）

鄉人（七次）

1 本鄉本土之人（三次）：先酌鄉人（一一・五）

2 野人，一般農民（四次）：我由未免爲鄉人也（八・二八）

鄉里（一次） **鄉黨**（三次）

本鄉本土，同鄉之人：鄉里同井（五・三）非所以要譽於鄉黨朋友也（三・六）

鄉原（五次）

一鄉的好好先生：其惟鄉原乎（一四・三七）

鉤（一次）

帶鉤：見「豈謂一鉤金與一輿羽之謂哉」（一二・一）注。

隘（二次）

胸襟狹側：伯夷隘（三・九）

隙（二次）

空隙：鑽穴隙相窺（六・三）

雉（一次）

獵野雞：雉兔者往焉（二・二）

頌（一次）

同「誦」，吟哦：見「頌其詩」（一〇・八）

注。

頑（二次）

貪財：見「頑夫廉」（一〇・一）注。

頒白（二次）

頭髮半白：頒白者不負戴於道路矣（一・三）

飲（一五次）

1 喝（一四次）：下飲黃泉（六・一〇）

2 飲料（一次）：一瓢飲（八・二九）

飯（二次）

吃食：舜之飯糗茹草也（一四・六）

馳（二次） **馳驅**（一次）

跑馬車：好馳馬試劍（五・二）吾爲之範我馳驅（六・一）

麀（二次）

母鹿：麀鹿攸伏（一・二）

鼎（四次）

古代烹肉以及用以盛祭品之具：前以三鼎而後以五鼎與（二・一六）

鼓（九次）

1 名詞（三次）：百姓聞王鐘鼓之聲（二・一）

2 動詞：

①打鼓（五次）：填然鼓之（一·三）

②彈奏（一次）：鼓琴（一四·六）

十四畫

僕（三次）

駕車之人：問其僕曰（八·二四）

僕僕（一次）

煩瑣之貌：子思以爲鼎肉使己僕僕爾亟拜也（一〇·六）

僞（四次）

欺假：國中無僞（五·四）

厭（四次）

厭倦，厭棄：從獸無厭謂之荒（二·四）

嘐嘐（二次）

志氣很高大言不慚的樣子：其志嘐嘐然（一四·三七）

嘑爾（一次）

很無禮貌地呼喊別人的樣子：嘑爾而與之（一一·一〇）

嘗（二一次）

曾經：王嘗語莊王以好樂（二·一）

嘗試（一次）

請嘗試之（一·七）

墁（一次）

新粉刷的牆壁：見「毀瓦畫墁」（六·四）注。

境（三次）

國界，疆界：臣始至於境（二·二）

壽（一次）

長壽：殀壽不貳（一三·一）

奪（一〇次）

搶奪：不奪不饜（一·一）

察（八次）

1 觀察，考察（五次）：察鄰國之政（一·三）

2 見到，明瞭（三次）：明足以察秋毫之末而不見輿薪（一·七）察於人倫（八·一九）

寡（一二次）

1 人少（三次）：寡固不可敵衆（一·七）

② 少（八次）：則寡取之（五．三）

③ 寡婦（一次）：老而無夫曰寡（二．五）

寡人（二三次）

當日諸侯自稱之詞：寡人之於國也（一．三）

寡妻（一次）

古代男子一夫多妻，寡妻是其正室，即所謂「大太太」：見「刑于寡妻」（一．七）注。

實（一六次）

① 果實（一次）：螬食實者過半矣（六．一〇）

② 本質，內容，實際（一〇次）：其實皆什一也（五．三）仁之實事親是也（七．二七）

③ 充實（二次）：而君之倉廩實（二．一二），其君子實玄黃於篚（六．五）

④ 事功（三次）：見「先名實者爲人也」（一二．六）注。

——另見「充實」。

寧（二次）

安寧：周公兼夷狄驅猛獸而百姓寧（六．九）

對（三四次）

① 對答（三三次）：孟子對曰（一．一）

② 回報，報答（一次）：以對于天下（二．三）

彰（一次）

表揚：以彰有德（一二．七）

愬（一次）

控訴，投訴：天下下之欲疾其君者皆欲赴愬於王（一．七）

慈（一次）

① 慈孝的（一次）：雖有孝子慈孫百世不能改也（七．二）

② 動詞，慈愛（一次）：敬老慈幼（一二．七）

慢（三次）

① 怠慢，工作不嚴肅認真（二次）：是上慢而殘下也（二．一二）

② 弄亂，打亂（一次）：是故暴君汙吏必慢其經界（五．三）

摟（四次）

① 抱持（三次）：踰東家牆而摟其處子則得妻（一二．一）

2 挾持（一次）：五霸者摟諸侯以伐諸侯者也（一二·七）

摽（一次）

麾也：見「摽使者出諸大門之外」（一〇·六）注。

斲（一次）

砍：匠人斲而小之（二·九）

暢茂（一次）

茂盛：草木暢茂（五·四）

榮（二次）

光榮：仁則榮（三·四）

榱題（一次）

房椽子：見「榱題數尺」（一四·三四）注。

槁（三次）

乾枯：則苗槁矣（一·六）

歌（二次）

歌唱：有孺子歌曰（七·八）

——另見「謳歌」。

殞（一次）

消失：亦不殞厥問（一四·一九）

滸（一次）

水濱：率西水滸（二·五）

漁（一次）

打魚：自耕稼陶漁以至爲帝（三·八）

漢（三次）

水名：決汝漢排淮泗而注之江（五·四）

漯（一次）

水名：禹疏九河，瀹〔濟漯〕而注諸海（五·四）

熄（三次）

1 熄滅（二次）：王者之迹熄而詩亡（八·二一）

2 火災熄滅，意即太平無事（一次）：安居而天下熄（六·二）

熊掌（二次）

熊脚掌，古人以爲食品：熊掌亦我所欲也（一一·一〇）

爾（三一次）

1 對稱代詞，你（一七次）：出乎爾者反乎爾者也（二·一二）

2 兼詞，如此（二次）：所惡勿施爾也（七·九）

③語氣詞（九次）：

①同「耳」，而已，罷了：不行王政云爾（六・五）

②哩，咧：鬱陶思君爾（九・二）

④小品詞，作區別詞詞尾，猶「地」（三次）：子思以爲鼎肉使己僕僕爾亟拜也（一〇・六）

疑（三次）

懷疑：王請勿疑（一・五）

盡（二〇次）

①以副詞而作動詞用，有竭盡、用盡、完全得到諸義（一四次）：盡心焉耳矣（一・三）盡羿之道（八・二四）

②區別詞（六次）：則盡富貴也（八・三三）盡棄其學而學焉（五・四）

監（二次）

監督、監視：周公使管叔監殷（四・九）

禍（四次）

禍害：是自求禍也（三・四）率天下之人而禍仁義者，必子之言夫（一一・一）

福（三次）

幸福：禍福無不自己求之者（三・四）

祿（二五次）

①俸祿，官俸，得官俸（二四次）：仕而不受祿（四・一四）仕者世祿（二・五）

②給以官俸（一次）：祿之以天下，弗顧也（九・七）

——另見「穀祿」。

種（三次）

①去聲，種植（一次）：許子必種粟而後食乎（五・四）

②所種植之物（一次）：五穀者種之美者也（一一・一九）

③上聲，種子（一次）：播種而耰之（一一・七）

稱（七次）

①稱道，稱說（五次）：言必稱堯舜（五・一）

②舉也（一次）：見「又稱貸而益之」（五・三）注。

③去聲，相稱，成比例：惇稱之（四・七）

竭（五次）

竭盡，用盡：竭力以事大國（二·一五）

端（九次）

1 萌芽（七次）：見「惻隱之心，仁之端也」（三·六）注。

2 端正（二次）：夫尹公之他，端人也（八·二四）

箕子（一次）

人名：又有微子微仲王子比干箕子膠鬲（三·一）

箕山（一次）

地名：益避禹之子於箕山之陰（九·六）

管仲（一二次）　**管夷吾**（一次）

人名：管仲晏子之功可復許乎（三·一）管夷吾舉於士（一二·一五）

管叔（五次）

人名：周公使管叔監殷（四·九）

管籥（二次）

古代吹奏樂器：見「管籥之音」（二·一）注。

算（一次）

數，算數：或相倍蓰而無算者不能盡其才者也（一一·六）

綢繆（一次）

纏結：綢繆牖戶（三·四）

維（一次）

同「惟」，是，爲：孝思惟則（九·四）

綯（一次）

繩索：宵爾索綯（五·三）

綽綽（一次）

寬綽的樣子：豈不綽綽然有餘裕哉（四·五）

罰（一次）

刑罰，刑戮：后來其無罰（六·五）——另見「刑罰」。

聚（三次）

聚集：民不改聚矣（三·一）

聞（八五次）

1 動詞，聽到（七九次）：可得聞乎（一·七）

2 名詞，聽覺，耳力（二次）：耳無聞目無見也（六·一〇）

3 名詞，見聞，知識，學問（二次）：爲其多聞也（一〇·七）

[4] 去聲，名譽，名聲（二次）：今有仁心仁聞（七·一）

——另見「聲聞」。

聞識（一次）

知識，學問：多聞識乎（一二·一三）

膏（一次）

肥肉：所以不願人之膏粱之味也（一一·一七）

膏澤（二次）

惠澤，好處：膏澤下於民（八·三）

臧氏（一次）　**臧倉**（二次）

人名：臧氏之子焉能使予不遇哉（二·一六）

嬖人臧倉者請曰（二·一六）

臺（四次）

[1] 亭臺（三次）：文王以民力爲臺爲沼（一·二）

[2] 始也（一次）：見「蓋自是臺無餽也」（一〇·六）注。

舞（一次）

則不知足之蹈之手之舞之（七·二七）

蒙（一次）

受，被：西子蒙不潔（八·二五）

蒸（二次）

[1] 蒸熟了的（一次）：而饋孔子蒸豚（六·七）

[2] 衆（一次）：天生蒸民（一一·六）

蓋（九次）

[1] 傳疑副詞，大概，大概是（五次）：蓋徵招角招是也（二·四）

[2] 同「盍」，「何不」的合音（一次）：蓋亦反其本矣（一·七）

[3] 假借爲「害」（一次）：見「謨蓋都君咸我績」（九·二）注。

[4] 地名，音ㄍㄜˇ（二次）：王使蓋大夫王驩爲輔行（四·六）

裸裎（二次）

赤身露體：雖袒裼裸裎於我側（三·九）

裹（二次）

包裹：乃裹餱糧（二·五）

語（一二次）

[1] 言語（一次）：欲其子之齊語也（六·六）

②俗語，傳言（一次）：語云（九·四）

③名詞，話言，語句（二次）：不識此語誠然乎哉（九·四）

④去聲，告訴，對人說（八次）：出語人曰（一·六）

——另見「言語」。

誠（二二次）

①誠懇，真誠，誠心（九次）：反身不誠，不悅於親矣（七·一二）

②真正，實在（一三次）：誠如是也（一·六）

誣（一次）

欺哄：是邪說誣民充塞仁義也（六·九）

誦（三次）

①稱說（二次）：誦堯之言（一二·二）

②復述（一次）：見「爲王誦之」（四·四）注。

誨（二次）

教誨：使弈秋誨二人弈（一一·九）

——另見「教誨」。

說（一九次）

①主張，學說（五次）：邪說暴行又作（六·九）

②講說，講解，解說（四次）：博學而詳說之（八·一五）

③去聲，音ㄕㄨㄟˋ，遊說，勸說（七次）：故就湯而說之以伐夏救民（九·七）

④同「悅」，高興（三次）：王說曰（一·七）

說辭（一次）

言辭：宰我子貢善爲說辭（三·二）

豪（一次）

同「毫」，毫毛：思以一豪挫於人若撻之於市朝（三·二）

豪傑（二次）

出色人材：彼所謂豪傑之士也（五·四）

貌（一次）

面貌，面容：豈可以聲音笑貌爲哉（七·一六）

——另見「禮貌」。

賓（三次）

客人：迭爲賓主（一〇·三）

赫斯（一次）

發怒的樣子：王赫斯怒（二．三）

趙孟（二次）

見「趙孟之所貴」（一一．一七）注。

趙簡子（一次）

人名：昔者趙簡子使王良與嬖奚乘（六．一）

輔（四次）　**輔相**（一次）

幫助，輔助：願天子輔吾志（一．七）相與輔相之（三．一）

輔行（一次）

副使：見「王使蓋大夫王驩爲輔行」（四．六）注。

輕（一三次）

① 「重」之反（七次）：權然後知輕重（一．七）

② 輕視，看得不重（二次）：君所爲輕身以先於匹夫者（二．一六）

③ 減輕（二次）：請輕之（六．八）

④ 容易（二次）：故民之從之也輕（一．七）

遠（一九次）

① 一般用法（一五次）：則夫子過孟賁遠矣（三．二）

② 意動用法，以爲遠（一次）：不遠千里而來（一．一）

③ 去聲，使動用法，使之遠離（二次）：是以君子遠庖廚也（一．七）

④ 名詞，遠臣（一次）：見「不忘遠」（八．二〇）注。

鄙（二次）

狹陋的：見「鄙夫寬」（一〇．一）注。

際可（二次）

見「際可之仕」（一〇．四）注。

領（一次）

頸：則天下之民皆引領而望之矣（一．六）

飽（八次）

飽足：樂歲終身飽（一．七）

鳳凰（一次）

鳳凰之於飛鳥（三．二）

鳴（四次）

① 雞鳥叫（三次）：雞鳴狗吠相聞（三．一）

2 使之鳴，使樂器有聲（一次）：小子鳴鼓而攻之（七·一四）

鳴條（一次）

地名：卒於鳴條（八·一）

鼻（二次）

則人皆掩鼻而過之（八·二五）

齊（六八次）

1 齊一（四次）：今天下地醜德齊（四·二）

2 國名（六二次）：東敗於齊（一·五）

3 同「齋」，齋戒（一次）：弟子齊宿而後敢言（四·一一）

4 音ㄗ，衣裳縫邊（一次）：見「齊疏之服」（五·二）注。

齊宣王（一二次）

人名：齊宣王問曰（一·七）

齊戒（一次）

即「齋戒」：齊戒沐浴則可以祀上帝（八·二五）

齊栗（一次）

敬慎恐怕的樣子：夔夔齊栗（九·四）

齊桓（二次）

春秋時齊國之君：齊桓晉文之事（一·七）

齊景公（五次）

春秋時齊國之君：昔者齊景公問於晏子曰（二·四）

十五畫

儀（二次）

儀節，儀式：享多儀（一二·五）

億（一次）

十萬：其麗不億（七·七）

儉（七次）

1 節儉，儉僕（五次）：儉者不奪人（七·一六）

2 少，不足（二次）：見「而儉於百里」（一二·八）注。

劍（二次）

古代武器：夫撫劍疾視曰（二·三）

厲（五次）

1 害也（三次）：見「則是厲民而以自養

也」（五・四）注。

2 古代謚號，周朝有厲王（二次）：名之曰幽厲（七・二）

嘬（一次）

攢集在一起而共食：蠅蚋姑嘬之（五・五）

墨（一〇次）

1 黑色（一次）：面深墨（五・二）

2 墨翟，墨子學派，墨子學說（九次）：墨者夷之因徐辟而求見孟子（五・五）

——另見「繩墨」。

墨子（一次）　**墨氏**（一次）　**墨翟**（一次）

人名：見「楊朱墨翟之言盈天下」（六・九）注。

墦（一次）

墳墓：卒之東郭墦間之祭者（八・三三）

寬（二次）

寬厚，寬宏大量：鄙夫寬（一〇・一）

——另見「褐寬博」。

履（一次）

踐履，履行，行走：君子所履（一〇・七）

幡然（一次）

改悔的樣子：既而幡然改曰（九・七）

幣（六次）　**幣帛**（一次）

繒帛，古人以爲禮品：湯使人以幣聘之（九・七）無諸侯幣帛饔飧（一二・一〇）

廛（四次）

1 民居（二次）：廛無夫里之布（三・五）

2 貨物儲藏於市而不收租稅（二次）：見「市廛而不征」（三・五）注。

廢（八次）

廢棄：然則廢釁鐘與（一・七）

廣（四次）

廣大，寬廣：居天下之廣居（六・二）

徵（一次）

表現：徵於色發於聲而後喻（一二・一五）

徵招（一次）

樂章名：蓋〔徵招〕〔角招〕是也（二・四）

德（三七次）

1 道德，好的品德（三四次）：德何如則可以王矣（一・七）

2 有德行的人（二次）：小德役大德（七・六）

3 中性詞，行爲，品質（一次）：無能改於其德（七·一四）

德行（一次）

冉牛閔子顏淵善言德行（三·二）

徹（六次）

1 取也（一次）：徹彼桑土（三·四）

2 撤除（二次）：將徹必請所與（七·一九）

3 古代稅收制度（二次）：周人百畝而徹（五·三）

4 通也（一次）：徹者徹也（五·三）

慕（一二次）

1 羨慕（九次）：巨室之所慕一國慕之（七·六）

2 依戀，懷戀（三次）：見「怨慕也」（九·一）注。

慙（一次）

慚愧：吾甚慙於孟子（四·九）

慝（一次）

惡，不善：民乃作慝（二·四）

——另見「邪慝」。

慧（一次）

智慧：見「人之有德慧術知者」（一三·一八）注。

——另見「智慧」。

慮（六次）

1 動詞，考慮（四次）：慮勝而後會（三·二）

2 名詞，思想，思慮（二次）：困於心衡於慮而後作（一二·一五）

慶（二次）

賞賜：則有慶（一二·七）

憂（二七次）

憂愁：憂民之憂者民亦憂其憂（二·四）

憎（一次）

憎惡，厭惡：士憎茲多口（一四·一九）

憔悴（一次）

民之憔悴於虐政未有甚於此時者也（三·一）

憚（一次）

懼怕：何許子之不憚煩（五·四）

憫（二次）

同「閔」，憂愁：阨窮而不憫（三·九）

憮然（一次）

失望悵惘之貌：夷子憮然爲閒曰（五．五）

戮（三次）

①殺戮（二次）：驅飛廉於海隅而戮之（六．九）

②羞辱（一次）：見「從耳目之欲以爲父母戮」（八．三○）注。

摩頂（一次）

摩禿頭頂：見「摩頂放踵」（一三．二六）注。

撫（二次）

①安撫（一次）：而撫四夷也（一．七）

②按住，按著（一次）：夫撫劍疾視曰（二．三）

播（三次）

①播種（二次）：其始播百穀（五．三）

②傳播，散播（一次）：不仁而在高位是播其惡於衆也（七．一）

敵（一八次）

敵對，抗拒；敵人：夫誰與王敵（一．五），量敵而後進（三．二）

敷（一次）

普遍：見「舉舜而敷治焉」（五．四）注。

數（一七次）

①數目（一次）：以其數則過矣（四．一三）

②幾（一三次）：數口之家可以無飢矣（一．三）

③技術（二次）：今夫弈之爲數，小數也（一一．九）

④音ㄕㄨㄛˋ，密也（一次）：數罟不入洿池（一．三）

敺（四次）

同「驅」，驅逐：故爲淵敺魚者獺也（七．九）

暮（一次）

王驩朝暮見（四．六）

——另見「昏暮」。

暴（二一次）

①殘暴，暴虐（一○次）：是故暴君汙吏必慢其經界（五．三）

②暴棄（二次）：言非禮義謂之自暴也（七．一○）

③亂也（二次）：見「持其志無暴其氣」

（三・二）注。

④「曝」本字（四次）：秋陽以暴之（五・四）

⑤莊暴自稱其名（三次）：暴見於王（二・一）

樂（七七次）

①快樂（五五次）：賢者亦樂此乎（一・二）

②音ㄩㄝ，音樂（一七次）：王語暴以好樂（二・一）

③同上義，但特指所謂「雅樂」而言（一次）：惡鄭聲恐其亂樂也（一四・三四）

④奏音樂（四次）：今王鼓樂於此（二・一）

——另見「安樂」「般樂」「歡樂」。

樂正子（九次）

人名：樂正子入見曰（二・一六）

樂正裘（一次）

人名：樂正裘牧仲（一〇・三）

樓（一次）

方寸之木可使高於岑樓（一二・一）

歎（一次）

喟然歎曰（一三・三六）

漿（三次）

酒漿，古代用以代酒而味酸的飲料：簞食壺漿以迎王師（二・一〇）

潔（二次）

本書亦作「絜」，清潔：西子蒙不潔（八・二五）

潤（一次）

雨露之所潤（一一・八）

潤澤（一次）

修飾：若夫潤澤之（五・三）

滕（一三次）

國名：滕小國也（二・一三）

滕文公（五次）

滕國之君：見「滕文公問曰」（二・一三）注。

滕定公（一次）

滕國之君：滕定公薨（五・二）

滕更（二次）

人名：滕更之在門也（一三・四三）

熟（四次）

成熟：五穀熟而民人育（五．四）

熱（四次）

如火益熱（二．一〇）

牖（二次）

窗牖：有業屨於牖上（一四．三〇）

瘠環（三次）

人名：於齊主侍人瘠環（九．八）

皜皜（一次）

潔白的樣子：皜皜乎不可尚已（五．四）

瞑眩（一次）

藥吃得頭暈腦轉：若藥不瞑眩（五．一）

稷（四次）

即「后稷」：禹稷當平世（八．二九）

稻（一次）

葛伯率其民：要其有酒食黍稻者奪之（六．五）

稼穡（一次）

種莊稼：后稷教民稼穡（五．四）

——另見「耕稼」。

稽（一次）

貉稽自稱其名：稽大不理於口（一四．一九）

稽首（三次）

叩頭：北面稽首再拜而不受（一〇．六）

穀（九次）

穀物，糧食：穀不可勝食也（一．三）

穀祿（一次）

俸祿：見「穀祿不平」（五．三）注。

窮（八次）

1 生活無著落，前途無出路叫「窮」（六次）：此四者天下之窮民而無告者（二．五）故士窮不失義（一三．九）

2 盡也（二次）：遁辭知其所窮（三．二）

——另見「阨窮」。

窮乏（二次）

貧乏，缺少辦法缺少錢財：所識窮乏者得我與（一一．一〇）

節（一次）

節制：禮之實節文斯二者是也（七．二七）

——另見「符節」。

範（一次）

動詞，納入軌範，依規矩行事：吾為之範我馳驅（六．一）

緜駒（一次）

人名：緜駒處於高唐而齊右善歌（一二·六）

緣（二次）

攀緣：猶緣木而求魚也（一·七）

緦（一次）

緦麻，古代孝服之一：見「而緦小功之察」（一三·四六）注。

緩（二次）

緩慢，不急：民事不可緩也（五·三）

罷（六次）

停止：我將見楚王說而罷之（一二·四）

膚（六次）

1 皮膚（五次）：不膚橈（三·二）

2 漂亮（一次）：殷士膚敏（七·七）

——另見「體膚」。

膠鬲（二次）

人名：膠鬲舉於魚鹽之中（一二·一五）

蔡（一次）

國名：君子之戹於陳蔡之間（一四·一八）

蔬（一次）

同「疏」：見「雖蔬食菜羹」（一〇·三）

注。

蓰（二次）

五倍：或相倍蓰（五·四）

虢（一次）

春秋時國名：晉人以垂棘之璧與屈產之乘假道於虞以伐虢（九·九）

褊（二次）

狹側：齊國雖褊小（一·七）

褐（二次）

見「許子衣褐」（五·四）注。

褐夫（一次）　**褐寬博**（二次）

普通老百姓：見「不受於褐寬博」（三·二）注。

誰（一三次）

何人：夫誰與王敵（一·五）

諂（一次）

討好，獻媚：脅肩諂笑（六·七）

——另見「讒諂」。

諄諄（一次）

叮嚀告誡的樣子：天與之者諄諄然命之乎（九·五）

談（二次）

言談，談話：徧國中無與立談者（八・三三）

請（一八次）

1 請求（三次）：子之辭靈丘而請士師似也（四・五）

2 請問，請示（五次）：嬖人臧倉者請曰（二・一六）

3 表敬副詞（一〇次）：請以戰喻（一・三）

論（二次）

議論，論說：又尚論古之人（一〇・八）

賜（五次）

尊長者對卑幼者的給與：大夫有賜於士（六・七）

賢（七二次）

有一定的道德和學問見識的：

1 名詞：國君進賢（二・七）

2 形容詞：賢者亦樂此乎（一・二）

3 動詞的意動用法，以爲賢：孔子賢之（八・二九）

賢勞（一次）

劬勞：見「我獨賢勞也」（九・四）注。

賤（一二次）

1 品質或者技藝卑下，不高尚，不高明（六次）：有賤丈夫焉（四・一〇），天下之賤工也（六・一）

2 地位卑下（二次）：貧賤不能移（六・二）

3 動詞意動用法，輕視，鄙視（三次）：則父母國人皆賤之（六・三）

4 動詞使動用法（一次）：趙孟能賤之（一一・一七）

賦（二次）

1 繳納賦稅：國中什一使自賦（五・三）

2 征收賦稅：而賦粟倍他日（七・一四）

質（三次）

去聲，古人初次相見的禮物：出疆必載質（六・三）

踐（二次）

踐履：夫然後之中國踐天子位焉（九・五）

輪（五次）

1 車輪（一次）：抽矢叩輪去其金（八・二四）

2 製作車輪者（四次）：則梓匠輪輿皆得食於子（六・四）

適（五次）

1 往，赴，去（三次）：天子適諸侯曰巡狩（二・四）

2 同「讁」，責備（一次）：見「人不足與適也」（七・二〇）注。

3 同「啻」，但，僅（一次）：則口腹豈適爲尺寸之膚哉（一一・一四）

遭（一次）

逢，遇，碰上：遭宋桓司馬將要而殺之（九・八）

遲遲（二次）

慢慢：遲遲吾行也（一〇・一）

鄭（四次）

國名：子產聽鄭國之政（八・二）

鄰（一〇次）

相鄰的，鄰居：察鄰國之政（一・三）今有人日攘其鄰之鷄者（六・八）

醉（二次）

是猶惡醉而强酒（七・三）

銳（一次）

快，速：其進銳者其退速（七・四四）

頞（二次）

鼻莖：舉疾首蹙頞而相告曰（二・一）

餉（二次）

給正在作莊稼活的送飯：有童子以黍肉餉（六・五）

養（六二次）

1 養育（四〇次）：是使民養生喪死無憾也（一・三）

2 對父母的奉養，舊讀去聲（一三次）：使不得耕耨以養其父母（一・五）

3 教養（三次）：中也養不中（八・七）

4 修養（五次）：北宮黝之養勇也（三・二）

5 牧養（一次）：百里奚自鬻於秦養牲者（九・九）

餂（二次）

爲自己的利益而引誘別人：是以言餂之也（一四・三一）

駕（三次）

把馬套上車子：今乘輿已駕矣（二・一六）

駟（一次）

四匹馬：繫馬千駟，弗視也（九・七）

髮（二次）

頭髮：雖被髮纓冠而救之（八・二九）

魯（二〇次）

國名：鄒與魯鬨（二・一二）

魯平公（一次）　**魯侯**（一次）

魯國之君：魯平公將出（二・一六）吾之不遇魯侯，天也（二・一六）

魯頌

〔詩經〕〔頌〕的一部分：〔魯頌〕曰（五・四）

魯繆公（二次）

魯國之君：昔者魯繆公無人乎子思之側（四・一一）

鴃（一次）

伯勞鳥：今也南蠻鴃舌之人（五・四）

雁（一次）

顧鴻雁麋鹿（一・二）

黎民（三次）

老百姓：黎民不飢不寒（一・三）

齒（三次）

1 牙齒（一次）：而問無齒決（一三・四六）

2 年齒，年紀（二次）：齒一（四・二）

十六畫

儒（二次）

相信孔孟之道的：逃楊必歸於儒（一四・二六）

勳勞（一次）

功勞：挾有勳勞而問（一三・四三）

器（四次）　**器皿**（一次）

遷其重器（二・一一）牲殺器皿衣服不備（六・三）

奮（一次）

奮發：奮乎百世之上（一四・一五）

嬴（一次）

地名：止於嬴（四・七）

嬖人（二次）

在左右的侍臣：嬖人臧倉者請曰（二・一六）

——另見「便嬖」。

嬖奚（三次）
趙簡子的侍臣：昔者趙簡子使王良與嬖奚乘（六·一）

學（三〇次）
1 動詞（二八次）：夫人幼而學之（二·九）
2 名詞，國學，大學（二次）：設爲庠序學校以教之（五·三）

學問（二次）
動詞：吾他日未嘗學問（五·二）

導（二次）
1 引導（一次）：則使人導之出疆（八·三）
2 教導（一次）：導其妻子（一三·二二）

廩（二次）
糧倉：父母使舜完廩（九·二）
——另見「倉廩」。

廩人（一次）
管糧倉之吏：其後廩人繼粟（一〇·六）

憾（三次）
不滿意：是使民養生喪死無憾也（一·三）

戰（一六次）
王好戰（一·三）

撻（四次）
棰打，鞭打：可使制梃以撻秦楚之堅甲利兵矣（一·五）

擇（五次）
1 選擇（三次）：非擇而取之（二·一四）
2 區別（二次）：見「牛羊何擇焉」（一·七）注。
——另見「選擇」。

操（二次）
操行，操守：充仲子之操則蚓而後可者也（六·一〇）

整（一次）
整頓，整飭，整理：爰整其旅（二·三）

樹（七次）
動詞，栽培，種植：五畝之宅樹之以桑（一·三）

樹子（一次）
所立繼承己位的兒子：無易樹子（一二·七）

樹藝（一次）
種植，栽培：樹藝五穀（五·四）

橐（一次）

盛物的袋子：見「于橐于囊」（二．五）注。

橈（一次）

屈折：不膚橈（三．二）

機變（一次）

機械變詐：見「爲機變之巧者無所用恥焉」（一三．七）注。

横（四次）

不順，放恣，不善：洪水横流（五．四），横民之所止（一〇．一）

横逆（三次）

無理地以惡待人：其待我以横逆（八．二八）

樲（一次）

酸棗：見「養其樲棘」（一一．一四）注。

歷（三次）

1 經歷（二次）：舜之相堯，禹之相舜也歷年多（九．六）

2 跨越，踰越（一次）：禮，朝廷不歷位而相與言（八．二七）

澤（一三次）

1 沼澤（四次）：益烈山澤而焚之（五．四）

2 惠澤，恩澤（七次）：則是干澤也（四．一二）

3 流風餘韻（二次）：見「君子之澤五世而斬」（八．二二）注。

澮（一次）

田間水渠：溝澮皆盈（八．一〇）

激（一次）

用一種力量把水逼使向上流：激而行之可使在山（一一．二）

濁（二次）

渾濁：滄浪之水濁兮（七．八）

燔肉（一次）

祭肉：見「燔肉不至」（一二．六）注。

燕（一六次）

國名：齊人伐燕（二．一〇）

獨（二四次）

1 單獨（一八次）：豈能獨樂哉（一．二），羊棗所獨也（一四．三六）

2 但，僅（一次）：非獨賢者有是心也（一一．一〇）

3 反詰副詞（三次）：獨何與（一．七）

4 孤單的人（二次）：老而無子曰獨（二．五）

獧（一次）

同「狷」，耿介而有所不爲之士：是獧也（一四．三七）

璞（一次）

玉石未經彫琢的：今有璞玉於此（二．九）

瓢（一次）

瓜瓢，舀水器：一瓢飲（八．二九）

瘳（一次）

病愈：厥疾不瘳（五．一）

皞皞（一次）

廣大自得的樣子：王者之民皞皞如也（一三．一三）

禦（一一次）

1 抵禦，抗拒（七次）：沛然誰能禦之（一．六）

2 攔阻，攔路劫搶（三次）：今有禦人於國門之外者（一〇．四）

穆公（二次）

1 鄒穆公（一次）：穆公問曰（二．一二）

2 秦穆公（一次）：知穆公之可與有行也而相之（九．九）

積（二次）

聚積，堆積：乃積乃倉（二．五）

窺（一次）

窺視，從穴縫中去看：鑽穴隙相窺（六．三）

築（六次）

築牆，建屋：築斯城也（二．一三）築室於場（五．四）

篡（二次）

篡取，篡奪，臣下奪取君位：是篡也（九．五）

篤（一次）

使動用法，使之厚：以篤周祜（二．三）

篚（二次）

1 古代盛物之器，筐子：其君子實玄黃於篚以迎其君子（六．五）

2 動詞，置物於篚中：見「篚厥玄黃」（六．五）注。

糗（一次）

乾飯：舜之飯糗茹草也（一四・六）

耨（二次）

鋤草：深耕易耨（一・五）

興（一五次）

1 興起（一三次）：抑王興甲兵（一・七），又見「待文王而後興者」（一三・一〇）注。

2 茂盛（一次）：則苗浡興之矣（一・六）

3 昌盛，昌隆（一次）：國之所以廢興存亡者亦然（七・三）

興起（一次）

感動奮發之意：百世之下聞者莫不興起也（一四・一五）

興發（一次）

開倉庫：於是始興發補不足（二・四）

蔽（三次）

遮蔽：詖辭知其所蔽（三・二）

蕩蕩（一次）

廣博貌：蕩蕩乎民無能名焉（五・四）

蕢（一次）

草製盛土的筐子：我知其不爲蕢也（一一・七）

蕘（一次）

砍柴：芻蕘者往焉（二・二）

衞（八次）

國名：鄭人使子濯孺子侵衞（八・二四）

衞孝公（一次）

春秋時衞國之君：於衞孝公，公養之仕也（一〇・四）

衞靈公（一次）

春秋時衞國之君：於衞靈公，際可之仕也（一〇・四）

衡（二次）

1 同「橫」，「衡行」即「橫行」：一人衡行於天下（二・三）

2 阻塞不通：見「困於心衡於慮而後作」（一二・一五）注。

覯（一次）

看見：髡未嘗覯之也（一二・六）

親（五六次）

1 指父母而言（三四次）：未有仁而遺其親者也（一一・一）

② 動詞，親愛之意（六次）：斯民親其上死其長矣（二・一二）

③ 直接接觸叫親（三次）：且比化者無使土親膚（四・七）

④ 親近的，關係密切的（一次）：王無親臣矣（二・七）

⑤ 副詞，親自地（二次）：吾豈若於吾身親見之哉（九・七）

親迎（三次）

古代娶妻儀節之一：親迎則不得妻（一二・一）

親戚（三次）

父母：見「寡助之至親戚畔之」（四・一）注。

親睦（一次）

親愛和睦：則百姓親睦（五・三）

諛（二次）

討好，獻媚：則讒諂面諛之人至矣（一二・一三）

諫（一一次）

對尊長的言行有所勸阻：蚳鼃諫於王而不用（四・五）

諱（二次）

有所忌諱而不說出：諱名不諱姓（一四・三六）

諸（四三次）

① 代詞，用法同「之」（二次）：王如改諸則必反予（四・一二）

② 表數形容詞（五次）：王之諸臣皆足以供之（一・七）

③ 「之於」的合音（二一次）：言舉斯心加諸彼而已（一・七）

④ 「之乎」的合音（一五次）：不識有諸（一・七）

諸侯（五九次）

構怨於諸侯（一・七）

諸馮（一次）

地名：舜生於諸馮（八・一）

諺（一次）

諺語，俗話：夏諺曰（二・四）

諾（二次）

表肯定的應對之辭：公曰諾（二・一六）

謂（一四三次）
外動詞：
①有時用於對別人說話的時候：孟子謂齊宣王曰（二・六）
②有時用於評論別人的時候：子謂薛居州善士也（六・六），宜乎百姓之謂我愛也（一・七）
③叫做：謂其臺曰靈臺（一・二）

豫（七次）
[1] 快樂（五次）：夫子若有不豫色然（四・一三）
[2] 遊：見「吾王不豫」（二・四）注。

賴（一次）
同「懶」：見「富歲子弟多賴」（一一・七）注。

踰（一三次）
[1] 超越（六次）：將使卑踰尊（二・七）
[2] 爬過，越過（七次）：踰梁山（二・一五）

踵（一次）
親自走到：踵門而告文公曰（五・四）
——另見「放踵」。

踽踽（一次）
落落寡合的樣子：行何爲踽踽涼涼（一四・三七）

蹄（一次）
獸蹄鳥跡之道交於中國（五・四）

遵（三次）
沿循，循行：遵海而南（二・四）

遷（六次）
搬移，轉變：遷其重器（二・一一）

選擇（一次）
選擇而使子（五・三）

遺（六次）
[1] 遺棄不管（二次）：未有仁而遺其親者也（一・一）
[2] 遺存，遺留（三次）：靡有孑遺（九・四）
[3] 送，餽贈（一次）：湯使人遺之牛羊（六・五）

遺佚（二次）
被遺棄而不用：遺佚而不怨（三・九）

閹然（一次）

迎合別人意旨來討好的樣子：閹然媚於世者是鄉原也（一四・三七）

險（一次）　**險阻**（一次）：固國不以山川之險（四・一）險阻既遠（六・九）

霓（一次）

出於西方的虹：見「若大旱之望雲霓也」（二・一一）注。

頻（一次）

同「顰」，皺眉頭：見「己頻顣曰」（六・一〇）注。

餐（二次）

吃飯：不素餐兮（一三・三二）

餒（五次）

1 挨餓，使挨餓（三次）：不煖不飽謂之凍餒（一三・二二）則凍餒其妻子（二・六）

2 喪氣，萎靡不振（二次）：無是餒也（三・二）

餓（五次）

塗有餓莩而不知發（一・三）餓其體膚（一二・一五）——另見「飢餓」。

餔啜（二次）

吃喝：徒餔啜也（七・二五）

餘（一四次）

1 多餘，剩餘的（七次）：則農有餘粟（六・四）

2 表尾數不定的數詞（七次）：由周而來七百有餘歲矣（四・一三）

餘夫（一次）

剩餘勞動力：見「餘夫二十五畝」（五・三）注。

餘裕（一次）

寬綽有餘：豈不綽綽然有餘裕哉（四・五）

鬩（一次）

戰鬭：鄒與魯鬩（二・一二）

龍（二次）

古代意念中的動物：蛇龍居之（六・九）

龍子（二次）

人名：龍子曰（五・三）

龍斷（二次）

獨立的山崗：見「有私龍斷焉」（四·一〇）注。

十七畫

優（一次）

優裕，有餘力：好善優於天下（一二·一三）

壑（八次）

1 山溝（六次）：其親死則舉而委之於壑（五·五）

2 受水處（二次）：見「是故禹以四海爲壑」（一二·一一）注。

孺子（三次）

小孩，兒童：今人乍見孺子將入於井（三·六）

屨（八次）

草鞋：皆衣褐捆屨織席以爲食（五·四）

嶽（一次）

齊國都城臨淄城內的街道名：引而置之莊嶽之間（六·六）

彌子（二次）

即彌子瑕：見「彌子之妻與子路之妻兄弟也」（九·八）注。

應（六次）

回答：吾應之曰（四·八）

懦（二次）

懦弱：懦夫有立志（一〇·一）

擊（二次）

敲打：抱關擊柝（一〇·五）

斂（二次）

收穫：秋省斂而助不給（二·四）

——另見「稅斂」。

檢（一次）

檢查：見「狗彘食人食而不知檢」（一·三）注。

櫝（一次）

楸樹：捨其梧櫝（一一·一四）

濕（一次）

是猶惡濕而居下也（三·四）

濟（四次）

1 使人渡過河流（二次）：以其乘輿濟人

於溱洧（八・二）

② 成功（一次）：未有能濟者也（三・五）

③ 河名（一次）：禹疏九河，瀹濟漯而注諸海（五・四）

濡滯（一次）

稽延，遲緩：是何濡滯也（四・一二）

濯（七次）

① 洗滌（五次）：江漢以濯之（五・四）

② 洗澡（二次）：見「是猶執熱而不以濯也」（七・七）注。

濯濯（三次）

① 光滑的樣子（一次）：麀鹿濯濯（一・二）

② 光禿禿無草木的樣子（二次）：是以若彼濯濯也（一一・八）

濱（七次）

邊沿：居北海之濱（七・一三）

營（二次）

① 營建（一次）：經之營之（一・二）

② 環繞的（一次）：見「上者爲營窟」（六・九）注。

牆（五次）

踰牆相從（六・三）

獲（八次）

① 獲得（五次）：終日而不獲一禽（六・一）

② 得人心，得信任之意（三次）：居下位而不獲於上（七・一二）

獯鬻（一次）

北狄之名：故大王事獯鬻（二・三）

環（二次）

包圍：環而攻之而不勝（四・一）

甑（一次）

許子以釜甑爨，以鐵耕乎（五・四）

瞯（二次）

窺伺，探望：王使人瞯夫子果有以異於人乎（八・三二）

瞭（一次）

明白，明亮：胷中正則眸子瞭焉（七・一五）

磯（二次）

激怒：見「親之過小而不怨，是不可磯也」（一二・三）注。

磽(一次)

地土不肥：則地有肥磽(一一・七)

禪(一次)

禪讓，把天子之位傳給賢人：唐虞禪(九・六)

糜爛(一次)

糜爛其民而戰之(一四・一)

糞(二次)

施肥：凶年糞其田而不足(五・三)

縮(二次)

直，有理：自反而不縮(三・二)

縷(二次)

線：麻縷絲絮輕重同則賈相若(五・四)

績(一次)

功績：謨蓋都君咸我績(九・二)

繁殖(一次)

禽獸繁殖(五・四)

繅(一次)

繅絲，抽繭出絲：夫人蠶繅以爲衣服(六・三)

繆公(三次)

魯繆公：泄柳申詳無人乎繆公之側(四・一一)

聰(一次)

聽覺審音能力强：師曠之聰(七・一)

聲(一八次)

1 聲音(七次)：聞其聲不忍食其肉(一・七)

2 指「言語」而言(二次)：惡聲至，必反之(三・二)

3 指「音樂」而言(九次)：集大成也者金聲而玉振之也(一〇・一)

聲音(三次)

1 一般意義或指言語(二次)：恭儉豈可以聲音笑貌爲哉(七・一六)

2 指樂聲(一次)：聲音不足聽於耳與(一・七)

聲聞(一次)

名譽：故聲聞過情，君子恥之(八・一八)

膺(四次)

擊也：見「戎狄是膺」(五・四)注。

膾(四次)

肉臊子：膾炙與羊棗孰美（一四·三六）

臂（三次）

手臂：紾兄之臂而奪之食則得食（一二·一）

舉（二六次）

[1] 抬起，扛起，提起，指出（一〇次）：吾力足以舉百鈞而不足以舉一羽（一·七）非之無舉也（一四·三七）

[2] 選拔（九次）：舉舜而敷治焉（五·四）

[3] 副詞，都，皆，全（七次）：舉疾手蹙頞而相告曰（二·一）

薄（八次）

[1] 不厚，不重（二次）：以薄爲其道也（五·五）薄乎云爾（八·二四）

[2] 刻薄，不忠厚寬大（二次）：薄夫敦（一〇·一）

[3] 減輕（二次）：薄稅斂（一·五）

[4] 薄待，輕視，輕待（二次）：於所厚者薄無所不薄也（一三·四四）

薛（三次）

地名：齊人將築薛（二·一四）

薛居州（四次）

人名：子謂薛居州（六·六）

薦（八次）

推薦：天子能薦人於天（九·五）

薨（二次）

諸侯之死曰薨：滕定公薨（五·二）

薪（五次）

柴火：而不見輿薪（一·七）

螬（一次）

金龜子蟲：螬食實者過半矣（六·一〇）

觳觫（二次）

恐懼戰栗的樣子：吾不忍其觳觫（一·七）

谿（一次）

山溪：固國不以山谿之險（四·一）

趨（五次）

[1] 疾行，快走（四次）：今夫蹶者趨者是氣也（三·二）

[2] 方向，宗旨（一次）：其趨一也（一二·六）

蹈（一次）

不知足之蹈之手之舞之（七·二七）

蹊（一次）

小徑，山間小路：山徑之蹊間介然用之而成路（一四・二一）

輿（一〇次）

1 本義是車箱，有時用以指車子（六次）：明足以察秋毫之末而不見輿薪（一・七）

2 做車箱的人（四次）：子何尊梓匠輪輿而輕爲仁義者哉（六・四）

避（五次）

避開，本書有時亦作「辟」：避水火也（二・一〇）

醜（一次）

相若，相同，相等：今天下地醜德齊（四・二）

鍾（八次）

1 古代容量名，容當日六石四斗（四次）：見「養弟子以萬鍾」（四・一〇）注。

2 古代樂器，亦作「鐘」（四次）：將以釁鍾（一・七）

隱（四次）

1 痛也，同情，可憐（一次）：王若隱其無罪而就死地（一・七）

2 隱蔽（二次）：見「進不隱賢」（三・九）注。

3 憑也，依靠，倚著：隱几而臥（四・一一）

——另見「惻隱」。

雖（五二次）

推拓連詞，縱是，即使：不賢者雖有此不樂也（一・二）

韓（一次）

春秋時晉國三卿之一：附之以韓魏之家（一三・一一）

館（四次）

1 住處，旅舍（二次）：可以假館（一二・二）

2 旅居，暫住（一次）：館於上宮（一四・三〇）

3 使之居住，安置（一次）：帝館甥於貳室（一〇・三）

鴻（一次）

十八畫

（九・七）

爵（一八次）

1 爵位（一七次）：夫仁，天之尊爵也（三・七）

2 同「雀」（一次）：爲叢毆爵者鸇也（七・九）

獵較（四次）

爭奪獵物：見「魯人獵較」（一〇・四）注。

璧（一次）

美玉：晉人以垂棘之璧與屈產之乘假道於虞以伐虢（九・九）

瞽瞍（一一次）

人名：舜盡事親之道而瞽瞍底豫（七・二八）

禮（六四次）

1 禮儀，禮制，禮意（六〇次）：奚暇治禮義哉（一・七）非禮之禮大人弗爲（八・六）

2 動詞，待人以禮（二次）：禮人不答反其敬（七・四）

3 禮文，禮書（二次）：禮曰（四・二）

禮際（一次）

交往之禮，來往禮節：苟善其禮際矣（一〇・四）

禮貌（三次）

又從而禮貌之（八・三〇）禮貌未衰（一二・一四）

簞（八次）

上古用以盛飯的圓筐：簞食壺漿以迎王師（二・一〇）

簡（二次）

簡慢，輕視，瞧不起：是簡驩也（八・二七）

簡子（一次）

即趙簡子：簡子曰（六・一）

糧（二次）

師行而糧食（二・四）

織（五次）

編織：皆衣褐捆屨織席以爲食（五・四）

翼（一次）

幫助：輔之翼之（五・四）

職（一一次）

職守，職務：諸侯朝於天子曰述職（二・四）

舊（三次）

周雖舊邦（五・三）

藉（一次）

借也：見「助者藉也」（五・三）注。

藏（三次）

收藏，保藏：商賈皆欲藏於王之市（一・七）

藐（一次）

藐視，小視，瞧不起：說大人則藐之（一四・三四）

覆（一次）

覆蓋：而仁覆天下矣（七・一）

——另見「反覆」「顛覆」。

謨（二次）

謀略，計謀，主意，出主意：丕顯哉文王謨（六・九）

謳（一次）

歌唱：昔者王豹處於淇而河西善謳（一二・六）

謳歌（六次）

歌頌：謳歌者不謳歌堯之子而謳歌舜（九・五）

謹（二次）

慎重辦理：謹庠序之教（一・三）

蹙（三次）

① 皺（二次）：舉疾首蹙頞而相告曰（二・一）

② 蹙踖不安的樣子：其容有蹙（九・四）

蹝（一次）

同「屣」，沒有脚跟的鞋子：見「猶棄敝蹝也」（一三・三五）注。

軀（一次）

身軀：則足以殺其軀而已矣（一四・二九）

轉（三次）

把尸體拋棄：見「君之民老弱轉乎溝壑」（二・一二）注。

轉附（一次）

地名：吾欲觀於轉附朝儛（二・四）

邇（二次）

① 近（一次）：道在邇而求諸遠（七・一一）

② 近臣，在朝廷之臣（一次）：見「武王不泄邇」（八・二〇）注。

醫（一次）

醫生：醫來（四・二）

鎡基（一次）

鋤頭：雖有鎡基（三・一）

鎰（三次）

二十兩爲鎰：雖萬鎰必使玉人彫琢之（二・九）

雛（一次）

小鷄，小鳥：力不能勝一匹雛（一二・二）

雞（九次）

月攘一雞（六・八）

顏子（三次）　**顏回**（一次）　**顏淵**（三次）

孔子學生：見「冉牛閔子顏淵善言德行」（三・二）注。

顏色（二次）

面色：顏色之戚（五・二）

顏般（一次）

人名：吾於顏般則友之矣（一〇・三）

顏讎由（一次）

人名：於衞主顏讎由（九・八）

餱（一次）

乾糧：乃裹餱糧（二・五）

魏（一次）

春秋時晉國三卿之一：附之以韓魏之家（一三・一一）

鯀（一次）

人名：禹的父親：殛鯀於羽山（九・三）

鶃（二次）

即「鵝」：則有饋其兄生鶃者（六・一〇）

十九劃

嚮（一次）

朝著，面對著：相嚮而哭（五・四）

壞（一次）

破壞：壞宮室以爲汙池（六・九）

寵（一次）

愛護：其助上帝寵之（二・三）

廬（一次）

即「凶廬」，古代喪服中孝子所居的簡陋住室：見「五月居廬」（五・二）注。

懲（二次）

懲制，懲艾，懲罰：荆舒是懲（五・四）

懷（八次）

懷抱，心中念著：爲人臣者懷利以事其君（一二・四）

曠（一次）

空著：曠安宅而弗居（七・一〇）

曠夫（一次）

沒有妻室的男子：外無曠夫（二・五）

歠（一次）

同「啜」，喝：歠粥（五・二）——另見「流歠」。

獸（二八次）

雖有臺池鳥獸（一・二）

獺（一次）

故爲淵毆魚者獺也（七・九）

疆（八次）

疆界：出疆必載質（六・三）

簿（二次）

文書：見「孔子先簿正祭器」（一〇・四）注。

繩（一次）

木工用以測定直線的工具：繼之以規矩準繩（七・一）

繩墨（一次）

木工用以測畫直線的工具，擴充其意義則爲法則，標準：大匠不爲拙工改廢繩墨（一三・四一）

繫（一次）

繫馬千駟弗視也（九・七）

繳（一次）

射鳥之箭，箭尾繫有生絲縷：見「思援弓繳而射之」（一一・九）注。

羸（一次）

弱，孱弱之人：子之民老羸轉於溝壑（四・四）

羹（四次）

菜湯：雖蔬食菜羹未嘗不飽（一〇・三）

藥（一次）

若藥不瞑眩（五・一）

蠅（一次）

蠅蚋姑嘬之（五・五）

譏（二次）

苛察，仔細檢查：見「關市譏而不征」（二・五）注。

識（一六次）

動詞，知道，認識：不識有諸（一．七）

——另見「聞識」。

譈（一次）

怨恨：見「凡民罔不譈」（一〇．四）注

蹴爾（一次）

對人橫暴的樣子：蹴爾而與之（一一．一〇）

蹵然（一次）

不安的樣子：曾西蹵然曰（三．一）

蹶（二次）

1 跌倒（一次）：今夫蹶者趨者是氣也（三．二）

2 動也（一次）：見「天之方蹶」（七．一）注。

辭（二五次）

1 言辭（一一次）：詖辭知其所蔽（三．二）

2 語句（三次）：見「不以文害辭」（九．四）注。

3 不受，拒絕（一一次）：昔者辭以病（四．二）

——另見「說辭」。

辭命（二次）

言辭，辭令：我於辭命則不能也（三．二）

辭讓（二次）

不敢逕自接受而有所謙讓：無辭讓之心非人也（三．六）

關（一〇次）

1 城門，關口（八次）：關市譏而不征（二．五）

2 張弓，開弓（二次）：越人關弓而射之（一二．三）

離（七次）

邪辭知其所離（三．二）

離婁（一次）

人名：見「離婁之明」（七．一）注。

離散（三次）

兄弟妻子離散（一．五）

難（一三次）

1 不易（一二次）：久則難變也（三．一）

2 去聲，動詞，責備（一次）：於禽獸又何難焉（八．二八）

——另見「責難」

鶃鶃(二次)

鶃叫之聲：惡用是鶃鶃者爲哉(六．一〇)

靡(二次)

無，沒有：天命靡常(七．七)

願(二三次)

1 願意(二〇次)：寡人願安承教(一．四)

2 羨慕(二次)：見「所以不願人之膏粱之味也」(一一．一七)注。

額(二次)

額：其額有泚(五．五)

顛覆(一次)

搞垮，破壞：太甲顛覆湯之典刑(九．六)

類(一三次)

故王之不王非挾太山以超北海之類也(一．七)

餽(一一次)

餽贈，贈送：前日於齊，王餽兼金一百(四．三)

麒麟(一次)

麒麟之於走獸(三．二)

麗(一次)

數目：見「其麗不億」(七．七)注。

二十畫

勸(二次)

勸勉，勉勵別人做某一件事：勸齊伐燕(四．八)

孽(五次)

1 罪過(四次)：天作孽猶可違(三．四)

2 不是正妻生的而是所謂「庶出」之子：見「獨孤臣孽子」(一三．一八)注。

嚴(二次)

1 懼怕(一次)：見「無嚴諸侯」(三．二)注。

2 工作急迫沒有閒暇(一次)：見「嚴，虞不敢請」(四．七)注。

夔夔(一次)

敬慎戰懼之貌：見「夔夔齊栗」(九．四)注。

壤(一次)

土：夫蚓上食槁壤(六．一〇)

壤地（一次）

土地：夫滕壤地褊小（五・三）

寶（二次）

1 名詞，可寶貴的事物（一次）：諸侯之寶三（一四・二八）

2 動詞，以爲寶，珍貴（一次）：寶珠玉者殃必及身（一四・二八）

懸（一次）

懸掛，弔在空中：民之悅之猶解倒懸也（三・一）

攖（一次）

迫近：莫之敢攖（一四・二三）

攘（二次）

偷竊（二次）：見「今有人日攘其隣之雞者」（六・八）注。

攘臂（一次）

捋起袖子伸出胳膊：馮婦攘臂下車（一四・二三）

瀹（一次）

疏濬：瀹濟漯而注諸海（五・四）

瀾（一次）

波瀾：必觀其瀾（一三・二四）

犧牲（三次）

宰殺用以祭祀的活物：見「犧牲不成」（六・三）注。

獻子（三次）

即孟獻子：獻子之與此五人者友也（一〇・三）

籍（一次）

文獻，文書：諸侯惡其害己也而皆去其籍（一〇・二）

——另見「典籍」

繼（一六次）

繼承，接續，跟著：君子創業垂統爲可繼也（二・一四）繼而有師命（四・一四）

蘇（一次）

同「甦」，再生，甦醒：后來其蘇（二・一一）

覺（一二次）

知覺，覺悟，醒覺：使先知覺後知使先覺覺後覺也（九・七）

警（一次）

將要斷絕的樣子：見「以追蠡」（一四・二二）注。

譽（三次）

好的名聲，名譽：非所以要譽於鄉黨朋友也」（三・六）

贐（二次）

盤費，路費：見「行者必以贐」（四・三）注。

躍（二次）

跳躍：於牣魚躍（一・二）

躍如（一次）

心中躍躍欲試之貌：躍如也（一三・四一）

辯（五次）

1 爭辯，辯論（四次）：外人皆稱夫子好辯（六・九）

2 議論，辨別（一次）：萬鍾則不辯禮義而受之（一一・一〇）

鐵（一次）

鐵器如鋤頭之類：以鐵耕乎（五・四）

霸（一五次）

以力假仁者霸，用武力使諸侯服從（八次）：管仲以其君霸（三・一）

顧（九次）

1 回頭看，轉過臉來看（四次）：顧鴻雁麋鹿（一・二）

2 照管，顧及（五次）：不顧父母之養（八・三〇）

饋（四次）

饋送，送給：老弱饋食（六・五）

饑（三次）

年成不好，和「飢」的意義有區別：凶年饑歲（二・一二）

驅（六次）

1 驅逐，趕跑（四次）：驅龍蛇而放之菹（六・九）

2 驅使，迫使（二次）：然後驅而之善（一・七）

——另見「馳驅」。

馳騁（一次）

跑馬車：馳騁田獵（一四・三四）

鰥（一次）

老而無妻曰鰥（二・五）

鶴鶴（一次）

羽毛潔白的樣子：白鳥鶴鶴（一．二）

二十二畫

囊（二次）

盛物的皮袋：見「于橐于囊」（二．五）注。

懿（二次）

美也：好是懿德（一一．六）

權（三次）

1 秤（一次）：權然後知輕重（一．七）

2 權宜，違反經常規定而合宜的臨時措施（二次）：嫂溺援之以手者權也（七．一七）

歡樂（一次）

而民歡樂之（一．二）

竊（五次）

1 偷竊（一次）：以爲是爲竊屨來與（一四．三〇）

2 副詞，私自（二次）：其義則丘竊取之矣（八．二一）

3 自謙的表敬副詞：昔者竊聞之（三．二）

糴（一次）

買進糧食：無遏糴（一二．七）

纑（一次）

練麻：見「妻辟纑」（六．一〇）注。

聽（二〇次）

1 一般意義（八次）：聲音不足聽於耳與（一．七）

2 聽從，聽信（一〇次）：勿聽（二．七）

3 聽覺，審音標準（一次）：耳之於聲也有同聽焉（一一．七）

4 治理（一次）：子產聽鄭國之政（八．二）

襲（一次）

侵襲、偷襲，突擊行爲：非義襲而取之也（三．二）

讀（一次）

誦讀，研究：見「讀其書」（一〇．八）注。

鑒（一次）

鏡子：殷鑒不遠（七．二）

饔飧（二次）

[1] 自己炊爨：見「饔飧而治」（五・四）注。

[2] 諸侯間饋送食物及宴會之禮：無諸侯幣帛饔飧（一二・一〇）

饗（一次）

宴會，請吃飯：亦饗舜（一〇・三）

驕（一次）

驕傲：驕其妻妾（八・三三）

鬻（二次）

賣出：百里奚自鬻於秦養牲者（九・九）

二十三—二十九畫

巖（一次）

危險的：是故知命者不立乎巖牆之下（一三・二）

癰疽（三次）

人名：或謂孔子於衛主癰疽（九・八）

纓（四次）

[1] 名詞，繫帽子的絲帶（二次）：可以濯我纓（七・八）

[2] 動詞，繫住帽子，把冠纓結好（二次）：雖被髮纓冠住而往救之（八・二九）

變（一四次）

改變，改易：王變乎色曰（二・一）

——另見「機變」

讎（一次）

仇：爲匹夫匹婦復讎也（六・五）

——另見「寇讎」

鑠（一次）

授與，交給：見「非由外鑠我也」（一一・六）注。

顯（四次）

[1] 顯耀，顯耀的，使顯耀（三次）：晏子以其君顯（三・一）而未嘗有顯者來（八・三三）相秦而顯其君於天下（九・九）

[2] 光明：丕顯者文王謨（六・九）

饜（三次）　**饜足**（一次）

滿足，飽足：不奪不饜（一・一）此其爲饜足之道也（八・三三）

體（一一次）

[1] 身體（一〇次）：輕煖不足於體與（一·七）

[2] 身體的某一部分（一次）：子夏子游子張皆有聖人之一體（三·二）

——另見「四體」。

體膚（一次）

猶言「體腹」：餓其體膚（一二·一五）

蠶（二次）

動詞，養蠶：夫人蠶繅以爲衣服（六·三）

讒（一次）**讒諂**（二次）

說小話，進讒言：睊睊胥讒（二·四）則讒諂面諛之人至矣（一二·一三）

讓（二次）

[1] 把東西讓給別人（一次）：好名之人能讓千乘之國（一四·一一）

[2] 責罰（一次）：則有讓（一二·七）

——另見「辭讓」。

靈丘（一次）

地名：子之辭靈丘而請士師似也（四·五）

靈沼（二次）

周文王之沼名：謂其沼曰靈沼（一·二）

靈囿（一次）

周文王之囿名：王在靈囿（一·二）

靈臺（二次）

周文王之臺名：謂其臺曰靈臺（一·二）

鬭（三次）

打架，鬭力：今有同室之人鬭者（八·二九）

鸇（一次）

鸇鷹：爲叢歐爵者鸇也（七·九）

鹽（一次）

膠鬲舉於魚鹽之中（一二·一五）

鼈（三次）

樂其有麋鹿魚鼈（一·二）

矙（二次）

本書亦作「瞯」，窺伺，探聽：陽貨矙孔子之亡也而饋孔子蒸豚（六·七）

虆（一次）

盛土之籠：蓋歸反虆梩而掩之（五·五）

蠻（一次）

古代對南方文化較落後地區的侮辱性的稱呼：今也南蠻鴃舌之人非先王之道（五·四）

觀（一七次）

1 觀看，觀察（一五次）：以予觀於夫子（三．二）

2 遊（二次）：見「吾欲觀於轉附朝儛」（二．四）

釁（二次）

古代對新落成的重要器物舉行的血祭：見「將以釁鐘」（一．七）注。

鑽（二次）

鑽眼，打孔：鑽穴隙相窺（六．三）

鑿（二次）

1 挖（一次）：鑿斯池也（二．一三）

2 穿鑿傅會（一次）：所惡於智者爲其鑿也（八．二六）

驩（三次）

王驩自稱其名：諸君子皆與驩言（八．二七）

驩兜（一次）

人名：放驩兜於崇山（九．三）

驩虞（一次）

與「驩娛」同：霸者之民驩虞如也（一三．一三）

鬱陶（一次）

思念貌：鬱陶思君爾（九．二）

爨（一次）

燒火煮飯：許子以釜甑爨以鐵耕乎（五．四）

五南圖書出版公司　圖書目錄　（80年6月）

書名	作者
國語活用辭典	周 何
簡明活用辭典	邱德修
現代英語用法辭典	張道真
英文字彙之結構	周曼文
丁丑刼餘印存釋文	邱德修
商周金文總目	邱德修
商周金文新收編	邱德修
商周金文集成釋文稿	邱德修
商周金文蔑曆初探	邱德修
說吉	邱德修
商周金文新探	邱德修
商周用鼎制度之理論基礎	邱德修
國父思想	吳寄萍
國父遺教要義	周世輔
國父遺教概要	楊希震
三民主義要義	周世輔
中國大陸研究	朱新民
教育概論（賈）	賈馥茗
教育概論（王）	王連生
教育學（雷）	雷國鼎
科學教育概論	歐陽鍾仁
學術與思想（平）	黃昆輝
中國教育的展望(精)	郭為藩
中國教育的展望(平)	郭為藩
中國教育史	毛禮銳
中華民國教育政策發展史	吳家瑩
西洋教育史	五南編輯部
教育與文化（上）	田培林
教育與文化（下）	田培林
現代教育思潮	徐宗林
當代教育思潮	張銀富
現代社會教育思潮	詹棟樑
文化發展與教育革新（精）	林清江
道德發展與教學	單文經 汪履維
人文主義與教育	王文俊

書名	作者
人文主義的教育信念（增訂本）	郭為藩
當代美國人文主義教育思想	陳照雄
當代教育理論與實際（平）	郭為藩
當前師範教育問題研究（精）	師大學術研究委員會
教育視導之理論與實際	邱錦昌
教育行政與教育問題（精）	黃昆輝
教育行政理論與應用	秦夢群
世界各國大學入學制度之改革動向	比較教育學會
賽蒙行政決定理論與教育行政	吳清基
費德勒權變領導理論研究	陳慶瑞
巴納德組織理論與教育行政	張明輝
教育組織與行政	蔡保田
班級經營	李園會
教育哲學	高廣孚
教育哲學研究	王連生
認知發展理論與教育	王文科
新教學理論與策略	林生傳
教學原理	高廣孚
教學原理	林寶山
有效的教學	顏慶祥 湯維玲
潛在課程研究	陳伯璋
課程論	王文科
課程導論	司 琦
國小體育教學研究	蔡貞雄
數學學習	劉秋木
國小數學教材教法新論	張平東
解題導向的數學教學策略	吳德邦

書名	作者
中學國文教學法研究	王明通
中小學校教育情境研究	熊智銳
教學媒體（精）	師大學術研究委員會
社會科教材教法	李緒武
中等教育	黃 中
健康教材教法	劉俊昌
學校健康教育	李叔佩
個別化教學之理論與實際	林寶山
國小教育實習	趙起揚
幼兒教育	朱敬先
幼兒教育概論	盧美貴
幼兒教育研究	王連生
幼稚教育課程通論	蔡秋桃
完整學習—幼兒教育課程通論	臺南師院幼教中心
幼兒教育法規彙編	吳清山
幼稚園教師必備的教學技能	簡紅珠
幼稚園工作教材教法	張淑美 吳秋波
發展學習能力（上）	許天威
發展學習能力（下）	許天威
學習理論（精）	邵瑞珍
幼兒造形藝術教學	黃壬來
國小美勞科教學研究	黃壬來
幼兒體能與遊戲	林風南
幼稚園教學實習	李園會 劉錦志
幼兒常識教材教法研究	盧美貴 莊貞銀
幼兒語文教學研究	鄭 蕤
家庭教育	黃迺毓
親職教育—理論與應用	王連生
兒童福利行政	林勝義
兒童文學	林守為
兒童詩歌原理與教學	宋筱蕙
兒童故事原理	蔡尚志

五南圖書出版公司　圖書目錄　（80年6月）

書名	作者
兒童營養	洪久賢
特殊教育	何華國
特殊教育教材教法	陳英三 李芃娟
特殊教育行政	毛連塭
特殊兒童教育(李)	李德高
特殊兒童心理與教育	何華國
特殊教育名詞彙編	李德高
特殊兒童心理教育新論	林寶貴
行為改變技術	陳榮華
個案研究	李咏吟
學習障礙者之教育	許天威
動作教育的理論與實際	陳英三
特殊教育的省思	張訓誥
聽語障礙教育名詞彙編（精）	林寶貴
特殊需要學習者的職業生計試探和準備	陳陞陞
皮亞傑教育的基礎理論	廖文武
初等教育	呂愛珍
初等教育研究	王連生
比較成人教育	黃富順
比較教育（平）	林清江
瑞士教育制度	詹棟樑
教育研究法（增訂版）(精)	王文科
教育人類學（精）	詹棟樑
教育人類學（平）	詹棟樑
教育人類學理論	詹棟樑
教育人種誌研究方法論	曾守得
社會教育學	詹棟樑
教育社會學	李錦旭
教育社會學新論	林清江
教育統計學	朱經明
自然科學概論	陳忠照

書名	作者
國小自然科學教學研究	王佩蓮 林碧楨
國小社會科教學研究	程健教
視聽教育與教學媒體	張霄亭
電腦在教育上的應用	吳鐵雄
心理學名詞辭典(精)	袁之琦
發展心理學（精）	游恆山 謝毅興
心理學（李）	李德高
心理學（游）（精）（第6版）	游恆山
心理學概論	鄭肇楨
創造心理學（精）	李德高
人格心理學	陳仲庚 張雨新
心理測驗（精）	黃安邦
兒童心理學	游恆山
倫理學	李雄揮
教學心理學	朱敬先
教育心理學（李）	李德高
教育心理學（王）	王文科
學習心理學（精）	王文科
心理測量導論	林幸台
教學評量	邱　淵
兒童心理的輔導	鄧繼強
兒童諮商與治療	黃月霞
兒童發展	張欣戊
輔導原理	吳　鼎
輔導活動之理論與實施	吳　鼎
教育輔導原理與技術	王連生
心理治療與諮商	黃月霞
諮商理論與技術	呂勝瑛
諮商專業倫理	牛格正
團體諮商	黃月霞
團體診療的過程與實際	呂勝瑛
生計輔導的理論與實施	林幸台
輔導與心理治療	林孟平

書名	作者
情感教育與發展性輔導	黃月霞
發展與輔導	周逸芬
心理衛生	陳英三
教師的心理衛生	彭駕騂
國小教務行政	吳金香
中國教育思想史(郭)	郭齊家
教學法研究（精）	師大學術研究委員會
童話寫作研究	陳正治
當代教育論叢(精)	省北師初教系
音樂教學法	范儉民
現代課程論	鍾啟泉
課程架構研究	教育部人社指會
教學論－理論與方法（林）	林寶山
學校行政領導原理	喬玉全等
民主主義與教育(精)	杜　威
學校與社會・兒童與課程（精）	杜　威
大教學論	夸美紐斯
教育漫話（精）	洛　克
愛彌兒（精）	盧　梭
林哈德與葛篤德（精）	裴斯泰洛齊
普通教育學（精）	赫爾巴特
教育學講授綱要（精）	赫爾巴特
學校建築研究的發展	蔡保田
幼稚園園舍建築與設備	柳麗珍
國民小學建築評鑑之理論與實際	林萬義
國民中學學校建築研究	湯志民
學校建築的理論基礎	林勤敏
國民中學視覺環境	蔡　芸

五南圖書出版公司　圖書目錄　（80年6月）

書名	作者	書名	作者	書名	作者
法律英漢辭典(精)	五南編輯部	房地產租賃裁判彙編（精下）	李永然	民法總則論文選輯（精下）	鄭玉波
法律類似語辨異	管歐	所得稅裁判彙編（精上）	李永然	民法總則論文選輯（平上）	鄭玉波
新編六法全書(聖)	林紀東	所得稅裁判彙編（精中）	李永然	民法總則論文選輯（平下）	鄭玉波
新編六法參照法令判解全書（聖）	林紀東	所得稅裁判彙編（精下）	李永然	民法債編論文選輯（精上）	鄭玉波
基本六法參照法令判解全書（聖）	林紀東	國際經濟法規彙編（精上）	顏慶章 蔡英文	民法債編論文選輯（精中）	鄭玉波
分類六法①一民法	鄭玉波	國際經濟法規彙編（精下）	顏慶章 蔡英文	民法債編論文選輯（精下）	鄭玉波
分類六法②一商事法	鄭玉波	美國婚姻法	林菊枝	民法債編論文選輯（平上）	鄭玉波
分類六法③一民事訴訟法	鄭玉波	情事變更原則之研究	彭鳳至	民法債編論文選輯（平中）	鄭玉波
分類六法④一刑法、刑事訴訟法	蔡墩銘	信託法研究	徐國香	民法債編論文選輯（平下）	鄭玉波
分類六法⑤一土地法	古登美	國際私法契約評論	陳隆修	民法物權論文選輯（精上）	鄭玉波
簡明六法	五南編輯部	空白票據新論	高金松	民法物權論文選輯（精下）	鄭玉波
中共六法全書(精)	蔡墩銘	國際私法管轄權評論	陳隆修	民法物權論文選輯（平上）	鄭玉波
賦稅參照法令解釋全書（聖）	顏慶章	少年事件處理法研究	林清祥	民法物權論文選輯（平下）	鄭玉波
地政參照法令解釋全書（聖）	許松	交通事故法律研究	林天來	民法親屬繼承論文選輯（精）	戴東雄
六法判解精編(聖)	蔡墩銘	證券投資信託契約論	陳春山	民法親屬繼承論文選輯（平）	戴東雄
民法判解彙編(精)	蔡墩銘	論股份有限公司債權人之保護	陳峰富	商事法論文選輯（精上）	林咏榮
刑法暨特別法判解彙編（精）	蔡墩銘	強制執行法拍賣性質之研究	吳光陸	商事法論文選輯（精下）	林咏榮
民事程序法判解彙編（精）	蔡墩銘	中德少年刑法比較研究	沈銀和	商事法論文選輯（平上）	林咏榮
刑事程序法判解彙編（精）	蔡墩銘	行政法學上公害對策之研究	林奇青	商事法論文選輯（平下）	林咏榮
商事法判解彙編（精）	蔡墩銘	我國選舉罷免訴訟制度	劉昊洲	民事訴訟論文選輯（精上）	楊建華
工業財產權法裁判彙編（精）	徐火明	民法總則實例研究	鄭玉波		
房地產所有權裁判彙編（精）	李永然	民法物權實例研究	楊與齡		
房地產抵押權、地上權、永佃權、地役權裁判彙編（精）	李永然	民法親屬繼承實例研究	劉得寬 戴東雄		
房地產租賃裁判彙編（精上）	李永然	刑法總則實例研究	陳樸生		
		刑事訴訟法實例研究	蔡墩銘		
		民事訴訟法實例研究	吳明軒		
		民法總則論文選輯（精上）	鄭玉波		

五南圖書出版公司　圖書目錄　（80年6月）

書名	作者
民事訴訟論文選輯（精下）	楊建華
民事訴訟論文選輯（平上）	楊建華
民事訴訟論文選輯（平下）	楊建華
強制・破產法論文選輯（精）	楊建華
強制・破產法論文選輯（平）	楊建華
刑法總則論文選輯（精上）	蔡墩銘
刑法總則論文選輯（精下）	蔡墩銘
刑法總則論文選輯（平上）	蔡墩銘
刑法總則論文選輯（平下）	蔡墩銘
刑法分則論文選輯（精上）	蔡墩銘
刑法分則論文選輯（精下）	蔡墩銘
刑法分則論文選輯（平上）	蔡墩銘
刑法分則論文選輯（平下）	蔡墩銘
刑事訴訟法論文選輯（精）	陳樸生
刑事訴訟法論文選輯（平）	陳樸生
國際私法論文選輯（精上）	馬漢寶
國際私法論文選輯（精下）	馬漢寶
國際私法論文選輯（平上）	馬漢寶
國際私法論文選輯（平下）	馬漢寶
法制論集	林山田
法學入門	劉得寬
法學緒論（林）	林紀東
憲法新論	管　歐
大法官會議憲法解釋析論	林紀東
比較憲法	林紀東
行政法原理（精）	涂懷瑩
行政法概要	張家洋
德國行政法	周　偉
美國國際私法新理論	陳隆修
美國行政程序法論	羅傳賢
商業登記法令與實務	郭宗雄
工業所有權法論	康炎村
國際私法	蘇遠成
比較國際私法	陳隆修
警察法規	邱華君
警察法令輯要	邱華君
民法總則	劉得寬
民法總則大意	楊與齡
民法概論（上）	劉清波
民法概論（下）	劉清波
親屬法專題研究	林菊枝
代理商之理論與實際	吳陳鐶
商事法新詮（上）	林咏榮
商事法新詮（下）	林咏榮
實用商事法精義	賴源河
海商法新論（平）	張東亮
刑法各論	甘添貴
刑法概要	高仰止
刑法概論	劉清波
刑法總則爭議問題研究	蔡墩銘
民事訴訟法釋論	黃棟培
強制執行法理論與實務（精）	林昇格
破產法釋義	耿雲卿
刑事訴訟法論（精）	蔡墩銘
民刑事訴訟大意	吳光陸
刑事訴訟法爭議問題研究	陳樸生
少年觀護工作	劉作揖
暴力少年犯的人格特質	林正文
訴訟書狀範例	李永然
契約書製作範例	林裕山、張吉人
公・認證書狀範例	郭杞堂
訴之聲明撰寫範例	王富茂
商品製造人侵權行為責任法之比較研究	朱柏松
證據法之比較研究	李學燈
大陸探親旅遊法律指南	李永然
民政議事工作辭典	吳堯峰
政治學	呂亞力
政治學概要	曹興仁
公共政策析論	張世賢
政策分析評論	林水波
組織行為與管理	張潤書
公共政策	林水波、張世賢
政治發展與民主	呂亞力
西漢政治思想論集	賀凌虛
中國政治的變與常	胡祖慶
中共對台政策之研究	陳　慶
台灣關係法—過去與未來十年	胡祖慶、金秀明
七○年代蘇聯的中國政策	蘇　起
亞洲政治文化個案研究	江炳倫
東南亞國家政治體系論	李偉成
國際政治體系理論解析	胡祖慶
當代各國外交政策	胡祖慶
國際關係	胡祖慶
比較政治學	胡祖慶
政治經濟學導論	胡祖慶
政治學	胡祖慶
政治社會學	胡祖慶

五南圖書出版公司　圖書目錄　（80年6月）

書　名	作　者	書　名	作　者	書　名	作　者
日本人	賴世和	社會福利與社會發展	楊孝濚	美日多國籍企業（平）	林彩梅
行政學	姜占魁	社會安全制度	江亮演	財務管理	殷乃平
行政學概要	張潤書	社會團體工作與親職教育	廖清碧	動作與時間研究	葉瑞昌
人事行政詞彙(精)	邱華君	家庭社會學（林）	林顯宗	採購與物料管理	許　成
行政管理論叢	姜占魁	家庭社會學（蔡）	蔡文輝	品質保證理論與實務	陳耀茂
管理學新論	張金鑑	家庭與家庭服務	謝秀芬	行銷管理導論	陳定國
人群關係新論	姜占魁	日本式企業經營—組織社會學分析	林顯宗	現代行銷管理	余朝權
人群關係與管理	陳庚金	人文區位學	楊懋春	行銷管理學	榮泰生
中國考銓制度	李華民	人類行為與社會環境	沙依仁	國際行銷管理	陳振田
考銓法規概要	李飛鵬	老人福利與服務	江亮演	行銷學原理	黃天佑
各國人事制度（李華民）	李華民	社會工作概要	江亮演	行銷管理—分析規劃與控制（精）	陳振遠
各國人事制度（李廣訓）	李廣訓	社會工作概論	丁碧雲	市場調查	楊和炳
地方自治新論	管　歐	當代社會工作	徐　震	作業研究	楊蓉昌
地方自治與政府	董翔飛	社會工作理論與模式	廖榮利	內部控制—企業整體控制制度之研究	許　成
地方政府與自治	薄慶玖	社會工作實習教學	曾華源	技術移轉合約簽訂技巧	鄭中人
市政學（上）	張麗堂	社會個案工作	黃維憲	會計學名詞辭典（平）	高造都
市政學（下）	張麗堂	社會團體工作	李建興	會計學（上）	沈樹雄
整體規劃探微	邢祖援	社會調查	林振春	會計學（下）	沈樹雄
國際政治與外交政策	林碧炤	醫務社會工作	金蔚如	會計學習題解答（上）	沈樹雄
有效公共關係	湯　濱等	媒介批評—理論與方法	黃新生	會計學習題解答（下）	沈樹雄
政治學辭典（精）	林嘉誠 朱浤源	勞工問題	黃寶祚	會計學概要	嚴玉珠
社會學概論	林顯宗	企業管理概要(楊)	楊超然	中級會計學（陳上）（Welsch）	陳肇榮
社會學概要	蔡文輝 李紹嶸	企業管理概要(范)	范光陵	中級會計學（陳下）（Welsch）	陳肇榮
現代社會學	白秀雄	企業政策與策略管理	龔健聲	中級會計學(巫上)	巫永森
社會科學概論	胡夢鯨	企業概論	羅吉榜	中級會計學(巫下)	巫永森
行爲科學	王加微	企業組織與管理	楊蓉昌	高等會計學（上）	高　松
社會心理學（精）	陳皎眉 黃安邦	企業管理	謝安田	高等會計學（下）	高　松
社會人類學導論	黃宣衛	企業人事管理	丁逸豪	高等會計學習題解答	高　松
社會政策與社會行政（上）	劉脩如	人事管理	陳裕章	財務報表分析	沈樹雄
社會政策與社會立法（下）	劉脩如	現代企業人事管理	李廣訓	沈著財務報表分析習題解答	沈樹雄
社會學辭典（精）	彭懷真	中小企業經營概論	林沅漢	成本會計（嚴上）	嚴玉珠
中國社會思想史	楊孝濚	戰略管理	林泉源	成本會計（嚴下）	嚴玉珠
社會福利與行政	林顯宗	領導學	余朝權	成本會計習題解答	嚴玉珠
		管理心理學	林欽榮	成本會計（樂上）	樂梅江
		工業心理學	鍾隆津		
		管理資訊系統	詹家和		
		多國籍企業論(精)	林彩梅		

五南圖書出版公司　圖書目錄　（80年6月）

書名	作者
成本會計（樂下）	樂梅江
成本會計概要	幸世間
成本會計規劃控制（上）（Matz第八版）	林豐欽
成本會計規劃控制（下）（Matz第八版）	林豐欽
會計制度	王義雲
各業會計制度	王義雲
管理會計學	郭崑謨
管理會計學習題暨解答	郭崑謨
管理會計	李增榮
管理會計理論與應用	樂梅江
政府會計概要	李增榮
政府會計	張永康
稅務會計（殷）	殷文俊、丁忠義
稅務會計（吳上）	吳　習、吳嘉勳
稅務會計（吳下）	吳　習、吳嘉勳
銀行會計實務	張輔英
會計審計法規要義	黃　正、吳國仁
會計電腦化及管理資訊制度	王義雲
師院微積分（精）	方世榮
統計學（芮）	芮寶公
統計學（方）	方世榮
商用統計學	詹世煌
經濟統計實務	洪澄洋
生物統計學導論	蕭如英
數理統計學導引	洪澄洋
統計方法與數據分析	劉睦雄
初等機率論	許乃紅
機率導論及其應用	趙艮五
抽樣原理導論	高德超
商用數學	趙艮五

書名	作者
現代經濟學辭典（精）	方世榮
經濟小語	關屋牧
經濟學概論	方世杰
經濟學原理	劉泰英、詹逢星
經濟學要義	趙捷謙
個體經濟理論	張溫波
價格理論的基礎	趙捷謙
經濟開發	周大中
數理經濟學	陸民仁
總體經濟學	張秀惠
管理經濟學	郭崑謨
農業經濟學	黃建森
商業心理學	葉重新
自由、市場與國家	方世杰
勞動力市場經濟學	方世杰
產業組織和政府管制	方世榮
經濟成長理論：一種解說	方世杰
投資決策導論	郭崑謨
投資學	鐘朝宏
大陸投資實務（精）	朱柏松
國際貿易英漢辭典	黎孝先
國際貿易政策理論與實際	趙捷謙
國際貿易與國際收支	林炳文
實用貿易資料彙編	許和榮
國際貿易實務操作（精）	許和榮
國際貿易實務與實習	于政長
貿易文件制作範例及其操作（精）	許和榮
信用狀與出口押滙實務	蔡俊明
最新英美商業書信（精）	李雄和
貿易英文書信	賴忠吉
貿易英文	陳振貴
日文貿易書信範例	張金塗
外滙實務	于政長

書名	作者
外滙操作理論與實務	王艮欽
期貨交易之原理與實務	林昌義
貨幣銀行學概要（周）	周大中
貨幣銀行學	洪文金
TELEX電報撰稿操作實務	王伯蛉
TELEX電報制作範例	王伯蛉
財政學（李）	李金桐
財政學（吳）	吳家聲、張永河
財政學概要	周玉津
租稅各論	李金桐
稅務法規新論	周玉津
所得稅法規	李金桐
財產稅法規	李金桐
銷售稅法規	李金桐
加值型營業稅實務	吳嘉勳
財務法規	陳肇榮
最新銀行經營實務	王　博
新銀行法	楊夢龍
主要國際金融市場	業裕祺
保險學	陳雲中
保險實務	宋明哲
風險管理	宋明哲
土地行政	馮小彭
不動產估價—理論與實務	柯博義
土地測量法規概論	朱子緯
房地產爭訟案例解析	陳銘福
房地產登記實務	陳銘福
農地買賣轉用實務	陳銘福
房地產遺產繼承實務	陳銘福
建築工地產權處理實務	陳銘福
世界文學史（上）	鄒　郎
世界文學史（下）	鄒　郎
西洋文學史（上）	何　欣
西洋文學史（中）	何　欣

五南圖書出版公司　圖書目錄　（80年6月）

書名	作者
小說理論	楊恆達
中國文化要義	梁漱溟
文學概論	張 健
中國文學概論	袁行霈
師院國文選	李殿魁
師院國文選注（上編）	師院國文選注編輯委員會
師院國文選注（下編）	師院國文選注編輯委員會
師院各體文選	羅肇錦
中國古代教育文選	孟憲承
滄浪詩話研究	張 健
中國現代詩	張 健
中國文學批評	張 健
中國文學批評史	王運熙 顧易生
中國文學史（精上）	游國恩
中國文學史（精下）	游國恩
詞學論薈（精）	趙為民 程郁綴
白香詞譜	呂正惠
塡詞捷徑暨歷代絕妙詞選論	容劍斌
千家詩	葉國良
歷代樂府詩選析	傅錫壬
古文觀止	高 陽
中國歷代散文選	劉盼遂等
唐詩鑑賞集成（精上）	蕭滌非等
唐詩鑑賞集成（精下）	蕭滌非等
唐宋詞鑑賞集成（精上）	唐圭璋等
唐宋詞鑑賞集成（精中）	唐圭璋等
唐宋詞鑑賞集成（精下）	唐圭璋等
歷代名篇賞析集成（精上）	袁行霈

書名	作者
歷代名篇賞析集成（精中）	袁行霈
歷代名篇賞析集成（精下）	袁行霈
中國詩歌藝術研究	袁行霈
戲劇編寫概要	姜龍昭
敦煌學概要	蘇瑩輝
論文及報告寫作概要	郭崑謨
員工出勤管理法規及實務	洪五宗
公文書寫作與處理	洪五宗
應用文舉隅	沈兼士
國語學	羅肇錦
聲韻學（精）	竺家寧
英文履歷大全	陳振貴
中英翻譯面面觀	黎登鑫
英文寫作的風格與要素	蔡瓊環 蔡碧穎
中國通史（上）	黃大受
中國通史（下）	黃大受
中國近代史綱	黃大受
中國現代史綱	黃大受
中國歷代興亡史通鑑	鄒 郎
二十四史大事縮編	洪任吾
魏晉南北朝史（精）	林瑞翰
古人類古文化	賈士蘅
英國史（上）	賈士蘅
英國史（下）	賈士蘅
法國史	蔡百銓
非洲簡史	蔡百銓
日本通史	趙建民
西洋通史	王德昭
西洋近代文化史（鄧）	鄧元忠
中國地理	劉鴻喜
哲學概論（高）	高廣孚
哲學概論（李）	李雄揮
哲學概論（鄔）	鄔昆如
科學哲學	武長德
人生哲學（鄔）	鄔昆如
人生哲學（高）	高廣孚

書名	作者
知識論	孫振青
西方哲學史（上）	羅 素
西方哲學史（下）	羅 素
道德經註譯與析解	賀榮一
老子之道治主義	賀榮一
儒家文化的困境	蕭功秦
史學導論	趙干城 鮑世奮
史學方法論	趙干城 鮑世奮
西洋通史	朱建東
西洋中古史	袁傳偉
西洋近古史（上）	陸 盛
西洋近古史（下）	陸 盛
西洋現代史	劉京建 包 仁
西洋思想史	李小羣 宋紹遠
論歷史	劉北城
西方的興起（上）	郭 方 汪連興
西方的興起（下）	郭 方 汪連興
現代世界史（上）	孫小魯
現代世界史（下）	孫小魯
微生物學	戴佛香
工程熱力學及其應用	萬迺祿
普通地質學	何春蓀
地形學（精）	丁 驌
礦物學（上）	梁繼文
礦物學（下）	梁繼文
電腦科學百科全書（精）	蔡國猷
SPSS 使用手册	翁淑緣
檔案管理技巧	鄭士強
資訊管理文選	梁定彭
計算機分析電路法	任建蕾
電腦資訊概論	范光陵
辦公室自動化之概念及其應用	王秀霞

五南圖書出版公司　圖書目錄　（80年6月）

書名	作者	書名	作者	書名	作者
數位控制系統(精)	何金滿				
工專電子計算機概論	余政光				
商專電子計算機概論	余政光				
電子計算機在商業上之應用	余政光				
SPSS／PC＋入門與應用	何培基				
SPSS／PC＋使用手册(上)	何培基				
SPSS／PC＋使用手册(下)	何培基				
SPSS／PC＋公用程式集	何培基				

出版聲明

孟子譯注

譯注者／楊伯峻
校對者／廖玉娟·陳錦生
封面設計／林光樺

原出版者／北京中華書局
台灣版印行者／五南圖書出版有限公司
地　址：台北市和平東路二段339號4樓
電　話：7055066（代表號）
傳　真：7066100
劃　撥：0106895−3
局版台業字第0598號
發行人／楊榮川

排　版／龍虎電腦排版股份有限公司
製　版／申豐實業有限公司
印　刷／仕曜印刷事業有限公司
裝　訂／怡泰印刷裝訂有限公司

中華民國 81 年 11 月初版一刷

ISBN 957-11-0552-X

基本定價 10 元
（如有缺頁或倒裝，本公司負責換新）

孟子譯注／楊伯峻譯注，--初版，--臺北市
：五南，民81
面；　　公分，--(古典新刊；2)
ISBN 957-11-0552-X(精裝)

1. 孟子—註釋

121.261　　　　　　　　81004627